《中国非公有制经济人士统战研究基地丛书》
主编 范柏乃

宁波大学非公有制经济研究院资助

构建地方政府支持小微企业发展的公共服务质量提升模式研究

贺翔 唐果 著

中国财经出版传媒集团
中国财政经济出版社

图书在版编目（CIP）数据

构建地方政府支持小微企业发展的公共服务质量提升模式研究/贺翔，唐果著．--北京：中国财政经济出版社，2021.9

（中国非公有制经济人士统战研究基地丛书/范柏乃主编）

ISBN 978-7-5223-0597-4

Ⅰ．①构… Ⅱ．①贺… ②唐… Ⅲ．①地方政府-政策支持-中小企业-企业发展-研究-中国 Ⅳ．①F279.243

中国版本图书馆 CIP 数据核字（2021）第 112207 号

| 责任编辑：周桂元 | 责任校对：徐艳丽 |
| 封面制作：孙俪铭 | 责任印制：张　健 |

构建地方政府支持小微企业发展的
公共服务质量提升模式研究
Goujian Difang Zhengfu Zhichi Xiaowei Qiye Fazhan de
Gonggong Fuwu Zhiliang Tisheng Moshi Yanjiu

中国财政经济出版社 出版

URL：http：//www.cfeph.cn
E-mail：cfeph@cfeph.cn
（版权所有　翻印必究）

社址：北京市海淀区阜成路甲 28 号　邮政编码：100142
营销中心电话：010-88191537
天猫网店：中国财政经济出版社旗舰店
网址：https：//zgczjjcbs.tmall.com
北京财经印刷厂印刷　各地新华书店经销
170mm×240mm　16 开　27 印张　440 000 字
2021 年 9 月第 1 版　2021 年 9 月北京第 1 次印刷
定价：105.00 元
ISBN 978-7-5223-0597-4
（图书出现印装问题，本社负责调换）
本社质量投诉电话：010-88190744
打击盗版举报热线：010-88191661　QQ：2242791300

《中国非公有制经济人士统战研究基地丛书》
编委会

主　　任：薛维海

主　　编：范柏乃

编委会成员（按姓氏笔画排序）：

吕建锁	朱顺林	许　军	李包庚
李宏宇	杨卫敏	应志芳	沈满洪
张向群	张聪群	陈　涛	陈佳乐
邵　丽	武建章	金　佳	杨丹萍
周新苗	胡　敏	钭晓东	操家齐
燕小青			

总　　序

党的十八届三中全会明确提出，要"支持非公有制经济健康发展"。《中共中央关于全面深化改革若干重大问题的决定》明确指出，公有制经济和非公有制经济都是社会主义市场经济的重要组成部分，都是我国经济社会发展的重要基础。必须毫不动摇鼓励、支持、引导非公有制经济发展，激发非公有制经济活力和创造力。

截至2018年年底，我国中小企业的数量已经超过了3000万家，个体工商户数量超过7000万户，非公有制经济对经济社会发展的贡献可以用"56789"来概括：税收贡献超过50%，国民生产总值、固定资产投资、对外直接投资贡献均超过60%，高新技术企业占比超过70%，城镇就业超过80%，对新增就业贡献达到90%。非公有制经济为我国经济社会发展作出了巨大贡献，在促进经济增长、激发创新、扩大就业和增加税收等方面发挥了重要作用。

在中国经济加快转型发展和进入新时代的背景下，非公有制经济的发展形态正由传统工业化向新型工业化转变，发展动力从资源消耗为主向创新驱动为主转变，发展体系由外向型经济向统筹内外、内外结合转变，发展业态由传统集聚为主向现代产业集群为主转变，管理体制从家族管理为主向现代管理为主转变，发展目标从商品输出为主向资本输出为主转变。

非公有制经济的转型发展，离不开非公有制经济人士的智力支持。我国的非公有制经济人士，是适应社会主义初级阶段解放和发展生产力的需要，在改革开放、发展社会主义市场经济过程中出现的一个新的社会群体。经过40多年的发展，非公有制经济人士的构成主体已发生巨大变化：由过去的主要以农民和城镇待业人员为主，发展到包括从党政机关、国有企事业单位、大专院校、科研单位分流出来的行政干部、中高级知识分子以及海外归国人员在内的庞大队伍，并且这支队伍仍处于不断发展壮大和变化之中。非公有制经济人士具有较强的社会责任感，为经济建设和社会发展作出了很大贡献，已成为我国社会主义现代化建设的一支积极力量、统一战线的重要成员。

非公有制经济的蓬勃发展以及非公有制经济人士的健康成长、队伍壮大更加离不开围绕非公有制企业、人士的体制机制和制度环境的建设，尤其是政府职能的转变、行政体制的改革以及法治、市场和资本等环境的优化。2015年5月，习近平总书记在中央统战工作会议上指出，促进非公有制经济健康发展和非公有制经济人士健康成长，要坚持团结、服务、引导、教育的方针，引导非公有制经济人士特别是年轻一代致富思源、富而思进，做到爱国、敬业、创新、守法、诚信、贡献。2016年3月4日，习近平总书记在看望出席全国政协十二届四次会议民建、工商联界委员并参加联组讨论时进一步强调指出，非公有制经济要健康发展，前提是非公有制经济人士要健康成长。

《中国非公有制经济人士统战研究基地丛书》正是基于以上背景，在中国统一战线理论研究会非公有制经济人士统战工作理论浙江研究基地的资助下，吸收宁波大学、浙江大学等省内高校和科研机构，长三角乃至全国范围内的非公有制经济和非公有制经济人士的专家学者，以及实际工作部门人员，精心组织并撰写本套丛书。丛书主要围绕非公有制企业、非公有制经济人士、非公有制企业（人士）成长环境和体制机制改革等领域进行系统研究，深入探讨非公有制企业的市场拓展、技术创新、企业传承、文化建设、社会责任，非公有制经济人士的成长动力、成长瓶颈、成长机制，营商环境（如法治环境、市场环境和资本环境），以及政府职能转变等一系列重要问题。

《中国非公有制经济人士统战研究基地丛书》的出版，可以为非公有制经济企业转型发展提供理论和实践参考，为党和政府决策提供理论事实依据，为促进非公有制经济健康发展和非公有制经济人士健康成长提供实际指导。

目　　录

第一章　绪论 ……………………………………………………（ 1 ）
　　第一节　相关概念内涵 ……………………………………（ 1 ）
　　第二节　研究目的和意义 …………………………………（ 3 ）
　　第三节　研究框架和内容 …………………………………（ 4 ）
　　第四节　成果的创新之处和主要建树 ……………………（ 6 ）

第二章　文献综述 ………………………………………………（ 10 ）
　　第一节　小微企业发展文献综述 …………………………（ 10 ）
　　第二节　公共服务质量提升文献综述 ……………………（ 19 ）

**第三章　地方政府支持小微企业发展的主要理论依据
　　　　　和现实动因** ……………………………………………（ 29 ）
　　第一节　理论依据 …………………………………………（ 29 ）
　　第二节　现实动因 …………………………………………（ 30 ）

第四章　小微企业的价值链 ……………………………………（ 33 ）
　　第一节　小微企业价值链的特点 …………………………（ 33 ）
　　第二节　共享经济企业的商业模式创新 …………………（ 39 ）
　　第三节　生活服务型小微企业的消费者评价标准权重确定 …（ 47 ）
　　第四节　小微企业知识型员工流失问题 …………………（ 53 ）
　　第五节　小微企业编制岗位说明书的误区 ………………（ 61 ）
　　第六节　小微企业员工绩效考核的效果探析 ……………（ 68 ）

第五章　小微企业发展的影响因素分析 ………………………（ 73 ）
　　第一节　小微企业发展的内部影响因素之因子分析 ……（ 73 ）

第二节 小微企业发展的外部环境影响因素之层次分析 …… （79）
第三节 企业自主创新环境评价 …………………………… （85）
第四节 地方政府助力小微企业突破自主创新瓶颈的对策 … （95）
第五节 我国风险投资研究热点的可视化分析 …………… （108）
第六节 科技型小微企业融资需求错配的原因及改善对策 … （118）
第七节 科技型小微企业融资环境评价 …………………… （127）

第六章 新常态下地方政府支持小微企业发展的公共服务内容优化 …………………………………… （138）

第一节 新常态的特征及其对小微企业的影响 …………… （138）
第二节 钻石模型视角下影响小微企业发展的基本要素 … （139）
第三节 地方政府支持小微企业发展的公共服务内容的优化
　　　　………………………………………………………… （145）
第四节 小微企业融资大数据平台的构建与整合机制 …… （152）
第五节 金融科技促进金融创新的机理及其在中国的发展 … （161）
第六节 地方政府推动新型城镇化发展与供给侧结构性改革
　　　　的路径 ………………………………………………… （171）
第七节 农民工社区"力邦村"模式探析 ………………… （186）
第八节 数字普惠金融助力低收入群体消费扩容升级的政策
　　　　建议 …………………………………………………… （194）
第九节 建立大数据个人信用平台的意义、挑战及途径 … （202）
第十节 "海归"高层次人才创业环境评价 ……………… （207）
第十一节 地方政府助力"海归"高层次人才的企业突破
　　　　　创业期瓶颈之对策 ………………………………… （218）
第十二节 租赁企业欠薪事件现状及改善对策 …………… （229）
第十三节 创业型大学众创空间建设的原则、内容及机制 … （234）

第七章 新常态下地方政府支持小微企业发展的公共服务质量评价 ………………………………………… （240）

第一节 地方政府支持小微企业发展的公共服务质量的专业
　　　　评价 …………………………………………………… （241）

第二节　地方政府支持小微企业发展的公共服务满意度调查 …………………………………………………………（251）

第八章　新常态下地方政府支持小微企业发展的公共服务质量改善途径 ……………………………………（264）

第一节　服务质量差距模型应用研究概述 …………………（264）

第二节　地方政府支持小微企业发展的公共服务质量改善机制设计 ………………………………………（267）

第三节　地方政府支持小微企业发展的公共服务质量改善措施 …………………………………………（281）

第四节　市场化人才服务体系的意义、特点及建设重点 ……（298）

第五节　地方政府提升本地区对海外高层次人才吸引力的措施 …………………………………………（303）

第六节　高层次人才外流问题分析 …………………………（310）

第七节　互联网金融支持小微企业融资存在的问题 ………（318）

第八节　我国股权众筹发展的现状、问题及改善对策 ……（326）

第九节　初创型小微企业的创投类项目私募股权众筹绩效影响因素研究 ……………………………………（329）

第十节　跨层次视角下企业社会资本对企业绩效的影响 ……（335）

第十一节　德国应用科学大学办学的成功经验对我国独立学院转型发展的启示 …………………………（347）

第十二节　"双创"时代独立学院商科人才培养模式的构建 ………………………………………………（355）

第十三节　养老金最优投资组合战略配置研究 ……………（362）

第九章　新常态下地方政府支持小微企业发展的公共服务质量提升模式 ……………………………………（369）

第一节　戴明环构建公共服务质量提升模式的必要性和可行性 …………………………………………（369）

第二节　地方政府支持小微企业发展的公共服务质量提升模式构建 ………………………………………（370）

附录：调查问卷 …………………………………………………（373）

参考文献 ……………………………………………………………（391）

后记 …………………………………………………………………（419）

第一章

绪　　论

第一节
相关概念内涵

著名哲学家路德维希·约瑟夫·约翰·维特根斯坦（Ludwig Josef Johann Wittgenstein，1921）曾经说过："概念引导我们进行探索。"[①] 厘清概念是研究问题的逻辑起点。地方政府是由中央政府为治理国家一部分地域的某些社会事务而依法设置的政府单位。在当前我国政治架构下，地方政府通常存在四级形式，分别为省（直辖市、自治区）级人民政府、市级人民政府、县（区）级人民政府、乡级人民政府。省级地方政府一般不直接面对辖域内的居民和企业，主要通过对下级地方政府的指挥、监督、指导来实施对辖区各项事务的管理和提供公共服务。对于下级地方政府无法履行的职责，省级地方政府也会提供直接的管理和公共服务。另外，囿于管理权限及掌握的政策资源有限，县（区）、乡两级地方政府支

[①] ［奥地利］路德维希·约瑟夫·约翰·维特根斯坦. 哲学研究［M］. 陈嘉映译. 上海：上海人民出版社，2001.

持小微企业发展的公共服务供给多受制于上级地方政府,故本书中地方政府主要指省级地方政府、市级地方政府。

"公共服务"这一术语由阿道夫·瓦格纳(Adolf Wagner,1877)于19世纪中后期提出。20世纪初,莱昂·狄骥(Leon Duguit,1912)首次对该术语内涵进行了系统论述。20世纪50、60年代,政策科学运动的兴起促使公共服务逐渐成为政治学、行政学的研究主题。20世纪70年代末80年代初,西方国家掀起的新公共管理运动使得公共服务概念日益凸显。在本书中,公共服务是指政府及其公共部门运用公共权力采取多种机制和方式来提供各种物质形态或非物质形态的公共物品,以不断回应社会公共需求偏好、维护公共利益的实践活动总称。公共服务通常分为保证国家机器存在和运转的维护性公共服务、促进经济发展的经济性公共服务以及社会性公共服务。公共服务质量是指公共服务满足规定或潜在要求(或需要)的特性的总和。

2011年,国家4部委制定了《中小企业划型标准规定》。本书根据《中小企业划型标准规定》来定义小微企业。[①]

[①] 《中小企业划型标准规定》规定:中小企业划分为中型、小型、微型三种类型,具体标准根据企业从业人员、营业收入、资产总额等指标,结合行业特点制定。各行业划型标准为:(1)农、林、牧、渔业。营业收入50万元及以上的为小型企业,营业收入50万元以下的为微型企业。(2)工业。从业人员20人及以上,且营业收入300万元及以上的为小型企业;从业人员20人以下或营业收入300万元以下的为微型企业。(3)建筑业。营业收入300万元及以上,且资产总额300万元及以上的为小型企业;营业收入300万元以下或资产总额300万元以下的为微型企业。(4)批发业。从业人员5人及以上,且营业收入1000万元及以上的为小型企业;从业人员5人以下或营业收入1000万元以下的为微型企业。(5)零售业。从业人员10人及以上,且营业收入100万元及以上的为小型企业;从业人员10人以下或营业收入100万元以下的为微型企业。(6)交通运输业。从业人员20人及以上,且营业收入200万元及以上的为小型企业;从业人员20人以下或营业收入200万元以下的为微型企业。(7)仓储业。从业人员20人及以上,且营业收入100万元及以上的为小型企业;从业人员20人以下或营业收入100万元以下的为微型企业。(8)邮政业。从业人员20人及以上,且营业收入100万元及以上的为小型企业;从业人员20人以下或营业收入100万元以下的为微型企业。(9)住宿业。从业人员10人及以上,且营业收入100万元及以上的为小型企业;从业人员10人以下或营业收入100万元以下的为微型企业。(10)餐饮业。从业人员10人及以上,且营业收入100万元及以上的为小型企业;从业人员10人以下或营业收入100万元以下的为微型企业。(11)信息传输业。从业人员10人及以上,且营业收入100万元及以上的为小型企业;从业人员10人以下或营业收入100万元以下的为微型企业。(12)软件和信息技术服务业。从业人员10人及以上,且营业收入50万元及以上的为小型企业;从业人员10人以下或营业收入50万元以下的为微型企业。(13)房地产开发经营。营业收入100万元及以上,且资产总额2000万元及以上的为小型企业;营业收入100万元以下或资产总额2000万元以下的为微型企业。(14)物业管理。从业人员100人及以上,且营业收入500万元及以上的为小型企业;从业人员100人以下或营业收入500万元以下的为微型企业。(15)租赁和商务服务业。从业人员10人及以上,且资产总额100万元及以上的为小型企业;从业人员10人以下或资产总额100万元以下的为微型企业。(16)其他未列明行业。从业人员10人及以上的为小型企业;从业人员10人以下的为微型企业。

第二节
研究目的和意义

自 1978 年改革开放以来，中国经历了 30 多年 GDP 平均增速为 10% 左右的经济高速增长。从 2012 年开始，GDP 增速开始持续回落。根据经济发展的阶段性特征，习近平总书记于 2014 年在河南考察时第一次提出了"新常态"的概念。在新常态下，中国经济增长速度放缓，经济增长动力从要素驱动、投资驱动转变为创新驱动，经济结构不断优化升级。这给小微企业既带来了机遇，也带来了挑战，许多小微企业因不适应新常态而发展缓慢甚至倒闭。这种现象的出现，既有小微企业自身的原因，也有外部环境的原因。地方政府是影响小微企业发展的最重要的外部环境因素之一。在一定程度上，许多小微企业发展缓慢、停滞甚至倒闭的现象反映出新常态下地方政府支持小微企业发展的公共服务质量低下，提升地方政府支持小微企业发展的公共服务质量迫在眉睫。

本书目的有三：一是厘清新常态下地方政府有效支持小微企业发展的公共服务内容体系；二是对小微企业数量最多的 10 个省份的地方政府支持小微企业发展公共服务质量进行评价，以了解新常态下我国地方政府支持小微企业发展的公共服务质量概况；三是构建新常态下地方政府支持小微企业发展的公共服务质量提升模式。

本书的理论意义在于：一是运用工商管理理论研究相关公共服务问题，增加了公共管理学领域的知识存量。目前，我国学术界对公共服务质量研究相对欠缺。在国际上逐渐以质量管理、公民满意和公民取向作为政府绩效考核重点的研究趋势下，我国学者很少整合公共管理、工商管理等学科的理论和方法研究公共服务质量及其提升问题。本书运用工商管理知识研究相关公共服务问题，增加了公共管理学领域的知识存量。二是厘清了地方政府支持小微企业发展的公共服务内容体系。现有的相关研究多从企业融资、财政补贴、税收优惠等一个或几个方面零散地探讨政府促进小微企业发展问题。影响小微企业发展的因素有很多，这些因素之间也相互影响，应该从系统的角度来研究地方政府支持小微企业发展的公共服务。本书根据钻石模型理论系统性分析了地方政府支持小微企业发展的公共服务内容。三是在理论上首次构建了地方政府支持小微企业发展的公共服务质量改善机制以及地方政府支持小微企业发展的公共服务质量提升模式。我国于2011年才提出"小微企业"的概念，学者们对小微企业的研究尤其是对地方政府支持小微企业发展的公共服务方面的研究比较薄弱。本书首次构建出地方政府支持小微企业发展的公共服务质量改善机制以及地方政府支持小微企业发展的公共服务质量提升模式。

本书的实践意义在于：一是为地方政府提升其支持小微企业发展的公共服务质量指明了具体路径。党的十八届三中全会通过的《中共中央关于全面深化改革若干重大问题的决定》指出，"政府的职责和作用主要是保持宏观经济稳定，加强和优化公共服务"。① 经济职能是地方政府的重要职能，小微企业是宏观经济的基石。地方政府支持小微企业发展能够促进宏观经济发展。不过，当下多数地方政府提供的相关公共服务未能较好满足新常态下小微企业发展的实际需要，提升地方政府支持小微企业发展的公共服务质量迫在眉睫。本研究为提升地方政府支持小微企业发展的公共服务质量指明了具体路径，有助于推动服务型地方政府建设，提升地方政府服务小微企业的能力。二是能够促进小微企业发展。党的十八大报告指出，要"支持小微企业特别是科技型小微企业发展"。② 本书的研究成果能够促进小微企业发展，提高小微企业竞争力。

第三节
研究框架和内容

关于质量管理，美国质量管理专家戴明（W. Edwards. Deming，

---

① 中共中央关于全面深化改革若干重大问题的决定 [M]. 北京：人民出版社，2013.
② 胡锦涛. 坚定不移沿着中国特色社会主义道路前进 为全面建成小康社会而奋斗——在中国共产党第十八次全国代表大会上的报告 [M]. 北京：人民出版社，2012.

1950）提出了著名的戴明环（PDCA 循环）。PDCA 是英语单词 PLAN（计划）、DO（实施）、CHECK（检查）和 ACTION（纠正）的首字母缩略语，PDCA 循环是按照计划、实施、检查、纠正的顺序进行质量管理。戴明认为，质量管理是一个永无止境的过程。PDCA 循环是上升式循环，每转动一周，质量就提高一步。

笔者认为，地方政府支持小微企业发展的公共服务质量管理应该遵循 PDCA 循环步骤，要根据戴明环（PDCA 循环）构建地方政府支持小微企业发展的公共服务质量提升模式，从而确保地方政府支持小微企业发展的公共服务质量能够得到不断提升。因此，本书的总体研究框架借鉴了戴明环（PDCA 循环），具体见图 1-1。

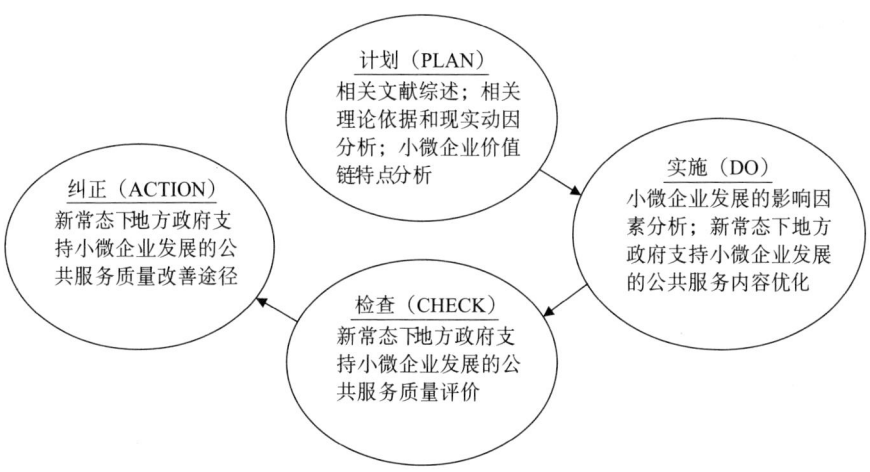

图 1-1 研究总体框架示意图

计划（PLAN）：首先，梳理小微企业发展的文献和公共服务质量提升的文献，以便对计划（PLAN）研究内容的历史脉络有一个宏观把握和深入了解。其次，分析地方政府支持小微企业发展的主要理论依据和现实动因。最后，分析小微企业价值链。最终为研究地方政府支持小微企业发展的公共服务质量提升问题做好理论准备和夯实研究基础。

实施（DO）：在厘清小微企业发展的主要影响因素基础上，基于新常态特征及其对小微企业的影响，依据钻石模型理论设计地方政府支持小微企业发展的公共服务内容优化机制，据此对地方政府支持小微企业发展的公共服务内容实施（DO）优化。

检查（CHECK）：根据经过优化的地方政府支持小微企业发展公共服务内容构建地方政府支持小微企业发展的公共服务质量评价指标体系，对小微企业数量最多的 10 个省份的地方政府支持小微企业发展的公共服务质量进行检查（CHECK），根据各省公共服务质量由高到低对 10 个省份进行排序并找出相关公共服务质量排在末位的省份。然后，向这个公共服务质量排在末位省份的小微企业发放问卷，调查新常态下该省小微企业对地方政府支持小微企业发展公共服务的满意度，了解该省地方政府支持小微企业发展的公共服务质量短板所在。

纠正（ACTION）：在厘清新常态下地方政府支持小微企业发展的公共服务质量基础上，从战略层面和战术层面纠正（ACTION）地方政府支持小微企业发展的落后做法以提升公共服务质量。在战略层面上，遵循服务质量战略管理理念通过构建地方政府支持小微企业发展的公共服务质量改善机制来提升相关公共服务质量；在战术层面上，针对地方政府支持小微企业发展的公共服务质量短板采取改善措施。

第四节
成果的创新之处和主要建树

一、成果的创新之处

（一）研究内容创新

首次对地方政府支持小微企业发展的公共服务质量提升问题进行研究。当下，我国学术界对公共服务质量的研究基本处于公共服务质量评价阶段，尚未对公共服务质量提升问题进行系统、深入地探讨。另外，小微企业与大中型企业的特点不同，小微企业发展所需公共服务也和大中型企业发展所需公共服务有所差异。由于"小微企业"概念被提出的时间不长，学术界对小微企业发展所需公共服务的研究不足，几乎没有学者研究地方政府支持小微企业发展的公共服务质量提升问题。

(二) 研究视角创新

本书从工商管理视角创造性运用戴明环（PDCA循环）、钻石模型、服务质量差距模型研究相关公共服务问题。第一，运用戴明环（PDCA循环）构建地方政府支持小微企业发展的公共服务质量提升模式。第二，借鉴钻石模型理论对地方政府支持小微企业发展的公共服务内容进行优化。在新常态下，为促进小微企业发展，各地方政府不遗余力。不过，总体而言，地方政府支持小微企业发展的效果不尽如人意。究其原因，在于地方政府采取碎片化方式为小微企业发展提供公共服务，相关公共服务内容缺乏系统性。本书运用钻石模型理论分析地方政府有效支持小微企业发展的公共服务内容，首次系统性构建出地方政府支持小微企业发展的公共服务内容体系。第三，根据服务质量差距模型设计出地方政府支持小微企业发展的公共服务质量改善机制。地方政府支持小微企业发展的公共服务本质上是一种服务，具有服务的一些特点。服务营销管理理论的服务质量差距模型是有效改善服务质量的工具之一。本书根据服务质量差距模型首次构建了地方政府支持小微企业发展的公共服务质量改善机制。

(三) 研究方法创新

第一，目前几乎没有学者对我国地方政府支持小微企业发展的公共服务质量进行定量评价，而本书首次运用主成分分析、层次分析法和模糊综合评价法对我国地方政府支持小微企业发展的公共服务质量进行定量评价。第二，运用包括戴明环（PDCA循环）、钻石模型、服务质量差距模型在内的工商管理学科理论，采取交叉学科研究方法研究地方政府支持小微企业发展的公共服务质量提升问题。

二、主要建树

(一) 厘清了新常态下地方政府有效支持小微企业发展的公共服务内容

在分析影响小微企业发展的内外部主要因素基础上，本书根据钻石模型理论设计出地方政府支持小微企业发展公共服务内容优化机制。根据该机制，地方政府要提供人才获取公共服务、企业融资公共服务、基础设施建设、提高当地居民可支配收入、社会保障、保护消费者权益、政府采购、推动产业集群、激发小微企业的企业家精神、提升小微企业管理水平、促进企业良性竞争等 11 项公共服务。

（二）由于"小微企业"概念被提出的时间不长，目前几乎没有学者对我国地方政府支持小微企业发展的公共服务质量进行评价

本书对我国小微企业数量最多的江苏、山东、广东、浙江、河南、辽宁、福建、安徽、湖南、湖北等 10 个省份的地方政府支持小微企业发展公共服务质量进行评价，弄清楚了新常态下我国地方政府支持小微企业发展的公共服务质量情况。研究结果显示，地方政府支持小微企业发展的公共服务质量由高到低依次是广东、江苏、山东、浙江、河南、湖北、安徽、辽宁、湖南、福建。

（三）提出"从战略和战术两个层面进行质量管理"的观点，以有效提升新常态下地方政府支持小微企业发展的公共服务质量

在战略层面上，根据基于服务质量差距模型设计出的地方政府支持小微企业发展公共服务质量改善机制，通过弥合小微企业发展公共服务倾听差距、小微企业发展公共服务设计和标准差距、小微企业发展公共服务绩效差距、小微企业发展公共服务沟通差距来提升地方政府支持小微企业发展的公共服务质量。在战术层面上，针对地方政府支持小微企业发展公共服务质量的具体短板采取相应改善措施。

（四）构建出地方政府支持小微企业发展的公共服务质量提升模式，以确保相关公共服务质量得到持续提升

当下，学术界对公共服务质量改善研究缺乏持续的理念。本书根据戴明环（PDCA 循环）构建出新常态下地方政府支持小微企业发展的公共服务质量提升模式。该提升模式按照计划、实施、检查、纠正的步骤对公共服务质量进行管理，能够确保地方政府持续改善相关公共服务质量。

在计划阶段，地方政府应制定支持小微企业发展的方针、目标和预算，以及改善相关公共服务质量的方针、目标和预算；在实施阶段，地方政府应在厘清影响小微企业发展的内外部主要因素基础上，根据钻石模型理论设计地方政府支持小微企业发展的公共服务内容优化机制，并据此对地方政府支持小微企业发展的公共服务内容实施优化；在检查阶段，地方政府应根据优化出的公共服务内容设计地方政府支持小微企业发展的公服务质量评价指标体系，对目前地方政府支持小微企业发展的公共服务质量进行检查，找出地方政府支持小微企业发展公共服务质量的具体短板；在纠正阶段，地方政府应从战略层面和战术层面采取提升地方政府支持小微企业发展公共服务质量的措施。地方政府要树立服务质量战略管理理念，构建地方政府支持小微企业发展的公共服务质量提升机制，把该机制作为提升相关公共服务质量的行动指南。在战术层面上，地方政府要针对相关公共服务质量的具体短板采取对策。

经过上述4个质量管理步骤后，地方政府还要把成功的经验总结出来，把没有解决或新出现的公共服务质量问题转入下一个PDCA循环去解决。只有这样，地方政府支持小微企业发展的公共服务质量才能够得到不断提升。

第二章

文献综述

第一节
小微企业发展文献综述

一、国外研究综述

小微企业发展的思想可以追溯到古典经济学家对大规模生产规律的研究。伊迪斯·彭罗斯（Edith T. Penrose）于1959年发表的《企业成长理论》一书因为正式奠定了小微企业发展理论基础而被学术界认为是该理论领域的开山之作。但是，统一的小微企业发展理论体系目前尚未形成。关于小微企业发展，在伊迪斯·彭罗斯之前和之后存在着不同观点。它们主要零散分布在经济学、管理学等理论分析框架之中。

（一）经济学的观点

古典经济学用分工的规模经济利益来解释小微企业发展问题，认为企业生产作业的分工和专业化不仅改善了劳动生产率，还促进了企业生产规模扩大。亚当·斯密（Adam Smith，1773）是最早在著作中论及企业发展的经济学家。他在《国民财富的性质和原因的研究》中写道："劳动生产力上最大的增进，以及运用劳动时所表现的更高的熟练技巧和判断力，似乎都是分工的结果。"① 后来，约翰·穆勒（John Stuart Mill，1848）和阿尔弗雷德·马歇尔（Alfred Marshall，1890）等古典经济学家对企业发展作了进一步研究。约翰·穆勒（1848）的企业发展理论主要探讨企业规模和发展，认为规模经济对资本的需要和企业规模经济所带来的影响是导致大企业代替小企业的企业发展趋势出现的原因。阿尔弗雷德·马歇尔（1890）在《经济学原理》中用森林中树木成长规律来说明企业发展的规律，提出了著名的"树木原理"。

新制度经济学认为，企业发展通常表现为经营规模扩大和功能拓展，企业发展过程是其边界扩大和交易活动内部化过程，企业发展的动力是节约市场交易费用。罗纳德·哈里·科斯（R. H. Coase，1937）用交易费用概念不仅解释了企业存在的原因，还分析了企业规模的边界。他指出，"市场的边际交易费用等于企业的边际组织费用的规模就是企业的最优边界。"②

在产业经济学领域，贝恩（J. S. Bain，1957）和迈克尔·波特（Michael E. Porter，1985）是研究企业发展的杰出代表。贝恩认为企业的绩效和发展取决于它所处市场结构和所采取市场行为。迈克尔·波特认为，在一个产业中企业相对于其他组织的市场势力决定了企业竞争优势，企业发展的关键是选择一个好的产业位置。莫里斯（Morris）认为，为了避免能力或需求的过剩，企业管理者始终努力保持需求和供给的均衡。这种努力会促进企业发展。

（二）管理学的观点

关于小微企业发展问题，管理学主要从企业经营管理和企业阶段发展等方面来研究。从企业经营管理方面来研究小微企业发展的理论主要有伊迪斯·彭罗斯（Edith T. Penrose，1959）的企业资源成长理论、安索夫（H. I. Ansoff，1965）的战略发展论、彼得·德鲁克（Peter Drucker，

---

① 亚当·斯密. 国民财富的性质和原因的研究（上卷）[M]. 北京：商务印书馆，1997.
② R. H. Coase. The Nature of the Firm [J]. Economics，1937，4（16）：386 – 405.

1982）的经营发展论、艾尔弗雷德·D. 钱德勒（Alfred D. Chandler, 1990）的管理与技术发展论。在众多的企业阶段发展理论中，拉瑞·格雷纳（Learry E. Greiner, 1985）的企业发展五阶段论、厄威克·弗莱姆兹（E. G. Flamliolt, 1975）的企业发展七阶段论、伊查克·爱迪思（Ichak Adizes, 1988）的企业发展十阶段论比较有影响。

伊迪斯·彭罗斯（Edith T. Penrose, 1959）从分析单个企业的发展过程入手，建立了一个企业资源—企业能力—企业发展的分析框架，认为企业是在特定管理框架之内一组资源的组合，企业发展是企业有效地协调其资源和管理职能的结果，"限制企业发展的因素主要有三方面，即管理竞争力、产品和要素市场以及风险与外部条件的结合。"① 安索夫（H. I. Ansoff, 1965）在 1965 年出版的名为《企业战略》一书中论述了产品—市场的战略决策过程，探讨了企业发展的范围和方向（成长向量）问题。他认为，企业应该朝自身特长的领域发展，尽可能向关联领域发展，以取得比竞争对手更加有利的优势。彼得·德鲁克（Peter Drucker, 1982）认为，企业发展来源于对机会的利用，而对发展机会的把握取决于企业内部的发展准备。他认为企业发展与员工发展是一致的，企业和人要天人合一、协调发展。彼得·德鲁克指出，为了确保企业发展而又不失控，小微企业发展需要遵循五条原则：第一，发展需要投资；第二，发展中的小微企业需要至少提前 2 年就准备好所需的财务结构和资源，并且一直继续筹集资金以维持其发展；第三，为了避免遭遇发展危机，小微企业还需要预见到未来对信息的需求；第四，小微企业想获得发展就必须集中力量解决技术、产品和市场问题，避免分散精力；第五，小微企业通常无力实施一流的管理，但是，如果想发展，它最好尽早作好实施一流管理的准备，以免将来企业发展后管理跟不上。另外，他还指出，"与大型企业不同，中小企业发展中一旦出现发展危机，治愈几乎是不可能的，至少是十分困难的。但是，预防危机出现倒是相当容易。因此，关键在于预防。"② 艾尔弗雷德·D. 钱德勒（Alfred D. Chandler, 1990）认为，技术发展和市场扩大是企业发展的根本。它推动了现代企业对古典企业的取代和家族式公司向经理式公司的转变。这一过程被钱德勒称为"美国企业

---

① [英]伊迪斯·彭罗斯. 企业成长理论 [M]. 赵晓译. 上海：上海人民出版社，2007.
② [美]彼得·德鲁克. 变动中的管理界 [M]. 王喜六等译. 上海：上海译文出版社，1999.

界的管理革命"。① 此外,他在《战略与结构:美国工业企业史上的篇章》一书中提出了"战略决定结构"的著名论断。

企业阶段发展理论中,组织管理学家拉瑞·格雷纳(L. E. Greiner, 1985)发现,企业发展一般要经历依靠创新发展阶段、依靠指导发展阶段、依靠授权发展阶段、依靠协调发展阶段和依靠合作发展阶段等五个阶段。小微企业必须通过特定的组织结构、战略及行为变革才能实现阶段跨越,发展为大中型企业。厄威克·弗莱姆兹(E. G. Flamliolt, 1998)认为企业生命周期由新建阶段、扩张阶段、专业化阶段、巩固阶段、多元化阶段、一体化阶段以及衰落或复兴阶段等部分构成。伊查克·爱迪思(Ichak Adizes, 1988)的著作《企业生命周期》把企业生命周期与人的生命周期相比较,形象地将企业生命周期划分为孕育期、婴儿期、学步期、青春期、盛年期、稳定期、贵族期、官僚化早期、官僚期和死亡期等10个阶段。

除了从企业经营管理和企业阶段发展等方面来研究小微企业发展,一些学者还从其他方面研究了小微企业发展问题。关于小微企业生存问题,Mario Franco 和 Heiko Haase(2009)认为,融资渠道狭窄、市场环境差、人才获取困难、没有制度支持以及合作网络缺乏是一些小微企业经营失败的重要外部原因;没有战略和愿景、员工教育水平低、缺少社会资本、企业主不能有效掌控是小微企业短命的主要内部原因。Elisabeth Zortea – Johnston、Jenny Darroch 和 Sheelagh Matear(2011)认为,明确的业务方向和必要的创新力是小微企业生存和发展的重要因素。关于小微企业融资问题,Heikki Heino(2006)运用二元概率单位模型对墨西哥小微企业进行了观测,认为市场启动资金中的流动性约束可能阻碍小微企业的创建和发展,政策制定者应该从根本上提高效率创造一个高速增长的经济环境。Nobuyoshi Yamori(2009)对日本小微企业的资金情况进行了调查,发现多元化资金调度没有明显改善小微企业的财务状况,尤其是那些融资难的小微企业。关于小微企业发展国际化问题,Daniele Cerrato(2010)根据1234家意大利小微制造企业的相关数据,分析了家族管理、人力资本水平、外资所有权对其国际化的影响,发现家庭参与管理对企业出口有消极

---

① Alfred D. Chandler. Cole and Scope – The Dynamics of Industrial Capitalism, Cambridge: The Belknap press of Harvard University Press, 1990.

影响，人力资本水平和企业中的外资股东对其国际化有积极影响。Jerzy Cieslik、Eugene Kaciak 和 Dianne H. B. Welsh（2012）通过分析一个波兰出口商的三年相关数据后发现，地理多样化是小微企业国际化的一个关键因素。关于小微企业信用评价问题，Sanjeev Mittal、Pankaj Gupta 和 K. Jain（2011）运用神经网络信用评分模型对印度小微企业信用状况进行了分析。关于价值链和小微企业发展的关系，Edakkandi Meethal Reji（2013）认为小微企业融入价值链后，通过加强企业间联系，增加了小微企业的市场可进入性，从而提高了小微企业的竞争力。

二、国内研究综述

为了疏理国内学者研究小微企业发展的情况，作者在中国知网（www.cnki.net）上以篇名"小微企业发展"作为内容检索条件对期刊论文和博士、硕士学位论文进行模糊检索，截至 2016 年 6 月，有 956 篇期刊论文和 54 篇博士、硕士学位论文对小微企业发展进行了专门研究。为了更加全面地了解国内学者研究小微企业发展的情况，鉴于一些篇名中只包含"小企业""中小企业"字眼的论文也有可能在文中部分涉及小微企业发展问题，分别以篇名"小企业""中小企业"作为内容检索条件对期刊论文和博士、硕士学位论文进行模糊检索，并对涉及小微企业发展问题的论文进行了研读。通过梳理相关文献后发现，由于国家于 2011 年才在中小企业划型中增加了"微型企业"一类，故国内学者对小微企业发展的研究并不十分深入，大多数相关论文主要从融资和税收角度来研究小微企业发展问题。另外，在大众创业、万众创新的背景下，科技型小微企业发展是小微企业发展研究的热点。下面择其重点分述之。

（一）影响小微企业发展的融资难问题研究

融资难是制约小微企业发展的一个非常重要的因素。小微企业融资难主要有两方面原因：

一是企业方面。茹莉（2013）指出，小微企业存在没有核心竞争力、抗市场风险能力弱、企业管理水平低下、财务制度不健全、法制观念淡薄等问题导致商业银行等金融机构不愿贷款给小微企业。张庆丰（2012）认为，小微企业缺少可供担保抵押的优质资产、经营状况不稳定、财务信息失真等原因造成融资难。

二是金融机构方面。林毅夫、李永军（2001）指出，我国建立的以大银行为主、高度集中的金融体制导致小微企业融资难。长期以来，我国贷款市场被大型国有商业银行高度垄断。根据中小企业划分标准的演变可知，我国曾经在很长一段时间内非常重视大型企业发展，对中小企业尤其是小微企业的重视程度比较低。张庆丰（2012）认为，在国家政策的影响下，国有商业银行成立之初就把国有企业或其他大型企业作为主要服务对象，其评级标准、抵押条件等没有考虑小微企业的具体情况。而且，由于商业银行与小微企业之间存在信息不对称，商业银行放贷给小微企业的成本、风险远大于放贷给大中型企业，故商业银行不太愿意贷款给小微企业。另外，潘宗玲（2014）指出，小微金融机构缺乏、银行信贷产品创新不足、缺乏满足小微企业需求的新型信贷服务产品也是造成小微企业融资难的原因之一。

企业融资体系分为内源融资和外源融资，① 外源融资分为政策性金融和商业性金融，商业性金融分为正规金融和非正规金融。正规金融又分为直接融资和间接融资。关于小微企业融资难问题，国内学者主要从外源融资方面提出了应对之策。一些学者基于政策性金融视角探寻解决小微企业融资难的措施。如李文新、尹群（2012）从两个层面提出了解决小微企业融资难的措施。一是政府层面。政府不仅要努力打造良好金融生态环境以促进政策性银行扶持小微企业发展，还要深化政策性金融体系改革。二是政策性银行层面。政策性银行不但要加快其组织机构和管理运营机制改革，从战略高度对小微企业金融业务进行市场定位和规划，还要持续优化小微企业贷款运行机制和业务流程以提高服务质量和效率。

然而，更多的学者基于商业性金融视角从非正规金融和正规金融两方面来研究解决小微企业融资难的问题。关于非正规金融解决小微企业融资难的研究，胡春生、蔡锦松（2015）分析了民间金融、技术研发和小微企业发展的协同机理，并指出了民间金融促进小微企业发展的路径。杨春柏（2013）指出，为了引导农村民间金融健康发展以支持小微企业发展，不但要加快农村金融改革步伐，放开农村金融市场，还要完善民间金融法律法规，改善农村民间金融服务的外部环境，尝试推行农民"一权一房"

---

① 内源融资是指企业不断将自己的储蓄（主要包括留存盈利、折旧和定额负债）转化为投资的过程。外源融资是指企业通过一定方式向企业之外的其他经济主体筹集资金。

贷款。钟敏（2013）通过调查赣州市村镇银行发现，做强村镇银行能够更好地支持小微企业发展。为此，要加大村镇银行宣传力度，加强其自身建设，完善村镇银行信贷调控，改善对村镇银行的管理机制，强化对村镇银行的政策扶持。当下，互联网已经深深嵌入我们的日常生活，民间金融的网络融资模式层出不穷。梁卓、徐荣贞（2012）分析了小微企业融资现状和P2B（Private Capital to Business）网络融资模式的优势，指出P2B有助于解决小微企业融资难。陈杏头（2015）认为P2P（Peer to Peer）网贷是小微企业融资难的产物，P2P为小微企业提供了新的融资渠道。为了促进P2P发展，P2P不仅要坚持小额化、分散化，深耕专业化，还要构建安全的平台系统，采用更好的资金保障模式；政府要完善社会征信体系，建立个人信息保密制度，加快出台相关法规。王光岐、汪莹（2014）分析了小微企业众筹融资的优点、运作模式与流程，提出引导小微企业众筹融资健康发展的具体路径。

关于正规金融解决小微企业融资难的研究，学者们主要从两方面来探讨：

一是直接融资。成海燕、王凯（2014）认为创业投资有助于解决小微企业融资难，为了更好地发挥创业投资在支持小微企业发展中的作用，政府要采取以下措施：第一，设立小微企业创业投资引导基金以吸引民间资本；第二，鼓励创业投资机构发行企业债券以丰富资金来源；第三，改革国有创业投资企业监管办法以适应行业规律；第四，加强对备案创业投资基金扶持以推动集聚发展。

二是间接融资。张郁（2012）认为，重点发展城市商业银行有助于破解小微企业融资难问题。城市商业银行要积极创新小微企业贷款技术，建立以流程为核心的小微企业信贷组织机构，提升贷款管理的效率。杨建平（2012）分析了金融租赁服务小微企业的优势与作用，认为金融租赁是小微企业较理想的融资选择。为了促进金融租赁业发展，要建立统一的行业管理体系，完善相关配套政策，扩大金融租赁的资金来源。

（二）支持小微企业发展的税收政策研究

小微企业通常实力弱小，抗风险能力差，国家的税收政策支持对其发展有较大影响。一些学者对我国现行促进小微企业发展的税收政策进行了总结。岳树民、董正、徐廷玗（2014）把扶持小微企业发展的税收政策分为三种类型：一是减轻小微企业税收负担与涉税负担的税收政策；二是帮助小微企业筹资、融资的税收政策；三是促进小微企业科技进步的税收政策。李香菊（2012）分别从企业所得税、增值税、营业税、关税、个人所得税、城镇土地使用税、印花税等方面对我国支持小微企业发展的税收政策进行了梳理。

虽然我国陆续出台了一些支持小微企业发展的税收政策，但是这些税收政策存在一些问题。蒙启华、黄京利（2015）认为扶持小微企业发展的税收政策除了存在体系不尽完善之外，还存在税制结构复杂影响小微企业享受税收优惠政策、税收优惠门槛较高、增值税进项税额抵扣政策有待改善等问题。除了上述问题，张斌（2015）还指出，小微企业税收政策存在政策定位不清晰、缺乏降低小微企业"遵从成本"的措施等问题。

为了解决上述问题，黄冠豪（2014）认为要细分政策目标，根据分类原则区别对待小微企业；完善相关税收政策；建立多层次所得税优惠体系。蒙启华、黄京利（2015）指出，要统一小微企业认定标准，提升小微企业税收政策的法律层次，进一步提高增值税和营业税起征点，扩大增值税进项税额抵扣范围并完善小微企业所得税制度。另外，张斌（2015）主张，为了控制综合税费负担，降低征管和遵从成本，应在核定征收的基础上对小微企业采用单一的综合征收率。

（三）关于科技型小微企业发展的研究

随着国家对科技型小微企业的日益重视，学者们给予了科技型小微企业发展较多关注。一些学者对科技型小微企业发展过程中的问题进行了研究。黄黎平（2013）指出，大力发展科技型小微企业不仅是转变中国经济增长方式和提高科技创新能力的需要，还是促进就业、改善民生的需要。制约科技型小微企业发展的主要因素有七个：一是缺乏核心竞争能力；二是科技创新的持续能力较差；三是缺乏长效激励机制；四是缺乏完善的培训制度；五是优惠政策宣传力度小、落实不到位；六是融资担保困难；七是社会化服务体系不健全。为了促进科技型小微企业发展，他提出：要建立、健全企业信用担保体系和培训体系；成立专门服务于科技型小微企业的"科技银行"；树立企业创新主体意识；不断拓宽企业融资渠道；积极推进科技型小微企业孵化器建设。朱永跃、张提（2014）以南京溧水区为例，分析了科技型小微企业发展的现状，指出科技型小微企存在资金缺口较大融资难，人才资源不足、招聘难，市场意识不强、开发难等问题。两位学者提出了应对之策：加强企业家培训，提升其综合素质；强化资金扶持，拓宽企业融资渠道；优化人才环境，加大人才引进力度；发挥政府优势，拓展企业市场范围等。

一些学者对科技型小微企业发展模式进行了研究。翟翠霞、蔡晓峰、郑文范（2013）提出了科技型小微企业"以知为本"的发展模式，对知识决定创新的科技创新模式、知识支配管理的柔性化管理模式等七个模式进行了深入分析。张洪潮、雒国彧（2014）分析了科技型小微企业集聚产生的引力和强化效应、协作与分工效应、共享效应、空间交易成本的节约效应、激励和优化效应，指出集聚式发展是科技型小微企业发展的选择。尹辉、周军（2014）从目标一致性、系统开放性、作用非线性等方面分析了协同创新和科技型小微企业发展的内在关系，认为科技型小微企业发展的现状、人才瓶颈、融资困境均要求其协同创新，指出了科技型小微企业通过协同创新发展的路径。

科技型企业具有高投入、高难度、高风险、高收益的特点，充裕的科研资金对科技型小微企业发展具有非常重要的影响，故一些学者从金融支持角度研究了促进科技型小微企业发展问题。庞加兰（2013）认为科技型小微企业融资具有阶段性、成本高、风险大、方式多样化的特点，存在融资模式单一、融资成本高、信用担保体系不健全等问题。为了完善科技型小微企业融资模式，他提出建议：通过设立和完善小微企业专营机构，知识产权质押贷款，集合保理融资来创新间接融资渠道；通过集合债券模式，新三板市场融资，海外上市融资来拓宽直接融资渠道；推进金融租赁发展。滕晖（2014）运用演化经济学理论分析比较了银行业在不同的政策环境下支持科技型小微企业发展的成效，发现不同解决方式对银行实际选择有着完全不同的影响。

（四）对我国小微企业发展研究的评价和展望

自 2011 年国家把中小企业划分为中型企业、小型企业、微型企业之后，我国学者逐渐重视小微企业发展，公开发表的相关学术论文数量也呈递增之势。不过，目前学术界对小微企业发展的研究还存在一些不足，滞后于实践的发展：

第一，对影响小微企业发展的内部因素研究薄弱。小微企业发展过程是其从幼稚逐步走向成熟、从缺乏竞争优势到具备竞争优势的过程，具体表现为企业内在素质逐步提升，外部价值网络逐步优化。通过上述文献综述可知，现有较高学术水平的相关论文多从优化企业外部价值网络的角度研究小微企业发展问题，尤其是从金融、税收等方面来研究促进小微企业发展，而较少从提升小微企业内在素质角度研究小微企业发展。

第二，从公共行政与公共管理视角研究小微企业发展的成果缺乏。目前，学者们主要从工商管理、应用经济学等角度研究小微企业发展，也取得了一些研究成果。纵观这些研究小微企业发展的成果，鲜有学者从公共行政与公共管理角度来研究小微企业发展。在核心期刊上公开发表的相关论文中，没有一篇论文运用公共行政与公共管理相关理论来研究小微企业发展。企业在发展过程中无时无刻不受到政府管理的影响，学术界很有必要且也能够从公共行政与公共管理视角来研究小微企业发展。例如，为了解决小微企业融资难和负担过重问题，国家陆续出台了一些金融政策和税收优惠政策，学者们也运用金融学、税收学理论对上述问题进行了研究。然而，时至今日小微企业融资难和负担过重的问题依然存在。从被视为"当代公共行政学最重要的发展"的政策科学理论角度来看，这其实意味着支持小微企业发展的金融政策和税收优惠政策存在失效现象。科学上新理论、新发明的产生以及新工程技术的出现经常是在学科的边缘或交叉点上，学术界应该运用包括政策科学理论在内的公共行政与公共管理理论对小微企业发展进行交叉学科研究，这有助于小微企业发展研究取得突破性进展。

第二节
公共服务质量提升文献综述

一、国外研究综述

（一）公共服务质量提升的历史轨迹

国外学者尤其是西方发达国家学者对公共服务质量提升的理论研究主

要是基于实践需要而发展起来的。西方发达国家的政府改革实践推动着公共服务质量提升的理论研究，这些理论研究成果又影响和指导着政府实践。被称为服务营销理论之父的芬兰学者克里斯琴·格罗路斯（Christian Gronroos，1982）认为，"服务质量取决于顾客对服务的期望与其所接受服务的感知的比较。当服务感知超过服务期望时，服务质量会被认为较高且令人高兴和惊讶；当服务感知低于服务期望时，服务质量会被认为较差且令人不可接受；当服务感知与服务期望一致时，服务质量是令人满意的。"[①] 由于人的期望会不断提高，所以，公共服务质量提升是一个永远处于进行时的过程，当政府行政环境发生变化，人们对公共服务的诉求和期望就会发生变化，进而公共服务质量就有提升的必要了。在一定程度上，西方发达国家公共服务质量提升的历史就是其公共服务发展的历史。从总体上看，西方发达国家公共服务呈现出从最小限度的公共服务，到适度扩张到过度膨胀的公共服务，又到适度、整合的公共服务的发展轨迹。从时间上来讲，西方发达国家公共服务基本可以划分为自由资本主义时期的公共服务、国家干预主义时期的公共服务以及当代新公共管理时期的公共服务。

在 18 世纪末到 20 世纪初的自由资本主义时期，西方主要资本主义国家奉行"最好的政府，就是最廉价的、最无为而治的政府"的理念，只提供较少的公共服务，公共服务的特点是消极、无为。人们对政府公共服务的诉求处于消极阶段，整个社会对政府抱有戒心，秉持敌视态度。例如，当时的美国联邦政府很少关心社会福利、社会救济和社会保障等公共服务。19 世纪中叶英国政府的主要关注点是外事活动和维持治安。

经过自由资本主义时期的发展，西方资本主义国家经济得到了较大发展，走上了工业化发展道路。自由市场经济体制在促进经济发展的同时，也造成了社会财富分配不公、市场垄断、公共物品供给不足等问题。人们开始否定自由放任和廉价政府的观点，越来越希望政府提供更多公共服务。人们对公共服务期望和诉求的改变驱动着政府不断提升公共服务质量，政府公共服务的范围逐渐扩大到社会生活各个方面。西方发达国家政府开支不断增长也验证了其公共服务的扩张：1937 年西方发达国家政府

---

① A. Parasuraman, V. A. Zeithaml, and L. L. Berry. A Conceptual Model of Service Quality and Its Implications for Future Research. Journal of Marketing 49, Fall 1985：48.

总支出占 GDP 的比重仅为 20% 左右，1980 年比重超过了 40%，1995 年，这一比重则接近 50%。在美国，随着 30 年代罗斯福新政登上历史舞台，政府不再仅仅扮演"守夜人"的角色，开始提供越来越多的公共服务。例如，美国政府于 1935 年通过了《社会保障法》，从而使美国政府取代社会民间力量成为了社会福利主要供给者。在欧洲，德国和瑞典等国家陆续建立了大规模社会福利制度，提供"从摇篮到坟墓"的公共服务。

20 世纪 70 年代，英美等西方发达国家在经济陷入滞胀的同时，政府机构日趋臃肿，公共服务质量低下，无法适应信息社会的要求和公众对公共服务的期望。为了提升公共服务质量，新公共管理运动首先在英国和美国两国兴起，随后迅速扩展到了西方各国。在新公共管理模式下，政府提供公共服务的方式和机制发生了改变，具有了公共服务顾客导向、公共服务结果导向、公共服务社会化和企业化、公共服务电子化、公共服务绩效控制等一些特点。英国是新公共管理运动的发源地之一。从撒切尔政府到布莱尔政府，英国政府开展了一系列公共服务质量提升活动。其中撒切尔夫人执政时实施的"下一步"行动方案和梅杰执政时开展的"公民宪章"运动极大地提高了英国公共服务质量。在美国，克林顿执政时期副总统戈尔发起的重塑政府运动是美国历史上最为成功的改革，使美国政府的公共服务质量得到了有效改进。美国公共服务改革主要有以下特点：公共服务改革目标是低成本、高效率，提高公共服务质量的途径是服务创新。美国政府的公共服务改革没有随着克林顿政府的结束而停止。乔治·布什执政后，在克林顿政府"顾客服务标准运动"的基础上进一步完善了 ACSI 即美国顾客满意指数，并在政府公共服务中大量运用了信息技术，以提高公共服务质量。

（二）公共服务质量提升的方法

公共服务质量提升的方法随着现实环境的变化而不同，国外学者总结了 6 种提升公共服务质量的方法：

一是标杆管理。标杆管理的关键是比较、学习、提高。费希尔（Fisher，1994）认为公共部门采用标杆管理有三个好处：第一，能确定衡量绩效基础的标准；第二，能在各自的公共服务领域内确定问题之所在；第三，通过引进最佳实践可以改善公共服务的供给。帕特里夏·基利（Patricia Keehley，1996）、史蒂文·梅德林（Steven Medlin，1996）等人分析了公共部门实施标杆管理的具体步骤：第一，确定项目的目标和范围；第二，了解自身的程序；第三，对作为标杆管理的潜在伙伴开展研究；第四，选择绩效评估标准；第五，收集有关绩效评估的内部数据；第六，收集有关合作伙伴组织的数据；第七，进行差距分析；第八，引进最佳实践以缩小绩效差距；第九，进行监察；第十，在取得的结果基础上重新核定绩效评估标准；第十一，重新开始研究。不过，由于公共部门和私人部门在管理对象、运作范围、管理目标等方面有所不同，作为私人部门管理技术之一的标杆管理在公共部门实施中可能会存在一些困难：第一，多元目标的冲突和中心目标的模糊；第二，公共部门管理绩效难以测定；第三，标杆变化的弹性难以确定；第四，公共部门预算周期的限制；第五，缺乏熟练掌握标杆管理的人才；第六，公共部门组织文化的阻碍。

二是民营化。民营化的根本目的是通过引入民间资本，提高公共部门绩效。在系统总结国际经验基础上，E. S. 萨瓦斯（E. S. Savas, 1999）把民营化方式归纳为委托授权、政府撤资、政府淡出三大类。他指出，竞争是民营化成功的关键。不过，民营化也有其局限性。首先，并非所有公共服务都可以民营化；其次，治理的全过程是不能够民营化的；最后，民营化的应用需要一定的社会、政治、经济条件。

三是全面质量管理。"顾客至上"观念是全面质量管理的核心，公共部门的顾客是指直接或间接受政府行为影响的目标对象。史蒂文·科恩（Steven Cohen, 1993）和罗纳德·布兰德（Ronald Brand, 1993）认为，"全面"意指把质量追求应用于从界定顾客需求到积极主动评估顾客满意与否的工作的方方面面，"质量"意味着满足、超过顾客的期望值，"管理"意指发展并保持组织力量以便持续提升质量。从内容上看，全面质量管理主要包括以下业务活动：第一，与供应商协同工作以确保工作过程中使用的供应品符合要求；第二，持续进行员工工作分析以改善其工作，减少不必要返工；第三，密切与顾客的交流以理解其要求及对质量的界定。从过程上看，全面质量管理分为前期准备、分析工作、（持续）改进工作三个阶段。在前期准备阶段，公共部门要明确顾客导向、取得高层支持、明确改进目标；在分析工作阶段，公共部门要在内部营造宽松的氛围、虚心向基层操作者寻求信息、分析工作并提出改进目标；在改进工作阶段，要持续改进质量、推动全员参与、实施预防式管理、建立培训和激励机制。

四是 ISO9000 质量管理。ISO9000 质量管理体系是基于这样的认识，即某些管理习惯和行为的特征可以标准化，一个精心设计、有效实施并认真管理的质量体系能够确保满足顾客期望和要求。所以，ISO9000 质量管理体系规定了质量体系的标准。詹姆斯·R. 埃文斯（James R. Evans，2008）和威廉·M. 林赛（William M. Lindsay，2008）指出，公共部门实施 ISO9000 质量管理体系可以实现更高的顾客满意度和顾客保留率、更高质量的公共服务以及生产率的提升。

五是公民参与。公民参与公共服务有助于改善公共服务质量。从 20 世纪 60 年代末开始，国外学者研究公民参与公共服务的成果日益增多。在 60—70 年代，国外学者主要研究分权、参与对公共服务供给的影响。在 80—90 年代，国外学者主要研究公共服务中公民参与的途径和方式。从 90 年代末至今，国外学者主要研究公共服务中公民参与的效果。谢里尔·西姆瑞尔·金（Cheryl Simrell King，1998）区分了真正的参与模式和非真正的参与模式，认为真正的参与模式应该包含关注、承诺、信任以及开诚布公的讨论等关键要素。为了推动非真正的参与模式向真正的参与模式转变，政府应该向公民授权和提供公民教育，重新培训行政人员，调整行政系统和过程并使之合理化。

六是流程再造。流程再造意味着对流程进行根本性再思考和彻底再设计，以期较大幅度改善绩效。拉塞尔·M. 林登（Russell M. Linden，1994）认为，流程再造要遵循七个原则：一是围绕结果进行组织；二是几个过程同时进行；三是流程中后阶段的信息要反馈给前阶段；四是在流程的初始阶段一次性获取所需信息；五是尽量为顾客和供应商提供单独接触的机会；六是确保流程中"主要序列"的持续流动；七是自动化是最后而非最初的关键性步骤。流程再造一般有四个步骤：第一，描述目前的流程；第二，从最后阶段着手，逆方向进行改革；第三，设定一个扩展性目标；第四，像面对一张白纸那样从头开始。流程再造的结果是形成一个无缝隙公共部门，无缝隙公共部门能够提供高质量的公共服务，让公众觉得组织有透明度，办事顺畅。

二、国内研究综述

在中国，自时任国务院总理温家宝同志于 2004 年在中央党校首次提出建设"服务型政府"以来，国内学者开始关注服务型政府建设问题。

在一定程度上，服务型政府建设成功与否取决于其公共服务质量的高低。长期以来我国政府一直是管理型政府，服务意识缺乏，公共服务质量不高。随着我国"放管服"改革的不断推进，如何提升公共服务质量已成为当前急需解决的问题之一。为了厘清国内学者研究公共服务质量提升概况，在中国知网（www.cnki.net）上分别以篇名"公共服务质量提升""公共服务质量改进""公共服务质量改善""公共服务质量提高""公共服务质量优化"作为内容检索条件对期刊论文和博士、硕士学位论文进行模糊检索，截至2017年11月，发现88篇期刊论文和4篇博士、硕士学位论文。为了更加全面了解国内学者研究公共服务质量提升的情况，鉴于一些篇名中只包含"服务质量"字眼的论文也有可能在文中部分涉及公共服务质量改善问题，以篇名"服务质量"作为内容检索条件对期刊论文和博士、硕士学位论文进行模糊检索，并对涉及公共服务质量提升问题的论文进行了研读。通过梳理相关文献后发现，国内学者对公共服务质量提升的研究基本处于起步和探索阶段。

关于研究领域，国内学者主要对公共服务本身或旅游、公共图书馆、教育、公共卫生、社会保障等等公共服务领域的服务质量提升进行了研究；关于研究方法，一些国内学者运用定性分析法、规范分析法研究公共服务质量提升问题，也有一些国内学者运用定量分析法、实证分析法研究该问题；关于研究视角，受新公共管理运动的影响，大多数国内学者主要从服务营销学、质量管理学角度研究公共服务质量提升，只有个别国内学者基于社会学、法律、博弈论视角研究此问题。下面择其重点分述之，以了解当下我国公共服务质量提升研究的不足，指出公共服务质量提升研究的方向，促进我国服务型政府建设。

（一）服务营销学视角下公共服务质量提升研究

毋庸置疑，公共服务质量改善与服务营销学、质量管理学有着密切联系。目前，多数国内学者运用服务营销学的SERVQUAL模型、服务质量差距模型、服务外包、服务利润链等理论研究公共服务质量提升。

一些国内学者认为公共服务与商业服务在本质上没有区别，可以直接用SERVQUAL模型来研究公共服务质量提升问题。例如，程方升（2007）认为地方政府服务存在信用失范、专业化程度较低、设施和设备落后、公务员态度冷淡且同理心较差、服务效率低下等问题。为提高地方政府服务质量，地方政府可以从 SERVQUAL 模型的有形性、可靠性、响应性、保证性、移情性等五个维度方面采取改善措施。孙秀明、孙遇春、刘洁（2015）直接运用 SERVQUAL 模型测量了中小企业对政府服务的期望值与实际感受值的差距，对上海市助力中小企业"走出去"的公共服务质量进行了评价，并从市场开拓支持、经济支持、信息平台建设、权益维护等方面指出了改进上海市助力中小企业"走出去"的公共服务质量的具体路径。不过，有些国内学者却认为 SERVQUAL 模型不能直接用于公共服务质量提升研究，需要对该模型进行适当调整。例如，罗晓光、汝军芳（2010）在考虑了政府管理的理论和实践的基础上，运用探索性因子分析方法开发出了政府服务质量 SERVQUAL 评价量表，主要从政府服务的意愿性、效率性、保障性、关怀性、信息性和有形性等六个方面来评价政府服务质量。睢党臣、张朔婷、刘玮（2015）在 SERVQUAL 模型五个维度的基础上，结合农村公共服务的实际情况，指出要从有形性、可靠性、响应性、保证性、移情性、透明性等六个方面来评价农村公共服务质量。以陕西省为例，他们对农村公共服务质量进行了测评，发现在响应性、保证性和移情性方面农村公共服务质量比较低。为了提高农村公共服务质量，他们主张建立完善的信息沟通平台，树立顾客导向的新理念，提升服务人员的职业素养和政府公信力，改善公共服务信息的透明度。

董政刚（2013）借鉴服务质量差距模型，在分析政府网站服务质量五个差距产生原因的基础上，提出了缩小上述五个差距以改善政府网站服务质量的具体措施。李晓园、张汉荣（2009）对江西省县域公共服务情况进行了实证研究，根据服务质量差距模型发现县级政府公共服务质量存在五个差距，并提出了改善县级政府公共服务质量的对策。贺翔、唐果（2014）在对海外高层次人才回国工作地点选择影响因素进行调查的基础上，根据服务质量差距模型指出了地方政府提升人才公共服务质量以提升本地区对海外高层次人才吸引力的四条途径。

另外，一些国内学者运用服务营销学的服务外包理论对公共服务外包进行了研究。裴蕾（2014）认为，我国公共图书馆通常存在硬件设施好而软件服务差，义务馆员及志愿者的服务缺乏系统性、连续性的情况。为了提高公共图书馆的公共文化服务质量，他指出应该通过公共图书馆"文化钟点工"模式把公共图书馆的部分公共文化服务外包出去。张瑞霞（2015）对南京市人民政府购买居家养老服务质量进行了评价，从改善养老服务设施、丰富服务内容、添加个性化服务、健全完善监督和评估体系等方面提出了提升所购居家养老服务质量的途径。刘征驰、易学文、周堂（2012）基于双重契约的视角把公众评价引入公共服务外包质量控制模型，通过分析得出了激励接包方企业的最优价格扣除系数，以提高公共服务外包质量。

根据服务利润链理论，黄琳（2010）探讨了政府部门员工满意度和组织业绩之间的关系，发现提高政府部门员工满意度能够提高政府服务质量。为了改善政府部门员工的工作满意度，他认为除了物质奖励外，还要重新设计职位，加强员工培训，实施参与管理。吴思奇（2015）分析了公务员薪酬制度改革影响基层政府公共服务质量的机理，指出公务员薪酬制度改革通过影响公务员价值观，进而影响公务员工作行为，最终影响基层政府公共服务质量。为了提升公共服务质量，基层政府要制定科学的薪酬制度并按绩付酬。

（二）质量管理学视角下公共服务质量提升研究

除了服务营销学理论之外，一些国内学者还运用质量管理学的全面质量管理、ISO9000 质量管理体系等理论研究公共服务质量提升。

全面质量管理由费根鲍姆（A. V. Feigenbaum，1961）于 20 世纪 60 年代首先提出。随着人们对公共服务质量的日益关注，全面质量管理逐渐受到公共行政和公共管理领域学者们的重视。汪梦（2007）认为全面质量管理理论包含三组核心概念：一是"顾客导向"和绩效考核；二是授权和扩大参与；三是流程变化和持续性，它们与政府服务质量高低密切相关。绩效考核标准和技术的差异性、组织授权缺乏、部门职能的模糊性和工作流程的复杂性都会影响政府服务质量。施美萍（2006）从传统政府官僚制的尴尬、我国行政体制改革的战略核心以及中外公共部门的实践等三个方面分析了我国加强政府全面质量管理的必要性，并指出了政府部门成功实施全面质量管理的两个关键点：一是领导要坚定支持全面质量管理实践；二是要成立质量改进小组分析质量及其形成过程。不过，谭英俊（2011）对此有不同看法。他认为政府部门成功实施全面质量管理有五个关键点：一是加强组织领导工作；二是构建标准体系；三是制定工作流程；四是建立保障机制；五是培育组织文化。

ISO9000 质量管理体系有效运行的基础是 ISO9000 族标准的建立和执

行。ISO9000 族标准由国际标准化组织于 1987 年首次颁布，随后全球掀起了 ISO9000 热潮，该系列标准被各国标准化机构和企业认同和采用。为了改善公共服务，一些公共部门也开始建立 ISO9000 质量管理体系。高炜婷（2015）在分析了政府公共服务质量存在问题的基础上，指出了政府通过 ISO9000 质量管理体系提升公共服务质量的必要性。不过，卓越、刘洋（2013）认为，政府部门引入 ISO9000 质量管理体系存在两个发展瓶颈：第一，公共管理专业技术人才很少介入 ISO9000 质量管理体系的认证过程；第二，ISO9000 质量管理体系的认证过程缺乏运用公共管理专业技术方法进行简化处理的能力。胡炎平（2012）对广东省江门市人民政府实施 ISO9000 质量管理的情况进行调查后发现，通过推行 ISO9000 质量管理体系，江门市人民政府强化了服务意识，改善了服务态度。同时，他认为江门市人民政府在推行 ISO9000 质量管理体系过程中存在没有深入理解、灵活运用 ISO9000 质量管理体系的问题。

（三）我国公共服务质量提升研究的评价和展望

通过研读国内关于公共服务质量提升研究的文献，发现当下国内学术界对公共服务质量提升的研究还存在一些不足。一些国内学者虽然运用服务营销学、质量管理学的相关理论对公共服务质量提升问题进行了研究，并取得了一定成果，但是其理论借鉴的广度和深度还明显不足。就服务营销学而言，除了借鉴 SERVQUAL 模型、服务质量差距模型、服务外包、服务利润链等理论外，国内学者将来还可以运用服务蓝图、步行穿越调查法、服务之花、服务包等理论来提升公共服务质量。就质量管理学而言，除了借鉴全面质量管理、ISO9000 质量管理体系等理论外，国内学者将来还可以运用 PDCA 循环（戴明环）、六西格玛管理、质量功能展开、卓越绩效模式等理论来提升公共服务质量。

另外，通过梳理文献发现，目前，研究社会性公共服务、维持性公共服务质量提升的论文比较多，许多国内学者对公共图书馆、教育、公共卫生、社会保障等社会性公共服务以及公共行政服务、电子政务、司法等维持性公共服务的质量改善问题进行了探讨。相对而言，研究经济性公共服务质量提升的论文比较缺乏。

当前，处于新常态的中国经济面临三个挑战，迫切需要政府供给高质量经济性公共服务应对之。第一个挑战是经济增长速度从高速增长转为了中高速增长。这导致了许多企业尤其是小微企业因经济大环境变化而发展停滞甚至倒闭，需要政府提供高质量的经济性公共服务帮助企业走出困境。第二个挑战是经济结构面临不断优化升级的压力。经济结构的优化升级取决于成千上万的企业成功转型升级，这要求政府提供高质量的经济性公共服务帮助企业转型升级。第三个挑战是发展动力转为了创新驱动。企业是创新的主体，其成功创新离不开良好的外部环境。这需要政府提供高质量的经济性公共服务以创造良好的创新环境。众所周知，理论指导实践。所以，在新常态背景下，国内学者应该加强对经济性公共服务，尤其是支持企业发展的经济性公共服务质量提升的研究，以促进政府提供高质量的经济性公共服务，帮助企业发展壮大。

第三章

地方政府支持小微企业发展的主要理论依据和现实动因

第一节
理论依据

一、政府干预理论

地方政府支持小微企业发展的行为实际上是政府干预区域经济的行为。美国著名经济学家约瑟夫·斯蒂格利茨（Joseph E. Stiglitz, 1980）的政府干预理论对政府干预经济行为进行了较好的阐释。政府干预理论包括市场失灵理论和政府的经济职能理论两个部分。传统的市场失灵理论认为市场机制无法解决公共品供给不足、外部效应、垄断、分配不公等问题，故政府干预经济的范围应限制在上述范围之内。约瑟夫·斯蒂格利茨拓展了市场失灵的内涵，认为市场失灵无处不在，并不局限于公共品供给不足、外部效应、垄断、分配不公等狭隘范围。针对"政府存在失灵，政府干预经常是无效"的西方经济学流行观点，政府的经济职能理论指出，政府失灵不会比市场失灵更糟。所以，政府可以通过主动弥补影响小微企业发展的市场失灵来支持小微企业，促进小微企业发展。

二、地方政府竞争理论

关于地方政府竞争的经典理论，首推蒂伯特（Tiebout）模型。蒂伯特（Tiebout，1956）指出，地方政府提供的公共服务种类和质量影响着企业发展，企业通常会根据各地区供给的公共服务种类和质量做出迁移与否的决定。为了留住本地企业，当地政府会努力增加公共服务种类和提供高质量公共服务。显然，在公共服务供给方面，地方政府之间存在着一定程度的竞争。为了确保小微企业不迁移到别处，地方政府会积极支持小微企业发展。

三、新中国人民政府执政理念

在中国共产党的领导下，新中国人民政府经过长时间的实践和总结，逐渐形成了包括"全心全意为人民服务""立党为公、执政为民"的执政理念。"全心全意为人民服务"作为中国共产党人的最著名科学论断，深刻阐述了人民利益至上思想，为我国建设服务型政府提供了直接的理论支持。"立党为公、执政为民"是在总结了"全心全意为人民服务"重要思想后提出的执政理念，在新的历史条件下为服务型政府建设提供了更加深刻、更加准确的理论支持。通常，小微企业发展的好坏对经济增长率和社会就业率有较大影响，小微企业发展状况与广大人民的利益紧密相关。地方政府支持小微企业发展是地方政府践行"立党为公、执政为民"理念的具体体现。

第二节

现实动因

一、能够促进新常态下经济增长

促进经济增长是地方政府的重要职责。小微企业数量庞大，分布在国民经济各个领域，是我国实体经济的重要基础，日益成为经济增长的关键因素。小微企业在很多国家被视为经济经济增长的发动机，尤其在一些发达国家和经济转轨国家中其促进经济增长的作用表现得十分突出。美国 GDP 的 40%、德国 GDP 的 75%、中国 GDP 的 60% 都来自小微企业。在经济萧条期，小微企业发展还有助于抑制经济衰退。例如，20 世纪 80 年代初期，韩国经济进入萧条期，国民经济增长率为 -5.2%，此时小微企业增长率却高达 2.1%，从而大大缓解了经济衰退的程度。从 2012 年开始，中国 GDP 增速逐年下降，经济从高速增长转为中高速增长。在中国经济已经进入新常态的背景下，地方政府有必要支持小微企业发展以推动经济增长。

二、有助于去产能、去库存任务的完成

大中型企业通常进行标准化和大规模的生产和服务，使用机器比依靠人工效率更高、成本更低。与大中型企业相比，小微企业一般进行小规模生产和服务，其资本技术构成低。在相同数量的资本投入下，小微企业可以比大中型企业吸纳更多的劳动力。大多数国家（地区）小微企业提供了 50% 以上的就业岗位，如美国 53%、德国 78%、中国 80%、韩国 87% 的就业岗位均来自小微企业。而且，在大中型企业因经济不景气而裁员时，小微企业一般能保持一定的就业增长速度，从而起到稳定就业的作用。例如，在 1988—1990 年，美国大中型企业裁减了 135 万名职员，而同一时期，小微企业却增加了 410 万个就业岗位。为了适应和引领新常态，中国于 2015 年开始推进供给侧结构性改革。这次改革的重点任务是去产能、去库存、去杠杆、降成本、补短板。化解过剩产能、处置"僵尸企业"会造成职工下岗失业，导致失业人数上升。地方政府支持小微企业发展显然能够让小微企业有能力提供更多的就业机会给"僵尸企业"的下岗职工，减轻社会就业压力，确保去产能任务更好地完成。而且，小微企业为大中型企业提供了部分市场。小微企业的发展意味着这个市场的扩大，增加了小微企业对大中型企业产品的有效需求，有助于大中型企业去产能任务的完成。

促进农民工在城镇定居落户是当下化解房地产库存的主要措施。农民工能够在城镇找到工作无疑是其愿意在城镇定居落户的前提。农民工通常文化水平不高，就业技能低下。小微企业通常对劳动力的技术要求不高，

是失业人员、新增劳动力等就业困难人群就业的主要场所。显然,小微企业无疑是农民工较好的就业选择。故地方政府支持小微企业发展有助于给农民工提供更多的工作机会,吸引农民工在城镇定居落户,进而化解房地产库存。

三、能够推动大众创业、万众创新

小微企业中有一部分企业是创业企业。处于创业阶段的小微企业,外部环境对其发展有着重要影响,地方政府支持小微企业发展无疑能够促进创业企业成长,激发大众创业的热情。在创新领域,小微企业的创新活动不逊于大中型企业。小微企业创造了相当数量的技术成果,其中不乏一些高水平技术成果。例如,在德国,小微企业申请注册了占全国约 2/3 以上的专利技术。在美国,从 20 世纪初到 70 年代,小微企业完成了一半以上的科技发展项目,小微企业的人均发明数量是大中型企业的 2 倍。美国小微企业在产品创新、服务创新、工艺创新和管理创新中的贡献率分别是 32%、38%、17% 和 12%。所以,地方政府支持小微企业发展在一定意义上就是支持创新。

除了上述现实动因之外,地方政府支持小微企业发展还能增加税收,促进社会稳定。

第四章

小微企业的价值链

第一节
小微企业价值链的特点

企业竞争优势是企业发展的推进器。迈克尔·波特（Michael Porter，1985）认为，企业的竞争优势产生于价值链。搞清楚小微企业的价值链特点是地方政府帮助小微企业获得竞争优势、促进小微企业发展的前提。迈克尔·波特把企业的价值链划分为基本活动和辅助活动，具体见图4-1。

与大中型企业的价值链相比，小微企业的价值链有其独特之处。具体而言，小微企业价值链的基本活动和辅助活动具有以下特点：

一、物流方面

物流包括进货物流和出货物流。企业是否要成立物流部门取决于企业规模大小和物流网络复杂性。小微企业规模较小，物流网络不太复杂，故小微企业通常不设立独立的物流部门，其物流工作被分解、分配到了企业中各职能部门。而且，小微企业的管理人员往往身兼数职，企业组织结构

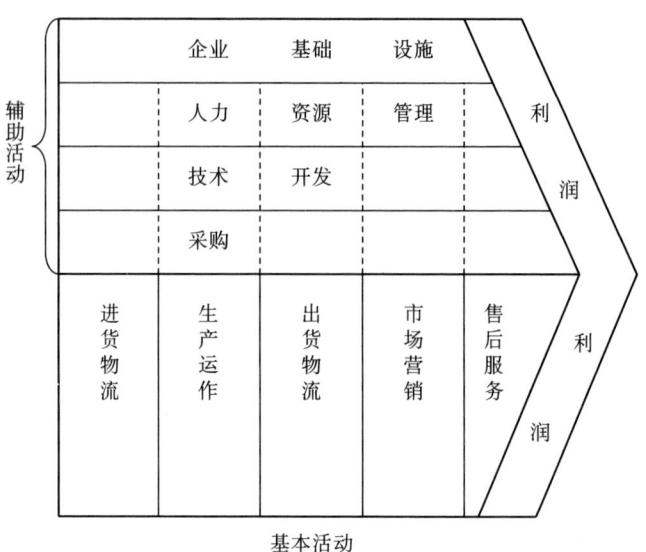

图 4-1 企业价值链

非常灵活，信息传递路径短，这也有助于实现物流跨部门运作。

目前，企业物流趋向机械化、自动化。不过，由于企业实力有限，小微企业仍然沿袭传统的物流模式和技术，以人工作业为主，物流效率低下。例如，大多数小微企业库存管理主要依靠手工进行，或由专人将单据输入电脑。小微企业一般不会购置很多运输设备，通常是委托物流服务商来完成企业的外部运输。

另外，小微企业的信息化程度低，信息平台建设落后，物流管理专业人才缺乏，导致物流管理水平低下。例如，一些小微企业因原料总库存成本偏高而减少库存，导致缺料现象时有发生；不能按时、按质、按量组织供应，以最小的物资储备满足最佳的供货状态。

二、生产运作方面

关于生产计划和流程，与大中型企业相比，小微企业具有以下特点：一是具有快速的市场响应能力；二是对客户变化的适应能力较强；三是客户的地域邻近；四是与客户的联系密切；五是企业管理层、员工对企业目标高度认同。

关于生产沟通，与等级结构分明的大中型企业不同，小微企业往往通过非正式的沟通来缩短产品开发、流程开发、工作准备、规划和投资固定资产直到最后生产之间的操作过程。

关于生产分工，与职能划分明确的大中型企业相比，小微企业生产分工较笼统。例如，生产计划、生产调度、生产统计等职能在大中型企业中由员工分别承担，而在小微企业中常常由一人承担。

关于产品质量控制，与设备性能先进、种类繁多的大中型企业不同，小微企业由于生产设备落后，质量控制手段有限，造成产品质量稳定性差。而且，由于小微企业通常缺少正式的规章制度，员工很难被激励去努力达成全面质量管理的目标。

三、市场营销方面

小微企业组织结构简单、灵活，层级少，企业管理层经常与客户直接接触，能够随时把握客户需求的变化，故小微企业往往比大中型企业更加贴近客户，可以快速响应客户需求。不过，由于营销技能缺乏和资金紧张，小微企业很少进行系统性市场调研以获得第一手数据，常常倾向于直接利用行业报告、商会统计数据等二手数据来分析、解决企业遇到的各种营销问题。

关于竞争战略，迈克尔·波特认为，"一个企业只能拥有两种基本竞争优势，即低成本或产品差异化。这两种基本竞争优势和某一种特定业务范围（即市场细分后的目标市场的范围）相结合，就可以得出三个通用战略，即成本领先、产品差异化、目标集聚。"[1] 乔治·叶氏（George S. Yip，1994）指出，高度的产品差异化可以使小微企业不必面对面地与大企业竞争，从而增加了存活率。佐尔坦·阿克斯（Zoltan J. Acs，1990）通过实证研究发现，尽管大中型企业具有规模经济优势，小微企业如果采取目标集聚战略，把有限资源投入特定细分市场，完全可以弥补这一劣势。由于企业资源有限，大多数小微企业倾向于选择目标集聚战略。一些小微企业选择以成本领先为重点的目标集聚战略，另一些小微企业选择以产品差异化为重点的目标集聚战略。

小微企业一旦确定了竞争战略后，就应该制定具体的营销组合策略。在营销组合4P（产品、价格、渠道、促销）中，小微企业通常把产品视

---

[1] Porter, M. E. Competitive Advantage: Creating and Sustaining Superior Performance [J]. New York: Free Press, 1985.

为最重要的成功要素。关于产品方面，与大中型企业相比，小微企业在产品方面具有贴近客户、熟悉客户需求、快速响应市场变化、产品创新意愿强等特点。关于价格方面，由于缺乏准确的财务信息，小微企业在产品定价中很少进行精确的成本计算，也不太考虑顾客价值。其定价一般随大流，具有竞争导向的特点。关于渠道和促销方面，小微企业的目标市场多为本地市场，促销预算十分有限，故其在市场营销中相对也不太重视渠道策略和促销策略的运用。

另外，由于产品销售状况关系到小微企业的生死存亡，故小微企业所有者常常亲自负责产品销售。

四、售后服务方面

"现代营销学之父"菲利普·科特勒（Philip Kotler，1967）认为，产品整体概念包含核心产品、形式产品、期望产品、附加产品、潜在产品等五个层次，售后服务属于附加产品。不过，多数小微企业狭隘地认为产品概念只包括核心产品、形式产品、期望产品等三个层次。与大中型企业普遍重视售后服务不同，小微企业的售后服务观念淡薄，售后服务投入少，缺乏专业技术服务团队，服务流程不规范，一些小微企业甚至没有专门的售后服务部门。

售后服务提供形式主要包括委托式售后服务、直接建立售后服务网点、直接建立与委托式相结合三种类型。为了确保售后服务质量，大中型企业一般倾向于直接建立售后服务网点或直接建立与委托式相结合的方式为客户提供售后服务。小微企业由于实力有限，难以承担直接建立售后服务网点的成本，故通常采取委托形式为客户提供售后服务。

五、采购方面

大中型企业通常把采购看作一件非常专业、技术性较强的工作，认为采购在降低产品成本中具有举足轻重的作用。然而，小微企业对采购管理的重要性缺乏认识，认为采购是一件比较简单的工作，故多数小微企业没有专门的采购部门，负责具体采购的人员也多为企业主的亲戚、朋友等其比较信任的人。

小微企业生产规模小，资金有限，倾向于实施小批量分散采购。由于缺乏大中型企业的大批量集中采购的优势和谈判技巧，小微企业在与供应商的价格谈判中往往没有话语权,导致采购成本偏高。

六、技术开发方面

技术开发是由一定范围的各种活动组成,这些活动可被视为改善产品和工艺的各种努力。与员工人数众多的大中型企业比较,小微企业人数少,故小微企业中参与、关注技术开发的员工比例高于大中型企业。据调查,在拥有知识产权的企业中,小微企业有19%的员工从事和参与技术研究,大型企业中只有3%的员工从事和参与技术研究。

小微企业的专业技术人员数量少,实验设备相对落后,故其技术开发的深度不如大中型企业。小微企业技术开发的成果通常具有"大众化"的性质,容易推广应用。技术开发需要花费大量的资金和时间,研究周期长,这是小微企业难以支撑和承受的,故小微企业通常根据"短、平、快"原则选择技术开发项目,倾向于进行应用型研究,比大中型企业更加愿意和外界合作进行技术开发。

七、人力资源管理方面

人力资源管理包括各种人员招聘、培训、考核和薪酬管理等活动。小微企业的人力资源管理通常基于业务导向和战略目标导向,围绕其安身立命之本进行管理,很少专注于管理职能和专业的细化操作。小微企业的人力资源管理一般具有较大灵活性,策略、结构、制度等能够快速调整以适应和匹配业务、战略与流程的动态变化,不会过于追求人力资源管理的系统化、规范化、程序化和所谓的科学化。在一些没有设立人力资源部的小微企业中,战略性的人力资源管理工作由企业主承担,管理性的人力资源工作由业务管理者承担,事务性的人力资源管理工作由行政部承担,还有一部分人力资源管理工作交由员工承担,进行自我管理。

关于招聘方面,小微企业无法像大中型企业一样运用内部招聘,只能频繁地进行外部招聘。由于小微企业通常缺乏知名度、社会声誉不佳、企业发展前景不确定、难以提供有竞争力薪酬等原因,在人才市场上往往处于竞争劣势,难以从外部招到高素质人才。不过,小微企业招聘也有一些优势:一是员工晋升速度快和机会多;二是员工涉及的工作活动范围广,工作的扩大化和丰富化能够提高员工的工作满意度;三是员工能够快速积累工作经验,提升工作能力;四是人际关系简单;五是员工个人的贡献容易被识别。

小微企业往往没有健全的人力资源管理制度，员工的绩效考核好坏及薪酬水平高低基本都由企业主的主观判断而定。科学绩效考核制度和薪酬管理制度的缺失可能让员工感觉不公平，从而影响其工作满意度和积极性。

八、企业组织方面

企业组织由包括总体管理、计划、财务、法律等在内的大量部门或机构组成，通过整个价值链而不是单个活动起辅助作用。

在组织结构方面，与大中型企业具有多种形式的组织结构相比，多数小微企业采取直线式组织结构，只有两三个纵向层次。直线式组织结构是一种简单结构，具有低复杂性、低正规化特点，决策权集中在一个人手中。这样的组织结构能够使小微企业反应快速、灵活、运营成本低、责任明确。不过这种低正规化和高度集权的结构有可能会导致小微企业主信息超载，决策缓慢，决策失误率增加。

关于企业制度方面，多数小微企业实行典型的家族式管理，正式制度缺乏，倾向于运用非正式规则来管理企业。虽然在一定程度上这种"人治"特点明显的管理模式可以降低企业制度成本和代理成本，但家族成员对企业管理的大包大揽和家族成员间管理职责的划分不清都容易造成小微企业管理混乱、多头管理与执行不力、惩罚不到位，尤其在财务上容易出现监督盲区。

关于企业文化方面，小微企业喜欢利用"家"的概念来进行企业文化建设，希望营造出积极向上、开放融洽且具有家的氛围的企业文化。另外，小微企业的企业文化在一定程度上是小微企业主的人格化，小微企业主个人性格特点、处事方法与待人态度对形成小微企业的企业文化有着较大影响。

第二节
共享经济企业的商业模式创新①

市场营销属于小微企业价值链的基本节点之一。小微企业资源有限，抗风险能力弱，通过成功的市场营销把产品卖出去是其生存、发展的基础和前提。故本书以共享经济企业为例，从资源拼凑视角对小微企业的商业模式创新进行研究；以浙江省宁波市静缘瑜伽馆为例，对生活服务型小微企业的消费者评价标准权重进行研究。

一、问题的提出

我国共享经济伴随信息技术的进步发展迅猛，根据国家信息中心发布的数据，2018年我国共享经济交易规模达29420亿元，较上年增长41.6%，共享经济在出行、住宿等行业保持平稳增长的同时也向生产制造领域加速渗透，其市场规模较上年增幅高达97.5%。借助共享经济发展的浪潮，涌现了许多共享经济企业。共享经济企业带来的新商业模式已经成为我国经济结构优化、消费方式转型的新动能。

共享经济企业虽然渗透到了多个领域（见表4-1），但是很多企业仍然缺少足够资源，尚未探索出合理的商业模式来实现盈利。在创业实践中，许多初创企业会受到资源缺乏问题的制约，资源拼凑理念为解决这一问题提供了可行思路。共享经济的核心特点是供需方闲置资源使用权让渡，这对共享经济企业发掘并调配资源提出了更高要求。基于资源拼凑视角利用资源拼凑整合手边资源，为共享经济企业更好地配置资源进而创新商业模式提供了可行的途径。

已有学者对共享经济商业模式创新进行研究，但未有基于资源拼凑视角研究共享经济企业商业模式创新的相关学术成果。因此，笔者从资源拼

---

① 本节内容根据在2019年第4期《科技与经济》上发表的论文《资源拼凑视角下共享经济企业的商业模式创新研究》修改而成。论文作者：刘康平、贺翔。

凑视角研究共享经济企业商业模式创新,以期为共享经济企业商业模式创新提供有益参考。

表 4-1　　　　　　　　共享经济的领域和类别

共享经济领域	类别	代表企业
资金共享	P2P借贷、股权众筹	京东众筹、淘宝众筹、陆金所
产品共享	交通工具、服饰	滴滴出行、哈罗单车、衣二三
知识技能共享	智慧、知识、经验	知乎、知哒、猪八戒网
空间共享	住房、办公室	游天下、小猪短租
生产能力共享	能源、信息基础设施	淘工厂、易科学

二、相关概念和研究综述

(一) 资源拼凑

资源拼凑是创业者在资源制约困境下对现有资源进行创造性的利用,以面对挑战并把握创业机会。对于"资源劣势"条件下的创业企业而言,采用资源拼凑的策略能够使企业主通过开发身边资源发现新机会。

在 Baker 和 Nelson(2005)提出拼凑运用的投入、市场和制度等三个领域的基础上,赵兴庐、张建琦、刘衡(2016)提出了创业者实现资源拼凑的要素拼凑、制度拼凑、顾客拼凑等三条路径。要素拼凑是把被忽视的资源转变为生产要素以应对资源不足的过程。通过要素拼凑,企业能把各种物资和技能变为自身新的生产要素以缓解资源困境。制度拼凑是指初创企业利用现有的制度资源,形成特有的规则和流程,为生产运营构建合法性。顾客拼凑指企业挖掘被忽略的市场,满足新兴、小众消费者需求的过程。在初创企业面临资源困境的情况下,企业不得不满足非主流需求,企业进行顾客拼凑提供个性化的产品,可以提高对顾客的吸引力。总之,初创企业通过选择合适的拼凑路径,能够促进自身的绩效提升。

(二) 共享经济与商业模式

Robin Chase 认为共享经济是将卖方闲置资源使用权暂时转移到买方,提升闲置资源使用率来增强经济的可持续性。近年来,国际上有优步、爱彼迎等共享经济领头企业,国内有滴滴、摩拜等共享服务商,共享经济在多个领域得到了推广。

虽然商业模式概念至今尚无统一界定，但学者大都认同商业模式是用系统的方式解释企业经营及创造价值的逻辑。有些学者通过构建商业模式模型来解释企业运行机制。被许多企业采纳的 Osterwalder 九要素模型是"基于价值主张，涵盖运营模式及收入和成本的盈利模式的设计过程"，故本书选择 Osterwalder 的九要素模型对共享经济企业商业模式创新进行分析（见图4-2）。该模型把九要素划分为基础设施、客户、提供物和财务四个维度。基础设施维度关注重要伙伴、关键业务和资源配置，体现企业基础设施层面；客户维度包括客户关系、渠道通路和客户细分，是企业的客户界面；提供物维度是企业的价值主张，反映企业提供产品创造的价值；财务维度关注成本结构和收入来源要素，是上述要素共同作用下的财务表现。

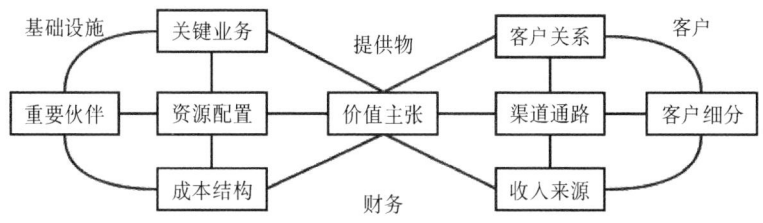

图4-2　Osterwalder 九要素商业模式模型

根据 Osterwalder 九要素商业模式模型，结合共享经济企业的特点，笔者总结出共享经济企业商业模式（见图4-3）。

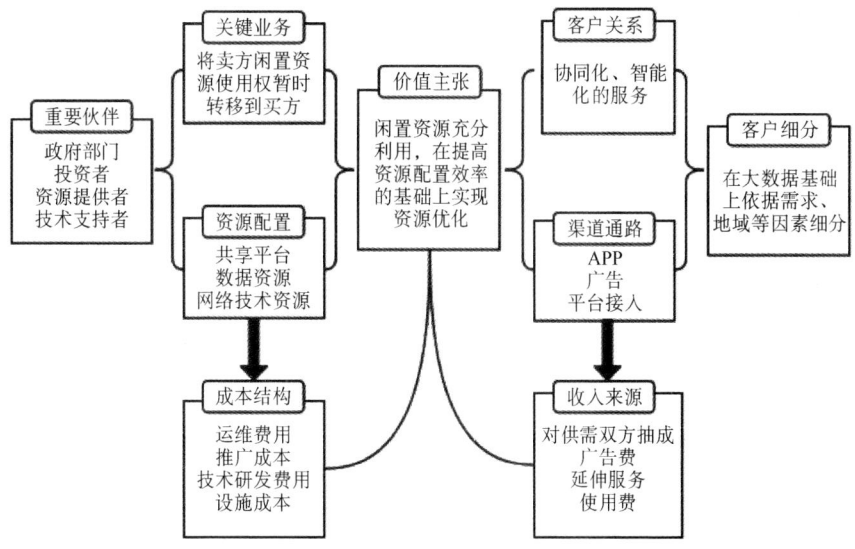

图4-3　共享经济企业的商业模式

在共享经济商业模式下，共享经济企业配置平台、数据等资源，与重要伙伴开展合作，进行闲置资源使用权转移的关键业务，并通过协同化的客户关系、多样渠道通路以及基于大数据的客户细分，来实现优化闲置资源配置，挖掘社会生产潜能的价值主张。因此，共享经济的成本结构更加合理，收入来源更加多样。

（三）资源拼凑对商业模式创新影响的理论研究

商业模式创新是企业创新的关键载体，寻求适合企业发展的商业模式备受学者关注。从能力构建角度，资源拼凑强调对资源进行新的利用，带来新的运作流程，从而促进商业模式创新。马蓝（2019）基于组织学习理论，通过分析266家新创企业数据，发现资源拼凑对开拓性和完善性商业模式创新均有显著的正向作用。可见，资源拼凑有助于企业在复杂环境下创新商业模式。

互联网的发展加快了资源流转速度，更凸显了资源拼凑对商业模式的意义。陈芮（2017）认为互联网时代下商业模式已由单一链式转变为多维网络化，对拼凑型企业的创新能力提出了新的要求。共享经济企业依靠互联网技术的进步才得以发展，因此资源拼凑对互联网情境下的共享经济企业商业模式有着积极的影响。

综上所述，资源拼凑能够推动商业模式创新。共享经济的核心价值主张是闲置资源充分利用基础上的资源共享。资源拼凑的核心要义是企业在资源困境情况下创造性利用现有资源。可见，资源拼凑的核心要义与共享经济的核心价值主张不谋而合。在互联网情境下通过资源拼凑提升依靠互联网发展的共享经济企业的资源获取和利用能力，能够为共享经济企业商业模式创新提供新思路。

三、促进共享经济企业商业模式创新的资源拼凑路径

依据上述研究，本书设计了共享经济企业商业模式创新的资源拼凑路径（见图4-4）。共享经济企业以要素拼凑、顾客拼凑、制度拼凑三种拼凑路径，对商业模式组成要素进行创新。

路径一：顾客拼凑通过商业模式框架的顾客维度来促进共享经济企业商业模式创新，体现在顾客拼凑通过满足小众市场需求。这要求企业对现有市场进行细分，发现在位企业忽略的边缘市场，另辟蹊径地找到这些小

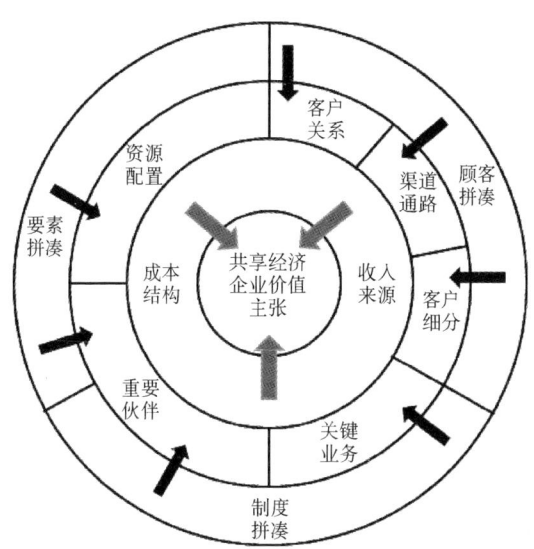

图 4-4　共享经济企业商业模式创新的资源拼凑路径

众市场中被忽略的客户,将供应方的闲置资源更准确有效地地配置到这些客户手中。共享经济企业以开放化平台满足小众用户的特有需求,增进企业与客户之间的交流互动,增加了消费者的体验价值,促进形成良好的客户关系。

路径二:制度拼凑主要作用于商业模式的组织维度中关键业务和重要伙伴等要素。共享经济企业的核心业务由于其颠覆性的特点,会受到重重阻力。通过制度拼凑影响制度环境,可以使企业业务的社会价值得到公众认可来构建核心业务的合法性。重要伙伴拥有的制度和知识是企业学习的重要依据,学习并积累这些知识资源能够提升企业识别市场机会和创业的能力。

路径三:要素拼凑通过组织维度中的资源配置和重要伙伴要素实现商业模式创新。共享经济企业的资源配置涉及实物、信用、信息、知识等方面资源,不过,这些资源经常被忽视。要素拼凑利用易被遗忘的资源,提高对基础设施维度中资源的利用能力。共享经济企业的参与主体包括资源的提供方和需求方、第三方机构等,这些参与主体是共享经济企业的重要伙伴要素。共享经济企业作为参与主体的纽带,借助拼凑重要伙伴要素来提升企业的内在价值。

企业商业模式的成功与否最终反映在企业的盈利能力上,这体现为商业模式的财务维度。通过上述三个路径对 6 个要素进行拼凑，使资源配置更加有效。资源利用率的提高降低了共享经济企业从获得和传递过程中产生的运输、维护等成本。同时，共享经济企业也通过资源拼凑增加了收入的途径。价值主张是商业模式的核心要素，三种拼凑路径首先影响企业组织维度和客户维度的创新，并通过财务维度反映前述商业模式要素创新的财务表现，共同作用下实现共享经济的企业价值主张。

四、资源拼凑路径下共享经济企业商业模式创新策略

基于共享经济企业商业模式创新的资源拼凑路径，本书认为共享经济企业可在如下 4 个方面进行商业模式创新。

（一）利用顾客拼凑开发长尾市场

"长尾"理论认为商业的未来不在需求曲线头部的热门产品，而在曲线中无穷长的尾巴。技术进步和流通渠道多样化使分散市场份额汇聚成的"长尾市场"能够与主要市场份额相匹敌。基于互联网运营模式的共享经济企业，在销售渠道成本不断降低的情况下通过顾客拼凑开发"长尾市场"，扩展"长尾市场"销售渠道，提供个性化的产品，从而建立与"长尾市场"用户的良好关系。

初创共享经济企业关注被大企业忽视的边缘市场以发现市场机会。同时，企业可以借此提高分析细分市场的能力。与细分市场互动过程中，企业与市场打交道的技能会得到提高。在收集竞争对手和标杆企业的情报基础上，企业选择避开主要市场，发掘边缘细分市场中的顾客需求进行顾客拼凑。例如，在已趋饱和的共享单车领域，智享单车避开大城市市场，主打旅游景点的共享骑行，走出了一条差异化的道路。此外，共享经济企业需要拓展面向客户的销售渠道的深度和广度，开放平台接口，构建支付、认证等方面的互通，降低消费者的参与门槛。顾客拼凑使消费者不再被动接受企业生产的产品和服务，而是亲自参与其中，给小众市场的参与主体带来了更高的体验价值，能够建立良好的客群关系。

（二）利用制度拼凑构建核心业务的合法性和学习能力

共享经济虽然便利了人们的生活，但运行过程中产生的用户与监管问题使共享经济企业业务的合法性受到挑战。此外，共享经济对传统行业市场产生了巨大冲击,既得利益者的阻挠也会加剧。因此,共享经济可持续的运行既要得到政府的合法性承认,还要得到大众的认可。

对于互联网初创企业,知识型制度拼凑是在内容、大数据等核心资源基础上通过平台制造话题进行裂变式推广,以推动新行业标准和习惯的产生。互联网情境下的共享经济企业借助知识型拼凑,推广共享经济的绿色、公众的理念,获得客户在认知层面的认可,借助公众认可来推动政府规则制度方面的许可,达到构建合法性的目的。另一方面,共享经济企业与政府部门在数据对接和基础服务等方面开展合作来获得政策的优惠。例如,滴滴进行知识型拼凑,政府不仅承认了"网约车"的合法性,还出台鼓励网约车的相关政策。

初创期的共享经济企业在经验缺乏的情况下,通过制度资源拼凑发挥企业重要伙伴的作用。重要伙伴提供的信息和知识是共享经济企业的学习资源和决策的重要依据。通过制度拼凑进行创业学习,能够使共享经济企业形成适合自身的实用制度以突破行业束缚。

(三) 利用要素拼凑整合资源

共享经济企业可以拼凑的要素资源包括信用、大数据信息、技术及重要伙伴等。共享经济的跨部门特征使企业的重要伙伴十分广泛,包括政府部门、投资者、资源提供者和使用者等。共享经济企业在经营过程中积累了海量的信用、信息、顾客等资源。因此,共享经济企业的重要伙伴以及积累的资源能够提供众多可拼凑的要素。

当前共享经济企业仍沿用传统的运营模式,供应商和顾客只是产品或服务的提供者和接受者,投资人只是资金提供者,这与共享经济全员参与的初衷背离。所以,共享经济的价值逻辑是各方相关者共同参与。拼凑合作伙伴的要素资源,让合作伙伴对企业的运营发表意见,甚至让他们参与企业的管理。例如,摩拜鼓励用户成立"摩拜猎人"的志愿者组织来举报违停现象,并为企业提供建议。

信任是共享经济发展的必要基础,更是商业模式创新的保障。共享经济企业需要的信用信息涉及众多方面,对其管理会增加企业运行成本。而另一方面,信用信息是共享经济企业可拼凑的手边资源,在我国加快构建征信体系的背景下,共享经济企业掌握的信用信息是了解公民诚信的重要工具。政府和企业开展信息共享合作,把各方的信用信息构建成多方共建、共治、共用的信息数据库。因此，通过拼凑信息资源建立信用信息共享体系，可以使共享经济运行基础更加巩固，企业的信用审查及信息维护的成本得到降低。

共享经济全开放和全时空的特征对共享经济企业掌握的数据资源和技术水平提出了极高的要求。但共享企业在经营过程中通常忽视对信息技术的管理，没有发挥信息技术在需求预测、产品时空调度等方面的效能。这造成了更多的盲目行为，进而增加了经营成本。以出行领域为例，许多共享出行平台忽视数据和技术，出现无序投放产品、运营管理混乱的现象。共享经济企业应该利用信息技术对数据资源进行深入分析，挖掘客户需求特征，使数据资源价值最大化。共享平台猪八戒网从事创业设计、网站建设等"众包"服务，利用平台积累的数据资源，在技术能力支撑下推出版权注册、商标登记等延伸服务，创造了新的服务价值。

（四）借助拼凑实现共享经济企业价值主张

共享经济的核心价值主张与传统经济模式的价值主张的差异体现在共享经济在资源跨界组合、产业生态圈、服务价值等方面，利用资源拼凑可以使共享经济提供的价值主张得到更多认可。

传统商业模式下很少有消费者具备发布购买体验的欲望。资源拼凑的理念下，共享经济企业建立良性的消费者交流机制，及时捕捉客户体验的痛点。此外，共享经济企业通过社交网络强化对客户的人文关怀，获得用户的信任感，以社交化的形式实现新的服务价值。

共享经济企业对身边资源重新配置能够促进共享经济资源的跨界整合。拼凑者审视各领域的资源，在拼凑过程中取其精华去其糟粕，统筹调度企业资源以达到资源整合的目的。闲置资源的高效整合不仅体现共享经济更高效的资源利用率，也能缓解产能的过剩，有助于我国供给侧改革。

通过资源拼凑的资源跨界组合，共享经济的参与主体可以形成一个完整的生态圈系统。加之互联网使产品与消费间的障碍大大减少，整个共享经济的广义利益相关者都是共享经济生态圈的组成部分。处于生态圈核心位置的共享经济企业，在为消费者提供产品与服务时，还可以为参与者提供更多增值服务，形成跨界网络效应。

总之，在互联网迅速发展的背景下，共享经济已成为一种能够创造巨大价值的经济模式。但共享经济企业要实现可持续发展，需要创新现有的商业模式。资源拼凑的适用条件与当前我国共享经济企业尤其是共享经济小微企业的发展情况有较高的契合度，通过资源拼凑创新商业模式中各要素，共享经济企业尤其是共享经济小微企业可以更好地实现价值主张。

第三节
生活服务型小微企业的消费者评价标准权重确定

生活服务型小微企业是直接向居民提供物质和精神生活消费产品及服务的小微企业，其产品、服务用于解决消费者生活中（非生产中）的各种需求。浙江省宁波市静缘瑜伽馆是一家典型的生活服务型小微企业。本节以其为例，对生活服务型小微企业的消费者评价标准权重进行研究。

一、引言

随着人民群众的生活水平不断提高，其消费习惯逐渐从满足物质生活转变为追求生活品质。健康生活方式是提高生活质量的关键因素，瑜伽以其独特、新颖的练习方式和全面的健身效果日益受到人们喜爱，成为时下流行的健身生活方式。浙江省宁波市作为中国经济最发达的地区之一，瑜伽爱好者数量众多，瑜伽馆随处可见。然而在激烈的宁波市体育健身休闲市场竞争中，由于瑜伽馆营销管理水平普遍低下，瑜伽馆倒闭现象时有发生。这不仅损害了瑜伽消费者的权益，削弱了老百姓体育健身消费意愿，还扰乱了体育健身休闲市场，阻碍了宁波市健身行业的发展。例如，2010年8月3日，宁波市曾经最大的瑜伽馆——"尹姬"瑜伽馆宣布倒闭，导致它的1300多名会员的权益受到严重损害，宁波市许多瑜珈馆也因此而陷入消费者纷纷要求退会员卡的危机之中。国务院于2011年02月24日发布的《全民健身计划（2011—2015年）》指出，要"形成规范有序的体育健身休闲市场，城乡居民体育健身消费意愿明显增强，体育健身服务从业人员较大增加，培育和形成一批实力雄厚、技术力量强的体育健身服务企业和品牌。"可见，如何提升瑜伽馆营销管理水平以促使其良性发展已迫在眉睫。

评价标准是指消费者在选择备选产品时所考虑的产品属性或特征，这些属性或特征与消费者在购买中所追求的利益、所付出的代价直接相关。营销学专家菲利普·科特勒（Philip Kotler，1967）指出，基于顾客价值和顾客满意来建立顾客关系，是现代营销的核心。瑜伽消费者评价标准权重的确定不仅有助于瑜伽馆提升其顾客价值，还有助于其提高顾客满意度。

二、静缘瑜伽馆的消费者评价标准权重的层次分析

在20世纪70年代，美国教授萨泰（T. L. Saaty）提出了一种系统分析方法——层次分析法。其思路是先把要解决的问题分层系列化，接着根据人们对客观现实的判断定量表示模型中每一层次因素的相对重要性，然后利用数学方法确定每一层次全部因素相对重要性次序的权值，最后综合计算各层因素相对重要性的权值，从而得到最低层（方案层）相对于最高层（目标层）的相对重要性次序的组合权值，以此作为评价和选择方案的依据。

（一）建立递阶层次结构

静缘瑜伽馆是宁波市目前最大的瑜伽馆，在宁波市地区有数家分店，会员数量有1500人左右。通过对静缘瑜伽馆的消费者进行访谈，笔者得到他们在选择瑜伽俱乐部时主要考虑的评价标准体系。瑜伽馆消费者评价标准体系分为三层，目标层是"瑜伽馆消费者评价标准"，准则层包括"经济因素""服务因素""瑜伽馆因素"等三项指标，方案层包括"会员卡价格"在内的6项指标。具体见表4-2。

表4-2　　　　　　　　瑜伽馆消费者评价标准体系

	经济因素（B_1）	会员卡价格（C_1）
瑜伽馆消费者评价标准（A）	服务因素（B_2）	教练专业水平（C_2）
		服务人员态度（C_3）
		练习场地环境（C_4）
	瑜伽馆因素（B_3）	瑜伽馆离家或单位的距离（C_5）
		瑜伽馆品牌（C_6）

(二) 构建两两比较判断矩阵

判断矩阵是各元素针对上一层次某个元素建立起同一层任意二个元素之间评比的数据矩阵,如表 4-3 所示。矩阵 b_{ij} 表示相对于 A_k 而言 B_i 和 B_j 的相对重要性,通常取 1,2,…,9 及它们的倒数作为标度,标度的定义如表 4-4 所示。

表 4-3　　　　　　　　B_i 和 B_j 的相对重要性矩阵

A_1	B_1	B_2	Λ	B_n
B_1	b_{11}	b_{12}	Λ	b_{1n}
B_2	b_{21}	b_{22}	Λ	b_{2n}
M	M	M	M	M
B_n	b_{n1}	b_{n2}	Λ	b_{nn}

表 4-4　　　　　　　　　判断矩阵标度定义

标度 b_{ij}	含义
1	i 因素与 j 因素,具有同等重要程度
3	i 因素比 j 因素稍微重要
5	i 因素比 j 因素明显重要
7	i 因素比 j 因素非常重要
9	i 因素比 j 因素极端重要
2, 4, 6, 8	为以上两相邻判断之间的中间状态对应的标度值
倒数	若 j 因素与 i 因素比较,得到的判断值为 $b_{ji} = 1/b_{ij}$

根据表 4-2,A-B 判断矩阵,设 $A = (b_{ij})_{3 \times 3}$,称为目标层判断矩阵;B-C 判断矩阵,设 $Bs = (C_{ij}^s)_{6 \times 6}$,称为准则层判断矩阵 (s=1, 2, 3)。任何判断矩阵都应满足 $b_{ij} = 1$ (i=j、i、j=1, 2, …, n)。判断矩阵中的指标数值可以根据调研数据、统计资料以及专家意见综合权衡后得出。本书所采用的标度是根据调研数据权衡后得出。笔者委托静缘瑜伽馆工作人员向瑜伽消费者发放《瑜伽馆消费者评价标准调查问卷》1200 份,回收 1116 份调查问卷,回收问卷占全部所发放调查问卷的 93%。在回收问卷中又剔除了填写质量较差的调查问卷,最后实际有效调查问卷为 1023 份,有效问卷占全部所发调查问卷的 85.25%。所得出的标度能够反映宁波市瑜伽消费者对评价标准的共识。

(三) 层次单排序和一致性检验

层次单排序是根据判断矩阵计算对于上一层某因素而言，本层次与之有联系的因素的重要性次序的权值，它可以归结为计算判断矩阵的特征和特征向量问题，即对判断矩阵 B，计算满足 $BW = \lambda_{max}W$ 的特征根和特征向量，并将特征向量正规化，将正规化后所得到的特征向量 $W = (W_1, W_2, \Lambda, W_n)^T$ 作为本层次元素 $b_1, b_2, \cdots, b_n$ 对于其隶属元素 A_k 的排序权值。

由于受诸种主客观因素的影响，判断矩阵很难出现严格一致性的情况。因此，在得到 λ_{max} 后，还需要对判断矩阵的一致性进行检验。为了检验判断矩阵的一致性，需要计算它的一致性指标 CI，定义 $CI = (\lambda_{max} - n)/(n-1)$。当 CI = 1 时，判断矩阵具有完全一致性。$\lambda_{max} - n$ 越大，CI 值就越大，那么判断矩阵的一致性就差。为了检验判断矩阵是否具有满意的一致性，需要将 CI 与平均随机一致性指标 RI 进行比较。RI 的取值见表 4 – 5 所示。

表 4 – 5　　　　　　　　RI 的取值

阶数 n	1	2	3	4	5	6	7	8	9
RI	0.00	0.00	0.52	0.89	1.12	1.26	1.36	1.41	1.46

如果判断矩阵 CR = CI/RI < 0.1 时，则此判断矩阵具有满意的一致性，否则就需要对判断矩阵进行调整。在这里，具体指标之间的两两比较，一般通过调查访问法、专家咨询法进行。根据各指标的重要性构造判断矩阵进行计算，所得结果如下：

1. 相对于总目标"瑜伽馆消费者评价标准"而言，准则层指标"经济因素""服务因素""瑜伽馆因素"之间相对重要性的比较

检验其一致性，通过一致性检验。如表 4 – 6 所示。

表 4 – 6　　　　　B_1、B_2、B_3 相对于 A 的权重

A	B_1	B_2	B_3	W_i	
B_1	1	1	2	0.367	$\lambda_{max} = 3.094$
B_2	1	1	5	0.498	CI = 0.047
					RI = 0.580
B_3	1/2	1/5	1	0.135	CR = 0.081

2. 相对于"服务因素"而言,"教练专业水平""服务人员态度""练习场地环境"等各指标之间的相对重要性比较

检验其一致性,通过一致性检验。如表 4-7 所示。

表 4-7 C_2、C_3、C_4 相对于 B_2 的权重

B_2	C_2	C_3	C_4	W_i	
C_2	1	3	7	0.682	$\lambda_{max} = 3.003$
C_3	1/3	1	2	0.216	CI = 0.001 RI = 0.580
C_4	1/7	1/2	1	0.103	CR = 0.002

3. 相对于"瑜伽馆因素"而言,"瑜伽馆离家或单位的距离""瑜伽馆品牌"指标之间的相对重要性比较

检验其一致性,通过一致性检验。如表 4-8 所示。

表 4-8 C_5、C_6 相对于 B_3 的权重

B_3	C_5	C_6	W_i	
C_5	1	3	0.750	$\lambda_{max} = 2.000$ CI = 0.000
C_6	1/3	1	0.250	RI = 0.000 CR = 0.000

(四) 层次总排序和一致性检验

根据以上计算的 B_1、B_2、B_3 以 A 为准则的权重,以及 C_1、C_2、…、C_6 分别以 B_1、B_2、B_3 为准则的权重,依据层次分析法的计算原理,可以计算出 C 层相对于 A 层的总排序,并检验其一致性,通过一致性检验。如表 4-9 所示。

表 4-9   C 层总排序

	B_1	B_2	B_3	C 层总排序
	0.367	0.498	0.135	(权重值)
C_1	1.000			0.367
C_2		0.682		0.339

续表

	B_1	B_2	B_3	C 层总排序
	0.367	0.498	0.135	（权重值）
C_3		0.216		0.107
C_4		0.103		0.051
C_5			0.750	0.101
C_6			0.250	0.035
CI	0.000	0.001	0.000	$CI_总 = 0.000$
CR	0.000	0.002	0.000	$RI_总 = 0.289$
				$CR_总 = 0.000$

三、实证结果分析

运用层次分析法，笔者确定了各评价标准的权重。"会员卡价格"的权重为36.7%，"教练专业水平"的权重为33.9%，"服务人员态度"的权重为10.7%，"练习场地环境"的权重为5.1%，"瑜伽馆离家或单位的距离"的权重为10.1%，"瑜伽馆品牌"的权重为3.5%。Erika Rasmusson（2000）认为，"面对可以满足其特定需求的大量产品和服务，消费者是基于对各种产品和服务所传递的价值和满意的预期进行选择。"[①] 顾客价值是拥有或使用一个产品所获得的价值与获取这一产品所付出的成本之差。作为一种有组织的健身运动，教练专业水平是决定瑜伽消费者能否得到良好服务体验的决定性因素。因此，为了获得尽可能大的顾客价值，瑜伽消费者在选择瑜伽馆时最关注会员卡价格和教练专业水平。可见，为了持续快速发展，瑜伽馆要有富有竞争性的会员卡价格和大力提高教练专业水平。根据分析结果，瑜伽馆也不应忽视改善服务人员态度和练习场地环境。在所有评价标准中，"瑜伽馆品牌"的权重最小。这主要有以下几个原因：一是瑜伽消费的经常性导致瑜伽消费者愿意就近选择瑜伽馆而不愿花大量时间去一家知名的瑜伽馆。二是瑜伽在宁波市的发展历史不长，这使得消费者没有非常熟悉的瑜伽馆品牌可以考虑。三是曾经是宁波市最大的瑜伽馆——"尹姬"瑜伽馆的倒闭也影响了消费者对瑜伽馆品牌的信赖。

---

① Erika Rasmusson. Marketing More than a Product [J]. Sales & Marketing Management, February 2000.

第四节
小微企业知识型员工流失问题

虽然人力资源管理是小微企业价值链的辅助活动，但是人力资源管理对小微企业发展的影响不容小觑。故本书对小微企业的知识型员工流失问题进行研究，分析小微企业编制岗位说明书存在的误区，并对小微企业员工绩效考核的情况进行探析。

小微企业是我国国民经济中最富有活力的部分，数量众多。随着全球经济一体化与知识经济的到来，小微企业在面对大好发展机遇的同时，遇到了更加严峻的竞争与挑战。现在越来越多的小微企业主已经认识到，人力资源是企业中第一重要的资源，它对企业核心竞争力的提高具有决定性的影响。争人才，抢人才，已成为21世纪最大、最激烈的竞争，成为企业与企业之间竞争的焦点。科学技术发展到今天，现代生产力水平的提高已经主要不是靠体力劳动了。廉价的劳动力和自然资源因素在经济发展中的重要性逐步下降，取而代之的是以智力劳动为核心，带动社会的全面发展。这一切都凸显知识型员工在企业发展中具有举足轻重的作用。知识型员工最早被美国管理大师彼得·德鲁克（Peter F. Drucker, 1957）定义为掌握和运用符号或概念，利用知识或信息工作的人。从这个概念上看，很多企业中层以上的管理者和专业技术人员都是知识型员工，是企业发展的重要力量，也是企业最难管理的群体。他们的流失将给企业带来四个方面的损失：一是知识型员工的流失可能导致企业关键岗位的空缺；二是核心知识型员工的流失会造成核心技术或商业机密的泄露；三是大量知识型员工的流失必将"扰乱军心"，给企业本身和企业内其他员工带来很多负面影响；四是知识型员工的流失必将使企业花费大量的成本去寻找合适的人选。

一、小微企业知识型员工流失的主要原因

(一) 外部环境因素

外部环境因素主要包括人才市场、国家和地区的产业结构、国家和地区经济发展状况等。人才市场是人才面临的直接环境。当失业率上升时，流失率降低；而当失业率降低时，流失率上升。另外，还应该从人才市场的宽裕度、不稳定性和复杂性三个方面来考虑人才市场对知识型员工流失率的影响。宽裕度指工作空缺率与非就业率的比值。不稳定性指人才市场不可预测的变化率。复杂性指人才市场的成分、结构的异质性，个体的差异性等。宽裕度、不稳定性和复杂性的不同组合，会产生六种不同的人才市场环境和流失率：(1) 高宽裕度、高不稳定性、高复杂性。这种人才市场环境的出现是由于新兴产业的出现。在新兴产业发展的初级阶段，存在着很大的人才需求，而且新兴产业面临着机遇与风险共存的局面，以上情况造成了处于该产业中的小微企业的知识型员工流失率很高。(2) 高宽裕度、高不稳定性、低复杂性。这种人才市场环境称之为成长市场。随着新兴产业的发展，产业进入成长期，随之而来的是本产业的人才市场进入成长期。产业的快速发展需要大批的人才，所以处于这种人才市场环境中的小微企业的知识型员工流失率也较高，但略比前一时期低。(3) 高宽裕度、低不稳定性、高复杂性。这种人才市场环境称之为成熟市场。经过初期发展和成长期，产业步入成熟期，产品开始大批量生产，人才市场也逐渐成熟。此时，由于产业内产品的日益成熟和产品市场份额趋于相对稳定，人才的供需矛盾也相对缓和，使得人才市场的不稳定性降低。在这样的市场环境下，处于该产业中的小微企业的知识型员工流失率比前两个时期的流失率低得多。(4) 高宽裕度、低不稳定性、低复杂性。这种人才市场环境称为平稳市场。此时，产品市场经过激烈的竞争以后，市场的格局较为稳定，人才市场的格局、结构和层次也已经定型，对人才的需求平稳缓慢地上升或不再上升。在这种情况下小微企业中的知识型员工的流失率最低。(5) 低宽裕度、高不稳定性、高复杂性。这种人才市场称为强竞争市场。当产业步入衰退期后，对人才的需求大大降低，为了寻找或保持一份工作，人才与人才之间展开竞争。在这样的市场环境下，小微企业的知识型员工的流失率较低。(6) 低宽裕度、高不稳定性、低复杂性。这种人才市场称为夕阳市场，这是产业衰退期后期所形成的人才市场。此

时处于衰退期的大批企业迅速撤离市场,处于产业衰退期后期的小微企业中的知识型员工会流动到其他产业,从而引起流失率上升。

产业结构对小微企业知识型员工流失的影响还在于:一是产业结构的调整会使得知识型员工从一个产业转向另一个产业;二是新兴产业的出现,使得其他产业的知识型员工流失而进入该产业。

国家或地区的经济发展状况对小微企业的知识型员工流失的影响包括经济发展速度和经济发展的效益两方面。高速发展的经济对人才提出了更高的要求,要求人才具有更高层次的知识和技能,要求人才具有更加良好的素质,这迫使一些知识型员工重新返回学校接受教育。所以在高经济发展速度下,小微企业的知识型员工流失率会增高。经济发展的效益可以用通货膨胀的指标来测试。在高通货膨胀率的情况下,一些知识型员工为了维持自己和家庭的生活水平,不得不寻找更高薪酬的工作,从而导致知识型员工流失率增加。

(二) 小微企业因素

小微企业对知识型员工流失率的影响主要在以下几个方面:小微企业所处的行业类型、小微企业的特征、小微企业的收入政策、福利政策、小微企业主的管理风格、工作团队、沟通因素。

1. 产业类型

小微企业所处的产业类型对知识型员工流失的影响是很大的,这主要体现在两个方面:一是不同的产业其知识型员工流失率是不一样的。知识密集型产业的知识型员工流失率要高于劳动密集型产业知识型员工流失率。因为知识密集型的产业比劳动密集型的产业更有发展前途,因而会给知识型员工带来更多的机会。二是产业的演变对知识型员工的流失具有很大影响,关于这点已经在外部环境因素的分析中讨论过了,这里不再赘述。

2. 企业的特征

企业的特征主要包括三个方面:一是企业的规模。小微企业的规模一般较小,给知识型员工带来的不安全感较大,且人才都以进入大规模的企业而感到自豪。另外,小微企业的规模小,企业内部适合于知识型员工轮岗的岗位较少,从而使得知识型员工内部流动的机会不多,而这种内部的流动对增加知识型员工的工作满意度、减少流失是很有好处的。二是企业在产业中所处的地位。通常小微企业在本产业中所处地位较低，所占份额较少，使得其知识型员工的安全感不高，流失也更易发生。而且，企业地位越高个人也越有发展前途。因此，小微企业的知识型员工流失率较高。三是企业的经济效益。知识型员工之所以愿意留在企业中，重要的一点就是企业能够给知识型员工带来较为满意的个人收入，而个人收入是与企业的经济效益紧密相连的，企业的经济效益越低，知识型员工收入就越低，流失率就越高。

3. 企业的收入和福利水平

人的需求是分层次的，无论是马斯洛（Abraham Harold Maslow）的需求层次论、赫茨伯格（Frederick Herzberg）的双因素理论，还是奥德弗（Clayton Alderfer）的 ERG 理论，生理的需要是第一位的。作为满足这一需要的最重要的保障——个人收入水平，是个体择业的首要考虑因素，追求更高的收入是知识型员工流动的一个重要的原因。大部分小微企业由于实力有限而无法提供具有较强外部竞争性的薪酬，从而导致小微企业的知识型员工流失。知识型员工因收入而流失的另一个重要的原因是，个人不能忍受国家或地区的通货膨胀。高通货膨胀率会给个人带来生活压力，迫使他们寻求更高收入的工作。除了国家应采取一定的措施外，小微企业也必须对人才收入政策做出相应的调整。另外，许多小微企业忽视制度建设，偏好人治，从而影响了企业收入的公平性、均等性和合理性，造成知识型员工流失。

良好的福利待遇通常会产生晕轮效应，弥补收入的不足。良好的福利待遇还表明了企业长期雇用员工的愿望。一些小微企业在生存的压力下，往往无暇顾及企业福利，企业主与知识型员工无法建立起彼此长期合作的心里契约，从而导致知识型员工注重眼前的利益得失，从而引起知识型员工流失就成为必然。

4. 小微企业主的管理风格

小微企业主的管理风格是指小微企业主对知识型员工采取的管理方式。对知识型员工的管理主要有任务导向式管理和人本导向式管理两种方式。通常小微企业主对知识型员工采取任务导向式管理，通过确定知识型员工的工作任务、责任范围、绩效要求等，来实现对知识型员工的管理。这是一种传统的管理模式，它忽视了人的内在动力和需求而导致知识型员工的流失。

5. 工作团队

企业是由团队构成的，而团队又是由个体构成的，团队规范会对其成员产生压力，这种压力受到个体素质的影响。当压力大到超过知识型员工的承受能力时，其很可能选择离开团队的行为。此外，工作团队对知识型员工流失的影响还有两方面：一是团队的凝聚力。极度个性化、互为敌对或矛盾的团队易使知识型员工感到烦躁、不安和厌倦，其盼望早日离开该团队。二是团队的规模。人数过多的团队，团队中成员之间易产生冲突，成员之间的沟通较困难，团队的凝聚力较低，知识型员工也易流失。

6. 沟通因素

现代人力资源管理理论认为，增加信息沟通可以改善人际关系，消除因信息不畅而造成的知识型员工紧张和不满，有效化解上下级之间、团队之间的冲突。信息阻塞是影响知识型员工发挥积极性使其流失的一个重要因素。企业内的集权度是影响知识型员工信息沟通的一个重要原因。小微企业的集权度通常较高，从而使知识型员工之间的平行沟通、上级与下级之间的上行和下行沟通困难，知识型员工很难发泄自己的不满情绪，导致其流失率高。

（三）知识型员工自身的因素

知识型员工流失的自身因素包括工作满意度、个人文化意识、非工作价值观。

1. 工作满意度

影响工作满意度的因素有报酬和晋升、企业氛围、管理风格、期望。报酬不仅能使知识型员工满足生理需要，而且是个人成就受到尊重的象征，所以低收入会导致较低的工作满意度。晋升能给知识型员工带来更丰富的工作内容、更高的收入、更大工作自由度和自主权，这些都有助于员工工作满意度的提高。对企业氛围有负面影响的因素包括企业集权度、不畅通的沟通渠道、缺乏民主性等。小微企业由于自身实力不够以及企业主的目光短浅，通常提供给知识型员工的报酬不具有外部竞争性。小微企业由于规模不大，知识型员工晋升的机会有限。小微企业在创业过程中，企业的成长几乎完全取决于小微企业主个人的智慧和胆识，企业的成功强化了小微企业主"一人说了算"的管理作风，造成了小微企业主高度集权、缺乏民主的工作作风。当今，大多数小微企业主仍然把工人看作工具，以工作任务为导向，以利润为中心，根本没有以人为本的观念，繁重的工作任务、过高的绩效要求、单调的工作内容使知识型员工感到不安和乏味。外界环境越好，提供的机会越多，知识型员工的生活期望越高，则其对现有工作的满意度越低。以上这些原因造成小微企业的知识型员工的工作满意度较低，从而导致其流失。

2. 个人文化意识

文化的差异决定了知识型员工工作价值观的差异。工作价值观是员工对工作和工作相关问题的基本态度。具有较强权力距离意识的知识型员工认为自己的上级应该给自己更大的权力，自己应当不断得到提升和重用，晋升是最重要的需要，一旦这种需要得不到满足，他就会对工作产生强烈的不满。具有强不确定性避免意识的知识型员工具有较高忧虑性，对未来担忧，在个人择业时认为企业的规模是极为重要的，常常喜欢选择大企业作为满足自己需要的环境。而且，其认为，企业要有明确的目标和制度，企业的制度必须遵守，不能违反；企业的管理应由专家来进行，组织结构要明确并受到重视。小微企业的规模决定了知识型员工晋升的空间有限，且企业主倾向于把自己的亲朋好友安排在各级领导岗位上。小微企业一般没有战略目标、完善的规章制度和清晰的组织结构，即使有一些零散的制度也没有得到有效执行，出现管理随意化的特征。另外，小微企业主通常不愿请职业经理人来管理企业而喜欢自己在企业管理实践中不断摸索。以上原因造成了知识型员工流失率的上升。

3. 非工作价值观

非工作价值观包括个人偏好、家庭责任感、个人品格和个人素质与能力。（1）个人偏好包括三个方面：①个人的兴趣爱好。兴趣爱好可以消除知识型员工在工作中的某些不满意感，当工作与其兴趣爱好严重相悖时，他就会对工作产生不满意感，从而引起知识型员工流失的发生。②个体对闲暇和工作的偏好。过长的工作时间容易使那些偏好闲暇的知识型员工感到不满意。另外，劳动力供给曲线具有一个"向后弯曲"的鲜明特点，即当工资达到一定高度而又继续提高时，人们的劳动供给量不但不会增加，反而会减少。在小微企业中，员工加班加点是司空见惯的事情，以上情况导致偏好闲暇的知识型员工流失。③对地区的偏好。对于具有地区偏好而又工作和生活在自己不喜欢的地区的知识型员工，即使企业提供优越的条件，他也会流出企业的。（2）家庭责任感。具有强烈家庭责任感的知识型员工常常具有两个极端：或者为了家庭尽量保持现有的工作，以求得家庭的稳定，此时工作满意感变得不重要。或者为了家庭而放弃现有的工作，以获得对家庭的照顾。知识型员工通常具有较强的就业能力，所以其倾向于为家庭而放弃现有的工作。（3）个人品格。知识型员工的品格对工作满意度也有一定的影响。具有团结、谦让关心和帮助他人、忠诚、热情、豁达、勤奋、吃苦耐劳品格的员工容易获得他人的信任，容易使其处于一个和谐的工作环境之中，也较容易获得企业的重用，他的成就需要、自我需要满足的可能性要大些，从而他的工作满意度也大。反之，则其工作满意度较低，过低的工作满意度会导致其离开企业。（4）素质和能力。当知识型员工的素质和能力达不到企业的要求时，会使得其产生不安甚至恐惧，如果他长期处于这种不安状态中，就很可能从企业流出。当知识型员工的素质和能力远远高于企业的要求时，其会渴望得到更大的发展，对企业的期望和个人的要求会较高，对目前的工作常常不满意，其流失的可能性较高。

二、小微企业知识型员工流失的对策

影响小微企业中知识型员工流失的因素很多，企业一般对影响知识型员工流失的外部环境因素无能为力，而对于一些企业内部因素和员工个人因素，小微企业可以采取相应的措施去防止知识型员工的流失。

（一）为知识型员工个体成长和职业生涯发展创造条件

小微企业应把组织职业生涯管理和个人职业生涯管理较好地结合起来，站在员工的角度帮助其设立个人职业发展规划。由于当今企业的生存环境瞬息万变，以往建立在合同基础上的终身雇用制就显得与环境格格不入了，为知识型员工提供最好的训练和发展的资源，提供个人的专业成长机会，这才是现实可行的心理契约。如果企业能为知识型员工提供不断学习、训练的机会，又能为其提供发展所必需的资源，能使其施展才能实现自身价值，这种环境就会有吸引力，就能换来队伍的稳定和忠诚。例如，通过工作重新设计，小微企业可以帮助知识型员工消除对单调乏味工作的厌烦情绪，使工作内容、责任深化、丰富化，丰富其工作经验，拓宽其眼界；通过内部劳动力市场的公开招聘，使愿意尝试新工作或从事更具挑战性、创新性工作的知识型员工能有机会获得新的职位，从而满足其流动的意愿。为知识型员工提供受教育和不断提高自身技能的学习培训机会也有助于降低知识型员工的流失率。

(二) 运用多种个性化激励策略

员工流失是个人行为，小微企业应该根据知识型员工的特点制定和实施全方位的个性化激励策略，以控制员工流失。在激励重点上，企业对知识型员工的激励不仅要以金钱为手段，更重要的是以成就、成长和情感激励为主。在竞争日趋激烈的今天，企业与知识型员工之间应形成一种新的战略合作伙伴关系。企业应根据其特点，通过合理授权，充分信任，鼓励他们通过自主管理式团队而实现个人与企业的共同成长。此外，通过营造自由、宽松、便于沟通和信息共享的环境，使知识型员工产生被尊重、被信任的感觉，促进企业内形成和谐的人际关系，从而增进企业凝聚力。同时，企业应关爱员工及其家庭，利用感情投入来提高知识型员工忠诚度。在激励方式上，现代企业强调的是个人激励、团队激励和组织激励的有机结合。在激励时间效应上，要把对知识型员工的短期激励和长期激励结合起来，强调激励手段对人才的长期正效应。在激励报酬机制的设计上，当今企业已经突破了原先的事后奖酬的模式，转变为从价值创造、价值评价、价值分配的事前、事中、事后三个环节出发设计奖酬的机制。物质需要始终是人类的第一需要，是人们从事一切社会活动的基本动因。所以，薪酬激励仍是激励的主要形式。合理的薪酬体系必须具有内部公平性、外部竞争性。其有效的激励性表现为在数量上企业支付给知识型员工的薪酬要与其专业知识和技能相符合，要按绩分配；在时间上要正确反映员工的长期绩效和短期绩效的关系；在激励效果上要清晰区分固定薪酬和浮动薪酬的比例，以便能够真正实现长期激励。在可承受的范围内企业应尽量为知识型员工提供良好的自助式福利，这会有助于建立双方长期合作的心里契约。

(三) 重视企业文化降低知识型员工流失率的作用

企业文化是全体员工认同的价值观，它具有较强的凝聚功能，对稳定员工起着重要的作用。从人力资源管理角度看，小微企业应该主要从人员招聘、培训、绩效管理等三个方面发挥企业文化降低知识型员工流失率的作用：一是基于企业文化的人员招聘。对文化和价值观的认同是人才与企业匹配的基础之一，不同的企业有不同的文化和价值观，形成了各自的"文化背景"，根据本企业的文化和管理风格，就可以判断合适的员工需要具备哪些素质、特性，然后以此为指导来考虑应聘者是否能与企业的环境很好地融合。小微企业应坚持以价值观为导向的招聘政策，在招聘中注重员工素质测评，尽量使员工个人目标和企业目标相统一，选拔那些具有团结、谦让、忠诚、热情、豁达、勤奋、吃苦耐劳品格的员工，以减少知识型员工的离职率。二是基于企业文化的培训。在小微企业知识型员工培训中，必须在新员工入职培训课程中增加企业核心价值观和公司制度的培训，帮助新员工了解和理解企业文化，增强核心价值观认同。对现有知识型员工也应该定期开展文化方面的培训或研讨会，以不断深化知识型员工对企业价值观的理解。三是基于企业文化的绩效管理。企业文化不仅仅对绩效管理制度的建立起作用，而且对绩效管理制度的实施、运行也发挥指导作用。企业文化最终通过企业的价值评价体系（绩效管理体系）、价值分配体系来发挥其功能，通过绩效管理能够使创业价值观、企业文化根植于全体员工内心之中。从这个意义上讲，企业文化对绩效管理有一种情景规定作用，决定了知识型员工的满意度、成就感和荣誉感，在绩效管理中使企业成员的精神需要获得满足，从而产生深刻而持久的激励作用。

另外，小微企业不断发展壮大是其留住知识型员工的重要条件。小微企业只有发展了，才能给知识型员工提供具有外部竞争性的薪酬和福利、较多的晋升空间和岗位、较和谐的企业氛围和较高的职业安全感。

第五节
小微企业编制岗位说明书的误区

随着我国加入世界贸易组织后国内市场的逐步对外开放，小微企业所面临的市场竞争日益激烈，这促使小微企业比以往任何时候都更加注重提高企业的核心竞争力。在知识经济时代，人力资源是企业中第一重要的资源，它对企业核心竞争力的提高具有决定性的影响，所以人力资源管理水平的高低直接决定了小微企业的生死存亡。

一、编制岗位说明书对小微企业的意义

岗位说明书是用书面形式对企业中的各类岗位的工作性质、工作职责和任务、工作环境、任职资格等所做的统一要求。它是整个人力资源管理的基础,企业中存在的工作效率不高、工作效果差和管理水平低下等问题都可以从岗位说明书中找到答案。

(一) 有助于发现岗位职责交叉、空白或模糊不清的问题

通常,小微企业都是白手起家的。在创业初期,为了在激烈的市场竞争中生存下来,企业创始人一般把注意力放在了业务的拓展上,对规章制度的建立无力也无心投入太多的精力,从而导致小微企业中的职责交叉、空白或模糊不清的现象。这种现象常常是阻碍小微企业进一步发展壮大的主要因素之一。

在编制岗位说明书的过程中,小微企业能够通过以下三种途径发现职责不清的现象:(1) 编制岗位说明书之前,企业首先需要对各部门的职责进行界定。如果发现相同的职责出现在不同的部门,那么企业可以将该职责调整到一个部门,或者在部门层级就明确划分该职责。(2) 通常,企业在编制岗位说明书时会成立编制小组,各部门的领导是编制小组的成员。在进行岗位说明书的讨论时,他们应该能够发现职责不清的现象。(3) 企业中从事人力资源管理的部门负责对所有岗位说明书进行最终的审核。除了格式、表述等方面的审查外,最重要的就是对职责交叉、空白或模糊不清的问题进行审查,从而保证企业所有的职责都落实到相应的岗位,同一职责不被重复分配,或者虽然重复,但其界定得很清楚。

(二) 明确的岗位任职资格要求有助于小微企业开展招聘、培训等有利于提高员工能力的工作

一个岗位所要完成的工作决定了其任职资格要求,任职者素质低于任职资格要求会影响工作的有效完成。但小微企业员工的素质并不是越高越好,因为小微企业的各种资源有限,把有限的资源无限制地花费在人力资源上是不明智的。另外,任职者的任职资格过分高于岗位要求通常会导致较低的工作满意度和较高的离职率。目前,许多小微企业没有岗位说明书,任职资格要求十分模糊,从而带来以下问题:(1) 在招聘过程中随

意性大,所招人员的资格基本由小微企业主或招聘负责人想当然地决定,无法保证被录用者的资格既符合岗位的要求又能够有效地控制薪酬成本。而且企业不同部门中的相同岗位任职资格也会出现参差不齐的现象。
(2) 一般来说,小微企业中人员素质整体偏低,没有明确岗位任职资格要求不能对在岗人员形成压力,无法实现企业人员整体素质的不断提高。
(3) 对岗位任职者缺乏明确的能力素质要求,使企业的培训工作不具有针对性。小微企业只能根据其主观判断来对任职者采取培训、轮岗等提高员工能力的方式,无法有效地提高员工的整体素质。当小微企业编制了规范的岗位说明书,对各岗位任职资格要求进行了统一平衡之后,对以上问题的解决就有了依据。

(三) 有助于各级管理者全面了解员工的工作情况,认清自己的管理职责和权限

岗位说明书对各级管理者都是很有用的管理工具,其作用主要体现在三个方面:(1) 通过岗位说明书可以清楚地知道自己所负责的部门或小组的主要职责是什么,有助于更有效地安排工作。(2) 通过岗位说明书可以明确本岗位拥有哪些职责和权限。许多管理者没有切实履行自己作为一个管理人员的职责,主要原因是意识不到位,没有认识到自己被赋予了哪些管理职责。岗位说明书对此做了清晰的说明,使各级管理者能够且必须依照权限履行职责。(3) 通过参与对下属员工岗位说明书的编制、审核和研究,管理者可以清楚地知道每一位下属的工作范围与内容,并根据具体情况的变化进行及时调整,从而在工作中更好地对下属分配工作任务。

(四) 有助于新员工较迅速、全面地熟悉岗位工作内容,避免岗位职责因人而异的情况

对于人员流动率较高的小微企业来说,"铁打的营盘,流水的兵"是其真实的写照。在员工交替过程中如果没有规范的岗位说明书进行有效衔接,就会出现一些问题,影响企业的顺利运转。规范的岗位说明书能够把岗位的各种有用信息集合起来,并通过任职者进行不断完善。如果没有岗位说明书,前任的经验就无法通过书面和固化的方式表现出来,不利于岗位经验的总结。规范的岗位说明书可以保持岗位工作的稳定性,不会出现

职责随任职者变化而变化的现象。另外，规范的岗位说明书可以帮助新员工在短时间内全面地了解岗位的相关信息，迅速进入工作状态。

二、小微企业编制岗位说明书存在的误区

虽然岗位说明书对提升小微企业管理水平有着莫大的帮助，但是小微企业在编制岗位说明书中常常会陷入一些误区。这些问题会导致岗位说明书编制后未达到小微企业提高企业绩效、提升人力资源管理工作效率的预期，岗位说明书的规范和制约作用也无法体现。

（一）没有根据企业具体情况设计合适的岗位说明书模板

岗位说明书的形式有很多种，有非常简单不超过半页纸的，也有洋洋洒洒十几页纸的。岗位说明书的内容更是五花八门，可以说一个企业一个样。小微企业在设计岗位说明书模板时往往贪大求全，错误地认为岗位说明书越详细越好。设计岗位说明书模板是构建岗位说明书体系中关键的工作之一。模板一旦被确定，所有的岗位说明书编制工作就要围绕模板来进行。模板过于简单，可能导致岗位说明书体系不能够发挥应有的作用；模板过于复杂，可能给后期的岗位说明书编制工作带来巨大的困难。在一定程度上说，设计岗位说明书模板的工作会直接影响岗位说明书编制工作的成败。

（二）没有采取合适的工作分析方法来获得岗位说明书所需信息

岗位说明书是对一个岗位相关信息的详细说明，是基于对岗位信息的深入了解和认识。小微企业为了获得岗位说明书所需信息，通常叫员工本人或是员工直接上级填写岗位说明书。对于员工个人来说，有以下4个原因可能导致其对所在岗位了解得不透彻：（1）员工只清楚目前在岗位上实际做哪些工作，他们并不一定清楚这些工作是否就是该岗位应该做的全部工作；（2）对于某些很重要但周期较长的工作，员工有可能因为近期没有机会接触而发生遗漏；（3）如果各岗位之间本来就存在职责交叉或空白的情况，员工就不能对这些情况作出正确的判断；（4）由于员工对编制岗位说明书的目的和意义理解不深，可能会采取应付的态度，或者以有利于自己的方式来填写。对于员工的直接上级也存在以下原因可能导致其对下级岗位的工作了解得不够透彻：（1）对下级岗位的了解在很大程

度上取决于管理者的水平、担任该职位的时间长短;(2)管理者对下级的每一项职责所包含的具体工作任务不一定非常清楚;(3)管理者在填写岗位说明书时,会考虑下级的实际情况和部门工作的稳定性,有时会按照现状而不是企业发展的要求进行填写。

(三) 岗位职责和权限的描述常常不符合岗位说明书的要求

在一份完整的岗位说明书中,对岗位职责和权限的描述是最重要的部分,是否能够准确地描述岗位的职责和权限,是衡量岗位说明书质量的一个最重要的指标。在小微企业编制的岗位说明书中,岗位职责与权限的描述往往不能够达到要求。其原因主要有三个:一是企业本身对某些职责和权限在各部门、各岗位间的分配没有做好;二是岗位说明书的编制人员没有能够清晰地了解该岗位到底有哪些工作、拥有哪些权限;三是编制岗位说明书的人员缺乏相应的经验、技巧。

(四) 没有合理地确定各岗位的任职资格要求

不同的岗位需要由不同能力和素质的人担任。一方面,任职者的能力和素质应该可以满足岗位的要求,从而保证各项工作顺利完成;另一方面,任职者的能力和素质又不能过于高出岗位的要求,否则也会给企业带来员工队伍不稳定、人员成本上升等问题。大部分小微企业中许多人和小微企业主是亲戚、朋友或同学关系,再加上小微企业对高素质人才缺乏吸引力,造成大部分任职者的能力和素质低于岗位要求。而小微企业常常是根据当前任职者的能力和素质而不是根据岗位所需能力和素质来确定任职资格要求,或者是笼统地规定各岗位的任职资格要求,从而导致岗位任职资格要求对企业的发展毫无意义。

三、小微企业走出岗位说明书编制误区的途径

编制岗位说明书是一项技术性很强的工作,不仅需要小微企业主对其高度重视,更需要有人力资源管理方面的专业人才。为了避免出现上述问题,小微企业在编制岗位说明书中应做到:

(一) 确定岗位说明书模板要系统规划,按需设计

随着网络技术的发展,企业能够轻易地获得各种各样的岗位说明书模

板,这些模板对于岗位说明书编制工作无疑具有很大的参考价值。面对着十几个甚至几十个风格、内容各异的岗位说明书模板,小微企业应该怎么办呢?首先,小微企业要知道岗位说明书模板中每一项内容到底有啥用,其中的信息该怎样收集;其次,小微企业要根据实际需要来选取对其真正有用的项目来设计自己的岗位说明书模板,既不要贪大求全,也不要过分简单化,应该在充分考虑到后期应用扩展的前提下尽可能的简洁。例如,岗位说明书中岗位编号这一项,在小微企业中一般就不需要。因为在规模较大、层级或岗位类别较多或是按集团化管理模式管理的企业中,岗位体系往往比较复杂,岗位名称可能已经不能作为区分岗位的唯一标志了,此时就需要引入岗位编号的概念。岗位说明书模板中增加岗位编号这一项对小微企业来说是画蛇添足。另外,如果小微企业打算在三四年内进行薪酬制度改革,那么直接(间接)下属人数、工作时间、工作条件和工作强度这些项目是必不可少的。因为管理幅度从一定程度上来说是决定该岗位工作难度、强度和岗位价值的重要因素,工作时间间接决定该岗位工作的辛苦程度,工作条件项目包括工作场地、噪声影响、高温影响、尘毒影响和班制形式等要素,这些要素都会影响到对岗位价值的评价。在编制岗位说明书时把这些项目添加进去并搞清楚,会给日后的岗位评估工作省去不少工作量。

(二)根据具体情况选择合适的工作分析方法来获取岗位说明书所需信息

工作分析是企业编制岗位说明书过程中必须要做的工作,小微企业应根据企业自身的实际情况、当前的管理水平、员工素质和岗位工作性质等的差别决定采取哪种工作分析方法。对于脑力劳动者、管理者等工作不确定性较大的岗位,小微企业可以采用问卷法进行工作分析。对于事务性较强的基础岗位,如行政后勤类岗位、销售类岗位、生产操作类岗位等,可以采用工作日志法进行工作分析。当某岗位涉及大量工作人员,且任职者整体素质较低时,可以用观察法进行工作分析。对于新建岗位,可以采用专家访谈法进行工作分析。通过科学的工作分析,小微企业还可以理顺各部门的职责和权限,避免因各部门职责不清导致的扯皮现象的发生。此外,小微企业还应该认识到,任何个人或部门都很难完成获取岗位说明书所需信息这项工作,必须通过科学的方法并发动小微企业全员参与。

（三）努力掌握科学、规范的岗位说明书的描述方法和要求

岗位说明书中的职责描述一般可以分为三个部分：职责、任务和衡量标准。职责是对岗位所需要完成的工作的概括性描述，任务是对职责的细分，是比较具体的直接可以用来指导行动的职责，衡量标准是对每一项工作任务应该达到的程度的要求，主要从"时间、数量、质量"等方面来阐述。职责描述的通用格式是"表述权限和参与方式的动词"+"需要完成的工作或动词所指向的对象+职责目标（可选项）"。在实际描述岗位职责时，由于不同岗位的职责变化多样，非常复杂，因此在形式上并不必完全拘泥于这种表现方式，但不论如何描述，"表述权限和参与方式的动词"和"需要完成的工作或动词所指向的对象"这两部分内容是必不可少的。另外，在岗位说明书中，职责描述应达到准确、全面、无重复的标准。岗位的权限与职责是密不可分的，只有当负有某种职责时，为了使任职者顺利开展工作，才需要确定相应的权限。企业基层员工岗位在明确了职责的同时就是赋予了该岗位相应的开展工作的权力，因此在岗位说明书中不必特别注明拥有哪些权力。但对于中高层管理者，权力范围的界定就显得很重要。因为各项管理权力是可以分级的，只说明某岗位拥有某一项权力而不说明具体的级别和范围，会使管理者在开展工作时无所适从。

（四）要科学地、有针对性地确定各岗位任职资格要求

任职资格要求是岗位说明书的重要组成部分，是履行岗位职责的保证，在企业的招聘、培训、职业生涯规划和薪酬管理等方面都具有非常重要的作用。小微企业要根据岗位所需能力和素质来确定任职资格要求，不应因为任职者是小微企业主的亲戚、朋友或同学而降低任职资格要求。另外，根据任职资格要求的不同特性，可以把任职资格分为显性、半显性和隐性。显性的任职资格要求包括年龄、身体条件、受教育程度、工作经验和职业资格等几个方面。半显性的任职资格要求包括专业知识、专业技能等方面。隐性任职资格要求则包含了各种技能、能力的水平和个性特征等。对于不同层级、不同专业领域的人来说，在这三类任职资格方面要求的重点也是不同的。越是基层的岗位，其显性任职资格要求就越重要，而隐性任职资格的要求越低。而越到高层，对隐性任职资格的要求就越高。越是较为机械性的、与设备和数据等接触多的岗位，对显性任职资格的要

求就越多,对隐性任职资格的要求就越少。越是灵活性高的、更多的与人接触和沟通的岗位,对隐性任职资格的要求就越高。

市场竞争是无情的,它迫使小微企业不断提升其管理水平,尤其是人力资源管理水平。作为人力资源管理基础的岗位说明书对广大小微企业来说是一个相对新鲜的事物,编制岗位说明书的工作对其更是一种挑战。通过在实践中不断摸索,相信小微企业最终能够编制出科学、规范、有效的岗位说明书。

第六节
小微企业员工绩效考核的效果探析

随着我国加入世界贸易组织后国内市场的逐步对外开放,小微企业所面临的市场竞争日益激烈,这促使小微企业比以往任何时候都更加注重企业自身的绩效。员工绩效的高低是能否实现公司战略目标、创造企业高绩效最直接的因素。现在越来越多的小微企业实施了员工绩效考核,以期培育核心竞争力、获取竞争优势。但是我国小微企业由于受发展历史、规模实力和人员素质的局限,在绩效考核上还存在诸多不规范和不科学的问题,从而导致大部分小微企业的员工绩效考核不仅没取得预期的效果,甚至还给企业带来了诸多问题。

一、员工绩效考核未取得良好效果的原因

(一) 小微企业主对绩效考核缺乏系统的认识

许多小微企业主对绩效考核停留在一个浅层次认识上,没有认识到绩效考核只是绩效管理的一个环节,没有将绩效考核放在绩效管理体系中考虑,而是孤立地看待考核,不能够重视考核前期与后期的相关工作,没有认识到绩效管理和企业的战略、组织架构、企业文化等息息相关、密不可分,使考核流于简单的形式。小微企业主一般都没有用系统的观点来看待考核指标的制定,工作分析是人力资源管理的一个基础性的工作,它是有效进行绩效管理、制定考核指标的基础。大部分小微企业不知工作分析为何物,在考核中想当然地制定考核指标和绩效标准,考核缺乏科学性。

(二) 小微企业忽视与员工沟通,单方面出台有关政策

小微企业在创业过程中,企业的成长几乎完全取决于小微企业主个人的智慧和胆识。企业的成功强化了小微企业主"一人说了算"的管理作风,造成了小微企业主专断独行的管理风格。这种情况导致一些小微企业在实施绩效考核前,没有对员工进行绩效考核总动员,向员工解释绩效考核的目的和必要性、合理性,造成员工对绩效考核人心惶惶;在设计、确定考核指标时,不和员工一起对有关工作业绩、工作能力、工作态度等考核指标进行商讨,而是想当然地拍拍脑袋就决定了所要考核的指标,导致员工对绩效考核产生抵触情绪和绩效考核中不公平问题的出现;在绩效考核后,没有根据绩效考核结果与员工探讨如何提高其职业技能、改进个人绩效,使员工看不到绩效考核对其职业生涯发展带来的益处。

(三) 绩效考核的激励措施运用不当

绩效考核结果的好坏应该与员工所获得的报酬的多少呈现正相关关系,如果员工工作做好做坏是一个样,那么必然会造成员工绩效低下。大多数小微企业的家族化管理背景决定了它在奖惩方面有很多的漏洞,奖了不该奖的人,罚了不该罚的人,在绩效考核结果的运用上不能对小微企业主的亲朋好友与普通员工做到一视同仁,从而挫伤了员工的工作积极性。

(四) 小微企业不存在与绩效考核理念相容的企业文化

许多小微企业都是白手起家,以生存作为他们的第一需要,根本没有企业文化建设的意识或余力去关注企业文化建设。另外,深厚的中国传统"家"文化规则使得很多小微企业主以家族或泛家族规则为基础身份来整合资源、协调人际关系和组织活动,员工的升迁不是靠工作业绩,而是取决于和小微企业主关系的远近、小微企业主的个人喜好。而且,中国人自古就有不得罪人的文化,大多数考核者都不愿扮"黑脸",给考核对象进行反面评价。有些考核者还担心较低的考核评价会打击考核对象的工作信心和士气。在考核者如此不情愿的心态下,所做的考核必定是无法反映真实情况、无法对员工起到正面、有效的引导作用。

（五）小微企业照抄照搬其他企业的考核方法或盲目追求考核方法的新颖性

大多数小微企业在绩效考核上实行"拿来主义"，把别的企业（尤其是绩效优秀的跨国公司）的绩效考核表格和绩效考核打分方法原样照搬或稍作修改就在本企业推行。另外，不少小微企业对绩效考核方法求新、求全，对平衡计分卡、360度考核情有独钟，错误地以为新颖、时髦的绩效考核方法一定能够帮助企业提高绩效，完全忽视绩效考核方法所要求的企业管理信息系统的匹配程度。

此外，小微企业的考核者未经考核培训、考核频率不适当、考核指标选取不当，也导致绩效考核效果不佳。

二、小微企业提高员工绩效考核效果的途径

（一）小微企业应系统性地看待绩效考核，充分认识绩效考核是绩效管理的一个环节

绩效管理包括绩效计划、绩效辅导、绩效考核和绩效反馈四个环节。绩效计划是上级与员工合作，对员工下一年应该履行的工作职责、各项任务的重要性等级和授权水平、绩效的衡量、上级提供的帮助、可能遇到的障碍及解决的方法等一系列问题进行探讨并达成共识的过程，是整个绩效管理体系中最重要的环节。绩效辅导是上级与员工双方在计划实施的全年随时保持联系，全程追踪计划进展情况，及时排除遇到的障碍，必要时修订计划，这是绩效管理体系的灵魂与核心。因此，小微企业要想提高员工绩效，应该把更多的注意力放在绩效计划和绩效辅导上，仅仅关注绩效考核而忽视绩效计划和绩效辅导无异于本末倒置。小微企业应进行工分析，制作出职务说明书，绩效考核指标和绩效标准要根据职务说明书科学地制定。考核指标的数目不要太多，以免分散考核对象的注意力，考核指标要尽可能地量化，不能量化的就要对工作行为进行详细地描述。

（二）小微企业要加强与员工的沟通，重视员工参与管理

小微企业主应让员工知道，绩效考核首先是一种绩效控制的手段，其核心的管理目标是通过了解和检验员工的绩效以及企业的绩效，并通过结果的反馈实现员工绩效的提升和企业管理的改善；其次，它也是对员工业绩的评定与认可，因此它具有激励功能，使员工体验到成就感、自豪感，

从而增加其工作满意度。最后，考核的结果将决定员工的晋升、奖惩和各种利益的分配。绩效管理是一种防止绩效不佳和共同提高绩效的工具，它意味着上级同员工之间持续的双向沟通，是上下级共同学习和提高的过程。绩效考核不是迫使员工更好或更努力工作的棍棒，也不是只在绩效低下时才使用的惩罚工具。它是为确保管理者期望产生的工作行为、表现及其结果而进行的企业内部的管理活动，是上级与员工以共同合作的方式来完成的，它对员工本身、上级和企业都是有益的。脱离绩效管理体系的考核之所以难以发挥其应有的功能，甚至被考核双方私下里说成是"浪费时间""走形式""做样子"，主要原因就在于缺少员工的参与，缺少考核双方的持续动态的沟通。考核结果出来后，针对绩效结果差的员工，上级不能因员工的低绩效而指责他，要与其共同探讨绩效结果差的原因及改进的方法，为其职业生涯发展提供帮助。绩效管理是以人为本的管理，小微企业主要把员工视为最重要的资源而不只是企业获得利润的工具，在管理实践中要让员工参与管理、尊重员工、爱护员工、帮助其发展技能、给予其应得的报酬。只有这样，员工的绩效才能在考核中不断提高，员工才会从内心接受绩效考核。

（三）小微企业要建设绩效导向型的企业文化

文化是一把双刃剑，文化是能"化"人的，它对人的影响是潜移默化的。文化的这种潜隐性使得文化具有很强的惰性与变革的"路径依赖"，一旦形成，要改变起来就相当的困难，并可能形成排斥，产生管理耗散。这种"路径依赖"会对企业建立新的绩效管理系统所要求的员工行为重塑和心理调整、新的价值观和团队精神的形成等产生障碍，因此，企业文化会影响企业绩效管理体系的构建。针对文化具有较强的"路径依赖"的特点和变化的市场与动荡的环境，小微企业应将提高绩效、促进创新和快速应变作为企业文化的主旨，有意识地建立支持企业业绩、鼓励创新与适应变化的企业文化；要在企业中提倡"按绩分配""唯绩是举"，逐步改变企业中"靠关系吃饭"的现象，考核中要使员工树立"对事不对人"的观念，从而使考核者在考核中敢于扮"黑脸"。只有在以绩效为导向的企业文化中，绩效考核才能真正发挥正向作用。

（四）小微企业的绩效管理体系必须与企业自身的特点、发展阶段、战略目标、员工知识、技能、能力等相匹配

近年来，平衡计分卡在中国很流行，受到一些小微企业主的追捧。殊不知，平衡计分卡这样的先进的绩效考核方法的运用需要企业其他方面的配合。首先，应用平衡平分卡的企业必须有清楚的战略目标；其次，企业必须有较好的信息系统支持对考核指标的跟踪和衡量；最后，平衡计分卡理念是在西方绩效考核成熟、成功的企业多年的实践基础上建立和发展起来的，很难想象一个从来没有实施绩效管理、没有建立绩效文化的企业能够成功地使用这样复杂的绩效衡量工具。

在我国，大部分小微企业没有制定清晰的战略目标，企业的发展是走一步看一步，也不存在完善的信息系统。很显然，我国大部分小微企业运用平衡计分卡进行绩效考核的条件还远未成熟。360度考核在企业考核中是采用频率最高的一种考核方法，它克服了传统考核方法仅由上级考核下级而造成的单一绩效信息收集渠道、主观性强的缺点，360度考核的结果多应用于员工开发、晋升、绩效改进等方面。但是，在不少小微企业中，360度考核的结果与员工薪酬多少相联系，这促使考核者在考核本部门或其他部门的同事时"留一手"或"使绊子"，造成同事之间不合作甚至敌意和互相拆台，导致360度评估的信度和效度大打折扣。小微企业在进行绩效考核中应本着实用、简单的原则，在考核方法上不要追求时髦、新颖。小微企业中员工的整体素质偏低，太复杂的考核方法会使他们难以理解。企业发展如同人的成长一样，有其客观规律，而有些发展阶段确实是无法逾越的。小微企业必须根据自身真正的发展状态，选择符合现实情况的可操作性方案。

另外，小微企业要对考核者进行培训，使他们在考核中避免陷入各种各样的误区。考核频率要适当，不要每月都考核，那会使员工陷入数字游戏中，疲于应付考核而无心工作，也不要"三天打鱼，两天晒网"，特别是在业务繁忙时，不要以没有时间为理由，延长考核周期，甚至停止考核活动。

第五章

小微企业发展的影响因素分析

厘清影响小微企业发展的主要因素是优化地方政府支持小微企业发展公共服务内容的基础。在厘清影响小微企业发展的主要因素基础上对地方政府支持小微企业发展的公共服务内容进行优化能够提高优化行为的科学性、针对性和有效性。关于企业发展影响因素研究,主要有三种不同的观点:一是产业组织学派,认为企业的外部环境和企业在产业中位置是影响企业发展的主要因素。二是资源基础理论和企业能力理论,认为企业的异质性资源、独特能力是企业发展的关键因素。三是企业演化理论,提出了一种折中的观点,即企业发展是企业内外部因素共同作用的结果,是一个复杂演化过程。本书认为内外部因素对企业发展都有着重要影响。

第一节
小微企业发展的内部影响因素之因子分析

伊恩·蔡斯顿(Ian Chaston,1997)和特瑞·曼格尔斯(Terry Mangles,1997)从众多文献资料中选取了 4 篇论文进行深入分析。从这 4 篇论文的研究结论中归纳出影响和决定中小企业发展的一系列能力,并对这些能力进行了实证分析。这些能力见表5-1。

表5-1　　　　　　影响和决定中小企业发展的能力

序号	能力	序号	能力
1	识别市场缝隙的能力	5	有效的人力资源管理的能力
2	开发商业计划的能力	6	针对市场缝隙提供优质产品和服务的能力
3	质量管理的能力	7	改进员工的劳动生产效率、信息技术和控制系统的开发运用的能力
4	融资的能力	8	新产品开发和管理的能力

约翰·吉尔（John Gill,1985）归纳了18种影响小企业生存和发展的主要因素。这些因素见表5-2。

表5-2　　　　　　影响小企业生存和发展的因素

序号	因素	序号	因素
1	创业者的经验	10	创业者的个性
2	资金短缺	11	企业家非物质因素
3	市场营销经验和技能缺乏	12	企业家的创业精神和经验
4	识别和把握机会的能力	13	创业前5年
5	内部效率及其特色	14	外部支持服务系统
6	管理成长的失败	15	成长期的失误
7	解决不同阶段面临问题的能力	16	低成本或多元化经营方式
8	成长战略	17	创业者的专业知识水平
9	管理能力	18	管理者角色的转换

大卫·斯托里（David Storey,1994）从企业家、企业和战略等三个方面梳理了前人关于影响小企业发展的研究成果,认为上述三个方面只有适当地结合在一起才能促进企业快速发展,并指出了影响小企业发展的因素。这些因素见表5-3。

表5-3　　　　　　影响小企业发展的因素

企业家方面	企业方面	战略方面
动机	年龄	员工培训
失业	产业部门	管理培训
教育	法定形式	外部资产

续表

企业家方面	企业方面	战略方面
管理经验	布局	技术精密性
企业创办者的人数	规模	市场定位
以前曾经独立开业	所有权	市场调整
家史		计划
社会边缘性		新产品
专业技能培训		管理力量补充
年龄		国家支持
培训		顾客集中度
早先经营失败		竞争
以前的行业经历		信息与咨询
以前所在企业的规模		出口
性别		

王勇（2009）从企业家、企业文化、人力资源管理、市场营销、财务管理、技术创新、运营管理和外部环境等方面构建出企业发展影响因素指标体系。吕一博、苏敬勤、傅宇（2008）从企业家导向、企业创新能力、企业内部资源和企业资源外取、企业环境四个角度构建出中小企业成长影响因素分析模型。

本书在借鉴以上国内外学者的代表性研究成果并对小微企业主进行访谈的基础上，归纳出21个影响小微企业发展的企业内部因素。这些因素具体见表5-4。

表5-4　　　影响小微企业发展的企业内部因素

序号	影响因素	序号	影响因素
1	品牌建设	12	现金流充沛程度
2	企业主的管理经验	13	企业主是否有过创业经历
3	了解顾客需求的程度	14	企业主的创业动机
4	企业主的教育程度	15	企业主的经营能力
5	产品创新力度	16	产品质量
6	工艺创新状况	17	企业主角色的转换
7	识别市场缝隙能力	18	融资能力
8	商业模式创新	19	投资决策
9	市场开发能力	20	新产品的市场接受度
10	产品是否具有特色	21	企业主以前是否在本行业工作
11	技术研发水平		

根据 21 个影响小微企业发展的企业内部因素，笔者制作出《企业内部因素对小微企业发展影响程度调查问卷》，要求被调查者根据 21 个企业内部因素对小微企业发展的影响程度逐一打分。每个因素使用 5 级 likert 量表进行测量，被调查者根据各企业内部因素对小微企业发展的影响程度从"小""比较小"到"一般""比较大""大"给出分数，分值范围从 1 分到 5 分。以"品牌建设"对小微企业发展的影响程度为例，被调查者如认为影响程度"比较大"，那么打 4 分，如其认为影响程度"小"，则打 1 分。为了了解《企业内部因素对小微企业发展影响程度调查问卷》的信度，首先请 153 家小微企业填写了该调查问卷，并运用 Cronbach's α 系数进行信度检测。α 系数值为 0.83，可见该调查问卷具有较高信度。

《中国中小企业年鉴（2015）》的数据显示，江苏、山东、广东、浙江、河南、辽宁、福建、安徽、湖南、湖北是小微企业数量最多的 10 个省份。在上述各省随机选择 100 家小微企业进行问卷调查，10 省共计 1000 家企业。每家企业发放 1 份调查问卷，共计发放 1000 份。调查问卷发放途径有三：一是在当地工业和信息化局、市场监督管理局或税务局等政府部门协助下发放调查问卷；二是在当地中小企业协会、小微企业商会等社会组织帮助下发放调查问卷；三是项目组通过互联网查询到相关企业联系方式，直接联系、发放调查问卷。

回收调查问卷 873 份，占全部发放调查问卷的 87.3%。在回收的调查问卷中剔除 23 份填写质量较差的调查问卷，获得 850 份高质量调查问卷，高质量调查问卷占全部发放调查问卷的 85%。根据《中小企业划型标准规定》对小微企业的界定，分析 850 份高质量调查问卷内容后发现被调查企业中有 69 家企业实际上不是小微企业，故予以剔除。最后实际有效调查问卷为 781 份，占全部发放调查问卷的 78.1%。

笔者根据调查所获数据运用 SPSS 软件对 21 个企业内部因素进行相关性分析，可知 KMO 统计量值为 0.913，Bartlett 球形检验的 P 值为 0.000，这表明所获数据非常适合进行因子分析。以特征值大于 1 的原则确定因子个数共有 3 个公共因子对应的特征值大于 1，故提取相应 3 个公共因子。从累积方差贡献率可以看出，前 3 个公共因子已经解释了方差变异中的 65.668%，包含了评价指标的大部分信息。每一个变量的共性方差均在 0.5 以上，且半数超过 0.6。这说明 3 个公共因子能够较好地反映 21 项企业内部因素的大部分信息。因此，可以将原始的 21 项企业内部因素划分为 3 类。

为了确定 3 个公共因子分别由哪些指标构成，对因子载荷进行方差最大化正交旋转后可知，公共因子 1 在"企业主的管理经验""企业主的教育程度""企业主是否有过创业经历""企业主的经营能力""企业主的创业动机""企业主角色的转换""企业主以前是否在本行业工作"等方面有较大载荷，故公共因子 1 可以定义为"企业主因子"。公共因子 2 在"现金流充沛程度""融资能力""投资决策"等方面有较大载荷，故公共因子 2 可以定义为"财务因子"。公共因子 3 在"品牌建设""了解顾客需求的程度""识别市场缝隙能力""产品质量"[①]"市场开发能力""新产品的市场接受度""产品是否具有特色""技术研发水平""产品创新力度""工艺创新状况""商业模式创新"等方面有较大载荷。故公共因子 3 可以定义为"营销与创新因子"。具体见表 5-5 和表 5-6。

表 5-5　　　　　　　　　　解释的总方差

成分	初始特征值			提取平方和载入			旋转平方和载入		
	合计	方差的%	累积%	合计	方差的%	累积%	合计	方差的%	累积%
1	10.570	50.912	50.912	10.570	50.912	50.912	6.307	30.017	30.017
2	1.696	8.128	59.040	1.696	8.128	59.040	3.848	18.850	48.867
3	1.028	4.948	63.988	1.028	4.948	63.988	3.418	16.801	65.668
4	0.827	3.929	67.917						
5	0.672	3.258	71.175						
6	0.650	3.121	74.296						
7	0.588	2.849	77.145						
8	0.552	2.754	79.899						
9	0.521	2.580	82.479						
10	0.501	2.399	84.878						
11	0.433	2.115	86.993						
12	0.400	1.914	88.907						
13	0.381	1.769	90.676						
14	0.357	1.742	92.418						
15	0.342	1.591	94.009						
16	0.325	1.408	95.417						

---

① 美国国家标准研究院和美国质量协会把质量定义为表征产品或服务满足给定需要的能力的特征和特性的总和，可见，产品质量高低与企业能否准确把握顾客需要有密切关系。

续表

成分	初始特征值			提取平方和载入			旋转平方和载入		
	合计	方差的%	累积%	合计	方差的%	累积%	合计	方差的%	累积%
17	0.279	1.204	96.621						
18	0.245	1.117	97.738						
19	0.223	1.021	98.759						
20	0.191	0.705	99.464						
21	0.142	0.536	100.000						

提取方法：主成分分析。

表 5-6　　　　　　旋转后的因子载荷矩阵

	因子		
	1	2	3
企业主的管理经验	0.837	0.141	0.193
企业主是否有过创业经历	0.787	0.237	0.140
企业主角色的转换	0.771	0.235	0.068
企业主的经营能力	0.762	0.231	0.170
企业主的创业动机	0.723	0.120	0.260
企业主以前是否在本行业工作	0.687	0.204	0.320
企业主的教育程度	0.548	0.313	0.259
融资能力	0.075	0.799	0.263
现金流充沛程度	0.205	0.686	0.352
投资决策	0.267	0.573	0.428
了解顾客需求的程度	0.229	0.136	0.862
识别市场缝隙能力	0.235	0.175	0.782
产品创新力度	0.311	0.112	0.749
商业模式创新	0.193	0.226	0.730
市场开发能力	0.382	0.140	0.704
产品质量	0.361	00.213	0.696
工艺创新状况	0.060	0.432	0.678
品牌建设	0.481	0.090	0.644
技术研发水平	0.157	0.428	0.635
新产品的市场接受度	0.259	0.391	0.572
产品是否具有特色	0.327	0.268	0.549

提取方法：主成分分析。旋转法：具有 Kaiser 标准化的正交旋转法。

旋转在 6 次迭代后收敛。

通过因子分析可知,"企业主因子""财务因子""营销与创新因子"是影响小微企业发展的三个主要内部因素。其中"企业主因子"对小微企业发展的影响程度最大,其次是"财务因子","营销与创新因子"对小微企业发展的影响程度排第三。

第二节　小微企业发展的外部环境影响因素之层次分析

企业环境一直是战略管理的重点研究领域之一。迪尔(Dill,1958)认为,组织环境是"与确定目标和达到目标有潜在联系的所有环境总称"。[①] 邓肯(Duncan,1972)认为企业环境是企业在决策过程中必须考虑的、在企业边界之外的物质及社会因素,包括企业外部所有因素和事件。布尔热瓦(Bourgeois,1980)把企业环境划分为一般环境和任务环境,认为一般环境和任务环境的界定取决于企业所在领域和企业政策制定者在此领域的目标选择。达夫特(Daft,1988)将企业外部环境中的一般环境分为科技环境、政策环境和社会文化环境,任务环境又细分为顾客环境、经济环境和竞争者环境。国内学者范钧(2010)把中小企业发展的区域软环境分为政府服务、社会文化、商业法制、市场环境、教育科技、金融服务等六个方面。马淑琴、陈薇(2004)从我国经济发展的总体态势、政治法律环境、社会文化环境、中小企业发展空间等方面分析了中小企业发展的宏观环境,从区域环境、市场环境、社会服务环境、信息环境等方面分析了中小企业发展的中观环境。

一、建立递阶层次结构

本书在借鉴国内外学者相关研究成果和对小微企业主进行访谈的基础上,构建了小微企业发展的外部环境影响因素体系。它分为三层:目标

---

① Dill, W. R. Environment as an Influence on Managerial Activity [J]. Administrative Science Quarterly, 1958, 2 (4): 409 – 443.

层,这是"影响小微企业发展的外部环境因素";准则层,包括"政治环境""经济环境""社会文化环境""技术环境""有形基础设施"等5个因素;方案层,包括"政策支持力度""小微企业政策执行情况"在内的12个因素。具体见表5－7。

表5－7　　　　　影响小微企业发展的外部环境因素体系

目标层	准则层	方案层
影响小微企业发展的外部环境因素（A）	政治环境（B_1）	政策支持力度（C_1）
		小微企业政策执行情况（C_2）
		税外负担（C_3）
	经济环境（B_2）	市场容量（C_4）
		融资环境（C_5）
		市场化程度（C_6）
	社会文化环境（B_3）	人口文化素质（C_7）
		小微企业社会认可度（C_8）
	技术环境（B_4）	技术可获得性（C_9）
		当地技术创新水平（C_{10}）
	有形基础设施（B_5）	交通基础设施状况（C_{11}）
		互联网基础设施状况（C_{12}）

二、构建两两比较判断矩阵

判断矩阵如表5－8所示,标度的定义如表5－9所示。

表5－8　　B_i和B_j对小微企业发展的相对影响程度矩阵

A_1	B_1	B_2	Λ	B_n
B_1	b_{11}	b_{12}	Λ	b_{1n}
B_2	b_{21}	b_{22}	Λ	b_{2n}
M	M	M		M
B_n	b_{n1}	b_{n2}	Λ	b_{nn}

表5－9　　　　　　　　判断矩阵标度定义

标度b_{ij}	含义
1	i因素与j因素对小微企业发展具有同等影响程度
3	i因素对小微企业发展的影响程度比j因素对小微企业发展的影响程度稍微大

续表

标度 b_{ij}	含义
5	i 因素对小微企业发展的影响程度比 j 因素对小微企业发展的影响程度明显大
7	i 因素对小微企业发展的影响程度比 j 因素对小微企业发展的影响程度非常大
9	i 因素对小微企业发展的影响程度比 j 因素对小微企业发展的影响程度极端大
2，4，6，8	为以上两相邻判断之间的中间状态对应的标度值
倒数	若 j 因素与 i 因素比较，得到的判断值为 $b_{ji} = 1/b_{ij}$

根据影响小微企业发展的外部环境因素制作出《外部环境因素对小微企业发展影响程度调查问卷》，随同《企业内部因素对小微企业发展影响程度调查问卷》一起发放给被调查企业进行问卷调查。10 省共计 1000 家企业，每个企业发放调查问卷 1 份，共计发放 1000 份。回收调查问卷 869 份，占全部发放调查问卷的 86.9%。在回收的调查问卷中剔除 20 份填写质量较差的调查问卷，获得 849 份高质量调查问卷，高质量调查问卷占全部发放调查问卷的 84.9%。根据《中小企业划型标准规定》对小微企业的界定，分析 849 份高质量调查问卷内容后发现被调查企业中有 69 家企业实际上不是小微企业，故予以剔除。最后实际有效调查问卷为 780 份，占全部发放调查问卷的 78%。

在调查中，请被调查者两两比较各外部环境因素对小微企业发展的影响程度。判断矩阵中的标度根据问卷调查的数据权衡后得出，所得标度能够反映小微企业认为外部环境因素对其发展影响程度的共识。

三、层次单排序和一致性检验

根据各指标对小微企业发展的影响程度构造判断矩阵进行计算，所得结果如下：

（1）二级指标的"政治环境""经济环境""社会文化环境""技术环境""有形基础设施"相对于一级指标的"影响小微企业发展的外部环境因素"对小微企业发展的影响程度。

检验其一致性，通过一致性检验。如表 5 - 10 所示。

（2）三级指标"政策支持力度""小微企业政策执行情况""税外负担"相对于二级指标"政治环境"对小微企业发展的影响程度。

检验其一致性，通过一致性检验。如表 5 - 11 所示。

表 5-10　B_1、B_2、B_3、B_4、B_5 相对于 A 对小微企业发展的影响程度

A	B_1	B_2	B_3	B_4	B_5	W_i	
B_1	1	1/2	3	4	6	0.294	$\lambda_{max}=5.194$
B_2	2	1	4	5	7	0.443	CI = 0.048
B_3	1/3	1/4	1	2	4	0.133	RI = 1.120
B_4	1/4	1/5	1/2	1	4	0.091	CR = 0.043
B_5	1/6	1/7	1/4	1/4	1	0.039	

表 5-11　C_1、C_2、C_3 相对于 B_1 对小微企业发展的影响程度

B_1	C_1	C_2	C_3	W_i	
C_1	1	3	5	0.637	$\lambda_{max}=3.039$
C_2	1/3	1	3	0.258	CI = 0.019
C_3	1/5	1/3	1	0.105	RI = 0.580
					CR = 0.033

（3）三级指标"市场容量""融资环境""市场化程度"相对于二级指标"经济环境"对小微企业发展的影响程度。

检验其一致性，通过一致性检验。如表 5-12 所示。

表 5-12　C_4、C_5、C_6 相对于 B_2 对小微企业发展的影响程度

B_2	C_4	C_5	C_6	W_i	
C_4	1	1	5	0.455	$\lambda max=3.000$
C_5	1	1	5	0.455	CI = 0.000
C_6	1/5	1/5	1	0.091	RI = 0.580
					CR = 0.000

（4）三级指标"人口文化素质""小微企业社会认可度"相对于二级指标"社会文化环境"对小微企业发展的影响程度。

检验其一致性，通过一致性检验。如表 5-13 所示。

表 5-13　C_7、C_8 相对于 B_3 对小微企业发展的影响程度

B_3	C_7	C_8	W_i	
C_7	1	1/5	0.167	$\lambda_{max}=2.000$
				CI = 0.000
				RI = 0.000
C_8	5	1	0.833	CR = 0.000

(5) 三级指标"技术可获得性""当地技术创新水平"相对于二级指标"技术环境"对小微企业发展的影响程度。

检验其一致性,通过一致性检验。如表 5-14 所示。

表 5-14　　　　　　C_9、C_{10} 相对于 B_4 的权重

B_4	C_9	C_{10}	W_i	
C_9	1	3	0.750	λ_{max} = 2.000 CI = 0.000
C_{10}	1/3	1	0.250	RI = 0.000 CR = 0.000

(6) 三级指标"交通基础设施状况""互联网基础设施状况"相对于二级指标"有形基础设施"对小微企业发展的影响程度。

检验其一致性,通过一致性检验。如表 5-15 所示。

表 5-15　　　C_{11}、C_{12} 相对于 B_5 对小微企业发展的影响程度

B_5	C_{11}	C_{12}	W_i	
C_{11}	1	1	0.500	λ_{max} = 2.000 CI = 0.000
C_{12}	1	1	0.500	RI = 0.000 CR = 0.000

四、层次总排序

方案层相对于目标层的总排序如表 5-16 所示。

表 5-16　　　　　　　　　方案层总排序

	政治环境	经济环境	社会文化环境	技术环境	有形基础设施	方案层总排序（影响程度）
	0.294	0.443	0.133	0.091	0.039	
政策支持力度	0.637					0.187
小微企业政策执行情况	0.258					0.076
税外负担	0.105					0.031
市场容量		0.455				0.202

续表

	政治环境	经济环境	社会文化环境	技术环境	有形基础设施	方案层总排序（影响程度）
	0.294	0.443	0.133	0.091	0.039	
融资环境		0.455				0.202
市场化程度		0.091				0.040
人口文化素质			0.167			0.021
小微企业社会认可度			0.833			0.110
技术可获得性				0.750		0.068
当地技术创新水平				0.250		0.023
交通基础设施状况					0.500	0.020
互联网基础设施状况					0.500	0.020
CI	0.019	0.000	0.000	0.000	0.000	$CI_总 = 0.006$
CR	0.033	0.000	0.000	0.000	0.000	$RI_总 = 0.428$
						$CR_总 = 0.014$

通过对影响小微企业发展的外部环境因素进行层次分析，诸外部环境因素对小微企业发展的影响程度由高到低排序见表 5-17。

表 5-17　　外部环境因素对小微企业发展的影响程度

序号	小微企业发展的外部环境影响因素	影响程度
1	市场容量	0.202
1	融资环境	0.202
2	政策支持力度	0.187
3	小微企业社会认可度	0.11
4	小微企业政策执行情况	0.076
5	技术可获得性	0.068
6	市场化程度	0.04
7	税外负担	0.031
8	当地技术创新水平	0.023
9	人口文化素质	0.022
10	交通基础设施状况	0.02
10	互联网基础设施状况	0.02

在 12 个影响小微企业发展的外部环境因素中，"市场容量""融资环

境"并列第一,"交通基础设施状况""互联网基础设施状况"并列第十。"市场容量""融资环境""政策支持力度""小微企业社会认可度"等四个外部环境因素的影响程度之和超过了 0.7。可见,它们是影响小微企业发展的主要外部环境因素。

第三节
企业自主创新环境评价

通过对影响小微企业发展的内部因素进行因子分析可知,企业财务状况、企业创新对小微企业发展有着较大影响;通过对影响小微企业发展的外部环境因素进行层次分析可知,融资环境、政策支持力度对小微企业发展有着较大影响素。浙江省宁波市民营经济发达,小微企业众多。在大众创业、万众创新的背景下,宁波市科技型小微企业如雨后春笋般出现。故笔者以宁波市为例,评价企业自主创新环境,分析国外政府促进小微企业创新的政策,探索地方政府助力小微企业突破自主创新瓶颈的对策,并在可视化分析我国风险投资研究热点基础上,研究科技型小微企业融资需求错配问题以及评价科技型小微企业的融资环境。

一、引言

自主创新是由国内学者根据中国国情提出的一个概念,意指在创新主体主导下的、由该主体完成部分或全部创新活动且拥有自主知识产权的创新。企业自主创新环境是指相对于企业而言的客观外部环境,它直接或间接影响着企业的自主创新活动。理论界对企业自主创新环境评价的研究比较少,通过查询知网(www.cnki.net),发现目前关于研究企业自主创新环境评价的论文只有几篇。陈红川、刘斌(2012)在分析高新技术企业自主创新环境要素的基础上,构建了高新技术企业自主创新环境评价指标体系,并运用模糊综合评价方法和层次分析法对高新技术企业自主创新环境进行了评价。马志强、吴昊(2012)运用 SPSS 软件和 AMOS 软件对苏州市高新技术企业的调研数据进行了探索性因子分析、信度分析和验证性因子分析，建立了一个由政府支持、信息服务、技术支持、基础设施、市场支持、资金融通、资源获取等 7 个维度 28 个指标构成的高新技术企业自主创新社会服务环境评价模型。曲远洋（2013）运用层次分析法、模糊综合评价法对黑龙江省高新技术产业进行评价，从企业角度确定了法律政策环境、市场环境、资源环境、服务环境以及社会文化环境等外部环境对黑龙江省高新技术产业自主创新影响的效果。隋广军、胡希（2006）运用主成分分析法和因子分析法，以长三角和珠三角城市为样本，对企业自主技术创新环境因素进行了研究，并对长三角和珠三角城市的企业自主技术创新环境进行了综合评价。

综上所述，当前，还有学者运用灰色关联分析法对企业自主创新环境进行评价。灰色关联分析所研究的对象是"部分信息已知，部分信息未知"的"贫信息"不确定性系统。企业自主创新环境评价系统本质上是一个灰色系统。一是因为影响企业自主创新环境的因素太多而且复杂，人们在评价时，只能选取有限的主要指标来进行分析；二是所选取的评价指标的数据有些是已知的，有些指标的数据却是未知的，因此该系统具有信息不完全，或者"灰色"的特征，因此，运用灰色关联分析法来评价企业自主创新环境是比较合适的。笔者首先运用层次分析法确定各评价指标的权重，然后运用灰色关联分析法评价浙江省 11 个地级市的企业自主创新环境，并分析宁波市企业自主创新环境的优劣势。

二、宁波市企业自主创新环境之评价

（一）层次分析法和灰色关联分析法概述

层次分析法是美国匹兹堡大学教授萨泰（T. L. Saaty）于 20 世纪 70 年代提出的一种系统分析方法。它综合了定性与定量分析，模拟人的决策思维过程，是以解决多因素复杂系统，特别是难以定量描述的社会系统的分析方法。应用 AHP 解决问题的思路是：首先，把要解决的问题分层系列化，即根据问题的性质和所要达到的目标，将问题分解为不同的组成因素，按照因素之间的相互影响和隶属关系将其分层聚类组合，形成一个递阶的、有序的层次结构模型。其次，对模型中每一层次因素的相对重要性，依据人们对客观现实的判断给予定量表示，再利用数学方法确定每一层次全部因素相对重要性次序的权值。最后，通过综合计算各层因素相对重要性的权值，得到方案层相对于目标层的相对重要性次序的组合权值，以此作为评价和选择方案的依据。

灰色关联分析法是我国著名学者邓聚龙教授于 1982 年提出的,它通过对部分已知信息的生成、开发、实现,对现实世界进行确切的描述和认识。灰色关联分析法的具体步骤如下:

第一步,确定比较数列(评价对象)和参考数列(评价标准)。

设评价对象为 m 个,评价指标为 n 个,比较数列为:

$X_i = \{X_i(k) | k = 1,2,\cdots,n\} \quad i = 1,2,\cdots,m$

参考数列为:

$X_0 = \{X_0(k) | k = 1,2,\cdots,n\}$

第二步,确定各指标值对应的权重。

可利用德尔菲法或层次分析法确定各指标对应的权重:

$W_k = \{X_k | k = 1,2,\cdots,n\}$

其中,W_k 为第 k 个评价指标对应的权重。

第三步,计算灰色关联系数。

$$\varepsilon_i(k) = \frac{\min_i \min_k |x_0(k) - x_i(k)| + \zeta \max_i \max_k |x_0(k) - x_i(k)|}{|x_0(k) - x_i(k)| + \zeta \max_i \max_k |x_0(k) - x_i(k)|}$$

其中,$\varepsilon_i(k)$ 表示比较数列 X_i 与参考数列 X_0 在第 k 个评价指标上的相对差值,ζ 表示分辨系数。

第四步,计算灰色加权关联度公式。

$$r_i = \frac{1}{n}\sum_{k=1}^{n} w_k \varepsilon_i(k)$$

其中,r_i 为第 i 个评价对象对理想对象的灰色加权关联度。

第五步,评价分析。

据灰色加权关联度的大小,对各评价对象进行排序,关联度越大其评价结果越好。

(二)企业自主创新环境评价指标权重的层次分析

借鉴前人对企业自主创新环境体系研究的成果,笔者根据科学性、系统性、客观性、可获得性原则从经济发展水平、人力资源禀赋、技术禀赋、知识产权保护、基础设施禀赋、政府支持力度等六个方面建立了一套有 11 个指标的企业自主创新环境评价指标体系。

通常,市场对企业创新产品的接受程度与经济发展水平成正比,经济越发达越有助于促进企业自主创新。自主创新活动本质上是人的活动,显然,城市人力资源素质越高,企业在自主创新中就越容易获取所需人才。众所周知,高校、科研院所是创造知识的重要主体,知识的创造和扩散对企业的自主创新活动至关重要。故城市中科技服务部门规模越大,普通高等院校数量越多,企业获取自主创新所需知识的环境就越优。一般而言,企业自主创新的成果具有易扩散性、易模仿性的特点,知识产权的受保护程度对企业的自主创新活动有着较大的影响。对企业的创新活动来说,基础设施是传递企业自主创新所需知识的重要载体,它能有效降低经济系统中活动开展的成本,提高效率。企业自主创新环境评价指标体系具体见表5-18。

表 5-18　　　　　　企业自主创新环境评价指标体系

目标层	准则层	方案层
企业自主创新环境评价指标	经济发展水平	人均生产总值(元)
	人力资源禀赋	受大学教育人口占总人口的比例(%)
		每百人拥有各类专业技术人才数(人)
	技术禀赋	科学研究、技术服务和地质勘查业就业人数占全部就业人数的比重(%)
		平均每万人拥有普通高等院校数(所)
	知识产权保护	平均每百位科技人员中三种专利申请受理数量(件)
		平均每百位科技人员中三种专利申请批准数量(件)
	基础设施禀赋	平均每百人中互联网用户数(户)
		人均拥有道路面积(平方米)
		每百人公共图书馆藏书量(册)
	政府支持力度	政府科技三项费用支出在地方财政支出中的比例(%)

笔者向宁波市企业的总经理发放《企业自主创新环境评价指标权重调查问卷》200 份,向政府部门、科研院校的专家发放《企业自主创新环境评价指标权重调查问卷》80 份,共计发放 280 份调查问卷。回收 258 份调查问卷,回收调查问卷占全部所发放调查问卷的 92%。在回收调查问卷中又剔除了填写质量较差的调查问卷,最后实际有效调查问卷为 247 份,有效调查问卷占全部所发调查问卷的 88%。所得出的标度能够反映人们对企业自主创新环境评价指标的共识。

依据层次分析法的计算原理,对调查数据进行分析,可以计算出方案层相对于目标层的总排序，并检验其一致性，通过一致性检验。具体见表5-19。

表5-19 方案层总排序

指标	经济发展水平 0.045	人力资源禀赋 0.387	技术禀赋 0.259	知识产权保护 0.168	基础设施禀赋 0.071	政府支持力度 0.071	最低层总排序（权重值）
人均生产总值（元）	1.000						0.045
受大学教育人口占总人口比例（%）		0.500					0.194
每百人拥有各类专业技术人才数（人）		0.500					0.194
科学研究、技术服务和地质勘查业就业人数占全部就业人数的比例（%）			0.750				0.194
平均每万人拥有普通高等院校数（所）			0.250				0.065
平均每百位科技人员中三种专利申请受理数量（件）				0.500			0.083
平均每百位科技人员中三种专利申请批准数量（件）				0.500			0.083
平均每百人中互联网用户数（户）					0.287		0.020
人均拥有道路面积（平方米）					0.078		0.006
每百人公共图书馆藏书量（册）					0.635		0.045
政府科技三项费用支出在地方财政支出中的比例（%）						1.000	0.072
CI	0.000	0.000	0.000	0.000	0.047	0.000	$CI_总 = 0.003$ $RI_总 = 0.041$
CR	0.000	0.000	0.000	0.000	0.081	0.000	$CR_总 = 0.073$

可见，企业自主创新环境评价指标的权重由高到低依次是："受大学教育人口占总人口比例""每百人拥有各类专业技术人才数""科学研究、技术服务和地质勘查业就业人数占全部就业人数的比例"的权重均为 0.194；"平均每百位科技人员中三种专利申请受理数量""平均每百位科技人员中三种专利申请批准数量"的权重都为 0.083；"政府科技三项费用支出在地方财政支出中的比例"的权重为 0.072；"平均每万人拥有普通高等院校数"的权重为 0.065；"人均生产总值""每百人公共图书馆藏书量"的权重均为 0.045；"平均每百人中互联网用户数"的权重为 0.02；"人均拥有道路面积"的权重为 0.006。

（三）企业自主创新环境的灰色关联分析

浙江省有 11 个地级市，分别是杭州、宁波、温州、绍兴、台州、嘉兴、金华、湖州、舟山、衢州、丽水。运用灰色关联分析来评价 11 市的企业自主创新环境的基本思路是：以 11 个评价指标中最优（理想城市）的指标值作为参考数列 X_0 的各实体 $X_0(k)$，11 市的各评价指标作为比较数列 X_i 的各实体 $X_i(k)$，求关联度 r_i。关联度越大，说明该市与企业自主创新环境最优的城市越相似，其企业自主创新环境越好。反之，则企业自主创新环境越差。通过查询《浙江统计年鉴2012》《中国城市统计年鉴2012》《中国科技统计年鉴2012》并对部分数据进行整理，得到 11 市的企业自主创新环境评价指标数据。根据 11 市的企业自主创新环境评价指标数据，得到理想城市的各评价指标值。具体见表 5-20。

对表 5-20 中的各评价指标的值进行标准化处理后，在确定各评价指标权重和分辨系数 ζ 取值为 0.5 的基础上，按照灰色关联分析的步骤对各评价指标值进行处理。可得出 11 市自主创新环境评价指标与理想城市自主创新环境评价指标的关联度以及 11 市企业自主创新环境评价排序。具体见表 5-21、表 5-22。

三、实证结果分析及建议

灰色关联分析结果显示，杭州的企业自主创新环境的关联度为 0.8550，排名第一。宁波市企业自主创新环境虽然在浙江省 11 市中排名第二，但是其自主创新环境的关联度只有 0.5842，与杭州企业自主创新环境的关联度相差甚远。究其原因，由表 5-21 可知，在"受大学教育

表 5-20 11 市及理想城市的企业自主创新环境评价指标数据

指标	杭州	宁波	温州	绍兴	台州	嘉兴	金华	湖州	舟山	衢州	丽水	理想城市
人均生产总值（元）	101370	105334	43132	75820	47779	78202	52538	58349	79765	36508	30643	101370
受大学教育人口占总人口的比例（%）	18.9	3.4	7.1	7	6	7.7	6.9	6.6	10.3	6.5	6.7	18.9
每百人拥有各类专业技术人才数（人）	8.5	6.03	3.15	4.71	3.16	4.26	3.13	3.65	4.39	2.21	2.56	8.5
科学研究、技术服务和地质勘查业就业人数占全部就业人数的比例（%）	1.45	0.35	0.14	0.17	0.19	0.26	0.15	0.18	0.3	0.18	0.2	1.45
平均每百万人拥有普通高等院校数（所）	5.5	2.4	0.8	1.6	0.7	1.7	1.7	1.1	42.9	0.8	1.1	42.9
平均每位科技人员中三种专利申请受理数量（件）	6.9	13.7	6	7.6	6.7	8	11.2	10	3.5	3.5	4.8	13.7
平均每百位科技人员中三种专利申请批准数量（件）	4.9	10.7	4.4	4.3	5.2	6.5	8	8	1.5	2.7	3	10.7
平均每百人中互联网用户数（户）	34.66	41.29	22.38	24.46	19.2	26.81	24.78	20.44	27.28	11.13	11.99	41.29
人均拥有道路面积（平方米）	11.13	12.72	15.38	19.66	16.44	12.53	15.15	17.83	9.12	9.61	14.4	19.66
每百人公共图书馆藏书量（册）	206.48	127.12	60.17	60.75	42.95	147.73	43.34	95.96	99.8	49.38	64.06	206.48
政府科技三项费用支出在地方财政支出中的比例（%）	4.7	3.8	2	4.9	2.1	0.4	3.5	3	1.9	2.6	1.9	4.9

表 5-21　11 市评价指标与理想城市评价指标的关联度

指标 \ 城市	杭州	宁波	温州	绍兴	台州	嘉兴	金华	湖州	舟山	衢州	丽水
人均生产总值（元）	1	0.914	0.418	0.621	0.439	0.644	0.462	0.493	0.648	0.392	0.372
受大学教育人口占总人口的比例（%）	1	0.336	0.399	0.397	0.378	0.412	0.395	0.389	0.477	0.387	0.391
每百人拥有各类专业技术人才数（人）	1	0.577	0.386	0.471	0.387	0.443	0.386	0.410	0.451	0.349	0.362
科学研究、技术服务和地质勘查业就业人数占全部就业人数的比例（%）	1	0.412	0.370	0.376	0.379	0.393	0.372	0.378	0.401	0.378	0.381
平均每百万人拥有普通高等院校数（所）	0.405	0.386	0.377	0.382	0.377	0.383	0.382	0.379	1	0.377	0.379
平均每百位科技人员中三种专利申请受理数量（件）	0.451	1	0.421	0.478	0.444	0.495	0.691	0.602	0.354	0.354	0.386
平均每百位科技人员中三种专利申请批准数量（件）	0.451	1	0.431	0.427	0.464	0.532	0.639	0.639	0.341	0.374	0.382
平均每百人中互联网用户数（户）	0.701	1	0.451	0.480	0.413	0.517	0.484	0.427	0.526	0.340	0.346
人均拥有道路面积（平方米）	0.399	0.450	0.570	1	0.638	0.443	0.557	0.756	0.350	0.361	0.519
每百人公共图书馆藏书量（册）	1	0.544	0.393	0.394	0.367	0.617	0.461	0.461	0.470	0.376	0.399
政府科技三项费用支出在地方财政支出中的比例（%）	0.918	0.672	0.437	1	0.446	0.333	0.542	0.542	0.429	0.495	0.429

表 5－22　　　　　　　　11 市企业自主创新环境评价排序

城市	关联度	综合排序
杭州	0.8550	1
宁波	0.5842	2
绍兴	0.4740	3
舟山	0.4736	4
金华	0.4520	5
湖州	0.4505	6
嘉兴	0.4454	7
台州	0.4019	8
温州	0.3995	9
丽水	0.3837	10
衢州	0.3797	11

人口占总人口的比例""每百人拥有各类专业技术人才数""科学研究、技术服务和地质勘查业就业人数占全部就业人数的比例""每百人公共图书馆藏书量"等四个方面，宁波市与杭州市相比有较大差距。显然，总体人才质量不高是造成宁波市企业自主创新环境排名第二的主要原因。

当下，随着经济的快速发展以及人才的跨地区、跨部门流动日趋频繁，流动规模加大，各类经济组织对人才的需求也更加强烈，人才个人的公共服务需求和质量要求也在不断提高。这就对各地人才服务的供给提出了更高的要求。如果宁波市能够提供高水平的人才服务，那么受过高等教育的人才，尤其是各类专业技术人才和科技人才就会通过"用脚投票"流动来当地，从而提高宁波市总体人才质量。为了缩小与杭州的企业自主创新环境的差距，宁波市可以通过建设市场化人才服务体系来改善宁波市总体人才质量。市场化人才服务体系是指在政府部门不放弃公共政策制定责任的前提下，打破人才服务领域的政府垄断，充分发挥市场优化资源配置的作用，为了提高人才服务水平而建立包括政府、企业和第三部门在内的多组织人才服务供给复合体系。具体见图 5－1。

人才服务市场化可看作为谋求人才服务适当提供的一种有效制度安排，它通过将市场竞争机制引入公共部门管理，发挥市场机制与公共机制的各自比较功能优势，做到将政府权威制度与市场交换制度进行有机融

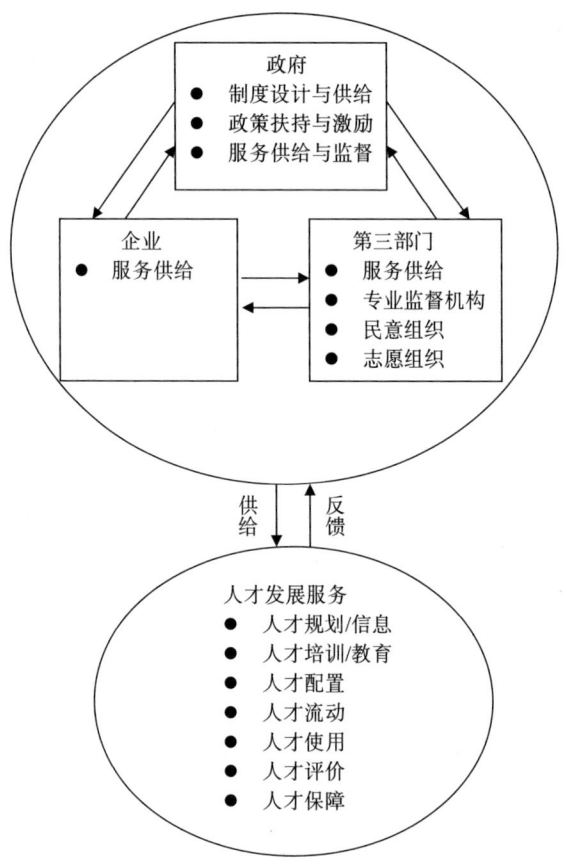

图 5－1　市场化人才发展服务体系

合。在建设市场化人才服务体系过程中，宁波市要着重促进人才服务形式多样化，培育服务主体，完善促进人才服务市场化的政策法规体系，强化政府对人才服务市场环境的监管。

除此之外，努力发展当地经济，加大政府支持力度，着力改善基础设施也有助于宁波市缩小与杭州在企业自主创新环境方面的差距。

第四节
地方政府助力小微企业突破自主创新瓶颈的对策[①]

一、引言

经济发展的主要动力来自技术的变化，而技术变化的核心就是创新（Fischer，2001）。国外学者最早对创新进行研究。J. A. Schumpeter（1913）首先提出"创新"概念，并将其定义为"创新就是新的生产函数的建立"。随后，国外许多学者对创新进行了深入研究，其中有两项研究最具代表性：（1）J. Langrish（1996）通过调查84个被授予英国技术创新奖的项目，发现有七个因素对技术创新成果很重要。（2）英国苏萨克斯大学的科学政策研究所通过对化学和科学仪器产业的创新成功和失败案例的比较，发现有五类变量是区别创新成功与失败的关键因素。

目前，国内学者对小微企业自主创新的研究非常欠缺。在中国知网（www. cnki. net）上以"小微企业自主创新"为关键词对论文篇名进行模糊检索发现，截至2015年9月，关于小微企业自主创新的论文只有4篇。景刚、耿慧敏、姜国刚（2013）认为小微企业在自主创新中存在企业自主创新观念落后、政府政策支持力度小、企业创新人才短缺、资金严重缺乏等问题。为此，要转变自主创新观念，加大对小微企业自主创新的扶持力度，加强知识产权的保护与管理，重视创新人才的培养和孕育，强化协同自主创新意识。张丽（2013）以江苏省南通市为例，分析了中小微企业自主创新中遇到的问题。指出，为了提高中小微企业自主创新能力，南通要为中小微企业自主创新提供外部推动力，小微企业要重视创新人才培养，健全创新机制，有效保护创新成果。刘斌、杨开元、王菊仙（2013）

[①] 本节内容根据在2015年第5期《科技与管理》上发表的论文《宁波助力小微企业突破自主创新瓶颈的对策研究——基于500家小微企业的调查》修改而成。论文作者：唐果、沈立宏、商子楠、贺翔。

指出了限制小微企业自主创新活动的五个因素,并从税收角度提出改善小微企业自主创新能力的建议:一是建立长效、大幅度的税收减免制度和加大风险投资税收优惠;二是设立 R&D 项目税收优惠;三是提高科技人才个人收入的税收优惠;四是完善税收管理体制和管理方式,加强小微企业创新活动税收优惠政策的落实。张亚明、刘海鸥(2014)从角色、演化阶段、所处区域等三个方面对科技型小微企业自主创新能力进行了梯次性分析,发现不同层次的科技型小微企业在自主创新选择方式上呈现出较大梯次性。

通过上述分析可知,国内学者对小微企业自主创新问题只进行了定性研究,还没有学者对该问题进行定量研究。定量分析是定性分析的深化,是认识的精确化。可见,国内学者对小微企业自主创新问题的研究不太深入,对该问题的认识也不太清晰。彼得·德鲁克(Peter F. Drucker, 1957)曾经说过:"不能量化,就无法管理"。笔者在对浙江省宁波市 500 家小微企业进行问卷调查的基础上,运用综合定性与定量分析的方法——层次分析法对小微企业自主创新障碍进行研究,以期找出地方政府助力小微企业突破自主创新瓶颈的有效措施。

二、宁波市小微企业发展概况

作为中国五个计划单列市之一,宁波市是长江三角洲南翼经济中心和化学工业基地,是浙江省经济中心之一。宁波市民营经济非常发达,小微企业众多。根据《中国中小企业年鉴 2014》设计的小微企业三项指标,笔者归纳了 2013 年宁波市规模以下、以上小微企业情况。详见表 5-23 和表 5-24。

表 5-23 　　　2013 年宁波市规模以下小微企业三项指标情况

指标	单位	总计
企业数	个	41555
资产总计	万元	21420947
总产值	万元	21096005

表 5-24 　　　2013 年宁波市规模以上小微企业三项指标情况

指标	单位	总计
企业数	个	5539
资产总计	万元	43337464
总产值	万元	43739373

宁波市发展改革委、市信息中心的小微企业监测数据显示,2014年第三季度,受外需回暖、国内经济企稳以及补库存等因素影响,小微企业生产经营状况有所改善,产销、订单、利润状况均有所恢复,但企业产能过剩仍较严重,投资意愿处于低位,转型难、用工难、融资难等困扰企业发展问题仍很突出,总体运行处于低位。第四季度,随着国外经济总体稳中向好以及季节性消费旺季的到来,企业订单、产销状况继续好转,但经营效益难以有效提升,投资意愿持续下行。2015年第一季度,受春节长假及有效需求仍显不足等因素影响,小微企业开工热情减退,产销状况、盈利水平、投资意愿均比上季有所回落,企业经营状况处于低位。可见,当下宁波市小微企业处境艰难,发展缓慢。

三、宁波市小微企业自主创新障碍之层次分析

自主创新是提升宁波市小微企业竞争力、促进其快速发展的有效手段。目前,宁波市小微企业在电气机械及器材制造业、通用设备制造业、纺织服装和服饰业、金属制品业、橡胶和塑料制品业、汽车制造业、专用设备制造业、计算机和通讯电子设备制造业等8个行业分布最广,数量最多。为了确定创新各障碍对小微企业自主创新影响程度大小,向上述行业的500家小微企业发放《宁波市小微企业自主创新障碍影响程度调查问卷》进行调查,回收有效调查问卷488份。其中小型企业填写的有效调查问卷292份,微型企业填写的有效调查问卷196份。有效样本数量共计488份。样本具体分布见表5-25。

表 5-25　　　　　　　　　样本分布情况

企业类型 / 企业数量 / 行业	小型企业	微型企业
电气机械及器材制造业	87	47
通用设备制造业	54	36
纺织服装和服饰业	51	25
金属制品业	35	33
橡胶和塑料制品业	32	23
汽车制造业	13	12
专用设备制造业	12	14
计算机和通信电子设备制造业	8	6

(一) 建立递阶层次结构

瓶颈一般是指在整体中的关键限制因素。小微企业自主创新瓶颈是指制约宁波市小微企业自主创新的关键障碍。在已有相关研究基础上,笔者从动力障碍、资源障碍、环境障碍等三个方面建立了一套包括8个指标的小微企业自主创新障碍体系。小微企业自主创新障碍体系分为三层,目标层是"自主创新障碍",准则层包括"动力障碍""资源障碍""环境障碍"等3个指标,方案层包括"创新风险高""企业家创新精神缺失"等在内的8个指标。小微企业自主创新障碍体系具体见表5-26。

表5-26　　　　　　小微企业自主创新障碍体系

目标层	准则层	方案层
自主创新障碍（A）	动力障碍（B_1）	创新风险高（C_1）
		企业家创新精神缺失（C_2）
	资源障碍（B_2）	研发人才缺乏（C_3）
		研发经费紧张（C_4）
		创新信息缺乏（C_5）
	环境障碍（B_3）	融资环境不佳（C_6）
		知识产权保护力度不足（C_7）
		学研机构支持欠缺（C_8）

(二) 构建两两比较判断矩阵

判断矩阵具体见表5-27。矩阵b_{ij}表示相对于A_k而言B_i和B_j的相对重要性,通常取1,2,…,9及它们的倒数作为标度,标度的定义如表5-28所示。

表5-27　　　　　　B_i和B_j的相对重要性矩阵

A_1	B_1	B_2	Λ	B_n
B_1	b_{11}	b_{12}	Λ	b_{1n}
B_2	b_{21}	b_{22}	Λ	b_{2n}
M	M	M		M
B_n	b_{n1}	b_{n2}	Λ	b_{nn}

表 5 - 28　　　　　　　　　　判断矩阵标度定义

标度 b_{ij}	含义
1	i 因素与 j 因素，具有同等重要程度
3	i 因素比 j 因素稍微重要
5	i 因素比 j 因素明显重要
7	i 因素比 j 因素非常重要
9	i 因素比 j 因素极端重要
2, 4, 6, 8	为以上两相邻判断之间的中间状态对应的标度值
倒数	若 j 因素与 i 因素比较，得到的判断值为 $b_{ji} = 1/b_{ij}$

根据表 5 - 26，A - B 判断矩阵，设 A = $(b_{ij})_{3 \times 3}$，称为目标层判断矩阵；B - C 判断矩阵，设 $Bs = (Cs_{ij})_{8 \times 8}$，称为准则层判断矩阵（s = 1，2，3）。任何判断矩阵都应满足 $b_{ij} = 1$（i = j、i、j = 1，2，…，n）。判断矩阵中的指标数值可以根据调研数据、统计资料以及专家意见综合权衡后得出。

在调查中，笔者请被调查企业对《宁波市小微企业自主创新障碍影响程度调查问卷》中各障碍进行两两比较。如果被调查企业认为 i 障碍和 j 障碍对小微企业自主创新具有一样的影响程度，那么就意味着在制约企业自主创新的各障碍中 i 障碍与 j 障碍同等重要；如果被调查企业认为 i 障碍对小微企业自主创新的影响程度稍微大于 j 障碍，那么就意味着在制约企业自主创新的各障碍中 i 障碍比 j 障碍稍微重要，依此类推。所采用的标度是根据调研数据权衡后得出。

（三）层次单排序和一致性检验

（1）二级指标 B_1、B_2、B_3 相对于一级指标 A 的权重（相对于总目标"自主创新障碍"而言，准则层指标"动力障碍""资源障碍""环境障碍"之间相对重要性的比较）。

检验其一致性，通过一致性检验。如表 5 - 29 所示。

表 5 - 29　　　　　　B_1、B_2、B_3 相对于 A 的权重

A	B_1	B_2	B_3	W_i	
B_1	1	1/5	1/3	0.105	λ_{max} = 3.039
B_2	5	1	3	0.637	CI = 0.019
B_3	3	1/3	1	0.258	RI = 0.580
					CR = 0.033

（2）三级指标 C_1、C_2 相对于二级指标 B_1 的权重（相对于"动力障碍"而言，"创新风险高""企业家创新精神缺失"各指标之间的相对重要性比较）。

检验其一致性，通过一致性检验。如表 5-30 所示。

表 5-30　　　　　　C_1、C_2 相对于 B_1 的权重

B_1	C_1	C_2	W_i	
C_1	1	1	0.500	λ_{max} = 2.000 CI = 0.000
C_2	1	1	0.500	RI = 0.000 CR = 0.000

（3）三级指标 C_3、C_4 和 C_5 相对于二级指标 B_2 的权重（相对于"资源障碍"而言，"研发人才缺乏""研发经费紧张""创新信息缺乏"各指标之间的相对重要性比较）。

检验其一致性，通过一致性检验。如表 5-31 所示。

表 5-31　　　　　C_3、C_4 和 C_5 相对于 B_2 的权重

B_2	C_3	C_4	C_5	W_i	
C_3	1	3	5	0.637	λ_{max} = 3.039
C_4	1/3	1	3	0.258	CI = 0.019 RI = 0.580
C_5	1/5	1/3	1	0.105	CR = 0.033

（4）三级指标 C_6、C_7 和 C_8 相对于二级指标 B_3 的权重（相对于"环境障碍"而言，"融资环境不佳""知识产权保护力度不足""学研机构支持欠缺"各指标之间的相对重要性比较）。

检验其一致性，通过一致性检验。如表 5-32 所示。

表 5-32　　　　　C_6、C_7 和 C_8 相对于 B_3 的权重

B_3	C_6	C_7	C_8	W_i	
C_6	1	5	3	0.637	λ_{max} = 3.039
C_7	1/5	1	1/3	0.105	CI = 0.019 RI = 0.580
C_8	1/3	3	1	0.258	CR = 0.033

(四) 层次总排序和一致性检验

根据以上计算的 B_1、B_2、B_3 以 A 为准则的权重,以及 C_1、C_2、…、C_8 分别以 B_1、B_2、B_3 为准则的权重,依据层次分析法的计算原理,可以计算出方案层相对于目标层的总排序。检验其一致性,通过一致性检验。如表 5-33 所示。

表 5-33　　　　　　　　　方案层总排序

	动力障碍	资源障碍	环境障碍	方案层总排序
	0.105	0.637	0.258	(权重值)
创新风险高	0.500			0.052
企业家创新精神缺失	0.500			0.052
研发人才缺乏		0.637		0.406
研发经费紧张		0.258		0.165
创新信息缺乏		0.105		0.067
融资环境不佳			0.637	0.165
知识产权保护力度不足			0.105	0.026
学研机构支持欠缺			0.258	0.067
CI CR				$CI_总 = 0.017$ $RI_总 = 0.519$ $CR_总 = 0.033$

(五) 实证结果分析

通过层次分析可知,在制约宁波市小微企业自主创新的诸障碍中,"研发人才缺乏"对小微企业自主创新的影响程度最大,其权重高达 40.6%;"研发经费紧张"和"融资环境不佳"对小微企业自主创新的影响程度并列第二,其权重均为 16.5%;"创新信息缺乏"和"学研机构支持欠缺"对小微企业自主创新的影响程度并列第三,其权重都是 6.7%;"创新风险高"和"企业家创新精神缺失"对小微企业自主创新的影响程度并列第四,其权重为 5.2%;"知识产权保护力度不足"对小微企业自主创新的影响程度最小,其权重是 2.6%。

宁波市小微企业缺乏研发人才主要有四个原因:(1)小微企业通常没有设置人力资源部,缺乏招聘研发人才的知识和技能;(2)小微企业招聘必需的人员时，一般只在它经营的地区进行，所以从一开始就限制了潜在应聘者的范围。虽然宁波市人才服务中心经常组织企业去外地进行人才招聘，但是小微企业需要自己承担因外出招聘而发生的费用，故一些小微企业放弃了外出招聘的机会。(3) 由于大中型企业长期处于公众视野中，频频被媒体报道，导致求职者在选择雇主时会首先想到大中型企业，小微企业只是很偶然地被作为潜在雇主考虑；(4) 求职者通常难以接受小微企业人力资源管理模式。

通常，小微企业在作融资决定时特别在意企业自主性问题，即小微企业在融资过程中会尽量减少第三方对企业造成影响的可能性，以保证企业的收入、资产和企业领导方面的利益。这一特点限制了小微企业的融资手段。从投资者的角度来看，小微企业的另一个特点在于其风险比大中型企业高。因为小微企业在产品、技术、供应商和客户方面不如大中型企业多样化。多样化可以降低风险，而降低风险符合外部投资者的利益。而且，小微企业可抵押的有形资产较少。小微企业的第三个特点是对外界的透明度相对较低，这与小微企业很少利用资本市场密切相关。小微企业透明度较低的另一个原因在于小微企业是建立在相对不明确的个人认知基础上的，小微企业的成功往往依赖于个人，这对于投资者而言不仅增加了风险，也导致投资者认为小微企业透明度较低。上述特点不仅造成实力有限的小微企业在资金使用分配上捉襟见肘，难以拿出更多的钱进行产品研发，还导致金融机构不愿意放贷给小微企业，故宁波市小微企业感觉研发经费紧张、融资环境不佳。

创新信息主要包括市场信息、技术信息、行业动态信息等，它在小微企业自主创新的过程中具有举足轻重的地位。市场信息是小微企业技术创新的基本原动力，只有准确把握市场信息，才能保证小微企业技术创新的成功。新产品、新工艺的设想是建立在对已有技术信息的掌握、他人技术设想信息的借鉴和对众多信息的联想基础上的。技术信息和其他信息获取、加工和创造的过程就是产生创新思想的过程。缩短开发周期、节约开发经费是小微企业创新管理的重要任务。要做到这一点，小微企业不仅要尽可能地了解有关技术，还要及时掌握行业动态信息。由于缺乏足够的专业知识，小微企业通常把市场研究活动集中在间接研究中，直接利用二手市场研究数据来分析解决企业遇到的问题，而很少进行直接研究，即直接对市场原始数据进行分析研究。二手市场研究数据虽然容易获取且成本低廉，但是相关性差、时效性差和可靠性低，对小微企业自主创新帮助不大，故小微企业感觉市场信息缺乏。另外，小微企业通常没有专门从事研发的部门，只是出于一时之需组建研发部门，也没有专人负责收集相关信息，故其在相关技术信息和行业动态信息方面缺乏积累和跟踪。

我国产学研合作模式主要有7种，即技术转让、委托研发、联合研究、学科性公司、共建科研基地、产学研战略联盟、组建研发实体。社会上的企业在自主创新中可能采用的产学研合作模式为联合研究、共建科研基地、产学研战略联盟、组建研发实体等四种。共建学科基地模式需要企业投入一定比例的资金、人力或仪器设备，组建研发实体模式是产学研合作的一种高级模式，企业需要投入的资金往往比共建科研基地要高，故资金实力不足的小微企业在产学研中通常采取联合研究模式。另外，小微企业普遍缺乏现代管理知识和技能，呈现出"管理随意化、决策浪漫化"的特点。宁波市经济发达，雅戈尔、奥克斯、方太、帅康等知名大中型企业众多。所以，宁波市学研机构出于对技术创新成功率的考虑和利益的追求，往往倾向于和大中型企业合作，而不愿意主动研究或解决小微企业面临的技术创新问题。

创新风险主要包括技术风险和市场风险。技术创新中面临的不确定性和技术生命周期是影响创新成功的重要因素。尤其是宁波市多数小微企业技术基础较差，创新能力有限，更容易造成创新失败。即使新产品能够被成功研发生产出来，宁波市小微企业也可能因客户偏好改变、技术引进冲击而遭遇市场风险。

企业家创新精神离不开其所在文化环境，一国传统文化会对该国企业家创新精神产生重大影响。中国文化提倡中庸之道，尊重传统权威，不喜欢"变"，强调经验理性，具有较强的现实主义色彩。上述特点明显抑制了人们的创造性，造成企业家创新精神缺失。

技术本质上是一种信息，具有无损性、无成本复制性、外溢性。这些特性导致技术比任何实物资产更容易被盗窃、复制和侵权。如果知识产权保护缺位，那么企业即便技术创新成功也很难获得较好效益。在知识产权保护方面，宁波市努力构建区域知识产权保护高地，积极开展打击侵犯知识产权专项行动，加强相关部门的行政执法协作力度，形成了政府部门执法联动机制。所以，"知识产权保护力度不足"对宁波市小微企业自主创新影响程度最小。

四、宁波市助力小微企业突破自主创新瓶颈的主要对策

通过上述分析可知,"研发人才缺乏""研发经费紧张""融资环境不佳"等障碍所占权重高达 73.6%,是宁波市小微企业自主创新的瓶颈。保罗·罗宾·克鲁格曼(Paul R. Krugman,2000)指出,"创新过程的重要组成部分变得越来越区域化而不是国家化"。显然,地方政府在小微企业自主创新中扮演着越来越重要的角色。

(一)提升研发人才公共服务质量以改善研发人才缺乏状况

小微企业研发人才缺乏不仅与其自身有关,还与宁波市提供的研发人才公共服务质量低下有关。服务质量差距模型由美国营销学家帕拉休拉曼、赞瑟姆和贝利(A. Parasuraman,Valarie A. Zeithamal,Leonard L. Berry,1989)提出,主要用来分析服务质量问题产生的根源,帮助管理者研究改进服务质量的措施以提高服务质量。① 人才公共服务是地方政府提供的重要公共服务之一,笔者根据该模型设计出小微企业研发人才公共服务质量差距模型。具体见图 5-2。

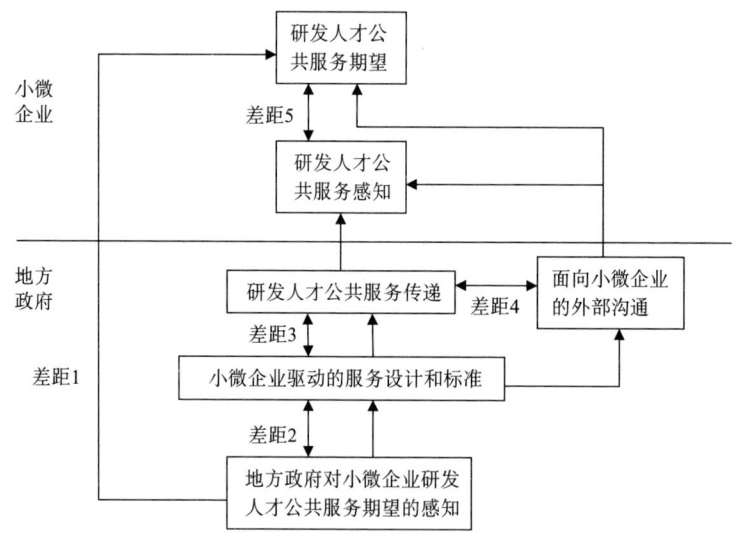

图 5-2 小微企业研发人才公共服务质量差距模型

---

① 服务质量感知差距(差距5)是服务质量差距模型的核心。要弥合这一差距,就要对以下四个差距进行弥合:倾听差距(差距1)、服务设计和标准差距(差距2)、服务绩效差距(差距3)、沟通差距(差距4)。

"研发人才缺乏"的权重高达40.6%意味着宁波市研发人才公共服务质量不高,宁波市小微企业在自主创新中对研发人才公共服务期望与其感知的研发人才公共服务之间有较大差距。要弥合这一差距,就要对以下四个差距进行弥合:

1. 倾听差距(差距1)——小微企业对相关服务的期望与地方政府对这些期望理解之间的差距

为了正确理解小微企业对研发人才公共服务质量的期望,宁波市要倾听小微企业对研发人才公共服务的需求;实施客户关系管理以获得深层次倾听小微企业需求的机会;出台服务补救制度以提升洞察力,从而更好地了解小微企业及其研发人才公共服务需求。例如,针对小微企业因费用原因而放弃外出招聘机会的问题,宁波市可通过调研确定给予小微企业外出招聘的补贴额度以鼓励小微企业积极走出去招聘研发人才;针对小微企业在当地知名度低的问题,宁波市可通过走访企业以了解其对知名度的具体期望并采取相应措施对小微企业进行宣传。

2. 服务设计和标准差距(差距2)——地方政府对小微企业期望的理解与制定小微企业驱动的服务设计和标准之间的差距

为了正确选择研发人才公共服务设计和制定研发人才公共服务质量标准,宁波市要基于小微企业需求对研发人才公共服务进行设计,要建立研发人才公共服务标准以保证工作人员按照小微企业的期望完成工作。例如,针对小微企业缺乏招聘知识和技能等人力资源管理方面的问题,宁波市可以设计"凭单制"以改善小微企业人力资源管理水平。宁波市相关政府部门向从事自主创新的小微企业免费发放"人力资源管理咨询券",小微企业凭券向宁波市管理咨询公司购买人力资源管理咨询服务。然后,相关政府部门根据管理咨询公司拥有的"人力资源管理咨询券"数量向其支付一定数额咨询费。

3. 服务绩效差距(差距3)——小微企业驱动的服务标准开发与地方政府工作人员的实际服务绩效之间的差距

为了确保按照研发人才公共服务质量标准提供服务,宁波市要通过选用合适的工作人员,给予充分的技术支持,科学实施绩效考核以确保工作人员供给高质量的研发人才公共服务。例如,宁波市可以对工作人员实施

360度绩效考核①，相关小微企业也作为打分人对其进行考核评价，以督促他提供高质量的研发人才公共服务。

4. 沟通差距（差距4）——地方政府实际传递的服务与其宣传的服务之间的差距

为了保证研发人才公共服务传递与承诺相一致，宁波市必须管理所有传播形式以防止过度承诺导致过高的小微企业期望。例如，宁波市在努力提供高质量的研发人才公共服务的同时，也要明确告知小微企业政府提供人才公共服务的范围和原则，以免小微企业对政府产生依赖心理而不着力改善其人力资源管理水平。

（二）着力减轻小微企业研发经费紧张状况

企业生命周期通常划分为种子期、创建期、成长期、成熟期、衰退期。多数小微企业处于创建期，处于创建期的小微企业一般具有实力较弱、产品方向不稳定、创新精神强、发展速度不稳定、破产率高、管理工作不规范的特点。宁波市小微企业虽然具有较强的创新精神，但实力较弱的特点导致研发资金不足成为影响其自主创新的瓶颈。"研发经费紧张"的权重为16.5%也验证了这点。为了鼓励企业自主创新，宁波市依据企业上年度实际发生的研发费用给予一定比例的财政科技经费补助。但是企业获得补助的门槛比较高，大多数小微企业实际上难以得到。所以，宁波市要加大对小微企业研发资金的支持力度，逐步扩大地方财政扶持小微企业发展的专项资金规模，加快设立小微企业自主创新基金。

另外，宁波市要优化小微企业自主创新税收政策。一是要建立长效、大力度减税优惠制度，增加小微企业创新的内源资金；二是要加大风险投资税收优惠，增加小微企业自主创新的外源资金；三是对小微企业的R&D项目支出予以全额税收抵免，当企业发生亏损时研发支出可以向后抵扣；四是允许小微企业技术更新改造过程中的固定资产所含增值税进行全部扣除。

---

① 360度绩效考核也称为全视角考核，是由被考核者的上级、同事、下级和（或）客户（包括内部客户、外部客户）以及被考核者本人担任考核者，从多个角度对被考核者进行360度的全方位考核，再通过反馈程序，达到改变行为、提高绩效等目的。

(三) 大力改善小微企业融资环境

为了改善小微企业融资环境,一是要引导、鼓励银行发展产业链融资。[①] 产业链融资的好处有三点:(1) 银行能够获得小微企业更多信息,而且可以相互验证相关企业所提供信息的真实性和可靠性,因为产业链中的核心企业一般都有规范的硬信息,能有效确保所收集信息的及时性、全面性和准确性。(2) 银行可以借助产业链中的核心企业、资金流、物流来控制小微企业的借贷风险。银行可以把核心企业的信用引入对相关小微企业授信服务中,根据核心企业和上下游小微企业交易中的存货、预付款、应收账款等资产为小微企业提供融资。另外,通过和第三方物流企业合作,银行能够有效控制相关资金流、物流以保证贷款资金的安全,并强调授信还款来源的自偿性。(3) 银行能够借助对产业链的整体开发和全面服务来控制成本。可见,产业链融资在一定程度上能够解决小微企业透明度不高的问题。所以,宁波市要制定相关激励政策以引导、鼓励银行积极发展产业链融资。

二是努力宣传、推进抵押品创新。当下,抵押资产类型从"物"向"权"转变,从"有形"转变为"无形"是抵押品创新发展的趋势。创新的抵押品形式包括应收账款、知识产权、商标、专利权等。这对于研发经费短缺,融资困难的小微企业而言,无疑是个好消息。不过,目前宁波市小微企业对抵押品创新的认知度和使用率比较低。在大力宣传新型抵押形式的同时,宁波市要采取以下措施努力推进抵押品创新:(1) 对于存在权属关系不明确问题的创新方式,宁波市要完善法律保障,规范抵押登记办理办法以降低权属权益不明确可能导致的法律风险;(2) 对于存在估值和流动性不足问题的创新方式,宁波市要着力支持评估公司、交易所等中介服务机构发展以降低估值成本,开拓资产转让渠道。

---

① 产业链融资的基本思路是:首先,理顺产业链上相关企业的信息流、资金流和物流;其次,金融机构根据稳定、可监管的应收、应付账款信息及现金流,将金融机构的资金流与企业的物流、信息流进行有效整合;最后,由银行向企业提供融资、结算服务等一体化的综合金融服务。

第五节
我国风险投资研究热点的可视化分析[①]

风险投资又称为创业投资,是以投资高风险的高新技术开发领域获得较高资本回报为目的,实质上是一种商业投资行为。风险投资起源于美国,并于20世纪90年代获得显著发展,此后受到了全世界的关注。我国也在学习和借鉴西方国家经验的基础上开展了风险投资的尝试与探索。自2014年9月李克强总理提出双创政策后,风险投资作为创新创业的活力源泉在我国学术界和实业界更是备受瞩目。研究风险投资领域的热点和发展趋势将有助于我国的经济结构调整和产业升级,对推动小微企业尤其是科技型小微企业发展具有重要意义。

20世纪90年代,在风险投资的逐名理论和认证监督理论被提出后,国内外学者从不同的角度对风险投资进行了研究:(1)技术创新角度。龙勇等(2012)研究发现企业对知识静态和动态的吸收能力会随着风投的进入而增强,最终将有助于企业技术创新绩效的提升。Engel 和 Keilbach(2007)对德国企业研究后得出风险投资介入的目的是实现商业化,对于技术创新的影响不大的结论。(2)企业 IPO 角度。Francis 和 Hasan(1999)以美国 IPO 企业为研究对象发现风投的参与会使企业有更高的抑价率。国内学者周率等(2017)通过实证发现 IPO 抑价率主要由二级市场的热度引起,与风险投资无稳定相关关系。(3)风险投资机构特征角度。Krishnan 和 Singh(2008)通过对英国企业 IPO 相关数据研究发现风险投资机构声誉与企业 IPO 后绩效增长呈正相关。孙杨等(2012)以中小企业板上市公司为样本实证研究发现风险投资机构的经验和持股比例对企业绩效有正向影响。此外,国内外学者还对投资策略、投资绩效和风险投资机构的认证作用进行了一系列研究。

[①] 本节内容根据在2019年第4期《中国发展》上发表的论文《中国风险投资研究热点的可视化分析》修改而成。论文作者:许亮、贺翔。

虽然风险投资领域的研究已有一系列成果，但只停留在两到三个研究热点相关关系的阐述。如曾勇等（2008）只对风险投资合约及治理机制之间进行了实证研究综述，并没有对风险投资领域研究热点整体进行文献综述和视图展示，不能为后续研究者提供全面的研究趋势指导，而可视化分析方法中的共词分析方法可通过两个关键词在文章中共同出现的频率，来判断两者之间的疏密关系，进而展现该领域的研究热点和趋势。共词分析方法由于其分析某一领域研究热点网络特征和相关关系的便利性和直观性，受到学者广泛青睐，被应用于各领域研究热点的分析和预测上。如邵长斌等（2018）用共词分析方法对国内产业升级热点进行了分析；张坤等（2017）基于共词分析方法对我国分享经济领域热点进行了可视化分析。因此，本节旨在运用可视化分析方法中的共词分析法，以视图来清晰地展现近十年来我国学术界对风险投资的研究热点及未来研究趋势，为风险投资领域的研究者们提供可靠的文献梳理及综述，为后续研究者奠定良好的研究基础。具体而言，笔者首先介绍样本来源、研究方法和工具，然后进行数据统计与结果分析，得出可视化研究的结论，最后进行总结和展望。

一、数据、方法和工具

（一）数据收集

笔者以中国知网（www.cnki.net）为主要数据来源，以CSSCI为主要数据库，以题名为"风险投资"或"创业投资"为检索式，收集2008—2018年（具体截至时间到2018年5月10日）的期刊文章，共收集了975篇有效文献，主要抽取关键词字段进行统计分析。

（二）研究方法

共词分析法的原理是寻找某一热点领域的文献中能表达该领域主题的关键词出现的次数，出现的次数越多，则表明它们的关系越密切、距离越近。本书运用社会网络分析、聚类分析和多维尺度分析等方法，提取我国风险投资领域内的重要关键词并进行分类，从而概括出该领域的研究热点与发展方向。

（三）研究工具和思路

首先，在中国知网（www.cnki.net）获取符合要求的目标文献，通过"导出/参考文献"选项导出所有相关题录信息，并保存成 xls 格式。

其次，将保存在 Excel 中的文献的关键词整理成 Bibexcel 所能识别的 txt 格式，并使用 Bibexcel 软件进行关键词提取和共词矩阵提取。

再次，为了获得高频关键词间的相互关系，将共词矩阵导入 Ucinet6.0 社会网络分析软件，绘制二维社会网络图谱。

最后，为了进一步研究风险投资领域高频关键词之间的距离和相似度，首先由 Bibexcel 提取的共词矩阵通过 SPSS 软件的余弦相关分析将共词矩阵转化成相关矩阵，然后将相关矩阵进一步用 Excel 转换成两个关键词的相异矩阵，最后用 SPSS 软件对关键词进行聚类和多维尺度分析。

二、数据统计与结果分析

（一）描述性统计分析

描述性统计分析见表 5-34。

表 5-34　　　　　　　　高频关键词列表

关键词	IPO	IPO 抑价	创新	创业板企业	创业企业	合约	控制权
IPO	44	5	0	7	2	0	0
IPO 抑价	5	22	0	2	0	0	0
创新	0	0	45	2	1	0	0
创业板企业	7	2	2	48	0	0	2
创业企业	2	0	1	0	29	0	0
合约	0	0	0	0	0	20	6
控制权	0	0	0	2	0	6	33

为了分析风险投资领域的研究热点，笔者对 2008—2018 年中文社会科学引文索引（CSSCI）检索到的 975 篇有效文献进行关键词整理和汇总。首先对同义词进行合并和整理，如将"创业板公司"和"创业板企业"统一规范为"创业板企业"。其次，为了防止产生无效的分析结果，将与待分析对象"风险投资"意思相近的"创业投资"和"风险投资"进行剔除，最终选取 23 个高频关键词（见表 5-35 所示）。最后，通过

软件 Bibexcel 对关键词进行词频分析和排序,最终产生关键词的共词矩阵,即两个关键词的密切程度体现在两者在同一引文中的共现次数,表 5-35 显示的是部分高频关键词共词矩阵。

表 5-35 高频关键词共词矩阵(部分)

高频关键词	频率	高频关键词	频率	高频关键词	频率	高频关键词	频率
高新技术企业	77	控制权	33	投资绩效	23	指标体系	20
技术创新	52	有限合伙制	32	委托代理	23	合约	20
创业板企业	48	风险投资声誉	29	企业绩效	22		
创新	45	创业企业	29	IPO 抑价	22		
退出机制	44	中小企业	29	风险投资企业	22		
IPO	44	风险投资机构	28	道德风险	21		
融资	38	投资背景	23	风险资本	20		

(二) 社会网络图谱分析

社会网络图谱分析(Social Network Analysis,SNA)是研究社会行动者之间互动关系的结构性方法,关注的是个体与个体之间的关系数据。而共词分析所描述的是两个关键词在同一引文中的共现次数,反映了两两词之间的亲疏关系,一定程度上符合社会网络图谱分析特征。因此,为克服共词分析无法直观体现各研究热点之间相互关系的弊端,笔者进一步以共词矩阵为基础制作社会网络图谱,具体分析我国风险投资研究热点内部特征之间的相互关系。

图 5-3 是使用 Ucinet 6.0 基于中间中心度绘制的高频词社会网络图谱。各个关键词以节点方式出现在图谱中,节点的大小代表该节点在关键词网络的作用大小,而连接节点之间实线的粗细则代表该节点控制其他节点的能力大小。通过图 5-3 可以看出风险投资领域以创业企业为核心领域,向外辐射。其中,围绕创业企业的核心层由创新、IPO、高新技术企业、有限合伙制、风险投资声誉等关键词构成,涵盖了风险投资形式、影响因素、主要活动,投资对象和退出路径等方面,是该领域研究的核心热点所在。围绕核心层的拓展层主要由融资、中小企业、风险资本、投资背景、退出机制、风险投资机构等构成。这一层次是整体网络的过度区域,体现了该领域的研究趋势。外围层有合约、控制权、道德风险、委托代理、技术创新、投资绩效、企业绩效等,外围层是由核心层经拓展层分化

后出现的更加细微的研究领域,如道德风险和控制权分别为有限合伙制的风险和风险应对机制,属于有待进一步研究的新研究领域。

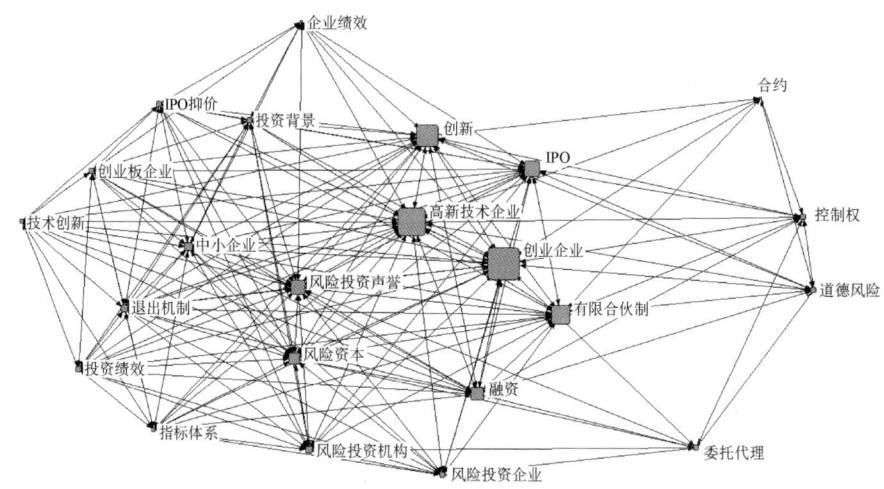

图 5-3　高频关键词社会网络图谱

(三) 聚类和多维尺度分析

图 5-3 中的高频关键词社会网络图谱直观地展现了风险投资领域的研究热点分布。为了分析热点之间的内在联系,笔者用 SPSS 软件处理高频关键词相异矩阵后得到高频关键词聚类分析图 (图 5-4) 和多维尺度图 (图 5-5),并做进一步归纳和总结。其中本节聚类分析法是按照组间连接法计算出的两类间欧几里得平方距离的平均值将数据分配到不同的类或簇的过程,是一种探索数据之间联系和规律的方法。而多维尺度分析法是将多维空间的研究对象压缩到二维或三维空间进行定位、归类和分析,其特点是保留了原始数据之间的关系,可以更加直观地体现研究对象之间的联系。因此,聚类分析法和多维尺度分析法两者可以相互检验。

图 5-4 将风险投资热点领域分成了四类,每一类以虚线间隔。第一类包括关键词道德风险、委托代理、控制权、合约和融资,根据文献可以看出第一类是关于风险投资目前存在的一些问题以及针对这些问题所采取的措施。第二类包括关键词技术创新、创新、IPO、企业绩效和创业企业,根据文献可以看出第二类主要研究对象为创业企业,并以企业绩效来衡量企业创新和 IPO 水平。第三类包括关键词 IPO 抑价、创业板企业、中

小企业、投资背景、高新技术企业,根据文献可以直观反映出第三类研究的是前置变量如投资背景、网络位置等对企业 IPO 抑价的影响。第四类包括关键词风险资本、有限合伙制、风险投资声誉、投资绩效、退出机制、风险投资机构、指标体系和风险投资企业,主要围绕风险投资机构的特征、投资过程和投资绩效展开研究。

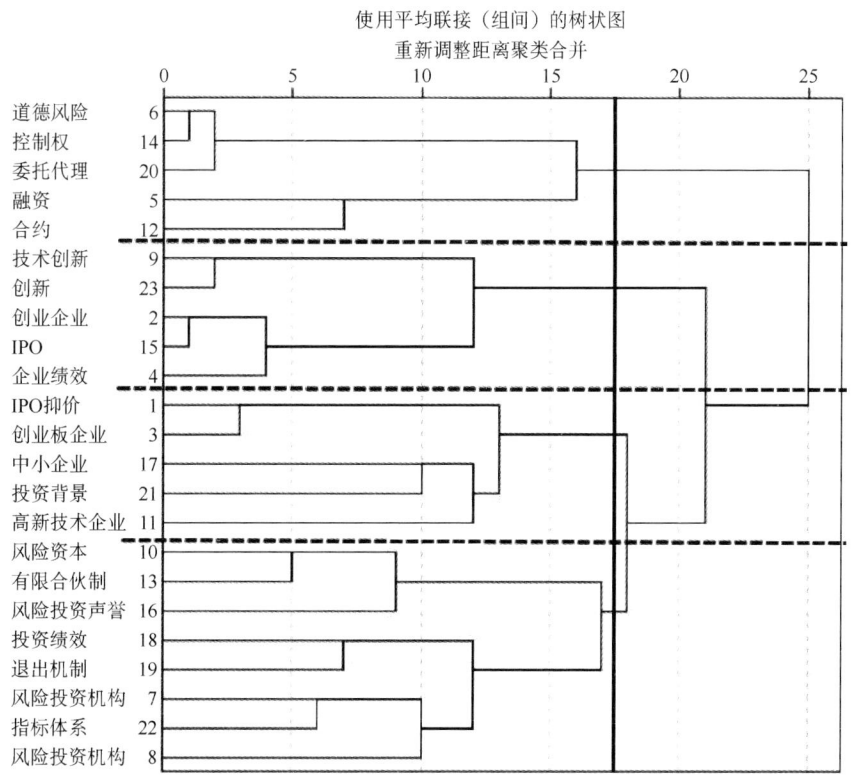

图 5-4 高频关键词聚类分析图

图 5-5 以手工画圈的方式将具有高度相似性的关键词分为一组,共分成四组。从图中我们可以发现多维尺度图中点的聚集情况与聚类分析图中研究热点的分类基本一致,呈现组内高度集中,组间相对分散的特征,虽然个别关键词的组别发生了变化,但对整体研究分析影响不大。多维尺度图和聚类分析图之间得到了相互验证,使得将风险投资热点领域研究分为四组更为可靠。

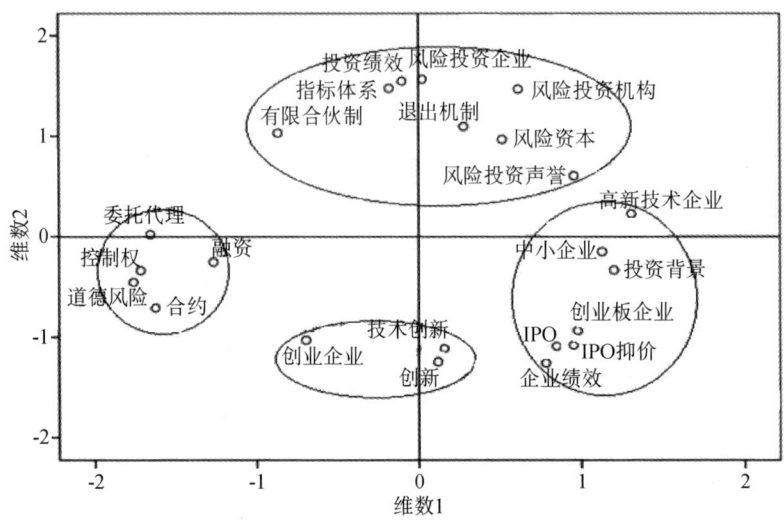

图 5-5 高频关键词多维尺度图

三、研究结论

通过对高频关键词的社会网络图谱、聚类和多维尺度分析，可以大致归纳出近年来我国风险投资领域研究的热点及发展方向。虽然用不同的分析方法得到的结果略有差异，但基本趋于一致。该领域的不同研究热点之间存在紧密联系。综合归纳为以下四个部分：

（一）风险投资信息不对称产生的问题及对策研究

风险投资过程中，由于信息的不对称，风险投资者、风险投资家和风险企业家三个主体之间自然而然会产生委托代理、道德风险和逆向选择等问题，这为风险投资领域的研究提供大量的素材。学者们试图通过合约设计等方式尽量消除信息不对称的情况并利用融资工具和控制权的分配去规避道德风险和逆向选择，从而减少委托代理成本。如郭文新等（2010）尝试应用双边道德风险模型研究风险投资合约且提出了不同的最优资本结构模型。费文颖等（2013）探讨了控制权分配以及持股比例对激励机制的影响，进一步研究了能规避事后再谈判的风险投资家持股比例的约束条件。杨建东等（2013）构造了不依赖于再谈判过程的可转换证券，以解决双边道德风险问题。因此，如何利用控制权分配和融资工具来设计合理的合约，以实现风险投资家和风险企业家双向激励，是未来很长一段时间的研究热点和趋势。

综合而言，风险投资者、风险投资家和风险企业家三个行为主体只有在减少信息不对称及双重委托代理成本基础上，才能形成良好的合作。而对于如何减少信息不对称和委托代理成本的问题不能仅仅停留在对于合约设计的思考上。事实上，学者们应将关注更多地放在风险投资机构和被投资企业之间如何通过博弈建立一个有效的均衡机制上来，该均衡机制体现为最优合约问题，包括对被投资企业产业特征、监督机制、最优努力水平和最优报酬支付比例问题的思考。

（二）风险投资机构投资决策研究

风险投资机构在投资决策时，一般要综合衡量自身的四个能力，即融资能力、投资能力、管理能力和退出能力，作出最优的投资决策。学者们也围绕这四大能力的影响因素、模式选择等开展自己的研究，取得了丰硕的研究成果。Gompers 和 Lerner（1998）从宏观角度对供给—需求模型进行了拓展，提出放松养老基金投资限制及增加研发支出对风险投资机构资金募集有正向作用。陈宗涵等（2017）研究了风险投资机构利用企业专利信号减少风投过程中的信息不对称，从而提高其投资能力。彭飞（2011）根据投资后管理活动实现增值的途径不同，将管理模式分为了管理参与型、风险控制型、网络运作型三类。学者们对于退出能力的衡量主要从退出时机选择、退出方式选择和退出速度三个方面入手。其中，孙淑伟（2018）等研究后发现，风险投资的社会关系网络位置能够有效提高退出效率和退出效益，即网络位置越有利，退出能力越强。李倩（2008）提出了如何选择退出时机和退出方式的策略。

总体上来说，大量学者从不同角度研究了与投资决策相关的四个能力的影响因素，但更多的研究仅仅停留在表面现象的解析上，鲜有对影响机理进行深入剖析的。其实，这四种能力主要分布在投资决策的三个阶段，即投前选择、投后管理及投资退出。未来的研究将围绕这三个阶段展开，具体在投前选择阶段，可以多考虑风险投资机构与被投资企业各自特征和相互关系对投资能力和标的选择的影响；在投后管理阶段，可以多考虑风险投资机构的监督控制和增值服务对其投资管理能力和被投资企业绩效提升的影响；在投资退出阶段，可以多考虑行业的不确定性，投资组合的多样性以及对被投企业的控制程度对退出能力和投资绩效的影响。

（三）接受风险投资的企业 IPO 研究

接受投资企业 IPO 也是风险投资获得投资收益的一种重要途径。然而近几年来我国创业板和中小板上市企业一直存在 IPO 高抑价现象，严重影响了一级市场的资源配置，影响了股票市场的稳定。因此，风险投资对 IPO 抑价以及 IPO 后股票收益率的影响也成为业界关注的焦点。该领域研究主要围绕风险投资的异质性展开，包括风险投资声誉、持股比例、联合投资、投资理念、管理模式、投资期限等。如陈伟等（2013）实证研究后发现，政府背景的风投对 IPO 抑价以及 IPO 后股票收益率没有显著影响。冯照桢等（2016）发现，异质性风险投资的联合持股均会降低 IPO 抑价，并且随着联合投资机构数量的增加，IPO 抑价程度会降低。李九斤等（2016）从风险投资特征的角度研究了风险投资对 IPO 抑价的影响，发现持股比例越高、投资期限越长，IPO 抑价越低。

总之，风险投资领域的研究一定离不开对企业 IPO 的研究，但如果仅仅停留在风险投资机构的异质性角度是比较浅显的。未来的研究中应该更多地考虑风险投资机构高管团队的特征、所处网络位置和接受投资企业异质性等变量差异，并在此基础上引入环境动态性等调节变量，丰富和完善风险投资和企业 IPO 的关系理论。

（四）风险投资与企业技术创新的关系研究

风险投资是一种新型的投资组织形式，主要专注于高风险和高收益的高新技术开发领域，是高新技术企业和创新活动融通资金的重要渠道。风险投资与企业技术创新之间的关系是目前理论界和实务界共同关注的焦点，有大量文献研究两者关系及影响机理。国内一些学者从资本增值服务的角度来研究风险投资与企业技术创新之间的关系。如詹正华等（2016）发现联合风险资本的介入会通过资本增值服务增加企业的创新投入，进而正向促进企业的技术创新。陈伟（2013）用实证的方法发现风险投资的非资本增值服务可能对企业的技术创新资源的获取、创新成果的转换以及创新绩效的提高等方面有重要作用。而国外学者更多的是从公司治理的角度，探究如何通过风投参与公司治理从而形成良好的创新激励机制。如 Kaplan 等（2003）认为股权激励是风险投资机构对被投资企业管理层最主要的激励方式，适度的股权激励会使管理层为公司长远利益考虑而支持创新活动。Sahlman（1994）研究了可转换弹性条款的设置，一方面可以评估风险投资标的，另一方面可以激励企业家努力创造价值而不是夸大项目的价值。

尽管研究风险投资和技术创新关系的文献众多，但深入研究影响机理的并不多，案例研究也少之又少，该领域的研究缺乏深度。预计未来的研究将聚焦于风险投资在企业层面对技术创新的影响差异，同时增加纵向追踪研究，挖掘风险投资对技术创新发生作用的背后逻辑以及技术创新在加入时间维度后的稳定性。

四、总结与展望

如图5-6所示，本书基于关键词呈现度，结合定性和定量的研究方法，对风险投资热点领域进行了全面的综述，并通过社会网络图谱、多维尺度图和聚类分析，将风险投资热点研究领域归纳为四个部分，即风险投资信息不对称产生的问题及对策研究、风险投资机构投资决策研究、接受风险投资的企业IPO研究和风险投资与企业技术创新的关系研究。这四个研究领域各有其独特性，但又相互关联。具体而言，信息不对称问题的研究对象为作为委托方的风险投资机构和作为代理方的接受风投企业。根据逐名理论和委托代理理论，委托代理的双方都会因为信息不对称和机会主义而产生双边道德风险和逆向选择，导致委托代理成本的增加。如何解决风险投资的委托代理问题一度成为学者关注的焦点。目前的研究主要集中于控制权的分配和融资工具的利用，如选择可转换优先股、分阶段投资等。如何利用合约设计最优的激励机制将是未来研究的热点。同时，学者们就委托方和代理方两条研究主线开展了大量的研究。对于委托方的风险投资机构的研究集中于投资决策和投资绩效；对于代理方的接受风投企业的研究集中于企业IPO和企业绩效。而企业技术创新作为风险投资机构和被投资企业的利益结合点在学术界自然也备受关注。对于风险投资和技术创新的关系研究主要围绕风险投资对创新投入、产出、成果转化和创新激励机制的影响，未来更多的研究将关注于作用机理以及对于技术创新细化的研究，如风险投资对双元创新的影响。

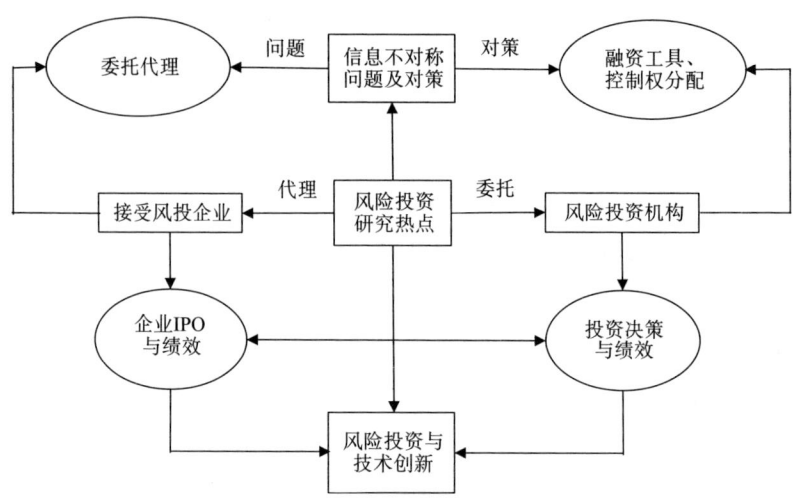

图 5-6　风险投资研究热点关系图

总之,对风险投资领域的理论和实证研究已经有许多成果,未来的研究将结合创新创业和创新驱动发展的时代背景,拓展风险投资领域研究的深度和广度,为风险投资行业的发展提供理论指导。

第六节
科技型小微企业融资需求错配的原因及改善对策①

关于小微企业融资问题的研究由来已久。早在1931年,英国麦克米伦爵士就研究了小微企业发展存在资金缺口问题。此后,国内外相关研究层出不穷。学术界普遍认为,小微企业由于信息不对称、风险高以及缺乏抵押担保等原因,存在着融资难、融资成本高等问题。小微企业融资难是全球性难题,科技型小微企业的资产侧重于知识产权,其融资难度更大。正如诺贝尔经济学奖得主阿马蒂亚·森所言:饥荒是否发生,关键不在于

---

① 本节内容根据在2019年第3期《浙江树人大学学报(人文社会科学)》上发表的论文《科技型小微企业融资需求错配的原因及对策——以宁波为例》修改而成。论文作者:阎永哲、贺翔、陈泱。

粮食的贮备，而在于政府的政策，在于政府的政策是否能提高人民的"权利"和"能力"。同样地，科技型小微企业缺乏的是融资的"权利"和"能力"，政府需要做的是保障其融资的"权利"以及改善其融资的"能力"。

宁波市民营经济发达，小微企业众多，2017年中小企业数量（不含个体工商户）约34万家，占全市企业数量的99%以上。根据笔者调研，宁波市许多科技型小微企业普遍存在融资难导致经营受影响的情况。作者深入宁波市科技型小微企业和金融企业进行调研，对科技型小微企业融资需求匹配情况进行考察，以期为缓解科技型小微企业融资难题提供参考。

一、文献综述

Stieglitz等（1981）较早对小微企业融资困难的问题进行了研究。他们首先对"信贷配给"这一融资需求错配现象进行了分析，认为"信贷配给"是由于信贷供求主体间存在信息不对称。这种信息不对称可能导致商业银行作出逆向选择，小微企业存在道德风险。这一结论通常被视为对小企业信贷可得性的解答，也被视为对小微企业融资需求错配主题的开拓性研究。学术界的后续相关研究可归纳为小微企业融资可获得性研究与融资可负担性研究两个方面，目的是解决小微企业融资难和融资成本高的问题。不过，只有针对小微企业金融需求提供精确的供给，作用和意义才能真正得以体现。搞清楚小微企业融资需求错配的情况对于解决其融资难而言意义重大，但过往针对这一领域的研究相对稀缺，可谓是伴随其融资难出现的一个"影子"问题。科技型小微企业是小微企业融资难问题的代表性群体，其融资需求错配问题相当典型，具备足够的研究价值。总体而言，关于小微企业融资需求的已有研究主要集中在以下两个方面：

（一）测量和评价小微企业融资需求匹配程度

张忠寿（2015）对江苏省科技金融产品供给与需求匹配问题进行调查后发现，江苏省科技金融产品的供给相对单一，在结构上不能满足不同企业主体的需求，但未对企业规模是否影响企业信贷可得性问题进行研究。陈志强（2017）通过对天津市银行机构和中小企业进行抽样调查，发现金融机构产品、服务与中小企业实际需求之间仍存在较大差距。林乐芬等（2013）对信贷市场上不同商业银行与企业之间的匹配关系进行了研究，认为银行信贷技术、信贷合约的异质性与不同企业信息禀赋和融资需求异质性之间存在不同形式和程度的匹配。林乐芬等（2016）认为，随着企业规模增大，企业融资需求得到有效响应的比例会提高，需求得到完全满足的概率也会增大。这些研究进一步肯定了小微企业融资需求错配问题的存在，并从融资需求量和产品结构的满足程度两个维度进行了探究，但其研究对象并非针对科技型小微企业。对于测量和评价融资需求匹配程度的标准，现有研究也并未明确。

（二）改善科技型小微企业的融资需求错配

关于科技型小微企业的融资需求错配研究不多，且主要是围绕特定地域或行业样本来展开，其结论的适用范围有限，不再赘述。但其对于解决科技型小微企业融资需求错配问题的贡献值得肯定。然而，总体而言，仍需不断深入和细化。例如，科技型小微企业融资需求错配的具体类型、造成错配的深层原因等。其中，主观感知上的需求错配是一个颇具研究价值的方向，因为此前的相关研究大多忽视了科技型小微企业通常属于集权式治理模式这一前提。由于科技型小微企业经营的业务具有风险高且周期性强的特点，相比规模较大的企业而言，其客观的融资需求错配或许不足以影响其决策，但其主观感知上的错配可能改变其决策。

对此，本节的边际贡献是将科技型小微企业主观感知的融资需求匹配度区分为"感知融资需求量满足程度"和"感知产品结构的满足程度"等两项指标。在此基础上，以宁波市为例，对科技型小微企业的融资需求匹配情况进行调研，将其匹配程度与更大规模的企业进行对比，并在此基础上探寻改善融资需求错配的途径。在研究技术路线上，针对宁波市科技型企业负责人的感知融资需求满足度和感知产品结构满足度等两项指标进行调研，并就不同规模企业进行横向对比，确定科技型小微企业在上述两项指标上的满足度；在具体产品方面，调查宁波市科技型小微企业对不同类型金融产品的实际使用情况和期望使用情况，对相关数据进行统计与对比，最后综合评价匹配的情况。

二、宁波市科技型小微企业感知融资需求量和产品结构的满足度

为了探讨"企业规模大小是否对科技型企业的融资需求满足程度造成不同影响"这一命题，笔者随机选取宁波市科技型企业进行问卷调查，共计发放问卷 200 份，回收问卷 189 份，剔除无效问卷后，得到有效问卷

177 份。调查的方式是由企业相关负责人就企业融资需求满足度进行主观评价,即根据情况作出"是"或"否"的判断。主要评价指标包括两项:"企业的融资需求量是否得到满足"和"企业的融资需求与金融市场提供的产品结构是否匹配"。由于企业规模和融资需求满足状况都属于定性分类变量,因此选择对数线性模型以对两组变量之间的交互效应进行分析。

采用 SPSS 软件,对企业规模情况、融资需求量满足情况和样本数构成的交叉列表(见表 5-36)中的数据选取向后剔除法,选用饱和模型并对选中参数估计和关联表选项进行分析,得到主要输出结果(见表 5-37 和表 5-38)。

表 5-36   频数、企业规模情况和融资需求量满足情况

频数	企业规模情况	融资需求量满足情况
12	1	1
15	2	1
24	3	1
8	1	2
21	2	2
97	3	2

注:企业规模情况指企业规模大小。1=大企业、2=中企业、3=小微企业;融资需求量满足情况指融资需求从数量上是否得到满足,1=满足,2=不满足;频数来自 177 份有效问卷中交叉了企业规模情况和融资需求情况两类因素后的统计结果。

表 5-37   参数估计情况

效果	参数	估计	标准误	Z	显著性	95% 置信区间	
						下限	上限
企业规模情况	1	0.413	0.163	2.541	0.011	0.094	0.732
*融资需求量满足情况	2	0.057	0.139	0.410	0.682	-0.215	0.329
企业规模情况	1	-0.709	0.163	-4.360	0.000	-1.028	-0.390
	2	-0.138	0.139	-0.993	0.321	-0.410	0.134
融资需求量满足情况	1	-0.220	0.100	-2.205	0.027	-0.416	-0.025

在表 5-37 中,$\gamma_{大企业满足度} = 0.413$ 为正数,$\gamma_{中企业满足度} = 0.057$ 也为正数。表明大、中企业都对融资需求量的满足度有正效应,且大企业规模的正效应更大,即大企业规模越大感知的融资需求量的满足程度越高;而

表5-38　　K向及较高顺序效果

	K	df	概似比		相关系数		迭代数
			卡方	显著性	卡方	显著性	
K向及较高顺序效果 a	1	5	143.987	0.000	191.102	0.000	0
	2	2	16.205	0.000	17.139	0.000	2
K向效果 b	1	3	127.782	0.000	173.963	0.000	0
	2	2	16.205	0.000	17.139	0.000	0

注：a 检测 K 向及较高顺序效果为零；b 检测 K 向效果为零；运用了 Likelihood 方法和 Pearson 方法检验模型的一维交互作用以及一维以上交互作用（即主效应）均较为显著。

$\gamma_{小微企业满足度} = 0 - 0.413 - 0.057 = -0.470$ 为负数，说明小微企业对融资满意度有负效应，即小微企业越小感知的融资需求量满足程度越小。

同样，本书对企业规模情况、融资需求产品结构满足情况和频数构成的交叉列表（见表5-39）中的数据选取向后剔除法，选用饱和模型并选中参数估计和关联表选项进行分析。得到主要输出结果（见表5-40和表5-41）。

表5-39　　频数、企业规模情况和融资需求结构满足情况

频数	企业规模情况	融资需求结构满足情况
29	1	1
34	2	1
39	3	1
6	1	2
12	2	2
57	3	2

注：企业规模情况指企业规模大小。1 = 大企业、2 = 中企业、3 = 小微企业；融资需求结构满足情况指融资需求从产品结构上是否得到满足，1 = 满足，2 = 不满足；频数来自177份有效问卷中交叉了企业规模情况和融资需求结构满足情况两类因素后的统计结果。

表5-40　　参数估计情况

效果	参数	估计	标准误	Z	显著性	95%置信区间	
						下限	上限
企业规模情况	1	0.398	0.158	2.511	0.012	0.087	0.708
*融资需求结构满足情况	2	0.149	0.136	1.094	0.274	-0.118	0.416

续表

效果	参数	估计	标准误	Z	显著性	95%置信区间	
						下限	上限
企业规模情况	1	-0.547	0.158	-3.455	0.001	-0.857	-0.237
	2	-0.142	0.136	-1.042	0.297	-0.408	0.125
融资需求结构满足情况	1	0.359	0.097	3.694	0	0.168	0.549

表 5-41　　　　K 向及较高顺序效果

	K	df	概似比		相关系数		迭代数
			卡方	显著性	卡方	显著性	
K 向及较高顺序效果 a	1	5	64.826	0	58.492	0	0
	2	2	26.675	0	25.485	0	2
K 向效果 b	1	3	38.151	0	33.006	0	0
	2	2	26.675	0	25.485	0	0

注：a 检测 K 向及较高顺序效果为零；b 检测 K 向效果为零；运用了 Likelihood 方法和 Pearson 方法检验模型的一维交互作用以及一维以上交互作用（即主效应）均较为显著。

三、宁波市科技型小微企业的金融产品使用情况

宁波市金融市场上供给的金融产品，可分为固定资产抵押类、无形资产质押类、信用担保类、联保互保类和互联网金融类产品五大类。在问卷调查中，笔者设计的另一项指标是对宁波市科技型小微企业实际使用的各类金融产品的情况和期望使用的各类金融产品的情况进行对比分析，以期对宁波市科技型小微企业融资需求产品的具体匹配程度进行评价。

本书将实际使用和期望使用各类金融产品的小微企业数分别除以调查样本的小微企业总数（96 家），分别求得相应的金融产品的实际使用率和期望使用率（见表 5-42）。

表 5-42　　　宁波市科技型小微企业金融产品分类使用情况表

	实际使用率	期望使用率
固定资产抵押类	84.25%	12.43%
无形资产质押类	5.87%	93.15%
信用担保类	43.15%	24.47%
联保互保类	2.29%	8.65%
互联网金融类产品	26.57%	78.52%

注：因为所有选项均可复选，故两项比率总和均高于 100%。

由表 5-42 可知，宁波市科技型小微企业金融产品实际使用率按降序排列，分别是固定资产抵押类、信用担保类、互联网金融类、无形资产质押类和联保互保类产品；期望使用比率按降序排列，分别是无形资产质押类、互联网金融类、信用担保类、固定资产抵押类和联保互保类产品（见图 5-7）。五类产品分布于图 5-7 中的第Ⅱ、Ⅲ、Ⅳ象限，具有高期望使用率和高实际使用率的第Ⅰ象限无产品分布。由此可以得出两个结论：第一，固定资产抵押类和信用担保类产品在宁波市科技型小微企业中的实际使用率仍然较高，这些企业所能融资的产品来源与金融企业所提供的主要信贷产品趋于一致；第二，科技型小微企业更期望通过无形资产质押类和互联网金融类产品获得资金，这主要是因为科技型小微企业较普通小微企业拥有更多的知识产权，同时互联网金融的飞速发展也提升了它们的期望值。可见，宁波市科技型小微企业的融资需求存在着较为显著的错配现象。

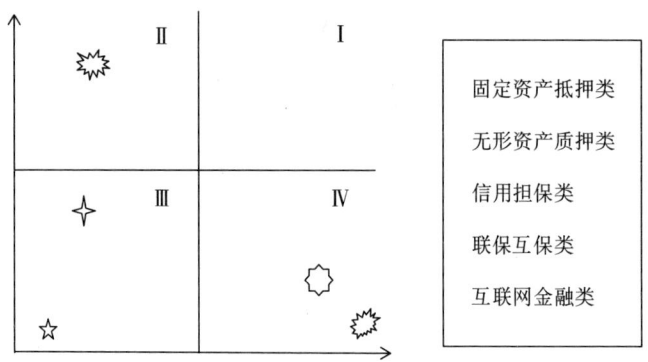

图 5-7　期望使用率相对实际使用率分析矩阵图

四、科技型小微企业融资需求错配的原因

通过对金融机构和科技型小微企业的问卷调查、走访，笔者认为，融资需求错配的原因可以归纳为以下三个方面：

（一）传统金融机构与新型金融机构各有难处和痛点

受新常态下"三期叠加"阶段的影响，经济形势趋向尚未清晰，以银行为代表的传统金融机构避险意识强烈，其强化内部考核和合规经营的压力，迫使信贷部门收缩经营范围，降低授信额度，整个行业的惜贷动机明显。除少数资质优良的大企业和个人获得一定额度的信用担保融资外，即便企业存在正常的融资需求，银行也更趋向于采用固定资产抵押融资，更别说开发适用于科技型小微企业的金融产品，因此科技型小微企业的融资需求也只能顺应"趋势"。

以互联网金融企业为代表的新型金融机构，是近年来金融创新的代表，本应是科技型小微企业重要的融资供应来源。然而，受到核心创新能力缺陷等因素影响，许多互联网金融企业并未像天使基金、风险投资和创业投资基金那样成为不同阶段科技型小微企业融资供给方，反而在消费金融、过桥金融和票据金融等领域投机逐利，消耗了很多资金。更有甚者，假借"P2P""个人理财"等名义成为非法吸收公众存款、非法集资诈骗等违法犯罪活动的平台。因此，对新型金融机构的产品及服务定位、内容和功能等亟待规范。

（二）科技型小微企业的主客观原因

企业生命周期理论认为，企业可分为种子期、创建期、成长期、成熟期和衰退期。处于不同生命周期的科技型小微企业需要不同的融资方式予以匹配，具体表现在融资结构、融资方式、企业信息约束和资产规模因素等方面。科技型小微企业对以上因素的把握不当是造成错配的主观原因之一。同时，由于企业规模较小，科技型小微企业的经营者通常对企业具有较高的控制权，对于企业自身融资需求的评判易受个人因素影响而出现失误。具体表现为融资意愿随意性较强、缺乏计划；融资方式选择不当导致企业创始人过早失去控制权；融资筹划能力、财务评估能力和谈判能力等核心能力欠缺。这些因素是造成错配的重要客观原因。

（三）金融监管滞后期较长，监管方式及手段较为单一

金融创新与金融监管是金融市场上长期存在的一对矛盾体，科技型小微企业融资市场也不例外。科技型小微企业不太适合采用传统金融手段进行融资，于是在金融创新风潮下催生出一些针对科技型小微企业的新型融资产品及服务。然而，这些新型融资产品及服务的监管滞后期较长，导致风险不断积累。另外，对这些新型融资产品及服务的监管方式及手段单一、粗放。以互联网金融机构为例，对于这种纯粹基于线上的经营模式，其社会信任度相对较低，风险来源多元，风险防控难度较大。目前对其进

行监管的主体未完全明确，宏观层面的监管主要依靠互联网金融风险专项整治工作领导小组，行业层面的监管主要是国家互联网金融协会及其各地方协会作为监管主体。它们基本采用传统的窗口指导、会员准入和文件规范等手段监管互联网金融，这不足以在保障金融稳定的同时有效防范和化解相关风险。总之，科技型小微企业发展所需要的细分金融市场有其自身的特点，而目前针对这一细分金融市场的金融监管方式有待改进。

五、改善科技型小微企业融资需求错配的建议

针对以上三方面原因，笔者认为可以从监管机构、金融机构和中介市场这三个方面着手，有效改善错配的状况。

（一）创新金融监管的手段

科技型小微企业的发展需要多元、可负担性强且商业可持续的金融体系支持。这就需要金融市场不断创新以适应其需求，并保证其安全、稳健地经营，所以必要而及时的金融监管不可或缺。金融创新与金融监管应是循环驱动、螺旋式提升的过程。同时，政府应考虑增设针对小微企业金融市场特点的常设性监管机构。例如，在中国银保监会下设普惠金融部的基础上，考虑增设互联网金融监管司，各地银保监局也增设对应的常设机构，以落实监管的责任主体；针对互联网金融和传统金融企业的创新内容，监管工作效率上应赋能提速，不能滞后太久导致风险集聚；在监管体系建设上，应紧跟监管对象和监管内容的需要，不断调整监管方式和手段，构建紧跟市场形势、立体多元的监管体系。

（二）引导金融机构积极参与数字普惠金融体系的建设

作为普惠金融的主要服务对象之一，科技型小微企业的融资需求理应得到金融企业的积极响应。然而，当前普惠金融体系的可获得性、可负担性和商业可持续性难以兼顾。G20杭州峰会通过的《G20数字普惠金融高级原则》是国际社会在普惠金融领域首次推出的高级别指引性文件，相关原则是我国在普惠金融领域首倡的国际性准则。这些原则将成为推广和发展普惠金融、实现包容性发展的重要原则。

政府要借助物联网、大数据和人工智能等技术手段打造数字普惠金融体系，可以鼓励和引导金融机构主动对接科技型小微企业融资需求，开发功能适用、利润适中、风险可控的金融产品及服务，从客观环境上提高科技型小微企业的融资匹配程度。数字普惠金融体系也有望提高科技型小微企业主观感知的融资需求满足程度，适应其集权式的治理结构。

（三）完善科技型小微企业的周边金融服务市场建设

科技型小微企业对融资需求的阶段性误判、融资意愿失范和融资能力欠缺等问题属于其自身难以克服的内在缺陷，只有在外力的协助下才可能改善。为此，相关部门要大力发展中介服务机构，鼓励中介服务机构为科技型小微企业提供无形资产评估服务、融资中介服务、财务计划与指导以及筹资规划服务等周边金融服务。通过这些相关融资服务，科技型小微企业有望弥补自身短板，提升融资的效率和契合程度。

第七节
科技型小微企业融资环境评价[①]

党的十八大报告明确指出，要支持小微企业特别是科技型小微企业的发展。科技型小微企业是创新创业的重要主体，对于促进地区经济社会发展具有重要的意义。浙江省民营经济发达，小微企业数量众多，宁波市更是浙江省小微企业集聚地区的典型代表。然而在经济新常态和激烈的市场竞争背景下，宁波市不少科技型小微企业却出现发展迟缓、停滞甚至是倒闭的现象。良好的融资环境不只是满足小微企业科技创新的融资需求，还能起到激发科技型小微企业创新积极性、筛选科技创新项目、提供风险管理的作用。

关于融资环境的定义，不少学者采用广义定义，将企业内外部因素都归结为融资环境。如朱文（2001）认为中小企业在进行外部融资时会受到多方面条件的约束，这些约束不仅仅是来自融资市场，还有部分是来自企业内部，把这些条件结合起来就形成了融资环境。而狭义定义一般仅关

[①] 本节内容根据在 2018 年第 2 期《中国发展》上发表的论文《基于主成分分析的科技型小微企业融资环境评价——以浙江宁波为例》修改而成。论文作者：阎永哲、贺翔、陈泱。

注外部因素。如李如斯（2015）认为融资环境是影响和制约中小企业融资的各种外部环境因素。李佰帆（2015）也认为"金融市场环境则是指金融市场中影响小微企业融资的内外部各个要素的集合。"石佳玮（2016）则"将科技金融环境理解为科技金融运行以促进科技创新的环境，包括政府政策与法律、经济、诚信、科技资源、金融管理体制等环境因素。"上述研究丰富了对于科技型小微企业融资环境的认知，对于本节而言是非常重要的理论基础。

关于融资环境指标体系的选择。秦振强等（2006）构建了区域信用环境综合评价指标体系，主要选取了经济发展水平、金融发展水平、征信体系建设、政府信用水平、企业信用水平、信用法律环境和信用文化环境这7个一级指标及下面细分的36个二级指标对区域信用环境进行评价。其指标体系较为全面，但对于科技型小微企业所需要的科技金融环境而言，仍显不足，特别是指标易受主观因素的影响，难免波及评价结果的客观性。对此，张原、陈玉菲（2015）的研究就有所改进。他们对选取的20个二级指标进行了因子分析，并对区域信用环境结果进行了评价。其指标体系的设置为本书提供了重要的参考价值，但囿于研究的视角和地域性，指标并非针对浙江地区的科技型小微企业，自然其评价结果有较大的地域和行业局限性。王冀宁等（2013）年对苏南地区300家中小企业进行了问卷调查，主要集中考察企业主对自身经营、金融机构和政府政策支持等方面的满意程度，以此对所在地的融资环境进行评价。其研究对于厘定上述三方面因素在融资环境中的重要程度有自己的视角和贡献，但其评价指标均是来自企业主观性指标，对于客观因素考虑不足。

此外，还有一些研究的评价角度另辟蹊径。如钟晶（2011）在金融服务环境和政治制度环境指标以外，单独选取了社会文化环境这一领域的3个二级指标进行考量。这样的尝试有助于从不同视角对融资环境进行评价，也给了本书一些启发。但其评价指标仍涉及较多主观性因素，同时由于特定概念的抽象性，使得指标难以被准确测量。[①]

一、浙江省科技型小微企业融资环境评价指标体系的构建

结合上面对现有研究的梳理和回顾，笔者认为构建科学合理的科技型

---

① 例如，其中一项问题是"您认为当地人们思想意识对市场经济的适应程度如何"，涉及的概念比较抽象，提问方式比较笼统，答题者通常难以理解，自然无法准确评价。

小微企业融资环境评价指标体系，既要考虑科技型小微企业对融资环境的需求特点，又要考虑评价体系的系统性、完备性和可比性，同时还要兼顾二级指标的适用性，以及数据使用上的可操作性。

在一级指标的选取上，考虑到现有研究各自的优点和不足，本节采用客观指标为主、兼顾主观指标的做法。客观指标主要包括"经济环境""金融市场环境""科技产业应用与基础科研环境""金融信用环境"。主观指标包括"政府政策和法律环境"和"科技信息服务公开环境"。

经济环境是科技型小微企业融资环境的基础部分。它从经济总量上反映科技型小微企业所处的宏观环境条件，对其产生系统性影响。影响经济环境的主要因素有地区生产总值、利率、通货膨胀率、居民可支配收入等。故选取"GDP总量"和"人均GDP（按常住人口算）"两个二级指标反映其宏观经济环境。

金融市场环境反映了科技型小微企业所处的微观金融市场条件。它一般包括风险投资市场、科技信贷市场、科技资本市场、科技担保市场和科技保险市场。考虑到评价指标选取的适用性和可操作性，笔者选用"金融机构存款余额"和"金融机构贷款余额"这两个能够反映地方金融机构资金提供能力的二级指标。其他市场因素限于相关数据不足或不适于作为评价因素，归入主观指标中。

科技产业应用与基础科研环境包括产业应用和科学研究两块，一方面反映地区科技成果的应用、转化和推广能力，另一方面反映地区在科学研究上的基础能力和未来潜力。笔者选取"高新技术产业产值""高新技术产业投资额""技术合同交易总额""专利申请数"和"专利授权数"等五项二级指标反映地区科技产业应用能力。基础科研能力则选用"地市承担国家科技计划项目数""国家科技计划项目所获财政拨款经费"和"科学研究和技术服务业从业人员数"等三项指标。为兼顾反映地区的科研潜力，选取"地区教育支出"作为补充指标。

金融信用环境是金融市场能够顺利运转必不可少的条件。关于金融信用环境评价，多数学者选择了诸如贷款比率、不良贷款率等涉及金融机构贷款的总量指标进行评价。但笔者认为这些指标并非针对科技型小微企业而设立，其适用性存疑。同时，由于在实践中不良贷款率属于银行商业机密，一般不易获得且真实性难以保证。考虑到浙江省省情，笔者认为，基于地缘与血缘关系的民间借贷对于缺乏抵押担保品的科技型小微企业更具重要的现实意义。为此，本书采用民间借贷纠纷数量作为考量信用环境的负向指标纳入评价体系。经过笔者探询，选取了"涉及借款合同诉讼案件数""涉及贷款诉讼案件数""涉及民间借贷诉讼案件数"等三项二级指标。

政府政策和法律环境是融资环境不可或缺的组成部分，主要反映了政府运用政策和法律手段为科技型小微企业提供财政税务优惠安排、政府担保、法律制度保障及其他政策性优惠。由于相关数据目前难以收集，指标也不易量化。因此本书采用主观指标进行评价，考虑用"地方政府对科技型小微企业的重视程度"和"地方政府对科技型小微企业的支持力度"等两项二级指标来评价地方政府政策和法律环境的情况。

科技信息服务环境对于科技型小微企业意义重大。良好的科技信息服务环境不仅能降低科技型小微企业与相关金融机构之间信息沟通的成本，有利于减轻金融市场中信息不对称程度，从而发挥筛选企业及项目，有效降低科技金融风险的作用。本书用"科技信息服务获取的容易程度"和"所获科技信息的有用程度"两项二级指标来反映科技信息服务环境的情况。综合上述各类指标，科技型小微企业融资环境评价体系如表 5 – 43 所示。

表 5 – 43　　　　　科技型小微企业融资环境评价体系

一级评价指标	二级评价指标	表示二级评价指标的变量
经济环境	GDP 总量	E_1
	人均 GDP（按常住人口算）	E_2
金融市场环境	年末金融机构各项存款余额（亿元）	F_1
	年末金融机构各项贷款余额（亿元）	F_2
科技产业应用与基础科研环境	高新技术产业产值（亿元）	S_1
	高新技术产业投资额（亿元）	S_2
	技术合同交易总额（亿元）	S_3
	专利申请数（件）	S_4
	专利授权数（件）	S_5
	地市承担国家科技计划项目数（项）	S_6
	项目所获国家财政拨款经费（亿元）	S_7
	科学研究和技术服务业从业人员数（万人）	S_8
	地区教育支出（万元）	ED

续表

一级评价指标	二级评价指标	表示二级评价指标的变量
金融信用环境	涉及借款合同诉讼案件数（件） 涉及贷款诉讼案件数（件） 涉及民间借贷诉讼案件数（件）	C_1 C_2 C_3
政府政策和法律环境	地方政府对科技型小微企业的重视程度 地方政府对科技型小微企业的支持力度	G_1 G_2
科技信息服务环境	科技信息服务获取的容易程度 所获科技信息的有用程度	O_1 O_2

二、浙江省 11 市科技型小微企业融资环境的主成分分析

浙江省有 11 个地级市：杭州、宁波、温州、嘉兴、湖州、绍兴、金华、衢州、舟山、台州和丽水。运用上面构建的科技型小微企业融资环境评价体系，本节采用主成分分析法对这 11 个地级市的融资环境进行综合评价。

浙江省 11 市的"GDP 总量""人均 GDP""年末金融机构各项存款余额""年末金融机构各项贷款余额""地区教育支出""科学研究和技术服务业从业人员数""专利申请数""专利授权数"等指标的数据通过查询《浙江统计年鉴 2017》获得。"高新技术产业产值""高新技术产业投资额""技术合同交易总额""地市承担国家科技计划项目数""项目所获国家财政拨款经费"等指标的数据从浙江省科技厅官方网站获得。"涉及借款合同诉讼案件数""涉及贷款诉讼案件数""涉及民间借贷诉讼案件数"等指标的数据通过中国裁判文书网获得。[①] "地方政府对科技型小微企业的重视程度""地方政府对科技型小微企业的支持力度""科技信息服务获取的容易程度""所获科技信息服务的有用程度"等指标的数

---

① 笔者于 2017 年 12 月 24 日在中国裁判文书网（http://wenshu.court.gov.cn/）搜索案件类型为"民事案件"，法院地域为"浙江省"，全文检索关键词分别为"借款合同""贷款"和"民间借贷"，获得 11 个地级市的 33 个相关数据。但由于司法管辖上并行的属地原则和属人原则，同一案件或有二审和再审的可能等，数据存在重复计算、归类指标不一致的可能。

据通过问卷调查获得。①

考虑到科技型小微企业融资环境评价体系所选取的指标数有 20 个,总量较多,为避免指标之间的多重共线性,故先进行了预测验,将相关矩阵中接近于零的特征根对应的二级指标进行了剔除,最后选用的指标为 E_2、S_1、S_3、S_4、S_6、S_7、S_8、F_2、G_1、G_2、O_1、O_2、ED 和 C_3,共计 14 个二级指标。

对入选的 14 个二级指标进行 Z - Score 标准化处理。② 在观察标准化数据矩阵基础上计算相关系数矩阵发现,绝大部分指标两两之间在 0.1 的水平下显著相关,仅有少数指标两两之间不显著相关。说明指标之间相关明显,适合进行主成分分析。采用 SPSS 软件进行主成分分析,得到解释的总方差和主成分因子载荷矩阵。详见表 5 - 44 和表 5 - 45。

表 5 - 44　　　　　　　　解释的总方差

主成分	主成分方差			提取的主成分方差		
	特征根	贡献率（%）	累积贡献率（%）	特征根	贡献率（%）	累积贡献率（%）
1	8.847	63.195	63.195	8.847	63.195	63.195
2	1.885	13.467	76.661	1.885	13.467	76.661
3	1.410	10.075	86.736	1.410	10.075	86.736
4	0.355	2.533	96.530			
5	0.230	1.645	98.174			
6	0.101	0.724	98.898			
7	0.089	0.634	99.533			
8	0.057	0.407	99.940			
9	0.008	0.060	100.000			
10	4.194E - 16	2.996E - 15	100.000			
11	1.194E - 16	8.529E - 16	100.000			
12	- 1.483E - 17	- 1.059E - 16	100.000			
13	- 2.623E - 16	- 1.873E - 15	100.000			

提取方法:主成分分析。

---

① 问卷调查采用 Likert 五级量表进行测量,请被调查企业负责人对指标按自己的主观评价进行打分,分数范围 1 分到 5 分,随着分数的增加,指标的程度相应增加。例如,如果负责人认为"地方政府对科技型小微企业的重视程度"非常高,或者"地方政府对科技型小微企业的支持力度"非常大,可以打 5 分;如果负责人认为"地方政府对科技型小微企业的重视程度"比较高,或者"地方政府对科技型小微企业的支持力度"比较大,可以打 4 分,依次类推。调查对象为每个市的 50 家科技型小微企业,各市的上述四项指标得分由该市被调查企业打分取算术平均值得出。

② 其中 C_3 为负向指标,采用先取倒数,再标准化的方式处理。

表 5-45　　　　　　　　　　主成分因子载荷矩阵

	主成分		
	1	2	3
E_2	0.233	0.087	0.457
S_1	0.420	-0.004	0.150
S_3	0.477	0.257	-0.157
S_4	0.489	-0.129	-0.198
S_6	0.133	0.357	0.290
S_7	0.045	0.333	0.415
S_8	0.250	0.368	-0.083
F_2	0.074	0.251	0.309
G_1	0.180	-0.312	-0.164
G_2	0.188	-0.299	-0.141
O_1	0.180	-0.355	0.072
O_2	0.183	-0.340	0.064
ED	0.240	0.446	-0.143
C_3	-0.164	0.066	0.600

提取方法：主成分分析。

a. 提取 3 个主成分。

b. 将第 i 列主成分的每个元素分别除以第 i 个特征根的平方根，即得第 i 个主成分的因子载荷。

主成分分析一般要求累积贡献率达到 85% 以上才能结束主成分的选取。而根据表 5-44，前 3 个主成分的特征根大于 1 且累积贡献率达到 86.736%。这表明用前 3 个主成分来评价浙江省 11 个地级市的融资环境具有较大的可靠性。

用 X_1、X_2 和 X_3 来分别表示前 3 个主成分，由表 5-45 数据可得 3 个主成分的线性组合：

$X_1 = 0.233E_2 + 0.420S_1 + 0.477S_3 + 0.489S_4 + 0.133S_6 + 0.045S_7 + 0.250S_8 + 0.074F_2 + 0.180G_1 + 0.188G_2 + 0.180O_1 + 0.183O_2 + 0.240ED - 0.164C_3$

X_2 和 X_3 可依此类推。

将 Z-Score 标准化处理后的原始数据代入上面 3 个主成分的线性组合等式，即可得出浙江省 11 个地级市在 3 个主成分上的排名。主成分的经济意义由各线性组合中权数较大的几个指标的综合意义来确定。在主成分 X_1 中，S_1、S_3、S_4 的因子载荷相对较大，分别代表"高新技术产业产值""技术合同交易总额"和"专利申请数"，根据它们的综合意义，X_1 主要代表的融资环境在科技产业应用方面"投入"与"产出"的情况，第一主成分所占信息总量为 63.2%；而在主成分 X_2 中，ED、G_1、G_2、O_1、O_2、S_6、S_7 和 S_8 的因子载荷较大，所以主成分 X_2 主要代表"地区教育支出""地方政府对科技型小微企业的重视程度""地方政府对科技型小微企业的支持力度""科技信息服务获取的容易程度""所获科技信息的有用程度""地市承担国家科技计划项目数""项目所获国家财政拨款经费""科学研究和技术服务业从业人员数"，综合反映地区在政府支持、教育和基础科研力量的投入方面情况；主成分 X_3 中，E_2、F_2 和 C_3 的因子载荷较大，主要代表"年末金融机构各项贷款余额""人均 GDP""涉及民间借贷诉讼案件数"，主要反映地区在经济基础、金融环境和信用环境上的状况。这 3 个主成分从三个方面反映了浙江省 11 个地级市的融资环境，用它们来评价这 11 个地级市的科技型小微企业融资环境具有 86.736% 的可靠性。

用 X 表示浙江省 11 个地级市科技型小微企业融资环境的综合指标，将 3 个主成分的贡献率与总贡献率之比来作为各主成分的权数，则综合指标 X 可以表示为下列线性组合：

$$X = 0.729X_1 + 0.155X_2 + 0.116X_3$$

运用该等式可以计算出浙江省 11 个地级市科技型小微企业融资环境的综合指标得分，并根据得分情况对各市的融资环境情况进行排序。① 详见表 5-46。

表 5-46　浙江省 11 个地级市科技型小微企业融资环境综合得分

城市名称	X_1 得分	排序	X_2 得分	排序	X_3 得分	排序	X 得分	排序
杭州	5.988	1	2.094	1	6.129	1	5.401	1
宁波	4.210	2	0.108	6	2.462	2	3.371	2
温州	0.161	5	-1.229	8	0.135	3	-0.058	4
嘉兴	0.991	3	-1.525	10	-0.718	7	0.403	3

---

① 其中 X 得分情况反映的是其相对排名，得分为负值并不意味着该地区融资环境恶劣。

续表

城市名称	X_1得分	排序	X_2得分	排序	X_3得分	排序	X得分	排序
湖州	0.017	6	-1.294	9	-0.782	8	-0.279	6
绍兴	0.293	4	-1.925	11	-0.223	5	-0.111	5
金华	-1.712	8	1.715	2	-0.203	4	-1.006	8
衢州	-3.016	10	0.777	4	-1.936	9	-2.303	10
舟山	-2.858	9	0.383	5	-1.989	10	-2.255	9
台州	-0.406	7	-0.316	7	-0.452	6	-0.397	7
丽水	-3.667	11	1.211	3	-2.423	11	-2.767	11

三、基本结论与政策建议

（一）基本结论

通过上面的主成分分析不难发现，就科技型小微企业融资环境整体而言，浙江存在区域发展不平衡的情况。其中位于环杭州湾湾区的浙江东部和北部明显优于西部和南部地区，杭州、宁波、嘉兴、温州、绍兴和湖州等排名前6的城市几乎全部来自浙东和浙北；而杭州的融资环境情况不论是总体还是单项指标，都稳居首位，且对排名后面的城市保持着较为明显的优势。

宁波市在浙江省11个地级市的综合排名中名列第2，总体环境较好，但在单项指标上却存在不少短板。从影响融资环境的前3个主成分来看，宁波市在X_1和X_3得分上均名列第2，反映出宁波市在科技产业应用、经济基础、金融环境和信用环境方面的情况居于较好的地位；但在X_2得分上，宁波市仅名列第6。而X_2中单就ED、S_6、S_7和S_8代表的教育支出和基础科研能力的现状而言，宁波市都排名第2。对这个意料之外的结果，笔者认为它一方面反映出宁波市在教育投入及将来的科研水平上仍有潜力可挖；另一方面，由于G_1、G_2、O_1和O_2在X_2中的因子载荷均为负值，表明在政府对科技型小微企业的重视程度和支持力度以及获取科技服务的容易程度和有用程度方面，宁波市均处于相对落后的地位。

嘉兴的融资环境综合排名第3，反超传统强市温州、绍兴与台州，这与近年来嘉兴经济社会的较快发展不无关系；温州、绍兴在稳居第5名、第6名的同时，面临着后起之秀湖州的追赶，而湖州的进步也进一步拉大了浙江东北区域对于浙江西南区域的优势。总体而言,浙江省 11 个地级市的科技型小微企业融资环境排名情况与其经济社会发展的排名情况是基本一致的。

由于主成分分析的结论本质上反映的只是不同评价指标的相对排名情况,因此各地应在根据自身排名的基础上因地制宜地制定相应对策,在缩小与融资环境先进城市差距的同时,切实为本地科技型小微企业创造更为优越的成长条件,以期服务于地方经济与社会发展。

(二) 政策建议——以宁波市为例

根据上文的分析结论,宁波市在政府政策和法律环境、科技信息服务环境这两方面获得的科技型小微企业评价较低,由此反映出在这两块领域存在较大的改善空间。为了改善科技型小微企业融资环境,宁波市要从以下三个方面予以改进:

1. 推动相关法律建设,制定相关政策以整合和完善科技型小微企业综合性融资服务体系

首先,该体系内容上应包括天使基金、风险投资、创业投资、信用担保、科技银行等多种类型的科技金融机构;手段上应融合金融科技工具及数字普惠金融的原则以适应科技型小微企业的特点;路径上应结合宁波市建设"一带一路"综合实验区、"中国制造 2025"试点示范城市在重点产业上的需要,可以优先考虑石墨烯、稀土磁性材料、高性能金属合金材料、关键基础件、专用装备、光学电子、集成电路、工业互联网等与之产业关联度高的科技型小微企业的需求。

其次,体系的"综合性"不仅应体现在其服务内容和手段上的门类齐全,更应强调服务方式上的适用性强。比如,针对处于不同生命周期阶段的科技型小微企业,政府支持方式和力度应有所不同。以种子期的科技型小微企业为例,这个阶段的企业资金需求量一般不大,除了内源融资以外,小微企业通常诉求于天使基金类资金。小微企业的更多需求是对相关科技和项目信息的交流,以及创业辅导类的服务支持的需求。因此对于种子期的小微企业,宁波市可在现有创新券政策基础上引导企业使用创客空间、孵化器和创业辅导服务,以及天使投资项目筛选等信息服务。关于资金方面,宁波市可通过设立天使基金引导资金等方式增加小微企业获得天使基金类资金的概率。

总之，由于科技型小微企业的阶段性融资需求特点不同，需要一个能识别小微企业的不同需求并兼具各类融资功能的综合性服务体系。宁波市科技型小微企业的融资环境相对较好，但却缺乏一个能整合现有各类融资服务使之体系化的机构。对此，地方政府应致力于推动相关法律建设，制定和完善相关政策。

2. 对于以数字普惠金融为代表的普惠金融体系，政府应在必要的监管基础上进行市场化管理

2016年9月，G20杭州峰会提出并通过了《G20数字普惠金融高级原则》。它是国际社会在普惠金融领域首次推出的高级别指引性文件，同时也是我国在普惠金融领域首倡的国际性准则。"数字普惠金融"的应运而生为普惠金融体系注入了新的发展动力，作为普惠金融体系重点服务对象之一的小微企业有望在融资渠道、融资方式上获得更多的选择，同时增加了其资金的可获得性和可负担性。不过，数字普惠金融体系的建设目标、方式和路径仍在摸索之中。对此，笔者认为，宁波市作为全国首批科技成果转移示范区，同时也是全国移动电子商务金融科技服务创新试点城市，完全可以也应该尝试在保留必要监管的前提下对普惠金融活动进行市场化管理，允许数字普惠金融体系在服务科技型小微企业的道路上先行先试。具体而言，宁波市可考虑在数字普惠金融体系构建领域以"最多跑一次"改革为突破口，进一步优化制度供给、服务供给、政策供给，努力打造审批速度最快、服务效能最高、商务成本最低、法治环境最优的城市。

3. 突出产业引领作用，引导科技型小微企业主动对接并服务于相关高新技术产业

主成分分析中各个主成分的贡献度是依次递减的。根据上文的分析，由于X_2的权数不及X_1的权数大，所以在改善融资环境的贡献度上，主成分X_1发挥的作用更为重要。宁波市如果想在融资环境上缩小与杭州等城市的差距，就应在X_1中因子载荷较大的S_1、S_3、S_4等方面进行弥补。这三项指标代表的"高新技术产业产值、高新技术产业投资额和技术合同交易总额"恰好与宁波市设定的"科技争投"的具体目标是内在一致的。为此，一要通过现有平台开放和吸引国内外小微企业的信息交流，支持它们主动对接并服务于宁波市重点支持发展的高新技术产业和现有优势产业；二要引导和鼓励小微企业加大研发（R&D）经费投入，并从财政税收、配套奖励等方面入手予以支持。

第六章

新常态下地方政府支持小微企业发展的公共服务内容优化

第一节

新常态的特征及其对小微企业的影响

小微企业发展是地方经济发展的基础，也是社会稳定的基石。新常态下小微企业出现的发展停滞、倒闭、融资难等一系列问题在一定程度上反映出地方政府支持小微企业发展的公共服务质量不高。为了有效促进小微企业发展，地方政府应该适应新常态、把握新常态，在了解新常态特征对小微企业的影响基础上为其发展提供有针对性的公共服务。在供给侧结构性改革的大背景下，地方政府需要对支持小微企业发展的公共服务供给进行改革，以更好地促进小微企业发展。

了解新常态的特征是适应新常态、把握新常态、引领新常态的前提。2014年12月举行的中央经济工作会议指出了新常态的九个特征：一是模仿型排浪式消费阶段基本结束，个性化、多样化消费渐成主流；二是基础设施互联互通和一些新技术、新产品、新业态、新商业模式的投资机会大量涌现；三是我国低成本比较优势发生了转化，高水平引进来、大规模走出去正在同步发生;四是新兴产业、服务业、小微企业作用更凸显,生产小型化、智能化、专业化将成产业组织新特征;五是人口老龄化日趋发展,农业富余人口减少,要素规模驱动力减弱,经济增长将更多依靠人力资本质量和技术进步;六是市场竞争逐步转向质量型、差异化为主的竞争;七是环境承载能力已达到或接近上限,必须推动形成绿色低碳循环发展新方式;八是经济风险总体可控,但化解以高杠杆和泡沫化为主要特征的各类风险将持续一段时间;九是既要全面化解产能过剩,也要通过发挥市场机制作用探索未来产业发展方向。

新常态特征会给小微企业带来以下主要影响:(1)小微企业需要提升营销管理水平以准确把握用户的个性化、多样化消费需求,需要提高产品创新管理水平以有效满足用户的个性化、多样化消费需求;(2)随着我国低成本比较优势的逐渐丧失,小微企业必须摒弃"低质低价"的竞争方式,依靠创新来赢得市场,采取质量型、差异化为主的竞争方式;(3)人口老龄化和农业富余人口减少会造成劳动力市场失衡,劳动力供给小于需求,企业用工成本尤其是资本有机构成较低的小微企业用工成本上升;(4)在经济增长更多依靠人力资本质量和技术进步的背景下,企业更加重视人才,企业对人才的争夺会加大小微企业获取人才的难度;(5)在经济面临一定风险,全面化解过剩产能的当下,小微企业普遍面临较大的生存压力。

第二节
钻石模型视角下影响小微企业发展的基本要素

关于政府支持小微企业发展的公共服务,国内学者和政府部门多从融资环境改善、税收减免、财政补贴等一个或几个方面来研究,缺乏综合性视角和系统性分析范式,在一定程度上影响了地方政府支持小微企业发展的效果。任何一个小微企业都归属于一个或多个产业。原国家工商行政管理总局曾经依据《中小企业划型标准规定》,对1200万家企业进行了调查,并于2014年发布了迄今为止关于我国小微企业方面具有权威性的调查报告——《全国小型微型企业发展情况报告》。该报告指出，小微企业所属产业相对集中，批发零售业小微企业占各类小微企业总数的36.44%，工业小微企业占各类小微企业总数的18.49%，租赁和商务服务业小微企业占各类小微企业总数的9.93%。这几个产业的小微企业差不多占了小微企业总数的2/3，其余1/3的小微企业零散分布在农林牧渔业、建筑业、交通运输业等十几个产业中。可见，在一定程度上，地方政府支持小微企业发展的问题就是地方政府发展相关产业的问题，地方政府可以从产业发展角度思考支持小微企业发展的问题。

关于产业发展，美国学者迈克尔·波特（MichaelPorter，1985）提出了著名的钻石模型理论。该理论指出，"生产要素""需求条件""相关产业与支持性产业""企业战略、企业结构和同业竞争"等4种基本要素既可能提升产业中的企业获得竞争优势的速度，也可能导致产业中的企业发展停滞不前，从而导致产业发展或衰退。"政府"与"机会"等辅助要素影响着4种基本要素。钻石模型是一个系统性的互动体系，强调其内部每个要素都会强化或减弱其他要素的作用。作为钻石模型中的一个辅助要素，政府影响着4个基本要素作用的发挥，进而影响着钻石模型体系功能的发挥。具体见图6-1。

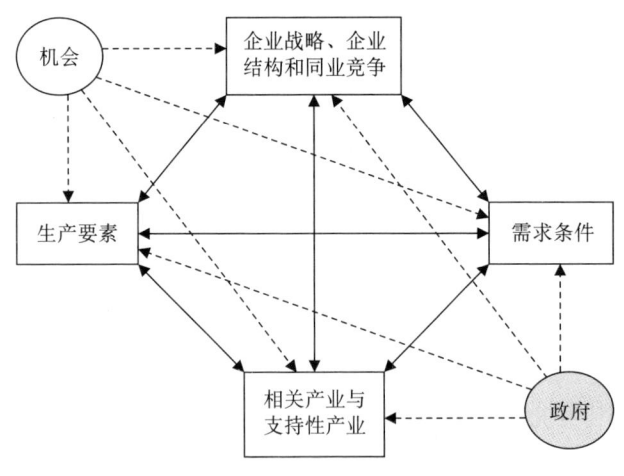

图6-1 钻石模型

产业中众多企业的发展壮大是产业发展的基石，钻石模型中影响产业发展的基本要素也影响着企业发展。为了有效促进小微企业发展，笔者在从钻石模型视角系统性分析影响小微企业发展的基本要素基础上，根据钻石模型构建地方政府支持小微企业发展的公共服务内容优化机制，并据此优化出地方政府有效支持小微企业发展的公共服务内容。

根据钻石模型，影响小微企业发展的基本要素如下：

一、当地生产要素

生产要素通常包括人力资源、天然资源、知识资源、资本资源、基础设施等资源。知识资源包括大学、研究机构、市场研究报告与资料库、行业协会等。关于基础设施，迈克尔·波特（Michael Porter，1985）认为它不仅包括运输系统、通信系统、邮政和快递，还包括健康保健、房屋供给、文化等因素，因为它们会影响到一个地区的生活质量和人们工作、居住的意愿。本书对影响小微企业发展的外部环境因素进行层次分析的结果表明，作为文化组成部分之一的小微企业社会认可度影响着人们去小微企业工作的意愿，进而制约着小微企业尤其是资本有机构成较低的小微企业发展。另外，不同产业的小微企业对当地这些生产要素的依赖程度随着产业特性不同而不同，在有些产业中，小微企业只要拥有低成本或独特高质量的生产要素就可能获得竞争优势。

当地生产要素可以分为初级生产要素与高级生产要素两类。天然资源、资本、非技术工人等均属于初级生产要素，现代化通讯的基础设施、高等教育人力资源、高等院校及研究所等都属于高级生产要素。初级生产要素一般是自然生成，或只需少量的私人及社会投资就能拥有。由于企业对初级生产要素的需求减少而初级生产要素供给量相对增加，造成初级生产要素对企业发展的重要性日益下降。高级生产要素需要先在人力资源和资本上进行大量而持续的投资，故高级生产要素数量不如初级生产要素那样多。虽然高级生产要素稀缺，但是它在企业发展过程中却起着日益重要的作用。例如，创新是小微企业快速发展的重要驱动力，小微企业创新成功与否不仅取决于当地是否拥有大量的高等教育人力资源，也取决于当地是否有足够多的、合适的高等院校或研究所供其进行产学研合作。

二、当地需求条件

大中型企业的产品往往销往全国甚至海外，与之相比，小微企业的产品通常在当地销售，当地需求是小微企业发展的动力。当地需求主要通过以下两个方面影响着小微企业发展：

（一）当地客户需求特点

小微企业对当地客户需求比较敏感，了解当地客户需求的成本比较低。如果当地客户需求具有超前性，符合未来流行趋势，那么当地客户需求能够帮助小微企业提前掌握产品信息和较好适应未来市场走向。内行而挑剔的客户是小微企业生产高质量产品和提供优质服务的压力来源，当小微企业长期被迫不断改善产品，不断开发新领域时，它们就会逐渐获得竞争优势。

当地市场的客户需求压力是小微企业最直接的压力。如果当地客户对产品要求较多，那么小微企业会在市场竞争压力下努力改善和创新其产品以满足客户需求，从而形成更强的企业竞争力。小微企业新产品研发人员做产品研发决策时一般会更多考虑当地市场需求。小微企业研发人员、管理层能够与当地客户面对面交流，充分了解、掌握客户情况和诉求，文化相同和地缘相近能够尽可能降低小微企业和客户沟通中误会发生的概率。

（二）当地需求规模

影响小微企业发展的外部环境因素层次分析结果表明，市场容量极大影响着小微企业发展。当地需求规模是一把双刃剑。一方面，庞大的当地需求能够刺激小微企业为扩大再生产而进行投资和再投资，从而使其发展壮大；另一方面，庞大的当地需求所带来的大量市场机会可能会造成小微企业安于现状，不思进取，疏于产品创新和升级，使其发展停滞。

当地市场提前饱和可能会促使小微企业创新和升级。因为一个饱和的当地市场会给小微企业带来较大竞争压力，迫使其降低产品售价、创新产品以吸引客户。当地市场饱和带来的另一个影响是，小微企业不得不把营销重点从当地市场转移到外地市场甚至国外市场。如果当地市场饱和，外地市场需求刚刚产生，那么小微企业的竞争优势就非常明显。因为外地市场上的竞争对手无法有效应对自身市场需求的变化，小微企业可以利用这种机会迅速发展壮大。

另外，当地市场上客户数量的多寡对小微企业发展也有影响。如果当地市场上客户数量众多，且这些企业彼此之间进行着激烈的正当竞争，那么这些客户会为了提高产品竞争力而迫使向其供应商品的小微企业进行创新,从而促进小微企业发展。如果当地市场只被几家大客户垄断,那么大客户会缺乏迫使小微企业创新的动力。

当地需求条件促进小微企业发展作用的充分发挥需要钻石模型中其他基本要素配合。例如,当缺少强有力的当地竞争对手时,即使当地市场再大,小微企业仍可能因故步自封而难以发展壮大。如果没有当地相关产业的支持,小微企业也可能无力满足客户的需求。

三、当地相关产业和支持性产业

在很多产业中,小微企业的竞争优势在于它的上下游相关产业具有较强竞争力,因为上下游相关产业的良好表现和能力会带动小微企业创新和发展。如果小微企业的上游产业具有较强竞争力,那么它能够从以下方面影响小微企业:第一,小微企业可能因上游产业的竞争优势而具有对市场需求反应快、生产效率高,甚至生产成本低的优势。例如,意大利的珠宝加工机械产业在国际上非常发达,其产量占全球产量的近70%,而且它的稀有金属再加工设备产业在世界上也是领导者。所以,意大利的珠宝企业能够轻而易举地获得最新生产设备,同时,生产设备供应商之间的激烈竞争也使得意大利的珠宝企业能够得到较低价格的生产设备,上游产业带来的种种好处最终帮助意大利的珠宝产业称霸全球。不过,如果小微企业不具备有效利用上游产业的能力,只靠上游产业的竞争力其也难以形成竞争优势。第二,有助于小微企业创新。供应商是小微企业创新和升级中一个举足轻重的环节,小微企业如果要形成竞争优势,就不能缺少一流供应商,双方也要保持密切合作。在这种紧密合作中,供应商会帮助小微企业了解新方法、新机会和新技术的应用。

但是,不管是供应商还是相关产业都要和钻石模型的其他基本要素搭配才能充分发挥作用。如果当地市场不能及时对需求变化作出反应,或者当地没有强有力的竞争对手以激发斗志,即使是一流供应商对小微企业竞争力提升的作用也十分有限。

四、小微企业战略、小微企业结构和同业竞争

除了当地生产要素、当地需求条件、当地相关产业和支持性产业等3个基本因素影响小微企业发展之外,小微企业战略、小微企业结构也影响其发展壮大。艾尔弗雷德·D. 钱德勒(Alfred D. Chandler, 1962)指出,

企业组织结构由其经营战略决定。如果小微企业追求进取，敢于创新、冒险而选择密集型发展战略或多元化发展战略，那么小微企业就有可能茁壮成长。如果小微企业满足于现状，保守而选择稳定与收缩战略，那么它就有可能停滞不前。本书对影响小微企业发展的企业内部因素进行因子分析的结果表明，创新因子对小微企业发展有较大影响。进取、创新、冒险是企业家精神的主要体现。显然，小微企业的企业家精神强弱在一定程度上决定着其选择何种战略，进而影响着企业发展。

迈克尔·波特（Michael Porter，1985）指出，激烈的同业竞争能够创造和保持产业竞争优势，竞争对手是企业进步和创新的动力之源。面对竞争对手，小微企业会产生进步和创新的压力。这种同业竞争促使小微企业尽力去降低成本、提高产品质量、研发新产品。中国人历来重视"面子"，企业竞争也常常超出经济利益本身，演变为"面子"之争。对自身尊严的追求使小微企业的管理者和员工密切关注竞争对手动向，加上媒体报道和投资分析报告经常进行企业之间的比较，使得小微企业竞争不再局限于产品市场占有率的高低，而进入了白热化的人才争夺战、技术比拼之中。人才在企业之间的流动给小微企业带来了模仿、学习竞争对手长处的机会，促进了相关产业在信息和技能方面的流通和整合，推动产业整体进入良性快速创新轨道。当创新不再是产业中个别小微企业的独门武器时，产业也进入了快速发展期，进而带动小微企业发展壮大。

另外，同业竞争给小微企业提供了一条竞争优势升级的新途径。小微企业的竞争对手主要是当地企业，相同的地区环境可能导致小微企业在竞争中无法依靠人工成本、原材料成本、市场地缘、上游供应商关系等因素获得优势。这种情况会迫使小微企业摆脱对当地低层次优势条件的依赖，去寻找更加合适的技术，或是比当地竞争对手更加有效地运用资源，以获得更高层次及更具持续力的竞争优势。不过，竞争者多并不代表产业竞争力大，只有良性的同业竞争才会促进小微企业发展。如果企业之间是不正当竞争，那么同业竞争只会阻碍小微企业发展。

第三节
地方政府支持小微企业发展的公共服务内容的优化

根据钻石模型,构建出地方政府支持小微企业发展的公共服务内容优化机制,具体见图6-2。

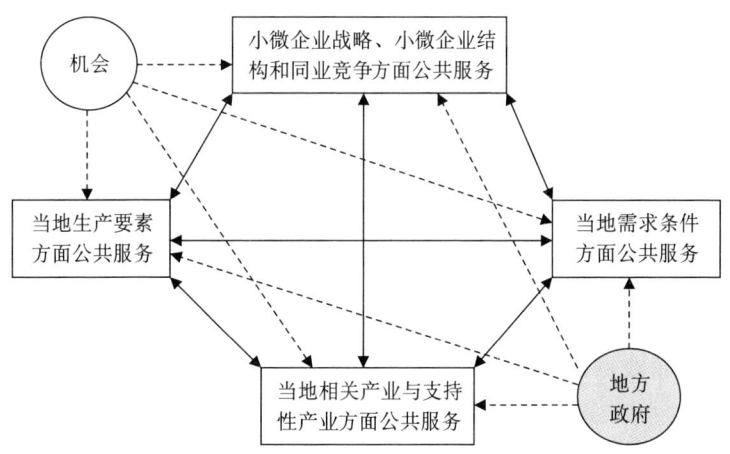

图6-2 地方政府支持小微企业发展的公共服务内容优化机制

根据地方政府支持小微企业发展的公共服务内容优化机制,并考虑到影响小微企业发展的内外部主要因素和新常态特征对小微企业的影响。本书认为经过优化的地方政府支持小微企业发展的公共服务应该包括以下内容:

一、当地生产要素方面公共服务

(一)人才获取公共服务

生产要素包括人力资源、知识资源、资本资源、基础设施、天然资源。虽然大多数小微企业对初级人才、一般性人才有着较大需求,但是它们也渴望获得包括海外高层次人才在内的高级、专业性人才。人力资源管理是小微企业价值链的一个辅助活动,影响着小微企业竞争优势的获得。

对小微企业价值链特点的分析结果表明，对小微企业而言，获取所需人才并非易事。尤其在新常态下，人口老龄化日趋发展，农业富余人口减少，要素规模驱动力减弱，经济增长将更多依靠人力资本质量和技术进步。新常态的这个特征更加剧了小微企业获取人才的难度。一个地区人才数量多寡影响着企业获取人才难易程度。学校教育是大规模培养人才、增加当地人才数量的最有效途径。学校在教育方面具有三个特点：第一，学校是有目的、有计划、有组织培养人才的专门教育机构；第二，学校有一支受过专门训练的教师队伍，他们能够有效地培养人才；第三，学校有丰富的图书资料，有广泛的信息来源与交流渠道。以上三个特点加上成才主体在校期间正处于人才成长的学习继承期，决定了学校教育是培养人才和增加人才数量的最有效途径。一个地区的基础教育影响着小微企业对初级、一般性人才的可获得性，一个地区的高等教育影响着小微企业对高级、专业性人才的可获得性。显然，教育公共服务是人才获取公共服务的重要组成部分。地方政府如要提升包括批发零售业、工业、租赁和商务服务业在内的产业水平，促进小微企业发展，提供优质教育公共服务是最有远见、最有效的手段。

（二）企业融资公共服务

小微企业通常资本资源匮乏，对融资有较大需求。不过，小微企业融资难是一个世界性的难题，主要表现为融资成本高、融资渠道狭窄和信贷支持不足。小微企业融资难的自身原因在于企业财务制度不规范，影响其内、外源融资；企业资本匮乏，缺乏足够的抵押担保；信息不对称造成信贷风险高；企业经营管理理念落后，风险抵御能力弱。小微企业融资难的外部环境原因在于资本市场不完善；信用担保体系存在缺陷；银行对待小微企业融资过于理性；专营小微企业服务金融机构缺乏；民营金融机构发展缓慢；政策性金融供给不足。小微企业融资外部环境的改善主要依赖于政府的作为。为了缓解小企业融资困局，地方政府要提供优质企业融资公共服务。例如，构建小微企业融资大数据平台；借助金融科技促进金融创新；推动普惠金融发展。

（三）基础设施建设

进货物流、出货物流是小微企业价值链的两个基本活动，影响着小微企业获得竞争优势。现代化、高级的基础设施能够提升小微企业的物流效率，促进小微企业发展尤其是从事批发零售业的小微企业发展。基础设施是公共物品，政府应该承担建设基础设施的责任。新常态的特征之一是基础设施互联互通和一些新技术、新产品、新业态、新商业模式的投资机会大量涌现。地方政府在建设基础设施和促进基础设施互联互通中可以借鉴一些新技术、新商业模式。例如，随着新公共管理运动兴起，民营化进程加快，越来越多的地方政府通过 PPP 模式来建设基础设施。

二、当地需求条件方面公共服务

市场需求大小影响着小微企业发展的快慢。为了扩大市场需求，地方政府应采取以下主要措施：

（一）提高当地居民可支配收入

约翰·梅纳德·凯恩斯（John Maynard Keynes，1936）的"绝对收入假定"理论指出，消费随收入变化而绝对变化。谢琦（2013）实证研究了国民收入初次分配对居民消费需求的影响，发现短期劳动报酬和长期劳动报酬对我国居民消费需求都有较大的影响，指出我国居民消费需求属于工资领导型需求，持续增加居民工资性收入是提高居民消费率、扩大国内有效需求的主要途径。柞炎（2010）认为，劳动收入在初次收入分配中比重下降造成居民消费过度依赖当期收入，从而制约了居民消费需求增长。何磊、王宇鹏（2010）发现，近年来国民收入分配从向居民倾斜逐渐转变为向政府倾斜，导致我国居民消费需求不断下降。由此，国内外学者们普遍认为居民收入影响着市场需求。所以，地方政府要大力发展经济以增加当地居民可支配收入。当下，新型城镇化不仅是经济发展的重要驱动力和扩大内需的重要途径，还是化解目前经济下行压力与推进供给侧结构性改革的重要契合点。地方政府可以通过推进新型城镇化来发展经济，提高居民可支配收入水平。

（二）社会保障

国际劳工局认为，社会保障主要从三个方面影响居民消费：第一，通过调节收入分配而影响消费。把高收入者的收入通过社会保障形式转移给低收入者，能够在不降低高收入者消费倾向基础上提升低收入者消费倾向,从而提高整个社会消费倾向,提高社会总消费水平。第二,影响居民的消费、储蓄决策。通常,一个家庭的财产因社会、经济各种因素出现减少,必然会导致其消费支出减少。社会保障是一种能够使家庭财产保相对稳定的制度,可以稳定家庭消费水平。第三,影响居民预防性储蓄。扎德斯(Zedes,1989)认为,"消费者尤其是金融资产较少、劳动收入不稳定的消费者具有明显预防性储蓄动机,消费者在收入确定情况下会比在收入不确定情况下多消费20%。"[1] 社会保障能够在一定程度上减少收入不确定性,促进消费。除了影响消费外,社会保障还影响着小微企业获取人才。小微企业抗风险能力弱,小微企业员工因企业倒闭失业而不得不重新求职的可能性比较大。在中国,企业往往不愿意招聘超过35岁的人,这种现象增加了这部分人的再就业难度。另外,新常态的特征之一是既要全面化解产能过剩,也要通过发挥市场机制作用探索未来产业发展方向。这个特征必然会造成一些小微企业员工下岗失业,使其生活陷入困境。地方政府实施包括社会救助、公共就业服务在内的社会保障能够减少人们的后顾之忧,提高人才加入小微企业的可能性,从而有助于小微企业获取人才。

(三) 保护消费者权益

目前,市场上劣质产品坑人、假冒商品害人、虚假广告骗人、价格和计量不实宰人的现象时有发生,严重损害了消费者权益,直接影响了居民消费决策,抑制了市场需求。为此,地方政府要采取措施保护消费者权益。除了加强市场监管外,地方政府还要加强相关政策和法律的执行力度,推动企业积极承担社会责任,同时开展消费者教育以提高其自我保护能力。

(四) 政府采购

政府是市场中最大消费者群体之一,它的某项消费行为足以对经济产生举足轻重的影响。地方政府要更加重视小微企业的作用,对小微企业而言,政府采购可能会成为一个有保证的市场,导致小微企业不思进取。所

---

[1] Zedes, Stephen. Optimal Consumption with Stochastic Income: Deviations from Certainty Equivalence [J]. Quarterly Journal of Economics, 1989 (5): 275.

以，地方政府采购既可能提升小微企业竞争力，也可能造成小微企业竞争力下降，进而影响企业发展。为了使政府采购成为提高小微企业竞争力的积极力量，地方政府进行政府采购时要遵循以下原则：一是政府采购需求要具有一定超前性，以引导小微企业进入这些新需求领域。二是地方政府要扮演强势挑剔型客户，以促使小微企业改善产品质量。三是政府采购内容要反映国内需求趋势。地方政府制定产品采购标准时，要参考其他需求超前地区的情况，而不只是考虑当地特殊需求。最理想的状况是，地方政府的采购标准有助于小微企业在国内外市场上提高竞争。四是政府采购要具有竞争性。地方政府的采购对象要包括众多企业，以促进供应商之间竞争。除了以上四个措施，地方政府还可以通过发展数字普惠金融来促进居民消费扩容升级。

三、当地相关产业和支持性产业方面公共服务

地方政府提供相关产业和支持性产业方面公共服务的过程实际上是其推动相关产业集群形成和发展的过程。在我国，产业集群的主体是中小企业，所以国内学者也把产业集群称为"中小企业集群"。法比安尼、佩莱格里尼（S. Fabiani, G. Pellegrini, 1995）等人对10939家意大利企业的财务报表数据进行分析后发现，不管企业规模如何，企业所属何种产业，产业集群内企业比非产业集群内企业都具有更强的经营能力和更好的经营业绩。他们指出，在13个产业中，非产业集群内企业平均盈利率是11.55%，产业集群内企业平均盈利率是13.54%。毕奥得利（Catherine Beaudry, 2001）对产业集群中的企业以及产业集群外的企业进行研究后发现，发展较好的产业集群能够促进企业提升创新能力。可见，产业集群能够促进小微企业发展。另外，新常态下，新兴产业、服务业、小微企业作用更凸显，生产小型化、智能化、专业化将成产业组织新特征。地方政府更加有必要推动产业集群以适应小微企业生产小型化、专业化的特点，推动小微企业发展。

施米茨（Schmitz, 1999）指出，为了推动产业集群的形成和发展和促进产业集群形成，地方政府要促进企业间合作，并以顾客导向（customer）、集体性（collective）、累积性（cumulative）为基本原则（即3C原则）提供相关公共服务。这意味着推动产业集群发展的公共服务要具有三个特点：第一，公共服务是为了协助企业满足客户需求；第二，公共

服务是面向企业群体而非单个企业；第三，客户导向和面向群体的公共服务是建立在企业能力积累的基础上。所以，为了支持小微企业发展和促进产业集群形成，地方政府应提供三个方面的公共服务：一是协助小微企业与客户联接；二是帮助小微企业协同升级；三是推动小微企业间结成网络。

四、小微企业战略、小微企业结构和同业竞争方面公共服务

（一）激发小微企业的企业家精神

企业家精神是小微企业健康长寿的基因。约瑟夫·熊彼特（Joseph Alois Schumpeter，1934）认为，企业家精神是一种经济首创精神——创新精神。新常态下，模仿型排浪式消费阶段基本结束，个性化、多样化消费渐成主流。为了满足消费者的个性化、多元化消费，企业需要进行创新尤其是技术创新。技术创新具有溢出效应，技术创新不仅使应用这项技术的企业与企业所在产业受益，还会影响到与该产业有关的其他产业，故地方政府应该支持小微企业进行技术创新，激发小微企业企业家精神。为了激发小微企业企业家精神，在政治环境方面，地方政府要制定健全的创业与创新扶持政策；提供高效廉洁的行政服务；提供公平便捷的融资渠道；制定支持当地小微企业成长的政策；为小微企业权益提供较好的法律保护。在社会文化环境方面，地方政府要建设开放、包容的社会文化环境；倡导尊重企业家及其贡献的社会价值观；树立以商为荣、义利共存的社会理念；培养鼓励创新、宽容失败的创业精神。在教育环境方面，地方政府要鼓励学校增设创业教育课程；推动学校重视课外活动的开展；促进学校尊重学生个性的发展；引导学校重视学生创造性思维与创业创新能力的培养。

（二）提升小微企业管理水平

企业生命周期理论创始人伊查克·爱迪思（Ichak Adizes，1988）把企业生命周期分为孕育期、婴儿期、学步期、青春期、壮年期、稳定期、贵族期、官僚化早期、官僚期、死亡期等10个阶段。小微企业通常处于婴儿期、学步期或者青春期，如果小微企业能够顺利度过青春期，那么它就发展成了中型企业。不过，在婴儿期、学步期或者青春期，小微企业中可能会出现一些问题。例如，处于婴儿期的小微企业可能会出现"过早的销售导向""意想不到的负现金流""过早的授权"等问题；处于学步期的小微企业可能会出现"不顾质量进行销售""缺乏成本控制""领导

偏执"等问题；处于青春期的小微企业可能会出现"一成不变、失去作用的领导风格""相互之间的信任和尊重急速下降""内部政治斗争过度"等问题。如果小微企业无法避免这些问题的出现，那么企业就可能发展停滞甚至死亡。为了促进小微企业发展，新常态下地方政府要提供相关公共服务以提升小微企业管理水平尤其是营销管理水平、人力资源管理水平、创新管理水平。例如，地方政府既可以成立专门服务于小微企业的机构，或发展、支持行业协会为小微企业提供管理咨询、培训，也可以采取服务外包形式向商务服务业企业购买相关服务产品提供给小微企业。

（三）促进企业良性竞争

小微企业所属产业的产业集中度通常较低，企业之间竞争比较激烈，一些小微企业往往通过不正当竞争以求得企业生存、发展。如果社会上存在着大量实施不正当竞争行为的企业，缺乏良性竞争的商业文化，那么竞争对手就无法成为小微企业进步和创新的动力之源。随着经济进入新常态，市场竞争逐步转向了质量型、差异化为主的竞争。所以，地方政府要采取措施限制不正当竞争，促进企业进行良性竞争尤其是以质量型、差异化为主的竞争。

综上所述，新常态下优化后的地方政府支持小微企业发展的公共服务内容见表6-1。

表6-1　　　　地方政府支持小微企业发展的公共服务内容

地方政府支持小微企业发展的公共服务内容	当地生产要素方面公共服务	人才获取公共服务
		企业融资公共服务
		基础设施建设
	当地需求条件方面公共服务	提高当地居民可支配收入
		社会保障
		保护消费者权益
		政府采购
	当地相关产业和支持性产业方面公共服务	推动产业集群
	小微企业战略、小微企业结构和同业竞争方面公共服务	激发小微企业的企业家精神
		提升小微企业管理水平
		促进企业良性竞争

第四节
小微企业融资大数据平台的构建与整合机制[①]

众所周知,融资难是制约小微企业发展的主要因素。如前所述,构建小微企业融资大数据平台和借助金融科技促进金融创新都有助于缓解小企业融资难问题。故笔者以浙江省为例对小微企业融资大数据平台的构建与整合机制进行研究,分析金融科技促进金融创新的机理及其在中国的发展。

随着当前我国经济整体步入新常态,产业结构也面临着调整的新局面。小微企业要调整转型和持续发展,融资对其而言至关重要。然而目前现状却是,一方面小微企业出于生存和竞争压力,对于生产再投资以及投资新项目的意愿比大中型企业更强;另一方面,大量小微企业基本无法达到股权融资的高门槛条件,银行贷款等间接融资手段虽然常见,但其所要求的硬性条件小微企业也常常难以达到。因此,强烈的融资意愿与有限的融资能力之间的矛盾始终是小微企业生存与发展的掣肘。小微企业融资难的原因有很多,主要原因之一是融资双方的信息不对称。随着大数据手段的推广运用,小微企业进行股权融资以及 IPO 注册制度推行,金融脱媒趋势更加明晰。"大众创业、万众创新"的经济生态使得投融资双方信息不对称的局面更为复杂和多样化。

一、相关文献综述

(一)国外文献综述

国外学者对小微企业融资信息不对称问题已有不少研究。他们主要从融资需求方(企业方)、融资供给方(银行方)以及供求双方的角度进行分析。

[①] 本节内容根据在 2015 年第 6 期《中国发展》上发表的论文《小微企业融资大数据平台的构建与整合机制探究——以浙江省为例》修改而成。作者:阎永哲、贺翔。

1. 小微企业融资需求方角度

Myers 和 Majluf（1981）系统地提出了融资优序理论。这一理论放宽了现代资本结构理论即 MM 定理完全信息的假定，却难以解释企业在成长过程中融资机制的动态变化。Berger 和 Udel（1998）提出的金融成长周期理论解决了这一问题，但它并未从改变信息不对称的角度提出解决方案。

2. 小微企业融资供给方角度

Stieglitz 和 Weiss（1981）对信贷配给现象进行了深入分析，研究了其生成机制，由此提出了信贷配给理论。这一理论对于小微企业融资难问题从银行供给方进行了论证，具有较好的解释力，但不足之处也是未提出如何消除信息不对称的方案。

3. 小微企业信贷融资供需双方角度

Diamond（1984）提出了受托监控模型，认为银行是因为在解决融资双方信息不对称问题上具有优势才得以存在。这一优势是源于银行与企业的广泛日常接触所建立的关系。另外，兴起于 20 世纪 90 年代的关系贷款理论主要研究信息如何在银企之间频繁交流，从而提高了融资的成功率。

另外，Berlin 和 Mester（1998）提出了"小银行优势论"，专注于对中小企业贷款技术的研究。这些国外研究主要通过银企关系来消除信息不对称，但对于如何降低相对昂贵的信息获取成本，并未给出较好的解决方案。

（二）国内文献综述

国内同类研究的视角更为多元。如雷新途、熊德平（2012）从交易费用理论角度出发，对企业融资模式问题进行了研究，认为其取决于资产专用性的大小；赵丙奇、廖红燕（2012）对民间金融的信息问题进行了部分研究，指出相对封闭环境下，民间金融才具有信息优势。从信息不对称视角进行相关研究的文献，国内不下百余篇。如林毅夫（2001）和鲁政委（2012）都认为制约小微企业融资的核心因素是信息不对称。信息不对称在融资中会产生逆向选择和道德风险问题。但此类研究主要涉及企业与行业协会，未触及公共信息管理方面。

大数据时代的到来给这一问题带来了新的解决方案，但目前的相关研究较少。已有的研究都肯定了大数据对于小微企业融资信息不对称的意义。如巴曙松（2013）肯定了大数据在创造低成本、信息完全对称市场结构上的积极作用，同时也认为"直到社会公共数据信息真正实现联网、开放与共享，鼓励真实数据生产的体制、机制真正得以建立，大数据在金融领域的广泛应用才能拥有较适宜的生态环境"。其他的同类研究多将研究精力投入在对于大数据破解小微企业融资信息不对称的金融技术手段上。

王珂（2014）以阿里小贷公司为例，论证了其基于大数据的小贷模式在现实中存在的合理性以及现有的局限和风险，指出最大的弊端是阿里小贷公司作为营利性企业可能造成垄断，难以确保作为公众信息平台的公共性和安全性。上述观点虽然为公共信息管理提供了理论借鉴，但尚未站在整合公共信息平台的角度来进行研究。

蔡玫、徐雅雯（2014）从小微物流企业商业决策角度出发，提出了政府构建公共信息平台的构想。陈怀平、金栋昌（2014）基于信息的公共属性从政企合作的角度对信息合作基础、范围、方式以及制度保障等问题进行了研究。这两项研究可被认为是信息平台整合的逻辑起点，但它们并非专门用于解决小微企业融资信息问题。

笔者认为，解决小微企业融资信息不对称问题需要区分信息类型。关于小微企业融资信息类型，可分为还款意愿信息（非财务信息，难以准确表达与量化。考虑年龄、家庭、企业经营理念与文化、员工状态，言谈举止、兴趣爱好、交友圈，客户员工及朋友评价等）和还款能力信息（主要是财务信息）。还款意愿信息容易出现因作为信息优势方的小微企业主观原因而造成"数据割据"现象。还款能力信息常常因为小微企业数据格式、标准等客观原因而导致"数据孤岛"问题。所谓"数据割据"，是指不同企业和部门有不同的利益诉求，出于保护自身利益的动机，拒绝与外界分享自身所掌握的全部或部分数据资源的现象。由于是各主体有意而为，故对于信息共享来说其阻碍比较大。"数据割据"不同于"数据孤岛"。"数据孤岛"是由于不同企业和部门之间在信息和数据的格式标准、传输手段上无法协调一致，以及数据的重复性和不完整性，导致数据获取成本的不确定性，阻碍了数据利益的有效实现。这一现象主要是客观原因而非主观意愿造成。

为了打破"数据割据"和"数据孤岛"的局面，促成小微企业融资信息更为透明和合理使用。笔者认为，需要对数据来源渠道、采集和使用方式、数据利益协调机制进行统筹协调，以期能够正当运用大数据手段，充分收获大数据红利。

二、大数据背景下小微企业融资信息平台的整合框架

小微企业大数据融资信息平台的作用主要有以下几个方面：一是类似于金融信用中介（现有的形式是政府或各金融机构中的征信体系），主要发挥降低对小微企业进行信息搜集和信用评估的社会成本的作用（信息共享可以避免各金融机构的重复搜索和评估）；二是提高小微企业资金运作透明度，尤其是获得融资后的动态透明度，既降低事后监管成本，又可减少小微企业自身的融资成本；三是可以帮助风险管理能力有限的小微企业提升风险预警能力。

作为大数据的本质要求，信息的来源渠道和类型必然是多元和多样化的。这些多元和多样化的信息分散在小微企业融资市场中，相互之间形成了"数据割据"和"数据孤岛"的信息壁垒。为了突破此类信息壁垒，同时合理分配大数据利益，笔者认为应从多个方面进行小微企业融资信息平台的构建和整合工作。

（一）构建和整合平台的总体思路和框架

第一，坚持政府、行业协会、企业和金融机构合作的总体思路。这是由于相关数据天然的分散分布于这四方手中，只有四方合作才可能构建和整合平台。政府是公共服务的提供者，决定了政府应当在属于公共信息服务的领域中有所作为。行业协会是企业的组织，也可视为企业的监护人，所处的位置比企业层面要高，利益目标也通常比企业更长远。企业对本身信息掌握最透彻，但却最倾向于为了自身直接利益而拒绝分享相关信息。以银行为代表的金融机构是相关信息的主要需求方和利害关系方。若不能坚持这四方合作，信息壁垒势必依旧，融资市场信息不对称的桎梏便无法打破。

第二，设计合理的数据利益分配机制，确保平台构建和整合过程中各方能利益均沾。信息共享的大数据平台将释放出巨大的数据利益，但如何才能合理分配也是最大的挑战。各个主体的利益诉求差别迥异。政府追求的是政治利益。行业协会和企业都是以经济利益为主，不同的是行业协会偏向长远利益，企业更倾向于短期利益。金融机构是在融资利益和风险之间寻求平衡点。虽然各方目标差别较大，但却有一个共同点，即如果从长

远来看，分享信息的净收益（分享信息的收益减去分享信息的成本）大于封闭信息的净收益（封闭信息的收益减去封闭的成本），并且不小于现有融资信息模式下各方的净得利益，则各方都会有足够的动力去参与平台的构建和整合。利益分配机制合理与否，本身并无绝对的标准。设计的过程本身即是各方博弈的过程，如果秉承"标准公正，过程公开，结果公平"的原则进行设计，那么会取得一个各方满意的均衡结果。

第三，确保法规和政策的合理引导，让平台确保公平、合法地开放数据，促进小微企业金融市场的长久良性发展。信息的开放伴随着风险的到来，在传统互联网时代如此，在大数据时代尤甚。在这样的背景下，构建和整合小微企业融资信息平台必须坚持数据合理开放和保护并举的原则，但也要防范"数据保护"成为某些部门或企业拒不开放的理由。

作为平台构建和整合的总体框架，按照上述思路，结合小微企业融资信息市场的特点和大数据的特征，笔者从平台运作机制、平台激励机制和平台保障机制等三方面来进行设计。具体框架见图6-3。

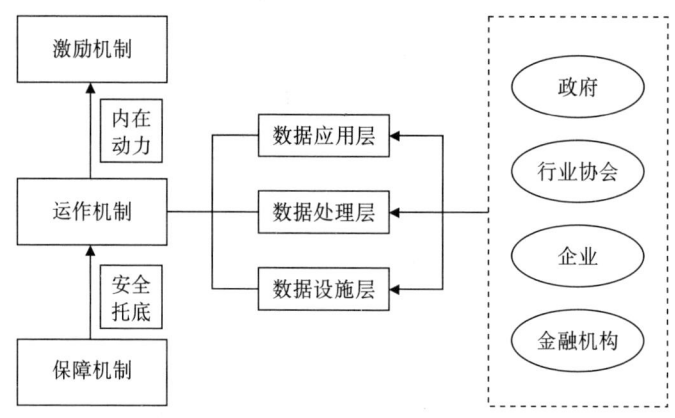

图6-3 小微企业融资信息平台总体框架

其中，平台运作机制是平台发挥作用的核心机制。政府、行业协会、企业和金融机构在运作机制的规范和引导下，对相关数据进行采集、加工、处理并用于决策。平台激励机制是平台发挥作用的内在动力，依靠激励机制，参与各方才能有足够积极性去打破信息壁垒，分享数据。平台保障机制是平台发挥作用的稳定器，主要发挥确保安全和托底的功能。

包括政府、行业协会、企业和金融机构在内的四方在平台的三大机制促进和保障下，从数据设施、数据处理和数据运用等三个层面发挥各自功能。其中，数据设施层属于公共基础设施层面，主要发挥数据采集、储存和传输的功能。数据处理层用于对数据的汇编、关联与分析，实现从海量数据中挖掘有价值信息。数据应用层实现平台的最终目标，即对小微企业融资信息的准确动态进行匹配，提供给相关各方用于决策。

（二）构建和整合平台的路径

小微企业融资信息平台的构建和整合是一个复杂的社会系统工程。考虑到此类平台目前国内外并无先例，属于诺思提出的"创新型制度变迁"，其不确定性较大。因此需要对其路径进行顶层设计，预先规划整体步骤和每一步的作用和意义，以确保平台的目标得以实现。

数据就其自然属性而言，具有非竞争性和非排他性，是标准的纯公共物品。数据一经公开，在没有其他条件（法律或技术等）约束下反复多次使用或多人同时使用的成本几乎为零。这是数据（公共数据和私人数据）在市场上通常供给不足的重要原因。

基于数据的这一特性，信息产权和法律经济学领域有一个著名的悖论："没有合法的垄断就不会有足够的信息产品被生产出来，但有了合法的垄断又不会有足够的信息产品被使用。"这一悖论可以视为设计合理的平台激励机制和保障机制的重要理论基础。

平台的激励机制主要作为促进平台构建和整合的内在动力，用于激励足够多的信息被生产和发布出来。不过，若超范围以及程度"激励"，将可能导致缺乏必要保护而造成信息无法被生产和发布。保障机制主要防范平台在后续运营中可能出现的各类风险。不过，若保护过度，则可能成为某些主体拒绝开放信息的理由。因此，这两方面机制建设是平台整合的重要先行步骤。相对而言，激励机制的重要性更大，没有激励机制，后续的行动都将因缺乏足够动力而无从谈起。保障机制是确保其可持续性的相关举措，缺乏保障机制，平台的构建、整合和运作势必也不能长久。

运作机制是平台功能得以实现的关键，需要各方在激励机制和保障机制已经建立和巩固的前提下，依据"安全、有利、先易后难"的原则逐步把上述平台的三个层面建立起来。一是整合已有硬件设施，修改过时的标准，完善已有的标准；二是跟踪和引进前沿的大数据处理手段，将各类大数据的潜在价值予以充分挖掘；三是充分尊重企业和金融机构在数据应用层面上的自主选择和裁处的市场权力，换言之就是对平台行政功能的范围进行合理设定，对于超出范围的事务，尤其是市场机制本身能够选择和决定的事务，坚决不越界、不插足。

各方在运作机制中发挥的作用是有所区别的，但同时又是"四位一体"紧密联系的，共同在其中发挥作用。政府应主要在数据设施层面追加投入，尤其是公共基础设施这一块。政府投入的具体方向应根据行业协会提供的咨询建议而确定，投入的绩效评价应从企业和金融机构处获得。这就需要政府树立服务导向，与行业协会、小微企业和金融机构建立良好的合作关系。行业协会是政府与企业以及金融机构之间的"黏合剂"和"润滑剂"，一方面将各方的需求和意图予以协调，另一方面促成各方的共同行动，消除行动中障碍。企业和金融机构是平台直接的受益者，参与三个不同层面的构建与整合，通过各类应用将融资双方信息予以安全和充分地披露，促进双方进行正确决策，促成合理的融资结构形成。

（三）构建和整合平台的激励措施

激励机制是平台存在和发展的基石，它主要通过信息市场带来的利益吸引和推动各方参与平台建设，以实现制度的诱致性变迁和自我强化。因此，构建和整合平台的措施应当是符合激励机制的措施。

行业协会作为非政府组织，其根本宗旨虽然是公益性，不以盈利为目的，但并不代表它及其成员没有组织和个人利益可言。激励措施要引导行业协会推动形成秩序良好、公平公正的信息分享机制，以促进全行业的长期可持续发展。从行业协会的高度出发采取针对"数据孤岛"的相应措施，既能兼顾各方的不同标准，又可以设计出更贴近实际需要的解决方案。

针对小微企业的激励措施要考虑到现实中由于信息不对称导致不充分披露信息或披露虚假信息的企业反而有可能更容易获得贷款的"逆向选择"的市场局面，致力于设计出"奖优罚劣"的机制。例如，如果小微企业在本轮项目融资中如实、充分披露信息被金融机构认为风险敞口过大而拒绝放贷，那么要让小微企业因坚持诚信原则而获得信用记录加分，以便其为今后的项目融资争得期权。对于不参与平台的小微企业，要让其因信息不对称丧失当下的融资机会，还要让其因应没有累积历史数据而在将来的融资市场处于被动地位。总之，要采取措施激励小微企业打破"数据割据"。

目前，金融机构主要是银行等间接融资机构。其是从平台获取数据的直接受益者，参与的积极性毋庸讳言。不过，由于金融机构相互之间存在一定程度的竞争，相应数据的公平获取权需要在各家金融机构之间予以保证，决策权则应交予各家独立或合作完成。

三、推进小微企业大数据融资信息平台建设的建议

总体而言，平台的构建和整合属于公共服务的供给，因此以政府相关部门作为供给方是当前较为务实的安排。本节在此对政府相关政策的制定以及法律制度的完善等领域提出一些建议。

（一）政府推进平台建设的必要性和重要性

构建和整合小微企业大数据融资信息平台的工作繁复而艰巨，短期内收效不明，容易陷入"路径依赖"而出现"新瓶装旧酒"的局面。因此，需要有一个主导性组织既能处在平台顶层进行总体设计，又能推动基层体制的变革，确保平台的各项机制一经启动，参与各方便因新模式下的转换成本和退出成本以及激励机制的推动而自我强化，最终实现制度的变迁。地方政府的公共管理和服务属性以及在相关公共信息方面的优势，自然应成为平台的主导性组织。但是，地方政府也有自身利益诉求。这就需要地方政府相关部门不要单纯将信息作为谋取权益的工具（这一点对于金融监管部门尤为重要），理顺自身信息管理机制，协调相关利益关系，改善官员考核机制，同时还要变革信息发布机制，使得行业协会、小微企业和金融机构从中获益，激发它们参与平台构建和整合的积极性。

（二）地方政府推进平台建设的建议

1. 对地方政府在平台中作用的认识

地方政府掌握了相当范围和数量的公共信息，但由于"数据割据"和"数据孤岛"等信息壁垒的存在，公共信息的潜在价值未得到充分发掘。小微企业的经营模式不断创新，融资方式、手段和结构不断更新，使得金融机构对小微企业的信息需求也动态变化，地方政府单方面提供的信息所能发挥的作用必然是有限的。因此，地方政府不仅要充分披露应公开的信息，为平台输送"数据利益"，还要不随意和轻易地干预其他各方的行动，确保它们拥有较大的平台活动空间。

当前,政府公开信息的法律保障机制很薄弱,仅有一部《政府信息公开条例》,无法有效满足平台发展的需要。依据"公开是原则,不公开是例外"的原则,政府在充分听取平台各方意见的基础上进一步立法明确、界定信息公开的范围和例外。

另外,地方政府提供的数据容易失真。原因有二:一是数据采集方式是自下而上通过多层分级采集;二是受到政治因素的影响。因此,地方政府应当重视对原始数据的采集、传输和发布。

2. 地方政府推进平台构建和整合的建议

(1) 在平台的保障机制方面,地方政府应成为主要供给者。地方政府在平台中不仅应扮演主要公共数据的发布者,更重要的是应当基于大数据的特点提供保障机制,以确保平台中其他主体不因发布数据而造成自身利益受到不法侵害。这种保障机制主要通过政策与法规来实现。因此,地方政府势必成为其主要的供给者。

目前,大数据对于数据价值开发利用带来的负面影响尚无法完全预知和预判。因此,地方政府在积极推动立法确保必要信息公开范围的同时,要改变当前的"告知与许可"的信息采集方式,可以调整为更严格的"谁使用谁负责"的方式,以此防范因数据采集范围和使用方式的过大、过滥给相关主体带来利益损失。

(2) 在平台的激励机制方面,地方政府负责推动各类主体数据采集、信息公开机制的建设。政府官员通常不愿共享信息,原因有二:一是出于对信息"寻租"的需要;二是对共享信息可能造成其权力丧失、不利于自身利益的担心。对于政府官员不愿意共享信息这种现象,在平台构建和整合的过程中要通过激励机制的建设来消除。地方政府的激励机制主要是建设自身信息共享激励制度,平台上其他各类主体的激励机制主要是利益分配机制,利益分配机制的设计和推广工作可以由地方政府来牵头。具体措施可以包括制定相关公共信息设施建设和使用政策、相关的税收优惠和财政补贴措施等。例如,公共云和私有云作为现有大数据存储和处理模式,地方政府在推动相关的公共云服务建设基础上,要鼓励私有云服务有选择地进行开放。对于私有云数据面向平台开放且获得行业或金融机构认可的小微企业,地方政府应给予额外的税收优惠或补贴。

(3) 持续推进信任机制的建设。形成和培养信任非一朝一夕,破坏起来却是轻而易举。信任对于平台的发展至关重要,如果缺乏必要的信任，即便有激励机制和保障机制，平台的各项工作开展起来也会举步维艰。信任的建立需要地方政府牵头，运用大数据手段提供更多更翔实的公共信息。这不仅可以为平台输送相关信息带来的红利，还可以起到良好的带头示范作用。地方政府应在此基础上逐步扩大信息公开范围、深度和频次，并鼓励其他主体效仿。如果越来越多的主体能够切实得到来自平台的利益，发现通过现有机制参与共享信息的成本也较低，那么它们会更加积极共享信息，这样"共享信息——相互获取更多利益——共享更多信息"的良好反馈效应就能形成，信任机制也会逐渐形成。

第五节
金融科技促进金融创新的机理及其在中国的发展[①]

解决小微企业融资难问题离不开金融创新。目前国内外学者对"金融创新"的概念理解尚未达成一致，但多数定义是以熊彼特在《经济发展理论》一书中的论述为基础。陈岱孙和厉以宁根据熊彼特的创新理论在《国际金融学说史》一书中论述道：金融创新泛指金融体系和金融市场上出现的一系列新事物，包括新的金融工具、新的支付清算手段、新的金融市场、新的金融组织形式以及新的金融管理方法等。金融发展的过程就是金融创新的过程，金融发展是金融创新的结果。世界金融创新大致经历了如下过程：最初货币的产生，13 世纪商业银行的形成，15 世纪现代股票雏形的形成，17 世纪英国股份制银行的建立，19 世纪支票的广泛使用，20 世纪左右中央银行制度和存款保险制度的建立，20 世纪 60 年代用以逃避各国金融控制和资本管制的金融工具的创造，21 世纪以来电子货币的广泛应用和金融服务的网络化。中国金融创新还经历了特殊的阶段。新中国成立以来，我国高度集中的计划经济体制逐渐造就了一个高度集中的银行体系，简称为"大一统"的银行体系。长期以来，中国人民银行

[①] 本节内容根据在 2017 年第 3 期《宁波大学学报（人文科学版）》上发表的论文《金融科技促进金融创新的机理分析及其在中国的发展》修改而成。论文作者：谢林吟、贺翔、赵群。

是全国唯一的银行，20世纪70年代以后，国有专业银行体系开始建立，随后其他商业银行和非银行金融机构相继成立。20世纪末，时任建设银行行长周小川在建设银行设立网络银行部，随后多家银行开设了电子银行部或网络金融部。然而，银行的互联网化发展缓慢。在2012年4月的"金融四十人年会"上，谢平首次提出"互联网金融"的名词。2016年7月，上海举办了具有全球影响力的浪迪Fintech（金融科技）峰会，数十位中外行业领袖、超千名从业者和多家媒体掌门人汇聚一堂，一时间，"Fintech"成为业界和媒体热议的焦点。随着Fintech一词的关注度越来越高，大家不免将其与前几年发展势头良好的互联网金融相比较。同时，很多人开始关注金融科技实现金融创新的驱动力，开始思考如何通过金融科技建设中国金融生态系统。

一、金融科技与互联网金融的辨析

Fintech是由financial和technology缩写合并而成，在中国被直译成"金融科技"。Fintech是花旗银行于20世纪90年代初提出来的概念。金融科技不算是一个新名词，而是属于一个舶来品。到目前为止，金融科技在国内外都尚未有一个公认的标准定义。在国外，金融科技的定义侧重在技术方面。FSB将金融科技定义为"技术带动的金融创新"，是对金融市场、金融机构以及金融服务供给产生重大影响的新业务模式、新技术应用、新产品服务等，既包括前端产品，又包括后台技术。Susanne和Janos认为金融科技是指本身不提供金融服务，只向正规金融机构提供技术与产品研发、创新与服务的科技型中小企业。在国内，比较约定俗成的概念认为金融科技是一种将大数据、云计算、人工智能、区块链等创新技术广泛应用于支付清算、智能投顾、数字货币等多项金融领域的创新方式。有专业人士认为金融科技相对互联网金融而言只是名词上的创新，并没有带来更大的变革。赵鹞认为国外对金融科技的认知侧重在科技方面，而国内则将研究重点放在互联网金融上。可见，互联网金融的概念独属于中国，而金融科技则是欧美范畴的说法。全国人大财经委副主任委员吴晓灵曾在"第一届中国金融科技大会2016"上表示：互联网金融和Fintech的本质都是信息技术在金融领域的应用，没有改变金融业务的本质。融360的CEO叶大清认为自2015年开始，互联网金融丑闻不断，加上多方监管政策的出台和行业自律整顿的升级，为了摆脱互联网金融的不良业务标签，或是为了避免监管,很多互联网金融公司开始更名为金融科技公司,但原有业务模式并未改变。纵观中国金融创新的整个过程,金融科技还是存在着不同于互联网金融的方面。就目前互联网金融发展而言,互联网金融只是借用互联网技术和手段,其技术离高精尖的科技还尚有许多可努力的空间。为此,金融科技可以被视为互联网金融发展至下一阶段的代名词。从表6-2中可以看出,金融科技和互联网金融之间在创新方式和代表性业务上还是存在着一定差别。钟鸣长认为金融科技在金融服务业的业务模式、产品、流程和应用系统的开发上具有强烈创新的特征。然而,互联网金融则更侧重于金融销售渠道、金融获取渠道上的创新。时任央行条法司副司长的刘向民认为金融科技不直接从事金融业务,主要是通过与金融持牌机构合作实现金融服务。中国人民大学金融创新治理研究中心主任杨东赞同此观点,认为互联网金融公司要受到金融监管机构的制约,而金融科技公司则是向金融参与者提供技术、平台和服务,并不在传统的监管范围之内。

表 6-2   科技创新对金融创新各阶段的不同影响

发展阶段	金融创新的方式	代表性业务
金融 IT 阶段	传统的 IT 软硬件帮助金融行业实现办公和业务的电子化;IT 公司小参与金融公司的业务活动,扮演着成本部门的角色	ATM、POS 机、银行的核心交易系统、信贷系统、清算系统
互联网金融阶段	通过在线平台,互联网或者移动通信技术可以将金融业务中的资产端、交易端、支付端、资金端任意组介,实现各组介之间的互联互通,其本质是金融渠道的创新	互联网基金销售、P2P 网络借贷、互联网保险、众筹、移动支付
金融科技阶段	通过高级 IT 技术(如大数据、云计算、人工智能、区块链等),风险定价模型、投资决策过程、资源流通渠道等发生明显的改变	大数据征信、智能投顾

二、金融科技促进金融创新的机理分析

在传统金融体系中,商业信用主要依赖法律条文来约束,资产转移交易凭借独立的第三方信用中介来保证,交易结算和清算是由清算机构集中

处理。为此，法律条文、第三方信用中介和清算机构共同构造了传统金融体系的基础设施。目前，互联网技术、云计算和大数据分析技术对于金融创新的影响主要在于用户应用的界面和各种新兴业务领域的开拓。金融科技的两大核心技术——区块链和人工智能以云计算和大数据为基础，可以为未来金融体系带来更有效的交易和结算方式、更科学的编码分享和数据分析方法、更安全的风险防控措施。

（一）区块链技术引发的金融创新

在金融行业数字化变革过程中，货币由传统意义上的纸质货币转变成基于区块链的虚拟货币。该类货币由大容量服务器分布式网络上的计算机编码构成，如中本聪在 2009 年发布的比特币就是典型代表。虽然在政府的干预下比特币流行暂时告一段落，但其背后的区块链技术却因此受到金融界和科技界的关注。区块链技术能够淡化中介、弱化中心，搭建高效、低成本和更可靠的信用平台。传统的信用系统由中央银行、商业银行和法院等有超强公信力的中心或中介化机构组成。这些机构使信息的获取存在垄断、信息不对称或成本过高的问题。但是，这些机构的退出会影响整个信用系统的正常运行。区块链基于点对点网络关系，在分布式架构上，通过共识算法构建一个纯粹的、跨界的、中性的网络验证平台。通过复式会计记账分布式网络架构、基于计算机算法的协商一致的自治协议、安全的数据储存传输使用规则、可持续运行的激励机制和开放式的系统，海量信息可以被自动记录，并被存储在分布式网络的各个节点上。这使得信息透明、篡改难度高、查证成本低。同时，每个数据节点都可以在保证数据历史和数据内容真实性、完整性的情况下进行对数据的查看和备份，形成可跟踪、可追责的信用体系。网络系统中任何一个节点的退出并不影响整个信用系统的运行和数据的有效性。区块链技术还可以解决防伪问题和预防黑客攻击。通过密码学的签名和哈希算法，区块链解决了在互联网上难以解决的防伪问题。另外，传统 IT 架构没有包含金融元素。区块链则将计算和支持计算的成本绑定。如果黑客要在区块链上发动"拒绝服务"（DDOS）攻击，很多虚拟货币储备将被动用。无论从成本，还是从攻击源的掩饰方面，区块链技术都会给黑客攻击带来很大的障碍。区块链技术可以在空间上延展消费者的支付能力。数字货币可以借助区块链进行点对点的支付和价值转移。例如，消费者可以通过此技术直接掌控异地钱包或个人保险箱。这项功能可以被应用在经济欠发达地区的资金转移支付上，从而助推金融普惠。另外，利用区块链技术设计的事后点评智能合约可以将所有实名消费记录记载在区块链上。当消费者给予的差评多到一定程度时，智能合约将自动发布事先商家签署的退款、召回或道歉之类的声明，并自动执行相应的合约行为。通过区块链技术，消费者可以越过中介直接制约交易商行为，维护自身合法权益。

（二）人工智能技术引发的金融创新

自动化与人工智能这两个术语经常被混淆，其实两者有本质区别。自动化是指使用机器和 IT 技术完成重复性的工作，人工智能是指使用更复杂的技术代替人脑进行识别、预测或决策。云计算和大数据等技术的飞速发展催化了人工智能技术的萌发，神经网络深度学习在算法上的突破使得人工智能技术水平飞速提升。人工智能技术为金融生态带来的创新含义是狭义的互联网技术所无法比拟的。人工智能可以大幅提高处理金融信息和金融大数据的能力。金融行业与社会其他各行业之间存在着千丝万缕的关系，复杂的网络关系使金融交易、客户信息、市场分析、风险控制、投资顾问等方面的海量信息和数据沉淀，但是这些信息和数据大多以非结构化的形式存在。这种存在形式既浪费了宝贵的储存空间，又无法将海量信息和数据转化成可供分析的资源。然而，人工智能技术可以运用其深度学习系统，梳理海量数据，充分利用数据进行学习。通过与他人或自我博弈，人工智能技术可以持续积累经验，并不断完善甚至超越人类的知识回答能力。人工智能对金融大数据的高级处理能力主要表现在风险管控与交易方面。在风险管控方面，人工智能基于大数据能够从客户行为、信用度和资产负债等方面帮助金融机构了解客户的自然属性和行为属性。据此，人工智能可以为商业银行的信贷业务提供更为科学的贷款风险分类，远胜于传统信贷中的人脑判断。在交易方面，随着图像、语言识别等方面技术的突破，机器交易员将逐渐全面代替人工操作员。金融市场交易的成功在于智慧与速度的充分结合。其中，速度是人工智能机器的一大优势。机器硬件技术可以在 0.001 秒内拉开高频交易获利差距，能够在金融市场上捕捉到转瞬即逝的套利机会和完成复杂的交易。另外，人工智能在交易的过程中可以使用多个实时信息源，结合多种分析方法，实现精准预测。而且，人工智能在交易过程中不受心理因素干扰，不受道德风险的影响，纪律性极强,具备排除一切噪声的先决条件,可以更出色地完成交易。人工智能技术有利于金融行业发展主动型服务模式,实现金融服务个性化和普惠性。在传统金融服务模式中,金融机构需要动用大量的人力和财力来筹建网点。工作人员借助网点挖掘客户潜在的需求。客户依赖网点寻求金融服务,其依赖程度称为客户勃性。一旦勃性存在,客户对金融服务就不愿进行选择和比较。这种模式下的金融服务具有成本高、服务对象狭窄、效率低的缺点。在互联网时代,金融机构大力开展系统建设工作,采用功能模板化的网络端或客户端。虽然金融机构因此降低了运营成本、提供了更便捷的金融服务、为客户创造了更多的选择空间、拓展了客户源,但是"挖掘客户需求的成本"却被转嫁给了客户。同时,金融机构减少了主动创造价值的动力。在金融科技时代,人工智能可以实现批量个性化的金融服务和帮助客户减轻"挖掘需求的成本"。由人工智能催生的智能投顾能够根据现代资产组合投资理论建模,模拟优秀金融理财师在市场机会把控和股票选择方面的经验。智能投顾在逐渐代理理财师角色的同时将投资顾问费从3%降低至0.5%以下。

被传统金融忽略的"长尾客户"为此有机会获得专业的资产管理服务。通过年龄、工资、投资目标和风险偏好等一系列参数选择,智能投顾自动为广大客户设计个性化的投资理财方案,主动帮助客户发现金融需求。除此之外,智能投顾还可以跨越时间障碍自动追踪账户动态和全方位自动管理,真正实现所谓的"你睡了,但是你的钱还醒着增值"的理想状态。目前,有些试点银行已开始使用智能机器人承担大堂经理的职责。未来,智能机器人可能取代大量柜台业务和后台人工业务。机器人每次服务的信息将被准确而无遗漏地记录下来,并被用以人工智能分析。其结果可以更为科学地、高效地帮助客户挖掘需求,实现个性化和智能化的金融服务。

三、金融科技在中国的发展现状

(一)互联网金融公司积极开发人工智能系统,努力实现金融科技转型

2016年年初,百度金融开始借助搜索、O2O及地图等业务积累的海量用户数据,采用人工智能系统,为用户提供优质的信贷、资产配置等金融服务。百度金融的风控体系融合人脸识别、声纹识别等先进生物识别技术,用以减少用户在使用安全方面的担忧。百度征信系统借助大数据用以掌握用户人群画像、行为偏好和预测未来征信状况,从而实现秒批远程授信。蚂蚁金服现已大量使用人工智能机器客服,在风险控制方面,蚂蚁金服依据阿里积累的海量数据已研发并投入使用智能风控大脑(CTU)。2014年12月,腾讯旗下的深圳前海微众银行获准开业,该银行无须财产担保,只需通过人脸识别技术和大数据信用评级即可发放贷款。

(二) 各组织机构探究区块链技术难点,逐步推进金融创新

中国区块链技术发展迅速,但仍处于初级阶段。之前,国内区块链技术研发主要是在学术机构和研发机构中进行,虽然许多关键性技术问题被逐步突破,但区块链技术的发展进度仍远落后于欧美发达国家。现在,中国工业和信息化部也成立了专门的研究组织,利用政府资源加速区块链技术的发展。2016年,国内区块链技术还出现了多处联盟式发展。由多家区域性证券交易所组成的中国分布式账本联盟主要致力于创建开源区块链协议,以实现中国"万物互联"的构思。深圳金融区块链联盟包括了平安保险和腾讯,主要目的是推动区块链技术在证券交易平台、信用资产登记、数字资产登记和发票管理服务中的应用。前海国际区块链生态圈联盟是由微软、IMB、香港应用科技研究院联合组成,其重点是联合国内外人才、技术和资本建立一个能促进区块链技术高效发展的生态系统。

(三) 吸引国内外资本,助力金融科技发展

2015年,中国金融科技领域的融资额达到27亿美元,是同年全球金融科技领域融资金额的14%。2016年第一季度,中国金融科技融资额总计达到24亿美元,占当季全球科技融资总额的半数以上。其中,陆金所完成12.15亿美元的B轮融资,主要用于支撑平台本身、普惠金融、前海金融资产交易所的发展、"O2O+跨境"的布局。京东金融在此次融资过程中获取10.10亿美元,主要用于技术发展和数据库的建设。

(四) 实施国内外收购或战略合作,快速推进金融与科技的融合

2016年捷信消费金融公司与易宝集团天创信用在北京签署战略合作协议,将充分发挥各自优势,积极探索"金融科技+消费金融"这一创新发展模式。捷信是国内首批四家试点消费金融公司之一;易宝集团旗下的易宝支付是中国行业支付的先驱者,天创信用是国内领先的大数据征信

产品提供商。捷信可以为易宝支付接入的电商平台用户提供消费金融服务，使其在线购物体验更加完善。天创信用的交易、支付及社保数据有利于捷信进一步完善自身风控体系和有效提升消费贷款的审批速度。2015年，京东金融投资美国的大数据公司 Zest Finance，并于 2016 年又宣布将与后者成立合资公司。京东金融不仅与国外数据公司建立合作关系，还在 2016 年 1 月投资国内大数据服务公司数据库，为旗下的京东钱包和京东金融等产品争取咨询和数据支撑。2016 年 3 月，中国网易在行业内首先成立大数据实验室，并开始逐渐与国内顶尖科研力量和金融机构展开合作。同年 6 月，网易金融与清华大学就智能金融和大数据领域建立战略合作关系，为国内金融科技之路开辟了一条更为规范和体系化的产业路径。2016 年 5 月，蚂蚁金服宣布该公司与上投摩根基金管理公司达成战略合作意向，两大公司利用各自在金融和科技领域的优势，合力研发智能投顾跟踪分析。

四、促进中国金融科技发展的建议

（一）调整人才培养方案以满足我国金融科技的发展需求

作为引领新一轮金融创新的核心技术——以大数据和云计算为基础的区块链和人工智能技术，其研发需要大量的科技创新创业者。金融科技的金融本质则需要一批可以指挥、调度、统筹和运用全球资金的金融人才。因此，金融科技的发展需要跨学科的复合型高级人才。然而，中国高校金融专业的传统培养方案强调的是金融专业相关理论知识，忽略了对学生的数字思维和数据分析能力的培养，在理工科人才的培养过程中忽略了对经济金融知识的普及。为此，在中国金融创新的进程中，中国高校应当充分考虑金融科技发展的实际需求，重视产学合作、校企合作的重要性，设置适应金融科技发展需要的多元化、交叉性课程。

（二）我国金融科技的发展需要国际视野

中国金融科技生态的打造和发展不能只局限于国内市场，还需要国际市场的共同培育。许多中国互联网公司、金融公司和电商除了在国内市场获取资本融资、技术合作或客户资源外，还需要在国际市场上大力争取相应的战略合作关系。这种跨界、跨区域、开放性的互动能使中国金融科技获取更多的发展空间，弥补国内人才和资金的不足。中国金融科技产业应当实施立足于国内市场、面向东南亚和亚太地区、连接全球的国际发展政策。在全球化发展的过程中，中国金融科技公司还须应对不同市场的特殊需求。中国金融科技公司在国际化的道路上通过简单的复制国内市场的发展路径去开辟国外市场显然会遇到很多障碍，其主要是由文化、法规、市场偏好等差异导致。例如，加拿大人普遍认为银行是最为安全和稳定的金融机构，如果中国金融科技公司想要进入加拿大金融市场，就需要与加拿大的银行达成战略合作意向。中国金融科技公司还需要加强研发全球交易处理技术，主要可以从开放全球清算网络系统和扫清国际支付障碍这两方面努力，这些技术还可以反哺国内市场的发展。

（三）需要理性看待我国金融科技的发展

金融与科技深度融合是大势所趋，其对金融产品、业务、组织和服务所产生的深刻影响是传统金融机构难以替代的。金融科技依靠其科技因素可以满足客户对金融产品个性化、定制化的要求，可以提高服务效率和降低服务成本，可以深度挖掘传统银行业长尾客户群体，可以加强风险控制。然而，金融科技这一新兴业态并不是大家想象中那么完美，尤其是处在金融科技发展初级阶段的中国，依然存在着未能解决的问题。其一，在传统金融操作中，公众只需要输入给定信息，然后运用输出结果，不必了解其内部结构。社会经济学家把其称为"黑盒子"。在新金融时代，金融科技利用高科技为公众打造另一"黑盒子"，其内部结构更为复杂，未来发展趋势可能会超越人类可以破解或支配的程度。当未来越来越多的资本正按照该规则进行流动和配置时，这可能会引发难以控制的金融危机。其二，在后金融危机时代，许多金融产品不断衍生，其产生的风险被几何级数放大。金融科技公司在盲目追求贷款效率、简化贷款流程的过程中，使一些存在资金配置问题的金融衍生产品的风险暴露得更快、蔓延得更广。其三，当金融科技为银行长尾客户提供平等的金融服务时，另一类边缘化倾向或许正在悄无声息地滋生。为此，金融科技很难保证在消除一种边缘化的同时不产生另一种边缘化危机。其四，被应用于风险控制的大数据往往是指高质量的大数据。然而，目前所提供的大数据并非全部都是有效数据。由于一些地区地处偏远、经济落后，那里的居民信息闭塞、风险防范意识薄弱，很多私人信息被盗窃或收买，然而金融科技又无法及时产生应对对策。基此做出的决策结果显然很难有信服力。我国的征信系统还处在雏形阶段，官方征信系统和市场征信系统并存。为此，仅依靠某个机构所提供的大数据就显得不完整，在此基础上产生的决策难免遭受质疑。其五，掌握技术的人能否把控住贪婪等负面人性因素而不对容易受到伤害的人群进行财产掠夺，这一点很难绝对保证。即使法律体系有相应的惩罚机制，这些人性弱点还是很难被杜绝。一旦风险暴露，其危害性远超过传统金融体系下的金融危机。虽然金融科技有许多优点，然而其发展也会有负面的影响。特别像中国，金融科技正处在发展的初级阶段，很多意想不到的危机将在此阶段酝酿而成，可能会对未来的金融发展造成不小的负面影响。为此，在推广金融科技的同时，大家要时刻保持理性、谨慎的态度。

（四）认清金融科技风险以寻找中国式监管方法

金融科技含有金融的特色，因此依然具有金融业务的风险。金融科技具有高科技成分，使得其具有科技风险和操作风险，并且使其潜在的系统性风险、周期性风险更加隐蔽、复杂。目前，中国金融科技尚处在发展的初级阶段，整个金融体系风险轮廓尚不清晰，负面影响尚未全面暴露。随着金融科技业务逐渐成熟、风险监控体系逐渐完善，现有的风险评价将逐渐被量化，大数据参考价值将逐渐提高。既然金融科技对整个金融体系的影响是演进式，那么金融科技的风险监控也需要循序渐进、适时动态调整。第一，需要尽快设立一个由多个部门组成的监管工作组。由于金融科技的复合性，监管工作组不仅需要金融监管机构的加盟还需要科技部门的参与。中国金融科技还处在发展的初级阶段，成立监管部门尚早，但可以成立监管工作组先行试行。第二，监管机构与金融科技公司都处于探索阶段，双方之间通过沟通可以相互促进、共同成长。监管者可以更充分地理解金融科技的发展和应用，更有效地制定政策和规则，合理确定监管的边界、技术和工具。金融科技公司可以更好地配合监管小组的工作，根据监管的变化及时调整以免触及红线政策。第三，既然金融科技使用高科技驱动金融创新，那么金融科技监管也可以通过科技来完善金融监管框架，改造监管工具和方法，提高监管的自动化程度。这正是科技发达国家积极发展的"金融监管科技"。然而，我国的区块链还处在探索阶段，大数据质量还未完全达到高标准要求，人工智能技术也处在不成熟阶段，为此国内现阶段的金融科技监管还得谨慎使用高科技。但是，监管机构可以开始培训和强化监管人员的信息科技知识，为未来的监管科技筹建人才基础工程。第四，我国宜采用被动式监管，为金融科技的发展创造相对宽松的环境。有别于金融发达国家，中国的金融服务存在供给不足、不均衡的情况，为此需要相对宽松的环境以促进发展。我国采用的是大陆法体系，对金融科技的监管依靠的是成文的法律法规。这在监管的灵活性和实效性上存在严重不足，但其可以为金融科技的发展提供成长空间。总之，不管是主观原因，还是客观条件，中国适合采用被动式监管模式，再适时出台、执行监管政策，达到科学控制和引导金融科技发展的目的。

第六节
地方政府推动新型城镇化发展与供给侧结构性改革的路径

如前所述，新型城镇化不仅是经济发展的重要驱动力和扩大内需的重要途径，还是化解目前经济下行压力与推进供给侧结构性改革的重要契合点。地方政府可以通过推进新型城镇化来发展经济，提高居民可支配收入。

新型城镇化是我国经济发展的重要驱动力，是我国经济发展最大的内需潜力和发展动能。城镇化的核心是农民工市民化，这不仅能够给小微企业带来巨大的消费需求，还能够为小微企业发展提供充沛的劳动力。城镇化是人口和生产要素在不同行业、区域分布结构优化的过程，离不开供给侧结构性改革的助推。供给侧结构性改革就是从供给侧和需求侧同时发力，缓解新常态下经济下行的压力。供给侧结构性改革聚焦于劳动力、资本、土地、资源环境等生产要素的有效供给和利用。特别是制度供给具有基础性作用，能够从根本上释放经济活力，为供给和需求的平衡匹配创造体制机制条件。城镇化的制度供给涉及户籍制度改革、城乡福利保障制度改革、土地制度改革、劳动就业制度改革、投融资体制改革等。其中，户籍制度改革是关键。通过实行居住证制度，努力实现基本公共服务常住人口全覆盖，逐步实现城乡养老保险和医疗保险对接和并轨。完善相关配套政策，促进有能力在城镇稳定就业和生活的农业转移人口举家进城落户，实现向新市民转变。在人口老龄化到来、劳动力成本攀升的历史关节点，这些改革举措能够延长人口红利期,推迟刘易斯拐点的到来时间,促进小微企业发展。同时,落实公平就业政策,加强农民工就业培训,解决农民工子女上学问题,增加人力资本投资,可以使劳动力素质更好地适应经济转型升级的需要。城镇化是化解即期经济下行压力与推进深层次结构性改革的重要契合点。因此,系统探究城镇化的生成机制,准确测度我国目前城镇化发展水平,针对中国城镇化发展过程中存在的问题,结合供给侧结构性改革,探讨未来城镇化发展的路径具有重要的现实意义。

一、城镇化的生成机制与水平测度

城镇化是一个以人为中心、以产业为驱动,实现人口、生产要素向城镇聚集,并形成规模经济,进而影响地域空间结构演变的过程,是一种从传统社会向现代文明社会的全面转型和变迁过程。城镇化不仅是农业人口转化为非农业人口,而且是城镇在空间数量上的增多、区域规模上的扩大、职能设施上的完善以及城镇的经济关系、居民的生活方式以及人类的社会文明广泛向农村渗透的过程。城镇化过程既是越来越多的农民从土地上解放出来的过程,同时也是广大农民物质生活和精神生活得到极大提高、逐步实现城乡协调发展、最终实现消除城乡差别和工农差别的过程。

城镇化是一个多维互动过程。它既包括了城镇的发展,也包括了农村的发展。一方面,农村的劳动力、资金、技术等要素向城镇流动,造成了农村生产方式和就业结构的变化;另一方面,城镇先进的生产力向农村扩散、辐射和渗透,使农村生活方式、思维方式和行为方式城镇化。在城镇化过程中,单方面地强调农村的发展或是城镇的成长,都是不正确的。

(一) 城镇化的生成机制

城镇化的生成机制是推动城镇化发生和发展所必需的动力,以及维持和改善这种动力的各种经济关系、组织制度等所构成的综合系统的总和。研究城镇化发展的生成机制,有利于我们在总结历史经验的基础上,合理构建我国城镇化发展的动力系统,从而为加速城镇化进程,实现城乡一体化目标奠定坚实的基础。

1. 城镇化的动力机制

产业结构转换是城镇化的动力机制。产业结构是指组成国民经济的各产业在资源以及产出上的比例关系及其地位。在一个国家或地区由传统经济向现代化迈进的过程中必然会出现产业结构的转换。著名的配第—克拉克定理就揭示了产业结构演变规律：随着经济的发展，即随着人均国民收入水平的提高，劳动力首先由第一产业向第二产业转移，当人均国民收入水平进一步提高时，劳动力便向第三产业转移。劳动力数量在产业间分布状况是第一产业将减少，第二、第三产业将增加。伴随着经济的增长，由于产业平均利润率的不同，经济主体为追逐利益的最大化必然会在不同的产业之间流动。这是一条经济发展规律。同时由于各产业的特性不同，所要求的空间条件（包括区位条件、空间的聚集与集中度等）也不同；土地是农业的最基本生产要素，农业对土地的数量、质量要求较高，因此农业倾向于以分散的方式布局在地域广大的农村；而工业和服务业则由于消费地指向、原料地指向、交通运输枢纽指向、人口聚集指向等特点，倾向于分布在人口相对密集、原料充足、区位条件较优的城镇。因此，随着生产要素在不同产业间的流动，城镇化的过程应运而生，产业结构转换是城镇化的动力机制。

农业发展是城镇化的基础动力。其主要表现在：农业发展对资本和技术的依赖程度越来越强，从而推动农村尽快加速城镇化步伐，为农业提供资金和技术支持；劳动力结构出现了绝对数量和份额两个转折性变化，转移出来的农村剩余劳动力成为城镇化所需的最丰富的人力资源；农产品供给由全面短缺走向相对过剩，给城镇化提供了充足的商品粮支持；农业生产向产业化、专业化和区域化方向转变，信息化、知识化也初露端倪，为城镇化更好地结合当地优势发展奠定了基础，从而推进城镇化的发展。

工业化是城镇化的根本动力和加速器。世界各国的发展经验表明，工业化过程与城镇化是密不可分的。主要因为它具有以下几个方面的特性：一是比较利益特性。交通区位、资源禀赋、劳动力等条件都是影响工业发展的重要因素，而这些条件的整合会产生地区之间比较利益差异。具有较高比较利益的地区往往成为工业企业的聚集地带，这实质上是城镇化进程的开端。二是规模化和专业化特性。工业追求规模化和专业化而产生的企业聚集过程可以促进城镇的快速发展，从而加快城镇化。三是初始利益"棘轮效应"。"棘轮效应"是指一个城镇的居民对未来和现在所作出的决策是以这个城镇现在和过去的状况为基础的。一旦工业在最初布局时选择了某个城镇，那么"棘轮效应"就会促使行为主体为该城镇的期望值更高，从而做出继续在该城镇发展的决策。

第三产业给城镇化以后续动力。工业化发展到一定程度后，第三产业开始崛起，逐渐取代工业成为城市产业的主角。城镇化的"接力棒"从此传到了第三产业的身上，并且由它继续推动下去。这种后续的作用主要表现在：一方面农业产业化、农村工业化的快速发展，要求小城镇提供更多更好的配套服务性设施增强城市的吸引力，为城镇化提供动力。另一方面生活消费性服务增加，经济收入的提高和闲暇时间的增多使人们开始追求更为丰富多彩的物质消费与精神享受，如住房、高档家电、文体娱乐、社会福利等正在农村生活中越来越占据重要位置。

2. 城镇化的实现机制

经济要素流动与集聚是城镇化的实现机制。在经济增长的背景下，产业转换与发展必然引起生产力地域空间布局的变化，并通过生产力要素在不同地理空间的转移与整合来实现，这种地理空间的转移主要是在农村与城市之间的转变。从这一角度来看这一过程实质上是城镇化的过程。可见，产业结构转换虽为城市化提供动力，但只有经济要素（劳动力、技术、资金等）能够向非农业和城镇地区流动和聚集，城镇化才有可能变为现实。这也已被世界各国的城镇化实践所证实：几乎所有市场经济体制较健全的国家，都走上了高度的城镇化，而几乎所有的非市场经济国家的城镇化远未成功，而市场经济的应有之义就是生产要素的自由流动。

人是生产力三要素中首要的、起决定作用的因素，人口的流动是各国工业化和市场经济发展的普遍现象。所以我们重点看一下劳动力要素的流动对城镇化的影响。从劳动力的流动过程看，它实质上是生产要素中的主体要素与生产环境之间相互适应、相互协调的过程，是人力资源与其他资源重新优化组合创造新的生产力的过程。同时，劳动力的流动不是孤立进行的，通常会伴随诱导着其他要素的流动。即"能人带来技术""能人带来资金"。因此，通过劳动力的流动可以促使要素在城镇空间的聚集、组合，推动城镇化的进程。

3. 城镇化的助推机制

城镇化进程与制度安排、制度创新密切相关，有效的制度安排或制度创新能够加速城镇化进程，反之则会阻碍城镇化甚至引起城镇的异常发展。因此，加速城镇化发展，必须要求相应的制度创新和制度安排。制度创新是影响城镇化动力结构的核心因素，制度安排是城镇化的助推机制。如果缺乏合理的制度结构与有效的制度创新，或是提供不利于生产要素聚集的制度安排，即使发生了结构转换和要素流动的动力，也并不必然导致城镇化的正常发展。制度安排对城镇化的影响主要体现在以下三个方面：一是通过合理的产业政策，推动产业发展，提高产业竞争力，从而推动城镇化发展；二是通过有效率的经济要素流动的制度安排，使农业部门的要素流出推力和非农业部门的要素流入拉力形成结合与集聚的合力；三是通过有效率的直接作用于城镇化的制度安排，优化城镇的投资环境，提高城市的质量，以满足城镇非农产业和人口集聚对城镇公共设施不断增长的需求。目前城镇化滞后的深层次原因在于户籍管理、劳动就业和社会保障、土地流转等一系列不合理的制度安排。

（二）城镇化的质量、数量水平的测度

人口城镇化率是反映城镇化水平的一个核心指标，它与城镇化质量的关系可以概括为量和质的关系。要制定正确的城镇化发展战略目标，必须准确地界定城镇化发展水平（质量与数量）。目前，理论界对城镇化量的测度有不同的看法，实践中对城镇化的度量一般采用城镇人口占区域总人口的百分比。其实，城镇化作为城乡资源融合过程，是一个复杂的经济社会现象，包含社会、人口、空间及经济转换等多方面的内容。对城镇化水平的测度也应该全方位地反映城镇化经济社会等各方面的变化，反映城镇化的实质内涵。根据我国城镇化水平指标体系确定的原则和应考虑的因素，运用复合指标法建立城镇化量的综合评价指标体系，主要包括三个一级指标。城镇化质量是与城镇化数量相对应的一个概念。在城镇化进程中，城镇化数量表现在城镇数量、城镇规模、城镇化速度、人口城镇化率等方面；而城镇化质量反映的是既定城镇化数量情况下所能满足城乡居民生产、生活和生态需求的优劣程度。在城镇化质量综合评价中，建立城镇化质的综合评价指标体系，主要包括三个一级指标。具体见表6-3、表6-4。

表 6-3　　　　　　　　城镇化数量水平评价指标体系

	一级指标	二级指标
项目	基础水平指标	人均第一产业增加值
		第一产业从业人口占全部从业人口比重
		人口城镇化率
		人均 GDP
	社会发展水平指标	平均每个医生服务人数
		电话普及率
		农村居民家庭恩格尔系数
		网络普及率
		参加农村养老保险人数占农村总人口比重
		每平方千米拥有公路里程
		每平方千米铁路长度
	潜在动力指标	第二、第三产业增加值占 GDP 比重
		初中毕业生升学率
		平均每万人口中大学生数量
		森林覆盖率
		人口自然增长率

表 6-4　　　　　　　　城镇化质量水平评价指标体系

	一级指标	二级指标
项目	城市发展质量指标	全市人均 GDP
		全市非农产业比重
		城镇居民人均可支配收入
		全市人均可支配收入占 GDP 比重
		市辖区人均地方财政一般预算内收入
	经济发展质量指标	城镇恩格尔系数
		城镇登记失业人员比重
		科教文卫：市辖区人均财政科技支出；市辖区人均财政教育支出；市辖区百人公共图书馆藏书量；全市千人拥有病床位数
		基础设施：市辖区万人拥有公交车辆；市辖区万人互联网用户数；市辖区人均生活用水量
	空间发展质量指标	生活：市辖区居住用地占城市建设用地面积比重；市辖区人均居住面积
		生产：市辖区人均道路与交通面积；工业用地占城市建设用地面积比重
		生态：建成区绿化覆盖率；生活垃圾无害化处理率；城镇生活污水处理率；工业固体废物综合利用率

通过上述指标对我国城镇化水平的量与质进行测度，发现在经济起飞阶段，政府主导的"需求侧管理"极大地推动了中国城市化的快速发展，但也积累了诸多问题。

二、我国城镇化发展中的现实问题

在过去的几十多年里，我国城镇化水平提高较快，但与世界平均水平相比，仍然较低。城镇化量的高速发展中，质的水平较低，且我国幅员辽阔，城镇化发展差异较大。

（一）城镇化率综合水平低于世界平均水平

从世界范围来看，我国城镇化综合水平明显低于世界平均水平，严重滞后于我国的经济发展水平。依据城镇化评价指标体系和世界银行的统计，1980年世界城镇化率平均为47%，而我国的城镇化率只有19.39%，还不到世界平均水平的一半；2009年世界城镇化平均水平为50%，我国的城镇化率只有48%。2010年之前，我国的城镇化率一直低于世界平均水平，甚至也低于发展中国家的水平。与日本、韩国的城市化进程对比，中国推进城镇化的时间相对比较漫长。日本完成城镇化用了62年，韩国则仅用了30年，而中国若按常住人口城镇化率估算，我国2030年可达到70%，基本完成城镇化至少需用80年。若根据联合国统计数据预测，到2030年我国城镇化率将达到59%，到2050年达到76%，按此标准中国基本完成城镇化需用100年。从世界范围来看，中国的城镇化还处于较低水平，城镇化发展差距较为明显。

（二）城镇化增速高于世界平均水平

《国家新型城镇化规划（2014—2020）》以及《中国统计摘要（2013）》的数据显示，我国城市数量从1978年的193个增加到2014年的658个。同期，建制镇从2173个增加到19881个，城镇常住人口从1.7亿人增加到7.3亿人，城镇化率从17.92%提高到53.73%，年均提高超过1个百分点。根据《联合国世界城镇化预测（2014）》的数据，2010—2015年我国城镇化率年平均增长率为2.4%，高于世界其他各类收入水平国家的平均增长率。

（三）城镇化高量低质发展

中国城镇化质量严重滞后于人口城镇化水平。《中国城市化质量报告》显示中国城镇化质量指数与城镇化率之间的拟合直线斜率仅为 0.2922，城镇化率增加 1 个百分点，城镇化质量指数仅提高 0.2922 个百分点。

（四）城镇化的区域发展不平衡

从城镇化发展水平来看，东部城市发展水平最高，东北城市次之，中西部城市发展水平较低，呈现出明显的"阶梯"型特征。如 2000 年，东部、东北、中部、西部地区的城镇化率分别为 52.9%、51.8%、30.6%、30.5%，到 2012 年，四大区域的城镇化率增加到 66.1%、58.8%、48%、46.2%，分别增长了 13.2 个、7.0 个、17.4 个、15.7 个百分点。上述四大区域包括的各个省级区域城镇化水平也呈现出从东到西的依次递减的趋势，其中城镇化水平最高的为上海、北京、天津三大直辖市，分别为 89.3%、86.2%、81.5%，均超过 80%；其次为广东、辽宁、江苏、浙江四省，城镇化水平分别达到 67.4%、65.6%、63%、63.2%，均保持在 60% 以上；城镇化水平最低的为贵州、甘肃、云南，分别为 36.4%、38.8%、39.3%，还未达到 40% 的水平。从城镇化发展质量来看，上述区域城镇化质量也表现出比较显著的地区特征和规模特征。东部地区的城镇化质量指数显著高于东北、中部和西部地区，这与我国各地区经济发展水平基本相符，即经济发展水平较高的地区通常城镇化质量也较高，经济发展相对落后的地区城镇化质量也较低。

三、供给侧结构性改革下我国城镇化发展的路径选择

在供给侧结构性改革的当下，我国城镇化应改变政府主导、政府推动的发展方式，在结构供给、要素供给、制度供给三方面加以创新；在发展动力上，地方政府要注重内生性的推进；在发展方式上，地方政府要注重资本运作；在发展空间上，地方政府要注重"均衡型"发展；在发展质量上，地方政府要注重人本导向，持续推进以人为核心的新型城镇化。具体路径选择如下：

(一) 推动智慧城市建设，满足宜工需求

智慧城市是以信息技术为先导，用信息技术来改善城市的管理，有效地利用现代科技来应对城市发展问题；是以人为基础，具有适宜的人居环境，合理的生活成本，良好的社会管理。地方政府要以智慧城市建设为引领，开展"智慧城市""智慧县城"和"智慧园区"试点，统筹利用城镇物质资源、信息资源和智力资源，通过互联网、物联网、大数据、现代通信技术建设基础完备的智慧城镇框架，打造经济发展、社会公平、环境优美的"智能化、信息化、网络化"的智慧城市。智慧城市是智慧地推进新型城镇化的重要途径，是转变经济增长方式、扩大内需的重要手段，是建立完备的、均等化的公共服务，提高供给的重要保障。与传统城镇化发展模式比较，新型城镇化更强调内在质量的全面提升，推动城镇化由偏重数量规模增长向注重质量内涵提升转变。智慧城市是实现这种转变的有效路径。一方面，智慧城市的建设可以提供高水平管理和保障民生，利用智慧城市高效地利用城市空间，改善居民的生活环境、提供便利的工作环境；另一方面，信息技术与城镇应用的融合，催生城镇智慧化应用及产业发展，推动产业转型与经济发展高端化，创新工作模式和提高工作效率。因此，智慧城市是新型城镇的重要发展模式，是供给侧结构性改革的重要内容，是实现城镇可持续发展的重要途径。

(二) 推动生态城市建设，满足宜居需求

推进新型城镇化要解决我国城市化过程中的各种矛盾与问题。要建设高效、健康、公正的城市社会，创造良好的人居环境，建设生态城市是必由之路。生态城市是一种理想的城市模式，其中技术与自然的充分融合，人的创造力和生产力得到最大程度的发挥，而居民身心健康和环境质量得到最大程度的保护，物质、能量、信息被高效利用，是与自然共存的宜居城市。生态城市是以可持续发展思想为指导，合理地配置资源，公平地满足今世和后代再发展和环境方面的需要，不追求眼前利益，不用"掠夺"的发展方式获取城市的暂时"繁荣"，保证其发展的健康、持续和协调。生态城市强调和谐性、高效性和整体性，追求人与自然协调发展和城市物质生产向"生态化"发展。建设生态城市是以经济社会与生态环境协调发展理论为基础，并在这个基础上实现经济目标社会目标和生态环境目标

的统一,求得广义的城市生态经济平衡,保证人们生活在洁美、舒适、生态良性循环的城市之中。建设生态城市是转变经济增长方式,落实科学发展观,战胜生态环境污染的挑战,为城市居民提供宜居环境空间和生态供给,是以人为本的供给侧改革,是实现城市可持续发展的要求。如果说智慧城市是新型城市化发展中的高级类型,不是每个城市都具备发展智慧城市的条件,也不可能同步实现,而生态城市就是新型城市化发展中的普及类型,每个城市都可以根据自身特点走一条具有自身特色的生态化发展的道路。生态城市的建设,是着眼于城市居民的生态环境和生态空间的需求,以提供高质量的人居环境供给为目标,是新型城镇化发展供给侧结构性改革的重要任务。生态城市建设中协调发展模式是多样的,要通过科学规划和设计,因地制宜,创新发展。推进生态城市建设要有管理机制保障,要完善生态补偿机制、环境管理机制和环境考核制度;要推进技术创新,发展绿色产业,实现经济发展生态化;要加强生态环境保育,建设绿色社区,弘扬绿色文化,提高居民保护生态环境的自觉性。

(三)推进城乡统筹发展,满足公平需求

随着生产力的发展,城乡居民生产方式、生活方式和居住方式不断变化,使城乡人口、技术、资本、资源等要素相互融合,互为资源,互为市场,互相服务,迫切需要城乡之间在经济、社会、文化、生态、空间、政策(制度)上推进协调发展。中国城市化的最终目的是要促进国民经济持续健康快速的发展,最终实现城乡地区协调发展和城乡经济共同繁荣。但在城乡二元体制背景下的传统城镇化进程中,国民经济以城镇经济为重点,造成了日益繁荣的城镇经济和低水平低质量的农村经济。城乡统筹根本目的在于扭转中国工业化和城镇化进程中城乡关系失调的状况,将城市和乡村都归纳到社会经济系统中,改善城乡分离局面,逐步消除城乡二元结构,建立新型城乡关系和实现城乡资源优化合理配置。新型城镇化是建立在工业化与城镇化良性互动、城镇化与农业现代化相互协调基础上的。走新型城镇化道路,必须在科学发展观指导下推进城乡统筹发展,从生态资源、人口迁移、产业空间、土地制度等方面实现城乡统筹规划协调发展。城乡统筹发展,不仅是思想观念的更新,也是政策措施的变化;不仅是发展思路和增长方式的转变,也是产业布局和利益关系的调整;不仅是体制和机制的创新,废除原有的城乡二元体制制度,改革户籍制度,更是

一种城乡关系重构。

新中国成立以来到未来30年我国的城乡关系演变大致可分为三个阶段：第一阶段是新中国成立至改革开放：乡村为城市发展提供资本积累阶段。这30年间，通过工农产品的"剪刀差"，农业支持了工业的积累和城市的发展；第二阶段是改革开放至当前时期：乡村为城市建设提供低成本资源阶段。这40多年间，农村为城市发展提供了大量的低成本劳动力和资源，支撑起了城市化的高速发展；第三阶段是当前时期至未来30年：城乡融合统筹发展阶段。预测30年后我国将基本完成城市化和实现现代化，在这过程中城市发展需要乡村在生态资源、土地资源、劳动力资源和农村市场的支撑，其发展离不开城乡统筹和区域统筹，也需要城市反哺农村，带动农村发展。我国农村在几千年的时间里供养和支撑着城市，城市只有30多年的回报机会，城市理应敞开胸怀反哺农村，这是个社会公平和道义问题！

四、以供给侧结构性改革推进新型城镇化的具体对策措施

（一）有序推进农业转移人口市民化

地方政府要把推进农业转移人口市民化作为提高城镇化水平的突破口，充分发挥城镇集聚人口的功能，引导农业人口平稳有序进城就业并定居；按照保障基本、循序渐进的原则，推进城镇基本公共服务对常住人口的全覆盖；建立健全市民化推进机制，逐步提高人口市民化质量。

第一，推进农业转移人口落户城镇。地方政府要以农业转移人口为重点，有序放开中心城区落户限制，全面放开县城和建制镇落户限制。推动实施城镇"零门槛"落户，合理引导农业人口向中心城区、县城和小城镇转移，促进城中村和棚户区人口市民化，推动农业人口就地城镇化，全面放开各类人才落户限制，实行市内外人员同等落户政策，积极吸纳高端人才和技术移民，为高校毕业生、职业院校毕业生、产业发展需要的技术工人等人群，提供落户激励政策，加大特定领域专项资金扶持，推动政府、企业、社会共建人才公寓，实施"安居工程"，对新移民开通就医、子女入学入园等绿色通道。发挥城镇集聚人口作用。

第二，推进农业转移人口享有城镇基本公共服务。针对目前大量的农业转移人口未能在教育、医疗、就业、养老、保障性住房等方面享受城镇居民的基本公共服务问题，地方政府要以人的城镇化为核心，全面推行居住证制度，积极向农业转移人口提供城镇基本公共服务，加快基本公共服务向常住人口全覆盖。

第三，地方政府要完善农业转移人口融入社会机制，引导农业转移人口融入企业、子女融入学校、家庭融入社区、群体融入社会，建设包容性城市；引导农业转移人口参加当地党组织、工会和社团组织，有序参加社会管理，参与社区公共活动、建设和管理，加强对农业转移人口及其随迁家属的人文关怀，丰富其精神文化生活，增强其责任感、认同感和归属感。

（二）优化城镇化布局和形态

在全面实施省域主体功能区划的基础上，按照国家推进新型城镇化和城乡一体化发展的要求，地方政府要以统筹全域发展为主线，进一步优化城镇体系空间布局和形态。

第一，优化城镇空间布局，加强中心城区基础设施建设与改造，提高城市综合承载能力，大力推动中心城区绿色低碳制造业和现代服务发展，积极争取国家级产城融合示范区建设，完成棚户区、城中村、城边村改造，推动规模化、适度化发展。积极拓展中心城区发展空间，重点发展信息服务、金融商务、文化旅游和现代商贸等产业，增强中心城区综合服务能力。

第二，重点发展县域中心城市。实施以路扩城、以校扩城、以园扩城、以商扩城、以水扩城、以绿扩城、以居扩城等工程，推进产城融合发展，推进基础设施建设，提高县城发展效率，增强对农业转移人口的吸纳和承载能力；完善财政转移支付、土地指标分配等政策措施，支持县城发展；稳妥推进各地新城新区建设，改进和完善新城新区功能，加快产业集聚，使其逐步走上良性发展轨道。

第三，加强中心镇、重点镇和特色镇建设，突出引领示范作用，充分发挥小城镇连接城乡的关键节点作用。充分挖掘自然和文化资源优势，结合区位优势和产业特色，重点培育各具特色的工业强镇、商贸重镇、旅游名镇。拓宽政府融资渠道，提高城镇基础设施建设水平，增强为周边乡村提供服务能力。支持具备条件的乡改镇，缩小区域之间的城镇化差距。

（三）强化城镇化发展产业支撑

地方政府要坚持以绿色转型为主线，推动工业结构转型升级。实施制造强市战略，落实《中国制造2025》，利用"互联＋"和"双创"，推进新型工业化与信息网络化的融合，改变传统工业的研发模式、生产模式和营销模式。严格控制过剩产能，遏制低水平重复建设，着力推进冶金、汽车及零部件、农产品及食品加工、能源、建材及设备制造五大传统产业的转型升级。加强企业技术改造，不断提高原材料精深加工水平，改变传统产业占大头、"原"字号和"初'字号产品居多的单一产品结构，适应不断升级的新的消费需求。瞄准新一代信息技术、生物、高端装备制造、节能环保、新材料、新能源汽车、精细化工等战略重点产业，引导社会各类资源集聚，推动新兴产业快速发展。

第一，提升现代服务业水平，充分挖掘服务业发展潜在优势，加快旅游、服务业及物流集聚区建设，发展电子商务。改造提升传统服务业，加快发展现代服务业，实现服务业发展提速、比重提高、水平提升。积极实施文化旅游牵动战略，深化旅游区域合作，不断壮大旅游业经营主体，提升产业化水平。

第二，推进产城融合互动，坚持城市建设与经济建设融合发展，把打造产业平台与推进城镇化有机地统一起来，发挥城市对产业的集聚作用和产业对城市的推动作用。

第三，营造良好就业创业环境，坚持就业优先战略。实施更加积极的就业政策，深入实施全民创业，完善创业扶持政策，加强对灵活就业、新就业形态的支持，提高技术工人待遇，健全公共就业服务机构和基层公共就业服务平台，构建覆盖城乡的就业服务体系。

（四）增强城镇可持续发展能力

地方政府要按照适度超前、保障有力的要求，以创造良好的人居和投资环境为中心，加强城乡基础设施建设和公共服务设施建设，创新社会治理和社区建设，不断提升城镇可持续发展能力。

第一，健全现代综合交通运输体系。围绕加快推进交通运输现代化，以快速铁路、高速公路、国省干线公路和管道运输网为骨架，不断加强铁路、公路、机场之间的衔接配套，提高组合效率，发挥整体优势，构建便捷、高效的现代化综合交通运输体系，引导城镇体系集约协调发展。

第二，加强市政公用设施建设。以提高居民生活质量为根本出发点，加快完善城镇供水、排水、污水处理、电力、通信、供热、燃气和垃圾处理等市政公用设施，加大城市管网建设和改造力度，建立适应人口和产业聚集的城镇基础设施体系，提升市政公用基础设施总体水平。

第三，完善城乡公共服务体系。以促进社会公平、增进人民福祉为出发点和落脚点，加快发展社会事业，推进基本公共服务均等化，构建更加多元化的民生及公共服务体系，实现"保障型"民生向"发展型"民生的转变，促进和实现人的全面发展。

第四，创新城市社会治理。顺应城市社会结构变化新趋势，改革城市社会治理体制机制，完善城市社会治理结构，创新城市社会治理方式，加强城市社区建设，加强城市防灾减灾救灾能力建设，提升城市社会治理水平。

（五）提升城镇发展品质

地方政府要适应新型城镇化的发展要求，充分发挥城镇规划的统筹协调和管控作用，推动城镇生态文明和绿色发展，增强城市历史文化魅力，强化文化传承和保护，加快创新型城市建设，提高城镇智能化水平，全面提升城镇内在品质。

第一，提高城镇规划建设水平。创新规划理念，提高城镇规划的科学性，加强空间开发管制，健全规划管理体制机制，严格建筑规范和质量管理，强化实施监督，提高城镇规划管理水平和建筑质量。

第二，推进城镇生态文明和绿色发展。继续推进碧水、青山、蓝天工程，实施生态立市战略，以生态文明理念推进新型城镇化建设，建立城镇建设与生态文明建设"一岗双责"制度，努力形成资源节约与环境保护的空间格局、产业结构、生产方式和生活方式，实现人口、经济、社会、环境和资源的相互协调发展，走出一条绿色城镇化道路。

第三，推动智慧城市建设。以智慧城市建设为引领，开展"智慧城市""智慧县城"和"智慧园区"试点，统筹利用城镇物质资源、信息资源和智力资源，通过互联网、物联网、大数据、现代通信技术建设基础完备的智慧城镇框架，打造"智能化、信息化、网络化"的智慧城市。

(六) 创新城镇化发展体制机制

地方政府要深入实施改革创新驱动战略,以改革突破体制障碍,以创新破解发展难题,推动人口管理、土地管理、社会保障、住房保障、社会治理、财税金融、生态建设等重点领域和关键环节改革取得重大突破,为加快新型城镇化和城乡发展一体化进程提供体制机制保障。

第一,推进人口管理制度改革,全面推行居住证制度。全面贯彻落实《国务院关于进一步推进户籍制度改革的意见》,按照"就地就近"城镇化原则,有序推进农业转移人口市民化。全面推行居住证制度,完善与之配套的教育、住房、就业、社保等基本公共服务配套改革。到2020年,打通居住证管理、户籍管理、身份证管理之间的制度衔接和信息连接,形成更加科学的常住人口管理体系。

第二,深化土地管理制度改革,建立城镇用地规模结构调控机制。合理控制新增城镇建设用地规模,科学划定用地结构,协调安排生产、生活、生态空间,实行增量供给与存量挖潜相结合的供地、用地政策,提高城镇建设使用存量用地比例。全面完成农村土地确权登记颁证工作。鼓励农村集体建设用地流转,在符合土地利用总体规划和城镇总体规划的前提下,允许集体经济组织通过自主开发、公开转让、参股合作等多种形式,利用存量建设用地指标参与工业发展集中区和城镇建设。

第三,创新投融资保障机制,探索多种金融渠道方式支持城镇建设。推动政府与社会资本合作的深度与广度,鼓励国外资本、民营资本参与城镇化建设,探索组建国有资本投资、运营公司。改革产业扶持资金的运行机制,改变产业扶持资金的投放导向、投放方式、绩效评估方法,形成导向明确、符合市场规则、阳光、高效的产业扶持资金政策体系。拓宽民营经济投资领域,探索政府发债、基金、PPP模式等多种方式拓宽城市建设融资渠道。鼓励社会资本通过特许经营等方式参与城市基础设施投资和运营。

第四,健全城镇住房制度,完善住房供应体系。加快构建以政府为主提供基本保障、以市场为主满足多层次需求的住房供应体系。健全保障性住房制度,促进房地产市场平稳健康发展。完善住房、土地、财税、金融等方面政策,构建房地产市场平稳健康发展的长效机制。合理调控商品住房供应总量和节奏,及时调整完善购房政策措施,支持利用住房公积金贷款开展保障性住房建设试点。

第五,强化生态环境保护,实行最严格的生态环境保护制度。完善推动城镇化绿色循环低碳生态发展的体制机制,建立源头保护制度、损害赔偿制度、责任追究制度、生态修复制度、资源有偿使用制度和资源环境承载能力预警机制,加强生态环境保护力度。按照主体功能区规划,划定生产、生活、生态空间开发管制界线,严守生态红线。

第七节
农民工社区"力邦村"模式探析

如上节所述,地方政府要完善农业转移人口融入社会机制,引导农业转移人口融入企业、子女融入学校、家庭融入社区、群体融入社会,建设包容性城市;引导农业转移人口参加党组织、工会和社团组织,有序参政议政和参加社会管理,参与社区公共活动、建设和管理,加强对农业转移人口及其随迁家属的人文关怀,丰富其精神文化生活,增强其责任感、认同感和归属感。浙江省农民工社区"力邦村"在上述方面做得比较好,故本节从政府经济学视角对浙江省农民工社区"力邦村"模式进行分析。

一、引言

工业化和城市化的发展,必然导致农业劳动力的大量转移。诺贝尔经济学奖获得者威廉·阿瑟·刘易斯(William Arthur Lewis, 1954)认为:"国内的人口流动被认为是很自然的过程,通过这一过程剩余劳动力逐渐从农村部门转移出来,为城市工业增长提供所需要的人力。由于人力资源是从边际产品常常是零的区域向边际产品是正数而且迅速增长的地区转移,这种流动被认为是有益的。"① 随着我国农民工日益增多,农民工问题逐渐成为一个大的社会问题。由于长期受二元经济结构的束缚,他们目前仍处在产业的边缘、城乡的边缘、体制的边缘,是当前中国经济与社会

---

① W. 阿瑟·刘易斯. 二元经济论 [M]. 北京:北京经济学院出版社,1989.

矛盾的复合体。农业、农村、农民问题关系党和国家事业发展全局，在革命、建设、改革各个历史时期，我们党坚持把马克思主义基本原理同我国具体实际相结合，始终高度重视、认真对待、着力解决农业、农村、农民问题。2008年党的十七届三中全会通过的《中共中央关于推进农村改革发展若干重大问题的决定》更加凸显党中央、国务院对"三农"问题的重视。《决定》要求建立促进城乡经济社会发展一体化制度，统筹城乡社会管理，推进户籍制度改革，放宽中小城市落户条件，使在城镇稳定就业和居住的农民有序转变为城镇居民，推动流动人口服务和管理体制创新。"力邦村"地处浙江省宁波市奉化东郊，占地60亩，面积2万余平方米，是奉化市西坞镇与力邦投资有限责任公司联合建立的外来农民工集中居住区。最近几年，"力邦村"模式引起了从中央到地方、从媒体到学者的广泛注意，获得了极高的社会评价。这个农民工社区先后获得了奉化市文明单位、宁波市先进基层党组织、浙江省先进团委、浙江省先进基层党组织、全国青年文明社区、全国先进基层党组织等荣誉称号。对"力邦村"模式进行分析不仅有助于我们建立城乡经济社会发展一体化制度，推动流动人口服务和管理体制创新，还有利于更好地实践科学发展观，构建和谐社会。

二、农民工社区"力邦村"的由来

浙江省宁波市下面有一个县级市叫奉化市，西坞镇就位于奉化市的东郊，属于新城市化的地区，2003年撤镇转为街道。相对宁波市其他一些地方，西坞乃至奉化的经济发展水平都不算最高。为了发展当地经济，西坞镇政府积极吸引外来投资。不同于有些只注重生产而忽视员工生活质量的企业，当年来西坞镇投资的企业十分关注员工的后勤保障问题，不愿意因生活条件太差而导致员工流失。但要靠单个企业自己来解决这一问题，困难很大，尤其是与之相关的卫生、消防和治安等问题，远远超出了企业经营管理的范围。所以，被引进企业希望当地政府能够给出一个集中解决的方案：不是为某一家企业，而是为这个地方的所有企业的员工创造适宜的生活条件；不是用时有时无的临时性措施来简单应付员工吃住、社会治安等基本问题，而是通过制度性安排来一揽子解决员工的后勤保障；不是企业遇到事情就找政府寻求帮助，而是要走出按这一体制运作后不再需要找政府部门的新路子。西坞镇政府建设农民工集中居住社区的设想，在根本上是被引进企业所"逼"出来的。西坞镇领导明白，对于企业的要求和农民工的需求，做好了是三方共赢，各主体都得利的事。企业有了后勤保障，农民工有了生活舒适的社区，政府既实现了招商引资，促进地方经济发展的目的，也达成了从确保地区长治久安、繁荣地方商业、调整区域人口结构到加快乡村城市化的多元目标。几经周折，镇政府决定把农民工集中居住区的建设和管理，从土地到楼房到日常服务，打包成一个独立项目，向社会招标。2002年8月，奉化市力邦投资有限公司以1015万元购买了公寓的90%股权，并追加400万元建起了一个广场，将此农民工集中居住区命名为"力邦村"。西坞镇政府保留了10%的股权，股权不多，但不是象征性的，而是实质性的，因为借助这点不大的股权，镇政府保留了对"力邦村"的重大决策否决权，保留了公共管理在"力邦村"的存在。必须明确的是，"力邦村"具有不容怀疑的企业性质。这项看似"公益事业"的公共管理项目，在完成政府管理目标的同时，必须实现公司自身盈利的目的。在西坞镇的工商税务管理中，"力邦村"一直被定位为营利性项目，除了按照政策和合同享受部分税收减免外，"力邦村"的运营都完全参照营利企业的模式进行。

三、"力邦村"模式的特点及经济学分析

所谓"模式"主要指人类在理解事物存在和发展机理的基础上，按照一定的理论，建构出来的一套特定系统的整体运作构架和预期结果的产生机制。模式建构的重点是预期目标得以实现的机理，包括构成板块、运行环节和功能实现机制。"力邦村"在多年的摸索发展中形成了独具特色的模式：

（一）政府主导，企业运作

"力邦村"吸引全国视线的第一个独特之处就是其"政府主导，企业运作"的分工合作方式，这是"力邦村"管理模式的核心特征。在传统的"大政府，小社会"组织管理结构下，政府习惯于对社会事务大包大揽。随着我国行政体制改革的深入，虽然"大政府，小社会"的组织管理结构有所改变，但是由于路径依赖，这个具有公共产品性质的农民工居住区最初也是由西坞镇政府单独投资和直接操办的。从2001年7月开始，西坞镇先后花费900多万元，用于征地和基础设施建设。这笔金额不大不小的投入促使镇领导反复思考一个问题：农民工集中居住到底需要政府投入多少资金？建设阶段这样投入，建成之后又会如何？从各地类似情况来

看，由政府承担作为公益性或福利性事业来做，集中居住区因管理难度大，最终都成为当地政府沉重的经济负担。制度变迁理论认为，体制创新之所以会发生，是因为旧体制下潜在利润的存在，与原有体制比较新体制能给人们带来更大的好处，使人们的经济福利得到提高。任何体制创新都要付出一定的成本，"如果预期的净收益超过预期成本，一项制度安排就会被创新"。[①] 经过仔细考虑后，西坞镇领导判断，如果由政府来建设和经营这个集中居住区肯定又会变成一个亏本的买卖。为此，西坞镇决定由企业来承担集中居住区的建设。在筹建由企业承担的农民工集中居住项目的过程中，西坞镇政府和多家企业进行过洽谈，也作了公开的竞价招标。尽管一些企业提出的标书有各自的亮点，但或是因为没有达到镇党委书记何剑波提出的必须形成"政府主导，企业运作"机制原则；或是因为企业提出的居住伙食费用过高，农民工负担不起都落标了，最后中标的是奉化当地一家从事餐饮服务名叫力邦的公司。力邦公司充分发挥自己的行业优势，在几项重大条款上表现出明显的优势。与其他企业提出的报价中把每个民工的住宿费用定位在每月40元至50元相比，力邦公司做出了在当时让人"跌破眼镜"的每月18元（含基本水电费）的价格承诺，同时提供"2元管饱"的廉价优质伙食，并接受镇政府保留10%股权及其对住宿和伙食定价的最终决定权。

从西方市场经济的理论与实践来看，市场的缺陷及市场的失灵被认为是政府干预的基本理由，然而政府本身的行为也有其局限性，会导致政府失败。市场解决不好的问题，政府也不一定能解决得好，而且政府失败会给社会带来更大的灾难，造成更大的资源浪费。公共选择理论认为，导致政府行为的低效率有两个：一是政府政策的失效。社会实际并不存在作为政府公共政策追求目标的所谓公共利益，即使现实中存在着一些大家利益比较一致的情况，现有的各种公共决策体制及方式（投票规则）因其各自的缺陷也难以得到最优化或理想的政策。并且还存在信息的不完全、公共决策议程的偏差、投票人的近视效应、沉淀成本、先例等对合理决策的制约以及政策执行上的障碍，这些都使政府政策低效甚至失效。二是公共物品供给的低效率。公共物品的估价或评价上的困难；公共机构尤其是政

---

① [英]罗纳德·H.科斯等.财产权利与制度变迁[M].刘守英等译.上海：格致出版社、上海三联书店、上海人民出版社，2014.

府部门垄断了公共物品的供给,缺乏竞争机制;政府机构及官员缺乏追求利润的动机;监督机制的缺陷。以上种种情况导致了公共物品供给的低效率。由于存在政府失败,那么在建立和完善社会主义市场经济体制的过程中,必须确定好政府干预的范围、内容、方式及干预的力度,在市场机制能较好发挥作用的地方,应尽可能地让市场去发挥作用,政府应当补充而非取代市场机制。在需要政府提供产品及服务的场合,应允许其他市场主体进入与之竞争;在那些确实不宜其他市场主体进入的公共产品供给领域,应尽可能地由多家政府和企业提供。

与其他生产要素不同,作为活的生产力的农民工是完全的法律主体,享受公共产品和公共服务是他们法定的权利,满足他们的合法要求是政府不可推脱的责任。从最低工资标准的制定、基本生活的保障、生产条件的监管到公共秩序的维护,所有这些与农民工权益直接而且高度相关的事务,都属于政府的应尽之责。所以,政府绝对不能在农民工服务和管理中缺位,无论是把农民工完全交给企业安排,集体居住在条件简陋的工棚之内导致其享受不到公共服务,还是将农民工住宿完全市场化,简单地交给房屋租赁公司,实行准军事化的居住管理,都有逃避政府职责之嫌。相比之下,"力邦村"模式的首要合理之处不是引入企业的运作,而是政府完整履行了应尽的职责。政府主导为"力邦村"的农民工服务和管理建立了体制大框架,日常管理则完全由企业运作,企业运作给农民工带来了实惠,大大降低了他们的生活成本,最终实现了政府、农民工、企业"三赢"。

(二) 企业化运作,社区化管理

与政府主导、企业运作的体制相匹配,"力邦村"建立了"企业化运作,社区化管理"的机制。

1. 企业化运作

企业化运作表明西坞镇政府努力让"力邦村"作为独立法人按照企业经营的逻辑来提供服务、实施管理:第一,"力邦村"的运作主体作为企业必须具有独立的法人地位;第二,作为企业的"力邦村"必须盈利。在满足政府确定的农民工食宿基本标准的情况下,"力邦村"作为企业拥有很大的自由余地来开发经营项目,以适应社区居民的需要,达到盈利目的。其收入主要来自三块:第一块是面向农民工基本需求的微利服务,如房租每月18元,含水电费,食堂的普通饭菜。这部分服务虽然价格便宜,但因为力邦投资公司主业是餐饮,在这方面具有规模经济,所以其能够做到"略有盈余"。第二块是面向农民工多样需求的休闲文体服务,从食堂的小炒到小卖部到网吧到夏天冷饮摊位,通过将经营用房或摊位出租,"力邦村"可以获得更多收入。由于这部分需求超出了农民工的基本生活需要,政府对其经营不加干预,企业盈利可观。第三块是隐性收入,通常没有直接反映在"力邦村"年度损益表上,例如,土地的增值、力邦投资公司因为"力邦村"而获得的无形资产增值,更不用说"力邦村"出名后同各方结成的关系。力邦投资公司董事长、力邦村居民委员会主任蔡烈峰先生多次说过一句话,"力邦村只要盈利,我就感觉踏实,盈利多少不是问题,我不指望靠力邦村发财,我有的是别的生意,但如果力邦村亏了,不管亏多少,我感觉就不好。"新制度经济学认为,人的行为动机是双重的,即人不仅追求财富最大化而且也追求非财富最大化。非财富最大化动机也常常约束着人的行为,它具有集体行为偏好,人经常要在财富与非财富价值之间进行权衡。但是,实现非财富价值不能总是以牺牲个人财富为代价。作为独立法人,盈利是"力邦村"的存在基础,有盈利,才可能依靠第一笔投入而持续地存在下去,不断地壮大起来。否则,就可能出现许多地方农民工集中居住区所面临的那种"虎头蛇尾"的窘境。突出自我维持、自我发展,正是"企业化"的那个"化"字的核心含义。

2. 社区化管理

社区化管理的实质是共同管理。社区化管理不是一部分人对另一部分人实行管理,而是共同生活的各方主体拥有同等的权利,参与公共事务的管理。社区化管理方式在城市以居民自治为代表,在农村以村民自治为代表。然而,这种管理方式对农民工是完全的例外。在绝大多数地方,流动人员都只是被管理者,而不是管理的平等参与者。"力邦村"打破了这样的管理者和被管理者之间的界线。2003年12月16日,"力邦村"选举产生了全国第一个外来人员自治组织——"力邦村"居民委员会,在当选的7名委员中,外来人员占4人。所有的管理人员都是通过海选的方式产生,实现由身边人管理身边人,从而增强信任感和凝聚力,增进了农民工的自律性,切实维护外来务工人员的合法权益。

委托代理理论主要针对如何建立合理的风险分担机制与有效的激励和监督机制,促使代理人采取适当的行动,最大限度地增进委托人利益等进行分析。在社会分工日益专门化的形势下,委托代理关系不仅限于经济领域,政治领域也同样适用。在我国社区转型和社区治理过程中,居民、政府和以居委会为代表的社区组织之间形成了多重委托代理关系:首先,在民主政体下,政府作为公共利益的代表,行使公共权力和表达公众的意愿,公民与政府之间有一种隐性契约关系,居民把自己的部分权力委托给政府,以提高权力资源的配置效率,公民与政府之间形成了第一层委托代理关系。其次,随着市场经济的发展和我国政治体制改革的深入,政府逐渐向有限政府、有效政府角色转变。社会发展客观上也需要政府专注于"掌舵"而非"划桨",致力于服务而非控制。这就要求政府将一部分资源特别是权力资源下放给社区,委托居民委员会和其他社区组织进行治理。这样,政府与社区组织之间形成了第二层委托代理关系。另外,由于居民是一切社区权力的来源,居民与社区组织之间也存在着间接委托代理关系。于是,社区组织在社区治理过程中扮演着政府代理人和居民当家人的双重角色。目前,由于委托代理关系的多层次性和社会转型时期的复杂性,经常会产生委托代理问题:一是政府与社区自治性群众组织特别是居委会之间的领导与被领导关系没有得到根本改变,他们之间的委托代理关系模糊,还没有形成真正意义上的委托代理模式。例如,街道办事处为了完成上级政府分配的工作和实现"业绩",利用自己所掌握的政治和经济资源,控制了居委会人事任免、经济分配和工作任务等权力。将居委会"改造"为自己的"派出机关",并将大量琐碎的行政事务交付给居委会执行。居委会在一定程度上进入了"行政化"轨道,逐渐变成街道的执行机构,将主要精力用于应付基层政府层出不穷的行政事务上,而与居民实际需要相脱离。二是社区组织在很大程度上受制于政府意志,单一向政府负责,而忽视居民的意愿和要求。作为全国首个全部由外来人口组成的居委会,"力邦村"居委会定性为自我管理、自我教育、自我服务的基层群众性自治组织,居委会定期召开会议,全面开展工作,居民从此有了一个发表意见、参与民主管理、自主安排生活的平台,最大限度地增进了委托人利益,促进了社区和谐。

四、"力邦村"模式的启示

1. 政府管理:从统治转向治理

我国改革开放的实践证明:政府制度创新是引导和推动经济社会发展的强有力的杠杆,而且越是接近具体环境,政府直接创新的动力越大,中国地方政府在改革中比较活跃的原因即在于此。社会变迁是地方政府制度创新的根本动因，制度缺陷是地方政府制度创新的内在动因，利益诉求是地方政府制度创新的直接动因。"力邦村"最大的"亮点"就是奉化西坞镇人民政府适应体制转换和社会转型的需要，积极探索以政府与民间组织的"多元合作"为主体、农民工协同参与的社区管理新机制，走出了一条"从统治转向治理"的社会管理新路子。"根据西方行政学者 P. 格里尔、D. 奥斯本和丁·盖布勒等新公共管理学派的代表人物的论述，有效的政府是一个"能够治理"并且"善于治理"的政府，为了担当起治理政府的角色，政府应坚持做到"掌舵"而不是"划桨"，以市场为导向，在管理方式上采用广泛的授权或分权方式进行管理。治理作为一种政治管理过程，一般指"社会"与"政府"的共管共治，强调市场、中介组织和个人在社会管理中的重要作用。治理的实质是建立在市场原则、公共利益和认同基础之上的合作。上述做法的结果是：一方面，减轻了政府的财政负担，实现了合作多赢，产生了良好的社会效益和经济效益。另一方面，外来人口融入了当地社会，产生了归属感，为破解"农民工如何融入城市社会"的难题提供了一种新思路。

2. 构建和谐：从治理走向善治

构建"和谐社会"与"社会善治"具有密切关系。和谐与善治实际上是一体两面，是在承认公民个别差异前提之下政府对每一位公民的平等对待和平等关切，是世人憧憬的世俗生活与人间秩序的良好结合。和谐社会的实现，也就是政治学上所谓的"善治"。"善治"的本质特征，在于它是政府与公民对公共生活的合作管理，是政治国家与公民社会的良性互动，是两者结合的最佳状态。"力邦村"按照共同治理、民主法治、内外平等、共建家园的社区建设原则，建立了社区外来人员自治机制。"力邦村"的经验，已经包含了"善治"的某些因素，是构建"和谐社区"的一种有益的尝试。它的意义昭示着：有效的社会管理是政府与社会的合作，社区治理是当代民主的一种新的实现形式，善治的基础不仅是在政府或国家，更加重要的是在公民或公民社会。公民社会是善治的现实基础，没有一个健全和发达的公民社会，就不可能有真正的善治。从"力邦村"模式的良好合作关系的内涵中可以看出，政府与社会的良好合作关系的形成有利于对于公民权利的尊重，有利于公民积极性、主动性、创造性的发挥，有利于合理配置社会资源，达到社会发展的目的。

3. 破解用工荒：从歧视到善待

农民工被认为是我国多年经济持续高速增长的关键因素。按照古典经济增长模型分析我国的经济增长，它无法解释伴随我国经济增长的持续的高储蓄率和高资本形成率。但是如果把农村劳动力转移这一因素考虑进来，劳动力从农村到城市，相当于原本没有发挥效用的资源被"挖掘"出来，我国的生产能力自然会提高。一些学者将劳动力转移因素引入古典经济增长模型，并对其进行了实证分析，很好地解释了中国的经济增长模式。"力邦村"人居环境优美、治安环境良好、住房和餐饮价格低廉、各项配套设施齐全，居民在这里学习进步、安居乐业，不但提高了自身服务企业、服务社会的能力，而且增强了"力邦村"的凝聚力。"力邦村"良好的人居氛围，提高了居民自身的素质，同时也带动了周边的乡风文明，消除了本地居民对外来人员的排斥心理，促进了他们之间的沟通融合，缓解了社会压力。由于"力邦村"为农民工创造了和谐的安居环境和营造了平等的政治环境，以至于一些农民工向西坞镇的企业提出必须帮助其住进"力邦村"否则辞职的现象。长三角等东部沿海地区的飞速发展离不开劳动力的转移，吸引劳动力多的地方也往往是经济发展较快的地方。所以，政府特别是发达地区的地方政府，应该转变歧视农民工的态度，充分认识到农民工对于地区建设所起到的作用，提高对于农民工的保护力度，为其创造较好的工作生活环境，进而吸引更多的劳动力流入本地区。

第八节
数字普惠金融助力低收入群体消费扩容升级的政策建议[①]

市场需求大小影响着小微企业发展。为了扩大市场需求，地方政府可以发展数字普惠金融以助力低收入群体消费扩容升级。本节以浙江省宁波市为例，对数字普惠金融助力低收入群体消费扩容升级问题进行研究。

---

① 本节内容根据在 2019 年第 7 期《经营与管理》上发表的论文《数字普惠金融助力低收入居民消费扩容升级研究——以浙江省宁波市为例》修改而成。论文作者：徐铭延、贺翔、阎永哲。

一、数字普惠金融助力宁波市低收入群体消费扩容升级的现实意义

普惠金融最早起源于小额信贷，真正意义上的普惠金融是进入 21 世纪以后，随着"可持续性"的理念被推广开来。2016 年 G20 杭州峰会提出的《G20 数字普惠金融高级原则》，是国际社会首次在普惠金融领域推出高级别的指引性文件。数字普惠金融系指依托移动互联、云计算和大数据等数字技术，降低金融服务门槛和成本，提高金融服务效率和体验，实现商业上可持续的普惠金融体系。数字普惠金融能有效引导金融资源专注服务于包括低收入群体和小微企业在内的弱势群体，特别是有望服务于促进居民消费扩容升级这一领域。消费既是宁波市经济持续稳定增长的重要保障之一，也是宁波市经济潜在的增长点之一。投资、外贸和消费作为经济增长的三驾马车，本应并驾齐驱，但实则消费偏弱。通过数字普惠金融促进宁波市低收入群体消费扩容升级进而拉动宁波市经济增长，不仅能体现宁波市创新驱动发展的战略，同时也是体现金融公平和社会和谐发展的思路。

从国际政治层面来看，数字普惠金融是国际社会对包容性增长理念的最新体现，通过数字普惠金融助力宁波市低收入群体消费扩容升级，是宁波市践行包容性增长理念的实际行动，是对数字普惠金融高级原则进行阐释的宁波市注脚。

二、数字普惠金融助力宁波市低收入群体消费扩容升级的作用机理

凯恩斯（John Maynard Keynes）的消费理论认为，不同收入群体的平均消费倾向具有较大差异性。高收入群体的平均消费倾向以及消费的收入弹性较低，低收入群体则相反。普惠金融体系主要服务低收入群体，因此普惠金融对于促进低收入群体的消费扩容升级具有相当大的经济意义。但低收入群体人数众多[①]，属于"长尾"人群，针对他们的消费金融服务需要较低成本和更高效率方式和手段才有可能实现，数字普惠金融体系的功能能满足这一要求。消费是经济增长的"三驾马车"之一，宁波市一直致力通过拉动消费来刺激经济发展。2014 年，宁波市启动了"月光经济"，通过"一核四轴多节点网格化"的"月光经济"布局，使之成为拉

---

① 有研究表明，我国高收入群体人数占 15% 左右，中间群体人数占 10% 左右，而低收入群体人数超过 70%。

动港城经济增长的新引擎。2015年以来,"互联网+"的创新措施从电商领域刺激消费又给宁波市注入了新的活力。

然而,消费是市场供求双方的共同行为。如果仅考虑从供给侧改革,效果必然是有限的。从需求角度来看,消费金融对于消费的拉动作用毋庸置疑。不过,低收入群体获得消费金融服务的能力和水平相对有限。这给普惠金融体系提出了一定的挑战,同时也带来了发展机遇。数字普惠金融依托数字技术,凭借其较低的服务成本、高效的服务和面广的范围,能较好地满足低收入群体作为"长尾"群体要求,对于消费金融服务的低成本、实时性、场景融入性、方式多样性要求也能较好地满足。因此,发展数字普惠金融对于助力宁波市低收入群体消费扩容升级而言具有重要意义,对于刺激宁波市经济以涌现更多的增长热点也有一定的助推作用。

综上所述,从金融供给角度而言,数字普惠金融能助力低收入群体的消费扩容升级,对于消费的促进效应可观。从金融需求角度来看,低收入群体也有获得廉价、高效、安全的金融服务需要。例如,低收入群体需要获得适用的支付手段和渠道为其提供更多的消费便利;虽然消费能力相对有限,低收入群体也需要嵌入消费场景的、及时的小额信贷以支持其进行跨期消费等。这些需要反过来也有利于数字普惠金融机构对不同低收入群体特征和个人特质进行精准把握,有助于推动宁波市数字普惠金融体系的构建,从而进一步拉动居民消费的扩容升级,形成"回响效应"。

此外,在数字普惠金融体系帮助下,低收入群体通过其消费金融行为能积累自身信用,间接帮助金融机构完成对其信用信息的更新和维护,从而为数字普惠金融体系的进一步推广和发展夯实基础。总之,在运营有效、风控得法的前提下,数字普惠金融与低收入群体消费之间可以相互良性促进。

三、数字普惠金融助力宁波市低收入群体消费扩容升级的实施方式与路径

尽管宁波市普惠金融有着较好的前期基础,但当前普惠金融体系对宁波市低收入群体消费行为的影响效果确并不显著。究其原因,从金融行业内部细分视角来看,一是银行系金融企业出于风控原因;二是消费金融公司物理网点有限,短期内难以服务数量众多的低收入群体;三是互联网金融虽可无缝嵌入消费场景,通过提供支付入口、小额信贷、保险、理财等多重方式获得相对较多的"长尾"订单,但互联网消费并无特定地域性,消费中

很多供给方实际源于异地,其拉动宁波市消费的效果还需要深入研究。

因此,虽然理论上数字普惠金融能够助力宁波市低收入群体消费扩容升级,但在具体实施方式和路径上还须结合宁波市本地实际,精心筹划布局,积极动态调整。

(一) 实施方式

1. 结合现有数字金融基础设施和平台,引入适用、安全的技术及手段,构建适于数字普惠金融发展需求的升级型服务平台

宁波市在建设数字金融基础设施和平台上已经取得了一定成绩。宁波市是全国首个金融IC卡多应用平台的试点城市,在其基础上建立的移动金融公共服务平台以服务民生为出发点,力图让社会大众享受移动金融的普惠性、安全性和便利性。但由于"数字鸿沟"的天然、客观存在,宁波市低收入群体对于数字技术及手段的接受程度和使用频度不及高收入人群。因此,一方面,要加大政府部门、社会资本等多元化投入,进一步完善支付清算、信息通信等基本设施体系,使普惠金融服务能够更加适用、低成本地扩展到更广泛的区域和群体;另一方面,要有持续、广泛地跟踪低收入群体金融服务的需求和改善低收入群体的接受能力。同时,由于低收入群体的风险意识和防范能力相对有限,要做好其安全教育工作。

2. 注重相关金融产品及服务与宁波市本地消费产业的衔接

宁波市低收入群体具有相对较高的边际消费倾向,其对于本地消费支出的贡献度可以通过适用的普惠金融产品与服务有所提高。不过,由于相关金融产品及服务和本地消费产业的融合程度不高,还有大量的基础和衍生工作需要完成。对此,宁波市不少银行机构在探索本地化经营上进行了持续的努力。例如,社区银行面向社区居民这一细分市场的尝试;涉农金融机构针对涉农业务的创新。不过,对于消费金融产品及服务与本地消费的融合而言,仍有较大的提升空间。例如,关系民生的衣食住行领域对于低收入群体而言,扩容升级的空间仍很大,如能得到数字普惠金融体系的支持,既能创造新的消费热点,又能促进消费领域的公平。

3. 注重促进方式的风险可控和商业可持续

促进数字普惠金融发展需要创新,但也要守住风险可控的底线,做到金融创新与监管并举。促进风控工作与低收入群体的偿付能力相匹配,金融机构应强化内部监控,行业协会要履行风险提示职责,监管机构须相应

调整监管方式。另外，普惠金融服务要获得适当的商业利益，回报应具有稳定性，以保障其能长期持续运营。

（二）实施路径

影响居民消费的因素很多，消费金融是其中一个重要因素。数字普惠金融体系对于消费的促进效应将在长期中显现出来，并且反过来促进数字普惠金融体系的建设。因此在实施路径上，应当考虑从"促进宁波数字普惠金融体系建设""促进数字普惠金融服务对低收入群体消费行为的转化"以及"消除低收入群体消费阻碍因素"等三个方面着力。从基础条件来看，"促进宁波数字普惠金融体系建设"是最基本的前提，需要首先落实。

《G20 数字普惠金融高级原则》是在国际社会层面上对普惠金融新阶段的总结与展望，各国、各地区的情况不同，需要结合实际基础条件，按照"动态调整、目标具体、进展可测和责任明确"的思路加以实施。在具体实施路径上，宁波市应借助数字技术和手段定期采集相关信息，根据低收入群体消费的动态情况，研判数字普惠金融体系构建的阶段性需要，并结合其不同发展阶段，明确本阶段的主要目标和具体任务。目前看来，应至少分为"短期目标—中期目标—长期目标"三期，按"先易后难"的原则逐步推进。短期目标主要是配套激励政策的导入和基础设施和平台的投入，相应普惠金融产品的研发与推广；中期目标要关注金融监管和消费者保护；长期目标要注重对配套制度体系和市场环境的完善。

四、发展数字普惠金融促进宁波市低收入居民消费扩容升级的政策建议

发展数字普惠金融，应坚持市场化为主的发展机制，但也离不开政策的支持和引导。结合宁波市普惠金融发展的前期基础和低收入群体的消费现状，应根据目标任务的难易和紧迫程度分为短期、中期、长期等不同时间阶段逐步实行。

（一）短期阶段的政策建议

1. 夯实低收入群体的基础金融服务及消费便利化公共设施平台

前期主要保障低收入群体基础消费金融服务的可得性，后期重点促进低收入群体消费的扩容升级。基础设施平台的构建工作绝非一朝一夕能完

成，需要长期持续的投入与维护。虽然宁波市在移动金融服务平台、金融 IC 卡多应用平台和普惠金融信用信息平台的建设上处于全国先进行列，但随着数字技术和金融服务进一步深度融合，基础平台的要求在持续提高。今后，对数字普惠金融的推广应强调扩大其基础金融服务的可得性上。一要重点研究和开发对低收入群体或家庭或个人的身份精准识别的方法[①]；二要重视对市场机制和多元社会力量的合理运用。例如，创新性公私伙伴关系、共享基础设施项目的激励机制和有针对性的采购政策，使宽带网络/数据覆盖延伸到金融服务匮乏的地区。对于依托消费场景、基于消费流程等方面，平台还有很多拓展性举措需要开展。例如，推动零售支付系统基础设施的现代化，并扩展该基础设施，建立开放的支付平台。目前类似于支付宝的应用场景主要集中在中高收入阶层，低收入群体特别是农村地区、年龄较大的低收入群体使用率并不高。因此，开发与推广适合低收入群体的公共数字支付系统是后期工作的要点。

2. 通过法律和政策扶持相关金融企业，支持消费金融产品与服务创新

构建数字普惠金融的法律和政策支持体系要坚持普惠金融服务主体的公平准入。目前市场主体既包括传统金融机构，也包括新兴金融机构。宁波市应按照公平的原则提出准入标准，着力破解不合理政策的约束和制度瓶颈，增强数字普惠金融发展的内生动力，为数字普惠金融的发展创造良好的政策环境。

宁波市应制定简单易懂的数字普惠金融法律、法规，并确保金融企业知晓。例如，通过可公开访问的网站、微博、微信、手机 APP 或其他易于金融企业随时获取的数字渠道。

数字技术推动普惠金融发展是《G20 数字普惠金融高级原则》出台的重要背景。扶持金融企业数字普惠金融产品的创新，促进数字技术与金融服务的不断融合，既是高级原则本身的要求，也是普惠金融发展的必然选择。

金融创新一般包括制度创新、机构创新和产品创新等三个层面。短期内宁波市应主要关注机构和产品服务方面的创新。为此，应鼓励金融企业

---

① 为此《G20 数字普惠金融高级原则》中曾在"原则七"中强调促进数字金融服务的客户身份识别，足见身份识别作为基础金融服务的重要性。

在现有基础和布局上开展创新，扩大数字普惠金融服务的覆盖面。如发展金融服务代理人，代理人可以考虑发展乡村基层公务人员、社区工作人员，以及社区便利店、快递网点、加油站等网点众多，易于接触低收入群体的组织机构，协助金融企业降低物理服务网点延伸成本。同时通过推广基础金融服务、培训服务、技术支持等措施逐步扩大数字普惠金融覆盖面。

在此基础上，宁波市要鼓励金融企业进行金融产品服务上的创新。创新的方向应尽量结合宁波市消费经济产业与相关消费金融活动。前者如宁波市服装、农产品、房地产、家电、电商等产业；后者如宁波市农村消费金融、外来务工人员消费信贷等。

在具体产品上，针对低收入群体，宁波市应扶持金融企业创新开发基于数字技术的小额信贷、小额保险、小额理财、小额支付产品与服务，并关注其低门槛性、廉价性与安全性。例如，扶持金融企业运用数字技术手段开发适合于低收入群体消费场景的普惠金融产品，将相关金融服务从其衣食住行等基本消费延伸到娱乐、教育、医疗、美容等扩展消费生活场景之中。宁波市应考虑低收入群体的特点，通过安全简单的操作界面、通俗易懂的产品说明、平易近人的咨询顾问让普惠金融服务变得更加易于操作。

3. 推进针对金融企业、金融产品与服务的监管

宁波市要建设数字普惠金融发展的测度机制，监测和评估其发展水平和阶段。金融风险和金融创新相伴而行，"平衡创新和风险"是数字普惠金融高级原则中的第二原则，应从机制设计上加以确保。目前，金融监管框架是一行两会的分业监管框架。对于开展数字普惠金融业务的需要而言，大部分企业和经营模式是混业经营的。因此，在实现监管一体化之前不同监管部门之间的协调相当重要。

在具体监管方向上，宁波市应建立完善的数字普惠金融的行为监管、审慎监管和市场准入体系，注重借鉴监管砂箱、监管科技等新方法，利用数字技术来改进监管的流程和能力，探索针对数字普惠金融的区域试点、产品实验、压力测试等管理机制，确保创新带来的风险始终处于可管、可控的范围。

除此之外，宁波市要发挥行业自律作用，通过制定适当的信息披露、信息安全、业务经营等行业标准和规则，降低行业整体发生风险的概率。

(二) 中期阶段的政策建议

1. 加强与行业协会、高校、科研院所、慈善组织等非政府组织的合作

短期的政府举措一般都会取得一定的效果，但要将其加以巩固和扩大，就需要借助更多、更广泛的社会力量。为此，宁波市应加强与金融行业协会合作，将前期由政府部门主导或承担的工作交给更适合的行业协会。高校、科研院所可以为政府部门和金融企业提供更多技术支持和管理咨询，发挥纠偏、巩固和加强政策效果的作用。慈善组织的服务对象与低收入群体的重合度很高，比较了解这一群体。因此，在中期宁波市可以探索与慈善组织合作的渠道和方式，以期在节约相关公共服务成本的同时提升彼此的服务质量。

2. 开发、普及和推广适用的数字普惠金融服务

在中期阶段，应将工作重点从短期主推的基础金融服务转移到更多的数字普惠金融服务上，使得低收入群体能真正从中得以受惠。由于"数字鸿沟"的存在，低收入群体在接触和熟悉数字金融服务上的成本较高，见效较慢。因此，需要通过政府、行业协会与金融企业的投入，从宏观、中观和微观等三个层面采取措施。例如，政府制定激励政策，协会组织数字技术及金融服务的培训与推广，企业进行数字金融服务改造升级，等等。确保低收入群体受益于新兴数字技术而不是因为新的数字手段导致"数字鸿沟"加剧。

3. 完善数字普惠金融制度体系

传统金融体系对于低收入群体在消费领域的金融支持相对不足。因此，在数字普惠金融的中期建设过程中，应注重低收入群体的个人信用体系、消费支付体系和消费者保护体系的建设，逐步完善有利于低收入群体消费扩容升级的金融制度体系。

(三) 长期阶段的政策建议

1. 引导低收入群体消费观念的转变

低收入群体的消费观念总体上发展滞后，转变较为缓慢，需要通过引导和示范逐步转变之。他们当中的年轻人接受新事物、新观念的能力较强，故应先培养他们的现代消费观念，进而去影响中老年群体的消费

观念。

2. 优化税收结构体系，增加低收入群体的可支配收入

对于低收入群体而言，宁波市只提高税收起征点不足以减轻其税负水平。调整和优化整个税收结构体系不仅能增加低收入群体的可支配收入，还可以增强这一群体对社会公平的主观感受，促进社会和谐。

3. 加深对低收入群体的了解，制定更为完善的金融和消费促进政策

除了有助于低收入群体消费的扩容升级，数字普惠金融还可以凭借其数字技术和手段加深对这一群体的了解，在此基础上实现对金融和消费政策的反馈与修正，从而起到良性互促的循环迭代效果，在长期中实现对相关政策的动态调整与优化。

第九节
建立大数据个人信用平台的意义、挑战及途径[①]

如第八节所述，在数字普惠金融的中期建设过程中应注重低收入群体的个人信用体系的建设。故本节以浙江省温州市金融改革为例，分析建立大数据个人信用平台的意义、挑战和途径。

当下，我国社会信用体系发育程度低下，失信现象较为普遍，跑路老板屡见不鲜，银行不良贷款率屡屡攀升。中新社广州融 360 金融搜索平台联合中国人民大学国际学院金融风险实验室共同发布的 2015 年第 1 期《网贷评级报告》显示，2014 年中国出现问题的互联网借贷平台共有 273 家，主要问题为跑路、倒闭、恶意诈骗等。银监会披露的监管数据显示，2014 年第一季度末，商业银行不良贷款余额 9825 亿元，较上季度末增加 1399 亿元；商业银行不良贷款率 1.39%，较上季度末上升 0.15 个百分点。这些信用问题成为制约国民经济又好又快发展的突出障碍，加快社会信用体系建设，重筑市场经济的制度基础已成为当务之急。这些由个人信

---

① 本节内容根据在 2015 年第 8 期《经营与管理》上发表的论文《建立大数据个人信用平台的意义与对策——以温州"金融改革"为例》修改而成。论文作者：徐璐、阎永哲、贺翔。

用引发的问题，归根究底，都是因为相关部门对个人信用情况的掌握欠缺，难以准确地对个人信用情况进行调查，缺乏规范有效的个人信用平台。

2012年3月28日，时任国务院总理温家宝主持召开国务院常务会议，决定设立温州市金融综合改革试验区，并提出了温州市金融改革十二条。之后的三年里，温州市金融改革在褒贬争议中如火如荼地展开。2015年3月26日，在温州市金融改革三周年之际，中国人民银行批准同意温州市金融改革"新十二条"。温州市金融改革"新十二条"在"旧十二条"的基础上结合温州市三年内金融改革的经验和成果，进行了因时制宜的微观细化，以帮助金融改革试验区更好地适应新常态下国际经济金融运行的变化。其中，第十二条"优化区域金融生态环境，推动建立信用信息共享平台"对于降低银行的不良贷款率，构建一个基于市场、法律、契约和诚信的金融生态环境有着重要意义，标志着温州市建立大数据个人信用平台有了较为成熟的政策环境。

一、大数据个人信用平台的概念

关于大数据个人信用平台的定义，鉴于业界并无先例，本节将其定义如下：大数据个人信用平台是利用先进的大数据技术，将各单位采集的个人信用数据进行加工、整合，从而进行统一管理的个人信用信息共享平台。它的内容包括数据采集、数据加工、数据展现三个部分。

二、大数据个人信用平台的特点

（一）数据量大、覆盖面广

大数据个人信用平台的数据由政府、金融机构以及各企事业单位采集上传而得，这些数据包含了个人工作、生活中涉及个人信用状况的方方面面。

（二）系统性强、标准化程度高

大数据个人信用平台是一个自成系统、各种资源及要素流通的信息共享平台。来自不同机构、不同部门的数据具有标准、准确、唯一的关联信息，能发挥多方优势促使数据准确匹配。深度挖掘其价值，可以打破"数据孤岛"和"数据割据"现象。

(三)安全性好、具有自动预警能力

大数据个人信用平台采用"谁使用谁负责"的原则,配有完善的法律法规,有效防止个人隐私的泄露。与此同时,系统将重要数据的传输进行了加密处理,利用用户权限控制机制可以做到任一数据访问入口的精确化授权管理,其安全审计功能可以记录访问者的身份、访问时间和内容等信息。一旦平台中的数据被检测到异常变动情况,会自动发出预警指令,便于管理员在最短的时间内采取应对措施。

(四)具有良好的适应性和扩展性

展现层按具体功能展现需要,将采集到的明细数据进一步汇总、加工和预处理,以满足前台各类数据展现的需要。

(五)更新快,具有实时性

大数据个人信用平台能将采集到的数据自动输入系统,以最快的速度加工处理,便于实时信息的查询。

三、建立大数据个人信用平台的意义

征信解决信用问题,是经济金融得以又好又快发展的基石。目前中国人民银行征信体系已经覆盖8亿人,其中真正具备信贷记录的却只有区区3亿人。巨大的个人信用缺口意味着中国征信空间巨大。利用贷款平台、支付消费平台等大量碎片化数据建立大数据个人信用平台对弥补现有的个人征信缺口意义非凡。

(一)降低个人商业不良信用率

建立大数据个人信用平台不仅有助于交易双方更全面地了解对方的信用情况,而且可以增加交易双方的信心并对其起到自我约束的作用,从而达到降低个人商业不良信用率的效果。

(二)降低银行个人不良贷款率

通常,借款人对自身信息的掌握程度必然比贷款人高,这就为不法分子采取捏造事实、隐瞒真相等手段恶意骗取银行贷款提供了契机。建立大

数据个人信用平台能够缓解信息不对称的状况，有助于放款机构更好地识别和跟踪风险、进行风险预警分析，并激励借款人按时偿还债务，减少由于信息不对称引起的个人不良贷款率。

（三）减少放贷者的工作量，降低放贷成本

建立大数据个人信用平台可以减少信贷审核工作者的工作量，从而达到降低成本的效果。

四、建立大数据个人征信平台的挑战

目前，我国面临着严峻的国内外形势，各种风险因素较多，建立大数据个人征信平台也因此面临种种挑战。

（一）隐私漏洞

目前，在个人征信发展最成熟的美国，关于个人征信行业的成文法律有 17 部。我国公民对隐私安全保护的需求、意识较为淡薄，我国法律中虽有提及"公民的个人数据不得非法搜集、传输、处理和利用"，但《民法通则》并没有把隐私权作为一项独立的人格权加以保护。目前，我国关于个人隐私的有关立法尚不完善，对隐私权的保护范围与执行力度也较为模糊。大数据个人信用平台涉及个人的家庭、学习、工作、消费情况等各种隐私数据，在数据的获取和使用中容易造成隐私泄漏，如何在大数据背景下保护公民的隐私安全成为建立大数据个人信用平台中的一大挑战。

（二）信息孤岛现象严重

在现实社会中，各单位可能会因为标准不统一、系统不一致、商业机密等原因无法将搜集到的信息和数据进行共享，设计、管理、生产的数据不能进行交流，导致数据出现脱节，形成信息孤岛。比如，国库横向联网系统税收数据中的企业代码为 18 位代码，国际收支申报系统中的企业代码为 9 位组织机构代码，数据无法准确匹配，数据的价值就难以挖掘。

（三）存在误差和难以测评的情况

以阿里巴巴的芝麻信用为例。目前，芝麻评测体系中包括了用户信用历史、行为偏好、履约能力、身份特质和人脉关系五个维度，每个维度下

又细分出数个、数十个因素，共同构成一个庞大的数据根系。长期使用淘宝的人可以看出芝麻信用的评分规律，这给不法分子进行套分、骗取信用提供了机会。如通过提高网购频率获得信用评分等。对于不常使用支付宝、很少进行网购的用户，芝麻信用难以取得其相关信息和数据，从而无法准确地衡量其信用等级。

五、温州市作为金融改革试点的优势

作为中国民营经济发展的先发地区与改革开放的前沿阵地，浙江省温州市无疑是试点的最佳选择。其优势主要体现在以下几个方面：

（一）形成了自由的民间金融市场

温州市民营经济发达，民间资金充裕，并已从初级的原始个人信用形式发展到组织化、规模化的市场化金融组织及竞争性的民间金融市场，创造出新型的融资方式，形成了真正反映资金稀缺程度的自由民间金融市场。

（二）金融改革政策扶持，为金融改革探路

第一，温州市作为国家批准的一个试验点，其试验后果影响范围相对较小。温州市金融改革成功了可以将其改革经验推广，失败了其波及面也不会太广。第二，金融改革"新十二条"明确提出"优化区域金融生态环境，推动建立信用信息共享平台"，足以体现出地方政府对信用问题的重视。在温州市人民政府的大力支持以及各行各业的配合下，温州市能够积极开展个人征信系统建设，有效防范个人商业和信贷风险，推进区域经济发展，为"信用社会"建设作出了一些有益探索。

六、建立大数据个人信用平台的对策

（一）制定"使用细则"，完善"备案制"

温州市要制定"温州市大数据个人信用平台使用细则"，完善"备案制"，建立统一的个人信用评分标准，将个人资料及信用情况以量化的方式呈现出来，并且对数据的获取和使用进行规范。此外，温州市民间借贷较多，应进一步完善"备案制"。登记备案需要借贷双方签订规范的合同，明确抵押物等，从而起到有效规范借贷手续的作用。民间借贷服务中心和大数据个人信用平台均应建立开发备案软件并投入使用,并能与政府、金融机构的征信系统并轨运行,三方共同打造大覆盖面的信用体系,从而使得借贷行为处于法律监管之下,有效防范和化解金融风险。

(二) 加强政府、机构、企业间的数据对接和整合

温州市要设立"温州大数据个人信用平台中心",加强政府、机构、企业间的数据对接和整合,将网上银行、电商、招聘、社交、公积金社保、婚介、搜索引擎、交通运输等涉及个人生活中的方方面面聚合起来,通过个人信用平台中心进行统一规范、综合管理,形成个人身份认证、工作及教育背景认证、软信息等多维度信息,使信用成为公民的第二张身份证。

(三) 个人信用评分公开化、透明化,增加个人失信违约成本

温州市要将个人信用评分适度公开化、透明化,提高不良信用者的曝光率,加大惩罚力度,增加个人失信违约成本。温州市民间金融发达,大数据个人信用平台的建立可以将点点滴滴的个人信用情况记录在案,从而为其合作者或交易对象提供参考依据。大数据个人信用平台可以将数据、信用、财富紧密联系在一起,通过温州大数据个人信用平台中心官方网站、报纸杂志、电视广播等媒体对不良信用者进行曝光,从而有利于减少因个人信用问题而造成的损失。

(四) 加强人才培养

温州市要引导温州大学等高等院校重视大数据的应用研究和人才培养,为温州市大数据个人信用平台的建设提供最先进的技术,输送可用之才。

第十节
"海归"高层次人才创业环境评价

如前所述,为了激发小微企业企业家精神,在政治环境方面,地方政府要制定健全的创业与创新扶持政策。本节以浙江省宁波市为例,对

"海归"高层次人才创业环境进行评价,并分析地方政府助力"海归"高层次人才的企业突破创业期瓶颈的政策。

一、引言

"海归"高层次人才是在国(境)外接受过高等教育,具有国际国内领先的学术技术水平,或拥有自主知识产权、产业化发展前景较好的科研成果或项目,能够突破关键技术、发展高新产业、带动新兴学科的已经回国的人才。由于"海归"高层次人才创业有助于推动当地经济转型升级,促进经济发展方式转变,故各地方政府都在努力打造优良创业环境以吸引海外高层次人才来本地创业。

在中国知网(www.cnki.net)上以"海归高层次人才创业环境"为关键词对论文篇名进行模糊检索,截至2015年5月,没有发现一篇论文。为了找到相关论文,笔者减少检索限制条件,在中国知网(www.cnki.net)上分别以"海归创业环境"和"高层次人才创业环境"为关键词对论文篇名进行模糊检索,总共发现4篇相关论文。黄昱方、陈成成、陈如意(2014)认为,人才支持能力、创业创新配套服务、基本生活条件、政策制度、城市现代化等五个因素对创业环境有正向影响,且影响强度依次减弱。刘耘(2014)指出,佛山的"海归"人才在创新创业中主要面临五个方面的问题:一是创业融资困难,贷款没有担保抵押;二是身份问题;三是交流不通畅,办事效率低;四是缺乏社会文化归属感;五是创业扶持政策集中度不强、落实不到位。为此,佛山市要以创新为导向,提供创业资助和融资服务;建立与实施居住证为主的居住制度,彻底解决海外留学归国人员的身份问题;建立"海归"人才联席会议制度,加强配套服务建设,提供一站式综合服务;科学制定对海外留学归国人员的创业扶持政策并落实到位;搭建各类交流平台,增强留学归国人员的社会文化归属感。孙虹、任凤慧(2010)针对我国各级政府在引导创业方面政策趋同、效果不佳,高层次人才创业遭遇瓶颈的现状,把创业绩效受损的原因区分为结构问题和环境问题两类,并提出了结构优化策略和环境优化策略。张金岱(2015)对县域高层次创业人才引进环境中存在的问题进行了分析,从构建创新、健全的人才政策环境,营造良好的产业引才环境,引导市场资源保障环境,构建立体化、全方位人才创业服务环境等四个方面提出了应对之策。

通过上述分析可知，虽然国内学者对企业创业环境进行了一些研究，但是，没有国内学者对"海归"高层次人才创业环境进行专门研究。"海归"高层次人才创办的企业多为高科技企业，高科技企业创业具有高难度、高投入、高风险、高收益的特点，其成功创业所需创业环境与一般企业所需创业环境有所不同。笔者基于 GEM 模型，运用主成分分析对浙江省 11 个地级市的"海归"高层次人才创业环境进行定量评价，以找到宁波市"海归"高层次人才创业环境的不足之处，帮助宁波市有效改善"海归"高层次人才创业环境。

二、宁波市"海归"高层次人才创业环境评价

（一）基于 GEM 模型[①]的"海归"高层次人才创业环境评价指标构建

GEM 提出了一个国家经济增长模型，在这个模型中，促进经济增长的条件分为一般的国家条件和创业条件。创业条件用于反映对创业部门产生显著影响的主要经济和社会特性。创业条件由金融支持、政府政策、政府项目、教育和培训、研究开发转移、商业环境和专业基础设施、国内市场开放程度、实体基础设施的可得性、文化及社会规范等九方面构成。笔者根据科学性、系统性、客观性、可获得性原则，从金融支持、政府政策、政府项目、教育和培训、研究开发成果转移、商业环境和专业基础设施、国内市场开放程度、有形基础设施的可得性、文化及社会规范等九方面构建出"海归"高层次人才创业环境评价指标体系。

从 GEM 参与国和地区的情况来看，创业企业的资金来源主要有三个渠道：一是私人权益资本，包括自有资金、亲戚朋友借贷和引入股权筹集资金；二是创业资本融资；三是二板上市融资。"海归"高层次人才创业的金融支持最主要来源是自有资金、亲戚朋友投资或天使投资。亲戚朋友和天使投资家的投入资金一般来源于其储蓄，金融机构放贷情况能够反映其对企业的支持力度，故笔者用"人均城乡居民储蓄年末余额""金融机构年末贷款余额"反映金融支持情况。

政府的创业政策是指激励创业的政策，包括对创业活动和成长企业的

---

① GEM 是全球创业观察的英文简称，由英国伦敦商学院和美国百森学院共同发起成立的一个旨在研究全球创业活动态势和变化、发掘国家创业活动的驱动力、创业与经济增长之间的作用机制和评估国家创业政策的研究项目。

规定，就业的规定，环境和安全的规定，企业组织形式的规定，税收的规定等。笔者用"地方政府对'海归'高层次人才创业企业的扶持力度"反映政府政策情况。

"海归"高层次人才创建的企业主要集中在高新技术密集型的行业，尤其以新一代电子信息技术行业和新生物工程、新医药行业最为集中。科技园和孵化器对这些企业的发展有重要影响。由于我国政府项目主要以科技园、孵化器等形式为高科技创业企业提供资金和政策方面的支持，所以笔者用"省级以上高新技术产业园区和科技企业孵化器数量"反映政府项目状况。

教育和培训是创业活动得以开展的必要条件，也是创业者把潜在商业机会变为现实的基础。笔者用"教育从业人员数占城镇从业人数的百分比""人均教育支出"反映教育和培训状况。

研究开发成果转移过程是否顺利，从过程上看是创业是否有效率，"海归"高层次人才是否可以抓住技术和创业机会；从结果上看是研究开发成果转移是否实现了商业化。研究开发成果转移与创业的关系主要涉及以下三个方面：一是研究开发成果是否能够从它的发源地和来源通过新创企业走向市场；二是知识产权保护；[①] 三是研究开发成果实现转移是否具备转移的条件。研究开发成果的有效转移离不开科技服务机构发展和知识产权保护，故笔者用"科学研究、技术服务和地质勘查业从业人数占城镇从业人数的百分比""每百位科技人员中三种专利申请受理数量""每百位科技人员中三种专利申请批准数量"反映研究开发成果转移情况。

商业和专业基础设施主要包括两个方面：一是创业企业能获得哪些资源，例如，分包商、供应商、咨询机构资源。二是创业企业能获得哪些服务，包括金融服务和非金融服务。非金融服务包括法律服务、会计服务等。笔者用"租赁和商业服务从业人员数占城镇从业人数的比重""金融业从业人员数占城镇从业人数的比重"反映商业和专业基础设施状况。

通信设施、交通运输设施等有形基础设施对企业创业活动有重要影响，笔者用"每百人中互联网用户数""境内公路里程"反映有形基础设

---

① 知识产权的保护程度难以量化，或是样本城市关于这方面的资料不健全。在获得"孙冶方经济学奖"的中国经济改革研究基金会国民经济研究所开展的"中国各地区市场化进程"研究中，对于知识产权保护的反映使用了按科技人员平均的三种专利申请受理数量、按科技人员平均的三种专利申请批准数量两项指标（樊纲，2003）。

施状况。

进入壁垒不仅体现在创业企业进入市场时是否存在行业准入壁垒,是否有一个公平竞争的环境,还体现在市场变化是否大。因为市场的变化孕育着机会,在市场变化大的创业环境中,行业的进入壁垒就难以维系。笔者用"企业进入新市场的容易程度"反映进入壁垒情况。

文化和规范与创业的关系主要表现在两个方面,一是社会对个人创业的态度;二是个人与集体的关系。笔者用"当地文化鼓励个人创业的程度"反映文化和规范。

"海归"高层次人才创业环境评价指标体系具体见表6-5。

表6-5　"海归"高层次人才创业环境评价指标体系

一级评价指标	二级评价指标	表示二级评价指标的变量
金融支持	人均城乡居民储蓄年末余额(元)	X_1
	金融机构年末贷款余额(亿元)	X_2
政府政策	地方政府对创业企业的扶持力度	X_3
政府项目	省级以上科技园区和孵化器数量(个)	X_4
教育和培训	教育从业人员数占城镇从业人数的比重(%)	X_5
	人均教育支出(元)	X_6
研究开发成果转移	科学研究、技术服务和地质勘查业从业人数占城镇从业人数的比重(%)	X_7
	每百位科技人员中三种专利申请受理数量(件)	X_8
	每百位科技人员中三种专利申请批准数量(件)	X_9
商业和专业基础设施	租赁和商业服务从业人员数占城镇从业人数的比重(%)	X_{10}
	金融业从业人员数占城镇从业人数的比重(%)	X_{11}
有形基础设施	每百人中互联网用户数(户)	X_{12}
	境内公路里程(千米)	X_{13}
进入壁垒	创业企业进入新市场的容易程度	X_{14}
文化和规范	当地文化鼓励个人创业的程度	X_{15}

(二) 浙江省 11 市"海归"高层次人才创业环境的主成分分析

浙江省有杭州、宁波、温州、嘉兴、湖州、绍兴、舟山、金华、衢州、台州、丽水等 11 个地级市。笔者根据构建出的"海归"高层次人才创业环境评价指标体系，运用主成分分析法对浙江省 11 市的"海归"高层次人才创业环境进行评价。主成分分析也称主分量分析，是由霍特林（Hotelling）于 1933 年首先提出的。主成分分析是利用降维的思想，在损失很少信息的前提下把多个指标转化为几个综合指标的多元统计方法。

浙江省 11 市的"人均城乡居民储蓄年末余额""金融机构年末贷款余额""教育从业人员数占城镇从业人数的比重""人均教育支出""科学研究、技术服务和地质勘查业从业人数占城镇从业人数的比重""每百位科技人员中三种专利申请受理数量""每百位科技人员中三种专利申请批准数量""租赁和商业服务从业人员数占城镇从业人数的比重""金融业从业人员数占城镇从业人数的比重""每百人中互联网用户数""境内公路里程"等指标的数据通过《浙江省统计年鉴 2014》获得；指标"省级以上科技园区和孵化器数量"的数据从浙江省科技厅官方网站获得；"地方政府对创业企业的扶持力度""创业企业进入新市场的容易程度""当地文化鼓励个人创业的程度"等三个指标的数据通过问卷调查获得。问卷中的指标使用 5 级 likert 量表进行测量，请被调查企业根据指标的不同程度打分，分值范围从 1 分到 5 分。随着指标的程度递减，分数递减。例如，被调查企业如果认为当地政府对创业企业的扶持力度非常大，或者创业企业进入新市场的非常容易，或者当地文化非常鼓励个人创业，那么打 5 分；被调查企业如果认为当地政府对创业企业的扶持力度比较大，或者创业企业进入新市场的比较容易，或者当地文化比较鼓励个人创业，那么打 4 分，依此类推。笔者向每个市的 50 家"海归"高层次人才创办的企业发放问卷，每个市的上述三个指标的分数由该市被调查企业所打分数加权平均得出。浙江省 11 个地级市"海归"高层次人才创业环境评价指标原始数据见表 6-6。

表 6-6　浙江省 11 市"海归"高层次人才创业环境评价指标原始数据

城市	X_1	X_2	X_3	X_4	X_5	X_6	X_7	X_8	X_9	X_{10}	X_{11}	X_{12}	X_{13}	X_{14}	X_{15}
杭州	89720.64	18399.53	5	27	5.98	2298.93	3.05	6.9	4.9	3.53	3.23	47.92	15900.31	5	5
宁波	78641.04	12493.28	5	8	5.2	2559.3	1.13	13.7	10.7	3.32	4.19	43.09	10891.66	5	5
嘉兴	70482.76	3860.03	4	12	6.63	2046.97	1.1	8	6.5	3.17	2.39	38.08	8000.32	4	3
湖州	47384.66	2145.43	4	7	6.64	1582.31	0.93	10	8	1.2	3.24	30.96	8216.26	3	3
绍兴	61682.06	5447.84	5	14	4.01	1597.67	0.52	7.6	4.3	0.75	1.57	30.46	9785.55	5	4
舟山	55969.58	1304.37	3	5	7.9	2358.16	1.73	3.5	1.5	3.24	4.22	36.58	1869.08	3	3
温州	47337.22	7092.32	5	5	9.22	1441.39	1.02	6	4.4	2.2	4.11	29.35	8088	5	5
金华	63486.43	5041.73	4	3	6.71	1618.24	0.54	11.2	8	1.74	3.27	34.87	12036.79	4	3
衢州	27696.79	1237.02	3	2	11.8	1324.4	1.28	3.5	2.7	1.47	6.13	16.93	7933.87	2	3
台州	45420.01	4340.24	5	2	6.06	1306.34	0.9	6.7	5.2	1.66	3.88	25.45	11910	4	4
丽水	32069.57	1286.81	3	0	17	1459.81	1.83	4.8	3	2.55	6.77	17.05	14537.2	2	3

由于各指标的量纲不同，首先对数据进行 Z – Score 标准化。在标准化数据矩阵的基础上，通过计算原始指标的相关系数矩阵发现，15 个指标两两之间大部分在 0.1 的显著性水平下（双侧）相关，只有少数指标两两之间相关性不显著。这表明指标之间相关明显，适合进行主成分分析。使用 SPSS 软件进行主成分分析可知，得到解释的总方差和主成分系数矩阵。具体见表 6 – 7 和表 6 – 8。

表 6 – 7　　　　　　　　　　解释的总方差

主成分	主成分方差			提取的主成分方差		
	特征值	贡献率%	累积贡献率%	特征值	贡献率%	累积贡献率%
1	7.471	49.807	49.807	7.471	49.807	49.807
2	2.988	19.918	69.725	2.988	19.918	69.725
3	1.811	12.070	81.796	1.811	12.070	81.796
4	1.422	9.477	91.272	1.422	9.477	91.272
5	0.787	5.245	96.518			
6	0.229	1.528	98.046			
7	0.105	0.701	98.747			
8	0.097	0.650	99.397			
9	0.057	0.382	99.779			
10	0.033	0.221	100.000			
11	3.020E – 16	2.014E – 15	100.000			
12	1.537E – 16	1.024E – 15	100.000			
13	2.642E – 17	1.761E – 16	100.000			
14	– 9.829E – 17	– 6.552E – 16	100.000			
15	– 2.216E – 16	– 1.478E – 15	100.000			

提取方法：主成分分析。

在主成分分析中，一般认为累计贡献率达到 85% 以上，即可结束主成分的选取。由表 6 – 7 可知，前 4 个主成分的特征根大于 1 且累计贡献率达到 91.272%。这说明前 4 个主成分代表原来 15 个指标来评价浙江省 11 市的"海归"高层次人才创业环境已经有足够的把握。前 4 个主成分分别用 F_1、F_2、F_3、F_4 表示。

表 6-8　　　　　　　　　主成分系数矩阵[a]

变量	主成分			
	1	2	3	4
X_1	0.949	0.149	-0.198	0.037
X_2	0.874	0.305	0.336	0.031
X_3	0.784	-0.351	0.412	-0.191
X_4	0.771	0.317	0.036	-0.347
X_5	-0.765	0.448	0.282	0.252
X_6	0.660	0.454	-0.511	0.199
X_7	0.196	0.935	0.143	-0.064
X_8	0.625	-0.491	-0.048	0.593
X_9	0.582	-0.465	-0.026	0.642
X_{10}	0.407	0.757	-0.251	0.268
X_{11}	-0.667	0.472	0.287	0.391
X_{12}	-0.340	0.180	0.910	0.038
X_{13}	0.290	0.130	0.771	0.314
X_{14}	0.885	-0.233	0.161	-0.222
X_{15}	0.710	0.101	0.491	-0.131

提取方法：主成分分析。

a. 4 components extracted.

根据表 6-8 数据可得到 4 个主成分的线性组合如下：

$F_1 = 0.949X_1 + 0.874X_2 + 0.784X_3 + 0.771X_4 - 0.765X_5 + 0.660X_6 + 0.196X_7 + 0.625X_8 + 0.582X_9 + 0.407X_{10} - 0.667X_{11} - 0.340X_{12} + 0.290X_{13} + 0.885X_{14} + 0.710X_{15}$

F_2、F_3、F_4 依此类推。

把标准化后的原始数据代入上式就可计算出浙江省 11 个地级市在三个主成分方面的名次。

主成分的意义由各线性组合中权数较大的几个指标的综合意义来确定。在主成分 F_1 中，X_1、X_2、X_{14} 的系数比较大，所以主成分 F_1 主要是"人均城乡居民储蓄年末余额""金融机构年末贷款余额""创业企业进入新市场的容易程度"这 3 个指标的综合反映，它代表着"海归"高层次人才创业环境的经济方面，刻画了创业企业所在城市的经济发达程度。在主成分 F_2 中，X_7、X_{10} 的系数比较大，所以主成分 F_2 主要是"科学研究、技术服务和地质勘查业从业人数占城镇从业人数的百分比""租赁和商业服务从业人员数占城镇从业人数的百分比"这 2 个指标的综合反映，它代表着"海归"高层次人才创业环境的中介机构方面，刻画了创业企业所在城市的中介机构服务能力。在主成分 F_3 中，X_{12}、X_{13} 的系数比较大，所以主成分 F_3 主要是"每百人中互联网用户数""境内公路里程"这 2 个指标的综合反映，它代表着"海归"高层次人才创业环境的基础设施方面，刻画了创业企业所在城市的基础设施完善程度。在主成分 F_4 中，X_8、X_9 的系数比较大，所以主成分 F_4 主要是"每百位科技人员中三种专利申请受理数量""每百位科技人员中三种专利申请批准数量"这 2 个指标的综合反映，它代表着"海归"高层次人才创业环境的知识产权保护方面，刻画了创业企业所在城市的知识产权保护力度。这四个主成分从影响"海归"高层次人才创业环境的四个主要方面刻画了"海归"高层次人才创业环境，用它们来评价"海归"高层次人才创业环境具有 91.272% 的可靠性。

以 F 表示各市"海归"高层次人才创业环境综合指标，以各主成分的贡献率与总贡献率之比作为各主成分的权数，"海归"高层次人才创业环境综合指标线性组合为：

$$F = 0.5457F_1 + 0.2182F_2 + 0.1322F_3 + 0.1038F_4$$

利用上式可计算出浙江省 11 个地级市"海归"高层次人才创业环境综合得分，由综合得分可排出各市"海归"高层次人才创业环境的名次。浙江省 11 个地级市"海归"高层次人才创业环境综合得分和排序见表 6 - 9。

表 6 - 9　浙江省 11 市"海归"高层次人才创业环境主成分与综合得分、排序

城市	F_1 得分	排序	F_2 得分	排序	F_3 得分	排序	F_4 得分	排序	F 得分	排序
杭州	1.67863	1	1.81002	1	0.88228	4	-0.60815	8	1.364486	1
宁波	1.38781	2	-0.10056	6	-0.13823	7	1.80794	1	0.904776	2
嘉兴	0.36082	4	0.00968	5	-1.26393	10	0.04978	5	0.037087	3
湖州	-0.25104	8	-0.97591	9	-0.49622	9	0.44472	4	-0.36937	9
绍兴	0.41492	3	-1.23455	11	0.21425	5	-1.60058	11	-0.18077	6
舟山	-0.50749	9	1.11081	3	-2.10449	11	-0.78461	9	-0.39421	10
温州	0.04116	6	-0.24865	7	0.90918	3	-0.80114	10	0.005241	4
金华	0.1071	5	-1.00428	10	-0.21787	8	1.0118	3	-0.08447	5
衢州	-1.53237	11	0.29024	4	0.24391	6	-0.19866	6	-0.76126	11
台州	-0.20644	7	-0.77437	8	0.9234	2	-0.38454	7	-0.19946	7
丽水	-1.4931	10	1.11756	2	1.0477	1	1.06343	2	-0.32204	8

三、结论与建议

通过主成分分析可知,在浙江省11个地级市中,宁波市"海归"高层次人才创业环境综合得分排名第二。从影响"海归"高层次人才创业环境的四个主成分得分看,宁波市在"海归"高层次人才创业环境的知识产权保护方面、城市经济方面比较好,在浙江省11个地级市中分别排名第一和第二;在"海归"高层次人才创业环境的中介机构方面、基础设施方面不太好,在浙江省11个地级市中分别排名第六和第七。根据"海归"高层次人才创业环境综合指标线性组合可知,主成分 F_2 的权数比主成分 F_3 的权数大。可见,为了提升宁波市"海归"高层次人才创业环境综合得分,宁波市要把改善重点放在"海归"高层次人才创业环境的中介机构方面,着力提高中介机构服务能力。

宁波市提升中介机构服务能力要从两个方面着手:一是大力增加中介机构类型和数量,以满足"海归"高层次人才创办企业的需要;二是要让中介机构有机会为一些实力弱小的"海归"高层次人才创办的企业提供中介服务。"海归"高层次人才创办的企业多为高新技术企业,它们在经营过程中通常需要技术开发服务、管理咨询服务等等各种中介服务。这些创业企业需要的技术开发服务主要包括两类:一是科学仪器设备服务。科学研究和技术开发工作需要借助各种价格昂贵的科学仪器设备,创业企业通常不可能拥有其科学研究和技术开发所需所有设备。二是中间试验和检验检测服务。技术开发成果形成后,需要借助各种设备进行中间试验,对其性能、质量做出科学的评价和鉴定。一般而言,创业企业缺少中间试验和检测设备以及从事相关工作的专业人才。为了有效提供技术开发服务给"海归"高层次人才创办的企业,宁波市要加快建设中小企业公共技术服务平台建设。对于一些无力承担技术开发服务费用的"海归"高层次人才创办的企业,宁波市可以对其进行费用补贴。同时,宁波市还要完善产学研协同创新机制,为"海归"高层次人才创办的企业充分利用高校和科研院所的科学仪器设备和技术力量创造条件。

管理咨询服务内容主要包括企业发展战略、法律、财务会计、市场营销、技术创新管理等。"海归"高层次人才创业的优势在于其掌握了先进技术,劣势在于其没有足够的企业经营管理经验,故"海归"高层次人才创办的企业通常对管理咨询服务存在需求。为此,宁波市要鼓励管理咨询公司、会计师事务所、法律事务所等等管理咨询服务中介机构的创建，积极引进高水平的管理咨询服务中介机构。与技术开发服务中介机构相比，管理咨询服务中介机构数量相对较多，企业在购买管理咨询服务时能够有较大的选择余地。故针对"海归"高层次人才创办的企业可能难以承担管理咨询服务费用问题，宁波市可以设计"凭单制"以改善"海归"高层次人才所创企业的管理水平。即宁波市相关政府部门向无力承担管理咨询服务费用的"海归"高层次人才的企业免费发放"管理咨询券"，这些创业企业凭券向宁波市管理咨询服务中介机构购买相关管理咨询服务。然后，相关政府部门根据管理咨询服务中介拥有的"管理咨询券"数量向其支付一定数额咨询费。与财政补贴相比，"凭单制"能够确保相关企业得到高质量的管理咨询服务。

除了着力提高中介机构服务能力之外，为了改善"海归"高层次人才创业环境，宁波市还要加强基础设施建设，大力发展城市经济，进一步加大知识产权保护力度。

第十一节
地方政府助力"海归"高层次人才的企业突破创业期瓶颈之对策

一、引言

创业一直被看作驱动经济发展和创新能力的引擎，活跃的创业活动对于一个国家（地区）的经济发展有着重要的促进作用，同时创业也是解决就业问题最积极、最有效的方式之一。党的十八届三中全会通过的《中共中央关于全面深化改革若干重大问题的决定》提出："要健全促进就业创业体制机制，广泛吸引境外优秀人才回国或来华创业发展。"然而，目前"海归"人才创业中存在"三三现象"，即留学人员创业园中有1/3的企业略有盈余，1/3的企业勉强维持，1/3的企业宣告倒闭。与普通"海归"创办的企业不同，"海归"高层次人才创办的企业多为高科技企业，具有高难度、高投入、高风险、高收益的特点。显然，"海归"高层次人才创业失败可能性更大。"海归"高层次人才创业失败现象的频繁出现不仅会妨碍当地营造"大众创业，万众创新"氛围，还表明该地区缺乏支持创业的公共产品或相关公共产品质量低下。通常，一个地区拥有"海归"高层次人才数量的多寡对当地经济发展有着重要影响。蒂伯特（Tiebout）模型指出，人们选择在某一地区居住（投资、工作和生活）取决于其承担的税收负担和从公共产品中得到的收益。可见，"海归"高层次人才创业失败会降低当地对境外优秀人才尤其是创业型"海归"人才的吸引力。

在中国知网（www.cnki.net）上以篇名"海归高层次人才企业"为内容检索条件对文献进行模糊检索，截至2015年9月，没有发现一篇论文对"海归"高层次人才创办的企业进行研究。为了找到相关论文，笔者减少检索限制条件，在中国知网（www.cnki.net）上以篇名"海归企业"为内容检索条件对文献进行模糊检索，共发现38篇相关论文，其中只有7篇国内论文从不同角度对"海归"创办的企业进行了研究。张枢盛、陈继祥（2014）分析四个典型"海归"企业后发现，国外社会网络和国内社会关系网络通过组织学习促进了"海归"企业的技术创新和绩效，国外社会网络是"海归"企业所独有的竞争优势所在。云乐鑫、杨俊、张玉利（2014）提出了商业模式原型概念并将其划分为创新型和效率型两个类型，指出"海归"创业者的海外经验积累和海外网络嵌入是诱发创新型商业模式原型的重要前置因素。张枢盛、陈继祥（2013）分析了中国"海归"企业的探索性学习和利用性学习的相互关系及特有优势。刘青、张超、吕若思、卢进勇（2013）对"海归"在创业经营中是否较本土人才更有优势、影响优势发挥的制度因素以及优势的来源等三方面问题进行了定量研究。沈黄君、黄剑飞（2015）分析了"海归"创业企业人力资源的特点，指出了"海归"创业企业人力资源管理存在的不足，提出了完善"海归"创业企业人力资源管理体系的策略。杨敏、张亚芳（2015）分析了"海归"创业企业面临的成长困境，提出了应对之策。牛安军、李英华（2012）分析了"海归"所创企业的融资体系结构，提出了进一步完善"海归"创业融资体系的对策。

另外，一些国外学者对中国"海归"企业也进行了研究。Mike Wright（2008）从资产互补的视角，对中国"海归"企业的创业园选址和企业家经验类型及绩效的关系进行了实证研究。Lgor Filalolchev（2009）研究了在新兴市场高科技中小企业中，海归创业者的知识转移作用。通过上述分析可知，学者对中国"海归"企业的研究比较欠缺，基本局限于企业管理学视角。而且，还没有学者对中国"海归"高层次人才创办的企业进行研究。作为副省级城市和计划单列市，宁波市不仅是长三角南翼经济中心，还是"海归"人才回国工作时优先选择的城市之一。本节综合运用区域经济学、公共管理学和企业管理学知识，在调查宁波市120家"海归"高层次人才所创企业的基础上，确定各种创业期障碍对企业发展的影响程度，厘清制约"海归"高层次人才所创企业发展的创业期瓶颈，最后从地方政府角度提出应对之策。

二、实证研究

（一）研究方法

层次分析法是由美国运筹学家托·萨泰（T. L. Saaty）于20世纪70年代提出的一种模拟人的思维决策过程，以解决多因素复杂系统的定性和定量相结合的分析方法。它在处理复杂的决策问题上具有实用性和有效性的优点，不仅适用于存在不确定性和主观信息的情况，还允许人们以合乎逻辑的方式运用经验、洞察力和直觉。制约"海归"高层次人才所创企业发展的创业期障碍有很多，人们通常根据其经验、洞察力和直觉来判断各创业期障碍对企业发展的影响程度，故本节采用层次分析法。

（二）指标与层次结构

在已有相关研究基础上，笔者从外源融资障碍、人才障碍、市场障碍、技术障碍等四个方面建立了一套影响处于创业期的"海归"高层次人才创业发展的障碍体系，并据此制作出《创业期障碍对"海归"高层次人才的企业影响程度调查问卷》。"海归"高层次人才的企业所遇创业期障碍体系分为三层，目标层是"创业期障碍"，准则层包括"外源融资障碍""人才障碍""市场障碍""技术障碍"共四项指标，方案层包括"直接融资渠道缺乏""间接融资困难"在内的7项指标。"海归"高层次人才的企业所遇创业期障碍体系具体见表6-10。

表6-10　"海归"高层次人才的企业所遇创业期障碍体系

目标层	准则层	方案层
创业期障碍（A）	外源融资障碍（B_1）	直接融资渠道缺乏（C_1）
		间接融资困难（C_2）
	人才障碍（B_2）	人才流失（C_3）
		所需人才获取困难（C_4）
	市场障碍（B_3）	产品销售困难（C_5）
		市场运作不规范（C_6）
	技术障碍（B_4）	批量化生产的技术整合效果不佳（C_7）

（三）判断矩阵与标度

判断矩阵如表6-11所示。矩阵b_{ij}表示相对于A_k而言B_i和B_j的相对重要性，通常取1，2，…，9及它们的倒数作为标度，标度的定义如表6-12所示。

表6-11　　　　　B_i和B_j的相对重要性矩阵

A_1	B_1	B_2	Λ	B_n
B_1	b_{11}	b_{12}	Λ	b_{1n}
B_2	b_{21}	b_{22}	Λ	b_{2n}
M	M	M		M
B_n	b_{n1}	b_{n2}	Λ	b_{nn}

表6-12　　　　　　判断矩阵标度定义

标度b_{ij}	含义
1	i因素与j因素，具有同等重要程度
3	i因素比j因素稍微重要
5	i因素比j因素明显重要
7	i因素比j因素非常重要
9	i因素比j因素极端重要
2，4，6，8	为以上两相邻判断之间的中间状态对应的标度值
倒数	若j因素与i因素比较，得到的判断值为$b_{ji}=1/b_{ij}$

根据表 6-10，A-B 判断矩阵，设 A = $(b_{ij})_{4 \times 4}$，称为目标层判断矩阵；B-C 判断矩阵，设 $B_s = (C_{ij}^s)_{7 \times 7}$，称为准则层判断矩阵（s = 1，2，3，4）。任何判断矩阵都应满足 b_{ij} = 1（i = j、i，j = 1，2，…，n）。判断矩阵中的指标数值可以根据调研数据、统计资料以及专家意见综合权衡后得出。

"海归"高层次人才创办的企业多为高科技企业，故笔者向宁波留学人员创业园、宁波国家高新区凌云产业园、宁波国家留学人员创业园等园区中 120 家由"海归"高层次人才创办的高科技企业发放《创业期障碍对"海归"高层次人才的企业影响程度调查问卷》进行调查。在调查中，笔者请被调查者对调查问卷中各障碍进行两两比较。如果被调查者认为 i 障碍和 j 障碍对企业发展具有相同影响程度，那么就意味着在制约企业发展的各障碍中 i 障碍和 j 障碍具有同等重要程度；如果被调查者认为 i 障碍影响企业发展的程度稍微大于 j 障碍，那么就意味着在制约企业发展的各障碍中 i 障碍比 j 障碍稍微重要，依此类推。本节中所采用标度是根据调研数据权衡后得出。

（四）层次单排序与一致性检验

比较准则层指标"外源融资障碍""人才障碍""市场障碍""技术障碍"之间相对重要性。检验其一致性，通过一致性检验。

比较"创直接融资渠道缺乏""间接融资困难"各指标之间相对重要性。检验其一致性，通过一致性检验。

比较"人才流失""所需人才获取困难"各指标之间相对重要性。检验其一致性，通过一致性检验。

比较"产品销售困难""市场运作不规范"各指标之间相对重要性。检验其一致性，通过一致性检验。

（五）层次总排序和一致性检验

根据 B_1、B_2、B_3、B_4 以 A 为准则的权重，以及 C_1、C_2、…、C_7 分别以 B_1、B_2、B_3、B_4 为准则的权重，依据层次分析法的计算原理，计算出 C 层相对于 A 层的总排序。检验其一致性，通过一致性检验。如表 6-13 所示。

表 6-13　　　　　　　　　　C 层总排序

	B_1	B_2	B_3	B_4	C 层总排序（权重值）
	0.564	0.263	0.118	0.055	
C_1	0.750				0.423
C_2	0.250				0.141
C_3		0.250			0.066
C_4		0.750			0.198
C_5			0.750		0.088
C_6			0.250		0.029
C_7				1.000	0.055
CI CR					$CI_总 = 0.000$ $RI_总 = 0.000$ $CR_总 = 0$

三、主要研究结论及分析

通过层次分析可知，在制约宁波市"海归"高层次人才所创企业发展的诸创业期障碍中，"直接融资渠道缺乏"对企业发展的影响程度最大，其权重高达 42.3%；"所需人才获取困难"对企业发展的影响程度位列第二，其权重为 19.8%；"间接融资困难"对企业发展的影响程度位列第三，其权重是 14.1%；"产品销售困难"对企业发展的影响程度位列第四，其权重为 8.8%；"人才流失"对企业发展的影响程度位列第五，其权重是 6.6%；"批量化生产的技术整合效果不佳"对企业发展的影响程度位列第六，其权重是 5.5%；"市场运作不规范"对企业发展的影响程度最小，其权重是 2.9%。

外源融资分为政策性金融和商业性金融，商业性金融分为非正规金融和正规金融，正规金融又分为直接融资和间接融资。目前，我国政策性金融规模和贷款对象限制注定只有极少数"海归"高层次人才的企业能够享受到相应优惠。非正规金融是尚未被法律认可的金融，其因规模和规范性问题而无法成为大多数"海归"高层次人才所创企业现实、可行的融资渠道选择方案之一。对大多数"海归"高层次人才的企业而言，正规金融是其获得资金的主要渠道，故笔者主要从直接融资和间接融资两方面来研究处于创业期的"海归"高层次人才所创企业的外源融资问题。企业的直接融资方式主要包括股票市场、债券市场、风险投资、天使投资等等。为了给创业企业、中小企业和高科技产业企业等需要进行融资和发展的企业提供融资途径，中国创业板于 2009 年正式上市。相对于主板而言，企业在创业板上市的条件低，但是对处于创业期的"海归"高层次人才的企业而言，上市门槛并不低。即使符合上市条件，过高的上市成本也使资金原本捉襟见肘的"海归"高层次人才的创业企业望而却步。在目前证监会审批制下，过长上市等待时间也使得一些"海归"高层次人才的创业企业坚持不到上市那一天。债券融资是中小企业向社会直接融资的一种方式。债券的本息支付能力、支付程度、支付时效是影响企业债券发行的主要因素。故对处于创业期的"海归"高层次人才的企业而言，债券融资难度较大。风险投资曾经在为创业企业融资中起过重要作用，不过，当下风险投资对创业企业的支持力度有减弱趋势。因为自 20 世纪末开始，风险资本投资重点逐渐从企业生命周期的创建期转向了成长期。近年来，风险资本的投资重点甚至从企业生命周期的成长期移向了成熟期。上述情况导致"海归"高层次人才的创业企业缺乏直接融资渠道。间接融资主要包括银行贷款、票据贴现、融资租赁。在这几种间接融资方式中，我国间接融资主要集中在银行贷款，企业很少通过票据贴现、融资租赁进行融资。不过，由于以下几方面原因造成处于创业期的"海归"高层次人才的企业难以从商业银行获得贷款：第一，从安全性角度来看，商业银行对可抵押有形资产或其他资产少、风险较高、收益不显著的"海归"高层次人才的创业企业贷款意愿不高；第二，从流动性角度来看，由于商业银行吸收的主要是短期存款，其信贷资金不可能被长期、大量占用在见效期长且需不断追加投资的"海归"高层次人才的创业企业上；第三，商业银行对"海归"高层次人才的创业企业贷款的审核、发放、催还及提供存取、代收等服务要花费更多人力、财力，过高贷款成本导致商业银行不愿意向处于创业期的"海归"高层次人才的企业贷款。票据贴现实际上是企业用应收票据作为质押物向银行获得质押借款，由于创业企业的销售收入比较少，甚至没有销售收入，故对处于创业期的"海归"高层次人才的企业而言，票据贴现对缓解其资金紧张的作用不大。

处于创业期的"海归"高层次人才的企业通常没有企业声望，招聘渠道有限和信息缺乏，对宁波市出台的相关人才优惠政策不了解。上述因素导致"海归"高层次人才的创业企业难以招到企业急需人才。企业竞争本质上是企业人才的竞争，故"所需人才获取困难"对"海归"高层次人才的创业企业发展有较大影响。"海归"高层次人才创业都是属于机会型创业，他们因拥有国际、国内领先的学术技术，或拥有自主知识产权的科研成果或项目而回国创业。通常，创业者所擅长的是技术而非管理，企业中也缺乏人力资源管理方面的专业人士。这造成"海归"高层次人才的创业企业人力资源管理水平不高，人才流失现象时有发生。

"海归"高层次人才所创企业生产的产品通常是市场上以前没有的根本性创新产品，产品是否被市场接受直接关系到企业能否持续生存下去。所以，"产品销售困难"对企业发展影响程度位列第四，其权重为8.8%。"海归"高层次人才在国外学习、工作多年，长期受到国外市场环境和文化熏陶，契约精神、法治精神已经深入骨髓。中国的商业文化讲究关系和人情，比较缺乏契约精神和法治精神，供应商有时不根据购销合同按时保质供货，经销商或者用户也偶尔不及时支付货款。中国市场运作不规范给"海归"高层次人才的创业企业正常运营带来一定困扰。所以，"市场运作不规范"对企业发展也有一定影响。

与一般初创企业相比，"海归"高层次人才的创业企业技术研发能力较强，新产品通常能够研发出来。然而，一些处于创业期的高科技企业可能会遇到一个问题，即由于实施批量化生产的技术整合效果不佳，造成新产品研发出来后很难进行批量化生产制造。影响创业企业技术整合效果的主要因素有三：一是企业的技术基础、技术能力和投资能力；二是企业实施技术整合时所采取的方式方法、组织模式和相应激励机制有效性；三是企业技术整合的产业支撑环境。对"海归"高层次人才的创业企业而言，影响批量化生产的技术整合因素基本是后两类。"批量化生产的技术整合效果不佳"对企业发展的影响程度位列第六，其5.5%的权重也证明了部分"海归"高层次人才的创业企业的确存在这方面技术障碍。

四、对策

创业期瓶颈是指制约处于创业期企业发展的关键障碍。根据层次分析结果可知，"直接融资渠道缺乏""所需人才获取困难""间接融资困难"等障碍所占权重高达76.2%，是宁波市"海归"高层次人才所创企业的创业期瓶颈。基于地方政府视角，为了助力"海归"高层次人才的企业突破创业期瓶颈，宁波市要制定以下区域政策：

（一）大力发展天使投资以拓宽直接融资渠道

股票市场、债券市场的局限性以及风险资本日益倾向于投向企业生命周期后段，使得天使投资对处于创业期的"海归"高层次人才的企业具有举足轻重的作用。自2012年以来，宁波市出台了一系列培育、促进天使投资发展的政策，有效地支持了创业企业的发展。截至2015年，宁波市人民政府设立的政策性基金——宁波市天使投资引导基金累计投资58家创业企业，直接引导天使资本1.9亿元。宁波市还成立了天使投资俱乐部和"天使咖啡"。不过，宁波市天使投资还处于起步阶段，对创业企业的支撑还不够。为了有效支持处于创业期的"海归"高层次人才的企业，宁波市要采取以下措施：第一，制定相关法律法规以保障天使投资健康发展。目前，天使投资在我国是一个比较模糊的概念，从定义到发展现状，政府、学术界都缺乏准确了解，与天使投资相关的法律法规几乎是空白。相比而言，美国在《证券法》中对天使投资人资格做出了严格、明确的限定。例如，只有个人或家庭净资产超过100万美元，或个人年收入超过20万美元，或夫妻年收入超过30万美元才可以称为"合格的"天使投资人。这类法规的制定有助于政府对天使投资人群进行管理，限制不合格的人群进入风险较高的天使投资领域，以避免出现因投资亏损而导致投资人无法维持基本生活的局面。第二，要实施风险补贴。除了天使投资引导基金外，风险补贴是政府扶持天使投资的另一项措施。成都市高新区出台了天使投资风险补助专项资金的实施规则，即投资机构对高新区创业企业投资50万元以上的，按投资额20%同期对被投企业进行项目扶持。扬州市也制定了相关政策，规定按照最高不超过天使投资机构首轮投资种子期或创业期科技型小微企业实际投资额的20%给予风险准备金。宁波市应该制定类似政策以扶持处于创业期的"海归"高层次人才的企业。第三，加强对天使投资人的培训。天使投资具有投资额度偏小、投资期限偏早、投资风险偏高、投资成本偏低、投资决策偏快等特点。这些特点要求天使投资人具有一定资金实力，具备一些投资经验。作为中国经济发达的地区之一，宁波市不缺乏财力雄厚的个人。不过，由于天使投资在我国还是一个新鲜事物，很多天使投资人，尤其是潜在天使投资人对投资过程缺乏足够了解，导致其不能很好地利用投资机会。因此，宁波市可以成立一个公益性的天使投资人培训机构，以促进人们对天使投资的了解，提升潜在天使投资人把握投资机会的能力。

(二) 着力改善人才公共服务水平以提高获取人才能力

为了解决"海归"高层次人才的创业企业难以获取所需人才问题，宁波市要采取以下措施：第一，积极培育和引进一批高水平人才服务中介机构。招聘技能不高、招聘渠道和信息缺乏制约着处于创业期的"海归"高层次人才的企业获取人才能力。宁波市要积极培育和引进一批从事人事外包、人才派遣、人才培训、人才招聘、人才测评等服务的高水平人才服务中介机构，为各类人才和"海归"高层次人才的企业提供全面、系统、优质的人才服务。第二，对"海归"高层次人才的创业企业实施"凭单制"。鉴于创业企业财力不足，宁波市可以设计"凭单制"以支持处于创业期的"海归"高层次人才的企业向人才服务中介机构购买相关人才服务。即宁波市相关政府部门向无力承担人才服务费用的"海归"高层次人才的创业企业免费发放"人才服务券"，这些创业企业凭券向宁波市人才服务中介机构购买相关人才服务。然后，相关政府部门根据人才服务中介机构拥有的"人才服务券"数量向其支付一定数额服务费。与直接给人才服务中介机构财政补贴相比，"凭单制"能够确保相关企业得到高质量的人才服务。第三，加大人才引进优惠政策的宣传力度。为了支持企业发展，宁波市陆续出台了一些人才引进优惠政策。不过在调查中发现，一些"海归"高层次人才的创业企业对相关人才引进优惠政策并不知晓，导致其在招聘所需人才中没有充分利用宁波市人才引进优惠政策，这在一定程度上也影响了招聘效果。政策执行是政策过程的中介环节，是把政策理想转化政策现实的唯一途径。政策执行并非如公共政策学家史密斯（Smith，1975）所说，"政策一旦制定，政策即被执行，而政策结果将与政策制定者所预期的相差无几"。为此，除了通过政府网站、电视、广播、报纸等媒介宣传人才引进优惠政策外，宁波市还要着重通过以下渠道大力宣传人才引进优惠政策。一是通过宁波市海外人才联谊会、企业家俱乐部、青年企业家协会、人力资源经理人俱乐部以及高新技术企业俱乐部等多种社团组织宣传相关人才引进优惠政策；二是在高校和科研院所等人才资源高度集聚的地方开展人才引进优惠政策宣传；三是利用各类招才引智专项活动、各种学术交流活动宣传人才引进优惠政策。

（三）积极推动融资租赁来缓解间接融资难

融资租赁是一种比较适合"海归"高层次人才的创业的融资方式。其理由有二：第一，处于创业期的"海归"高层次人才的企业能够以较少的租金获得机器设备的使用权，可以避免因耗费大量资金购买设备而造成资金周转困难的情况发生。第二，"海归"高层次人才的创业通过融资租赁可以不断承租先进设备，既解决了技术进步和技术创新所需资金问题，又规避了机器设备的"无形磨损"和"过快淘汰"风险。目前，宁波市融资租赁企业和"海归"高层次人才的创业企业之间的融资租赁合作并不太多。为此，宁波市要采取以下措施：第一，为引导融资租赁企业积极向处于创业期的"海归"高层次人才的企业提供融资租赁服务，对于向"海归"高层次人才的创业企业提供融资租赁服务的融资租赁企业，宁波市可以根据融资租赁业务总额的4%给予融资租赁企业补贴。第二，为鼓励处于创业期的"海归"高层次人才的企业采用融资租赁方式实现发展，宁波市可以对"海归"高层次人才的创业企业因融资租赁而发生的融资费用（包括租息和手续费）给予40%的补贴。除此之外，宁波市还要完善融资租赁市场准入配套服务，完善租赁物权属登记，加快融资租赁人才培养和引进以促进宁波市融资租赁的发展。

除了以上措施之外，为了帮助"海归"高层次人才的企业顺利度过创业期，宁波市还要努力引进和发展高水平管理咨询公司，并通过"凭单制"鼓励处于创业期的"海归"高层次人才的企业就人力资源管理、营销管理、技术创新管理、生产管理、创业管理等等方面向相关管理咨询公司进行咨询，这在一定程度上有助于"海归"高层次人才的创业企业破解产品销售难题、避免人才流失，批量化生产的技术整合效果不佳等现象的发生。

第十二节
租赁企业欠薪事件现状及改善对策①

如第十一节所述,为了助力"海归"高层次人才的企业突破创业期瓶颈,宁波市要积极推动融资租赁来缓解间接融资难。不过,目前宁波市租赁企业欠薪事件时有发生,不仅影响着和谐劳动关系的建立,还影响着租赁企业自身发展。

一、浙江租赁企业欠薪事件现状

租赁是指标的持有人(出租人)将持有的标的在约定期限内出租给用户(承租人)使用,并向用户收取费用(租金)的一种服务性行为。本节所指租赁企业是指租赁厂房、场所或机器设备从事生产经营活动的企业(不包括外资租赁企业)。

2014年底,浙江省共查处各类拖欠职工资案件2.63万件,为16.89万名劳动者追偿工资16.77亿元;处置因企业欠薪引起的重大事件1665起、欠薪逃匿案件255起。全省欠薪案件办结率达98.1%,逃匿案件结案率、清偿比例均达到100%。尽管浙江省欠薪案件结案率较前几年有所提升,但欠薪数量呈上升趋势,浙江租赁企业欠薪事件问题逐渐凸显出来。

作为我国经济发达的地区之一,浙江省资本活跃度高,在资金流通过程中极易形成三角债。这为租赁企业欠薪埋下了隐患。租赁企业产生欠薪事件的根本原因是租赁企业业主偿付能力不足。截至2014年,浙江只有东阳、嘉兴、湖州等少数地市建立欠薪保证金制度,在该区的租赁企业于2014年底才首次缴纳了欠薪保证金。宁波市人社局统计数据表明,2014

---

① 本节内容根据在2016年第2期《宁波大学学报(人文科学版)》上发表的论文《浙江租赁企业欠薪事件现状分析及对策研究——以宁波镇海区为例》修改而成。作者:陈恺宇、贺翔、王燕娜。

年底,宁波市共查处各类拖欠职工工资案件逾 5000 件,其中涉及租赁企业的案件数量超过 1/3,企业欠薪总金额达 2680 余万元。就宁波市镇海区而言,截至 2014 年,在该区工商管理部门注册企业 11101 家(不含个体工商户),其中涉及租赁业务的企业有 9001 家,占总数的 81.08%。由于镇海区租赁企业数量呈现出高占比,故本节以宁波市镇海区为例,对租赁企业欠薪问题进行研究。

二、宁波市镇海区租赁企业的特点

通过走访调查,发现宁波市镇海区租赁企业存在以下几个特点:一是租赁企业数量逐年上升,到目前已占注册企业总数的一半以上。近四年来,镇海区租赁企业在册总数量的占比基本维持在 80% 左右(见表 6-14),且租赁企业总数量和占比均呈上升态势。二是租赁企业多集中在餐旅、娱乐、装演等服务业和简单加工等劳动密集型的低端制造业。相比其他企业,员工流动性大,用工管理较为困难,基本都存在未及时签订劳动合同、未缴纳社会保险、未建立规范的工资发放制度等各类问题。三是大部分租赁企业规模小,抗风险能力差。经走访调查,靠场地租赁经营的企业占到三成,这些租赁企业大都具有"无固定资产、企业资金少、利润空间小、抗风险能力低"四个特性,一旦生产经营出现问题,经营者更加倾向转移资产而逃逸,极易引起群体性欠薪事件,危害社会的和谐稳定。

表 6-14　2011—2014 年宁波市镇海区在册企业数量与租赁企业数量及占比

年份	在册企业总数量(家)	租赁企业数量(家)	租赁企业占比(%)
2011	8269	6391	77.3
2012	9392	7512	80
2013	9334	7636	81.8
2014	11101	9001	81.1

三、宁波市镇海区租赁企业欠薪案件分析

近年来,宁波市镇海区租赁企业发生的欠薪事件数量不断上升,拖欠工资数额也呈上升趋势。2011 年,镇海区发生租赁企业欠薪案件 223 件,

欠薪金额达 681 万元，分别比上年上升 17.9% 和 17.8%；2012 年，镇海区发生租赁企业欠薪案件 334 件，欠薪金额达 936 万元，分别比上年上升 49.8% 和 37.4%；2013 年，镇海区发生租赁企业欠薪案件 348 件，欠薪金额达 1500 万元，分别比上年上升 4.2% 和 60.2%；2014 年，镇海区发生租赁企业欠薪案件 387 起，欠薪金额突破 2100 万元，分别比上年上升 11.2% 和 40.2%。尽管 2012 年、2013 年和 2014 年案件数量并未显著上升，但是欠薪金额环比增速超过 50%，可见租赁企业欠薪问题的日益严重。

基于上述数据统计结果，笔者走访了宁波市镇海区相关企业，总结出镇海区租赁企业欠薪问题的原因以及潜在的管理风险：

第一，租赁企业主无长远发展规划和管理企业技能缺乏，极易产生欠薪事件。一是租赁企业主一味追求利润，缺乏企业发展长远规划。一旦企业内外经营环境出现波动，第一反应是逃避责任，诚信意识缺位。二是租赁企业主缺乏管理企业的基本技能。企业在安全生产、劳动人事方面的管理水平低下，工伤事故频发，劳资矛盾突出。出租厂房、设备的主体单位普遍存在只租不管现象，甚至对承租企业无照生产、违法经营、安全生产存在较大隐患的情况基本不过问，各种经营隐患长期存在，无法解决。

第二，用工制度不规范导致欠薪处理难度增大，不利于各方利益得到有效保障。以镇海区骆驼街道某服饰公司法定代表人逃逸事件为例，镇海区劳动保障监察部门在案件处理过程中发现，企业内部未建立相应的用工制度，职工名册、考勤表、工资发放记录等基本材料缺失，导致欠薪人数、额度无法核实，给后续欠薪追讨带来了诸多不便与困难。这种情况不仅损害了劳动者正当权益，也容易让一些不法分子混入讨薪队伍，损害企业主的利益。

第三，租赁企业发生欠薪事件后，多方利益主体在维权过程中易引发群体性危机事件。例如，2013 年 6 月，镇海区某家电连锁有限公司因外债等原因造成资金链断裂，无力支付企业员工工资。该公司系无固定资产的租赁企业，资产只剩下尚未卖出的家电，供货方、员工、顾客纷纷上门抢搬剩余家电，事后又集体到市、区政府上访，影响了社会稳定。由此来看，租赁企业一旦发生欠薪或是老板逃逸事件，会涉及员工、供货商、租赁方等多方利益群体，容易引发群体性事件，比非租赁企业欠薪带来的社会危害更大。

第四,租赁企业发生欠薪后,给社会带来诸多恶果。租赁企业发生企业主逃逸后,余下的可变现的企业资产数量较少,极易给社会带来更多影响。对企业员工来说,欠薪事件一旦发生,员工不仅数月乃至更长时间拿不到劳动报酬,而且还面临失业风险;对政府来说,被欠薪员工基本生活费一般由政府应急周转金先行垫付,但是由于租赁企业少有可处置资产,造成政府垫付资金难以回补,进而产生额外经济负担;对企业来说,欠薪事件会给小微企业带来信任危机。

四、宁波市镇海区租赁企业欠薪问题的解决对策

为了有效解决租赁企业欠薪问题,宁波市镇海区应以 2015 年 3 月 21 日国务院印发的《中共中央国务院关于构建和谐劳动关系的意见》为指导,依托租赁企业欠薪保障基金的建立为主要抓手,通过加强租赁企业在劳动用工和工资支付方面的监管来预防欠薪事件的发生,遏制欠薪案件上升趋势,维护和谐稳定的劳动关系。

(一) 建立地区性租赁企业欠薪保障制度

企业欠薪保障制度包含工资优先权制度、欠薪保障基金制度、企业欠薪预警制度以及欠薪法律责任追究制度。鉴于目前条件,镇海区首先应完善欠薪保障基金制度,把列入工资支付报备的租赁企业列为欠薪保障基金制度的实施对象。除了近三年劳动保障书面年检被评为 A 级的企业不列入实施对象外,其他租赁企业均列为实施对象,与劳动保障监察机构和指定银行等签订三方协议,租赁企业根据本单位从业人员数乘以当年宁波市最低工资标准的 3 倍向指定银行缴纳工资支付保证金。工资支付保证金实行动态管理办法,如企业发生欠薪,经调查核实后,先责令企业按规定支付工资,确实无力及时足额支付工资的,经劳动监察大队核定,在工资支付保证金专户中先行支付一定数额的工资。租赁企业在缴纳工资支付保障金后连续两年被评定为诚信 A 级企业或诚信示范企业或连续三年劳动保障书面年检为 A 级,其保证金予以退还。租赁企业因破产、歇业、迁移等原因办理企业注销 3 个月后,经核实已足额支付职工工资的,工资支付保证金加活期存款利息全额退还给企业主。

(二) 建立地区性租赁企业工资支付报备制度

对租赁企业实行工资支付报备制度是预防欠薪发生的必要措施。镇海区要对租赁企业进行梳理，对资本实力较弱、行业欠薪行为频繁的租赁企业实行工资支付报备制度。工资支付报备工作实行属地管理，由基层监察中队负责实施。列入工资支付报备的租赁企业每月须向监察中队上报工资支付情况，次月由劳动保障监察大队进行汇总分析。企业工资支付报备清单的内容应载明发放单位工资发放时间、发放对象的姓名、工作天数、加班加点时间、应发和减发的项目、金额等事项。同时，镇海区要将租赁企业欠薪事件发生次数及涉及金额列入各镇（街道）、园区年度目标管理考核指标中，建立相应的扣分、加分机制，增强其对预防欠薪工作的责任感。

(三) 建立"纵向到底、横向到边、全面覆盖"的劳动保障管理体系

镇海区要继续依托现有劳动保障监察"两网化"（即"网络化""网格化"管理）管理，按区域划分网格，建立"纵向到底、横向到边、全面覆盖"的劳动保障管理体系；要依托"无欠薪镇海"创建活动，建立健全各镇（街道、园区）劳动和社会保障所（监察中队），每个劳动保障监察中队至少配备专、兼职监察员各2名；按200家左右的用人单位数量划分劳动保障监察单元网格，每个单元网格明确1名专职监察员负责，同时配备2名监察员或协管员，确保"机构、人员、网格、场所、制度、工作"六到位。镇海区要实施分级分类动态监管，建立基层网格预警防范制度和工作机制，形成由区劳动保障监察大队为首的四级联动监管网络；通过日常监管和书面年检，根据劳动用工和工资支付情况，将租赁企业划分为A、B、C三档，对A级企业每半年监测一次，对B级企业每季度监测一次，对C级企业每月监测一次；发现问题，按照轻微、较严重和严重分别发出黄、橙、红三色警示信息，确保"企业用工信息动态掌握在网格内、劳资纠纷解决在网格内、重大的欠薪隐患消除在网格内"。

(四) 建立地区性欠薪事件处置应急机制

镇海区要牵头建立由人社、信访、公安、法院和各镇（街道）组成的欠薪应急处理领导小组，以及由上述单位派员参加的应急处理队伍，由

其全权负责处理欠薪引发的大小群体事件,负责对防止欠薪发生的日常监管。同时镇海区要将欠薪案件调查处理周期从原规定60天缩短为15天,元旦春节期间缩短为7天,以加快劳动者应得工资的兑现速度。

(五) 建立和完善地区性租赁企业工会制度

和谐的劳动关系需要政府、企业、职工等三方面共同努力。对于25人以上的租赁企业要建立工会组织,由镇海区总工会负责指导组建,争取组建率逐年递增,最终能实现90%以上的组建目标。而25人以下未建立工会的租赁企业要以村和社区为单位加入相应的企业员工联合工会。联合工会一方面监督租赁企业履行劳动合同,推进工资集体协商、安全生产和劳动保护,对租赁企业主起到约束和指导作用;另一方面指导职工签订、修改、续订劳动合同,帮助职工正当维权,协助企业及化解劳资矛盾,促进劳动关系的和谐稳定。

综上所述,作为浙江欠薪事件问题较为突出的宁波市镇海区,要从根本上解决欠薪问题,必须加速建立整治欠薪的配套制度。作为劳务输入的重要地区,浙江省自2001年以来已连续多年开展整治工资拖欠"春雨"专项行动。浙江省人社厅吴顺江厅长多次强调要在浙江省全面实施工资支付保证金、欠薪应急周转金和记工考勤卡"两金一卡"制度,拟通过此举,建立浙江省租赁企业工资支付长效机制。笔者相信,只要认真将上述对策进行逐一落实,宁波市镇海区租赁企业欠薪事件会有效得到遏制。

第十三节
创业型大学众创空间建设的原则、内容及机制[①]

为了激发企业家精神,在教育环境方面,地方政府要鼓励学校增设创业教育课程,引导学校重视学生创造性思维与创业创新能力的培养。本节

---

① 本节内容根据在2020年第5期《创新创业理论研究与实践》上发表的论文《创业型大学众创空间建设的原则、内容及机制研究》修改而成。论文作者:孙喜英、贺翔。

对创业型大学众创空间建设的原则、内容及机制进行分析。

创业型大学最早可以追溯到 1862 年，麻省理工学院创始人威廉·巴顿·罗杰斯（William Barton Rogers）形成了以科学为基础、与产业相结合技术大学的全新概念，这被亨利·埃茨科维茨（Henry Etzkowitz）视为创业型的想法。创业型大学的实践始于 20 世纪中期，美国的伯顿·克拉克（Burton R. Clark）教授在对欧洲五所大学进行系统考察的基础上，正式提出了创业型大学的概念。20 世纪 90 年代末，创业型大学这一概念被引入我国。21 世纪初期，国内部分高校开始尝试向创业型大学的转型。一些学者把高校分为应用型、研究型和创业型等三种类型。

众创空间是顺应网络时代创新创业特点和需求，通过市场化机制、专业化服务和资本化途径构建的低成本、便利化、全要素、开放式的新型创业服务平台统称。众创空间的重点不在空间，而在于众创，"众"主要是指大众参与，而非仅精英参与。"创"不仅指创新创业，还应包含创意创投，泛指创业服务的全链条。因而，众创空间不仅提供工作空间，更强调地是提供全方位的孵化服务；不仅在特定地理空间集聚活动，更重要地是搭建复杂的创业生态系统。众创空间是一个中国特色的词汇，是创客空间中国化、本土化的产物。

2015 年 1 月，李克强主持召开国务院常务会议，第一次提到"众创空间"。2015 年 5 月《国务院办公厅关于深化高等学校创新创业教育改革的实施意见》发布，文件全面部署了深化高校创新创业教育改革的工作内容，推动了高校"众创空间"的建设。自此，高校"众创空间"的建设进入快车道，各类形式的创新型孵化平台加速涌现。相较于大学众创空间的实践发展，学术界对大学众创空间建设的研究不多。纵观这些研究成果，笔者发现，学者们的研究多停留在一般层面上，主要是对大学众创空间的提出、模式、意义等表层问题进行探讨，鲜有学者针对应用型、研究型和创业型等不同类型大学的众创空间建设进行分类研究，这在一定程度上导致许多大学的众创空间建设未取得预期效果。本节对创业型大学众创空间建设的原则、内容、机制进行研究，以期有助于创业型大学乃至应用型和研究型大学成功建设众创空间。

一、创业型大学的主要特征

创业型大学是将知识生产、传承与应用融于一体的大学，是在教学科研的基础上倡导创业职能、积极推动学术资本转化的大学。创业型大学的主要特征是：

第一，创业型大学的第一要义是创新创业教育。开展创新创业教育的学校并非都可以视为创业型大学，即使部分学校为推进创新创业教育建立了创业学院或是创新创业的指导中心，也只能算作是创新创业工作，是局部的改革，是朝着创业型大学发展的重要举措，但并不能等同于创业型大学。创业型大学是将创新创业教育融入大学师生的日常行为之中，提倡注重实效与倡导创业；将自主创新与变革贯穿于大学的发展之中，提倡企业化的运作。大学的创新创业教育是围绕培养创业型人才而开展，主要通过变革办学理念、办学方式，转变大学职能实现。

第二，创业型大学的核心目标是知识应用和服务经济发展。亨利·埃兹科维茨（Henry Etzkowitz）指出："从历史角度看，创业型大学是大学延续中世纪保存和传播知识的机构进而发展成为创造新知识并将其转化到实际应用中去的多功能机构。""知识和研究成果的商业化是创业型大学的主要特征，MIT和沃里克大学都是通过学术资本主义这种创业形式进行创业的。"从发生学角度阐析，早期的大学侧重于知识传播，而新兴的创业型大学则是侧重于知识的运用，主要以学术为资本，注重学术创业，为社会创造价值，服务区域经济的发展。

第三，创业型大学的基本职能是教学、科研以及创业。创业型大学未改变或超越传统大学所应具备的三大职能，而是围绕知识的生产、传播与运用，并将其整合运用到社会需要的地方，将三项基本职能发挥得更符合高等教育的本质要求。创业型大学成为融知识生产、传承与应用于一体的模式，代表着高等教育发展的方向。除了教学、科研之外，创业必将成为大学的第三个中心，创业型大学是走出象牙塔后的大学发展范式。

二、创业型大学众创空间建设的基本原则

（一）遵循市场导向原则

目前，大学众创空间建设主要是由政府推动创立，政府将部分众创空间建立为示范样本，这种政府主导的模式有待商榷。在众创空间建设上，要厘清政府与市场的关系。创业型大学众创空间发展确实需要包括提供一定财政补贴、税费减免等在内的政策扶持，不过，政府应该在履行基本服

务职能的前提下做到"放手",总体上应坚持政府引导、市场力量主导的原则。若政府不遗余力地推动众创空间发展,必然会造成"过剩"问题。

(二) 坚持分类导向原则

大学众创空间的类型比较多,既有产业链驱动的众创空间、创意园驱动的众创空间,也有产学研驱动的众创空间。不同类型大学的众创空间,功能不同,因而建立时需求亦不相同。在制定创业型大学众创空间建设的政策时,要坚持坚持整体谋划、分类指导,为众创空间的建立提供对口、优质的服务。

(三) 着重特色导向原则

部分大学简单将众创空间理解为孵化器、科技园,或是辅导培训机构,导致众创空间发展面临同质化、空心化问题。创业型大学众创空间的建设应契合办学定位,围绕优势专业领域核和优势资源,着重突出创业资本和知识转化,构建差异化、特色化的众创空间。

三、创业型大学众创空间建设的主要内容

(一) 建立开放、扁平、社交化的平台

创业型大学众创空间的开放性是建立在风险管控基础上的开放,主要对全校师生和经认证合作企业的开放。一是物理空间的开放。其开放时间不同于培训中心,是全天候的开放。二是对参与主体的开放。其对师生不设专业或技能门槛,只要有创意、有兴趣,即可到众创空间实现。三是对过程和结果评判方式的开放。创业型大学众创空间采用市场化方式检验,项目的成败应接受市场检验。创业型大学众创空间采用扁平化和去中心的组织机构类型,组织结构上相对松散扁平。参与者和服务提供者均来自师生,项目、服务参与者都是平等的。他们在创业型大学众创空间的管理规定框架内自由组合。在创业型大学众创空间内,供应商直接向创业者提供工作空间、学习空间、沟通空间、网络空间和资源共享空间。创业型大学众创空间是创新与创业相结合、线上和线下相结合、孵化与投资相结合的多元化空间平台。

（二）不断整合多样化资源要素

创业型大学众创空间建设需要各种"营养"补给，才能够发展壮大。这种"营养"补给包括纵向和横向资源。企业有自身的生命周期，一般分为种子期、创建期、成长期、成熟期、衰退期。众创空间作为企业发展的载体形式，对企业发展的各个阶段作用巨大。对企业而言，无论是处于生存能力弱、抵抗能力差、管理水平低的创建期，还是处于成长期、成熟期，都需要众创空间提供丰富的资源、充足的营养。从横向维度而言，创业型大学众创空间的发展需要整合资源要素，为企业发展助力。企业的发展需要必要性资源和支持性资源，众创空间需提供技术、人才等创业所必须的必要性资源，以及文化、社会资本等为保障创业顺利开展的支持性资源。创业型大学的优势在于学术创业资源和知识资本生产，大学众创空间需要为创业者提供全要素的资源整合能力和综合服务能力，包括法律服务、政策服务、投资融资、市场推广、产品营销、社群管理等各个方面，这是大学众创空间运行的双轮，为创业型大学众创空间的持续发展提供不竭动力，为企业成长壮大提供基础支撑。

（三）打造创新创业的生态系统

从创业生态系统的角度来看，众创空间是打造创业生态系统的载体与平台。由于创业活动本身具有多主体参与、多因素作用的复杂特性，致使创业行为的出现与创业活动的成功与否都变得不可预估。因此，在思考创业型大学众创空间可持续发展时，需要用系统性思维分析各个因素对创业活动产生作用的机理，打造良性的创新创业生态圈，促进企业与众创空间共同发展。创新创业生态圈包括创业环境、服务体系和培育体系。（1）创业环境。创业环境包括创业政策、创业主体、创业文化、创业投资。创业政策与创业文化是软环境，创业主体是具有创业精神的大学生，是推动创业发展的潜移默化的推动力。创业投资对于初创企业至关重要，是创业基础和前提。（2）服务体系。创业型大学众创空间存在的目的是为创业者提供基本的创业空间和平台，主要包括硬环境和软服务，如空间支撑、科研仪器、办公软件、培训服务、融资对接等。（3）培育体系。企业在众创空间中发展、成熟需要借助众创空间得到产业链式服务，如平台共享、知识产权服务、咨询服务等。

四、创业型大学众创空间建设的机制

(一) 建立、健全"融入—成长—反哺"机制

创业型大学众创空间参与者要遵循"实现与分享"的原则,在经过融入、学习、成长成为"师哥型"创业团队后,需要对"师弟""师妹"的项目在技术、经验等方面进行扶持与实践引领,将创新创业技能和经验固化在平台上,从而反哺众创空间,营造良好的创新创业氛围和环境,推动创业型大学众创空间不断循环发展。

(二) 建设多方参与协同合作机制

创业型大学众创空间建设若要取得成效,就需推进大学与外部的协同,大学内部的协同,构建多方参与的协同合作机制,不断深化大学与大学、大学与政府、大学与企业的协同,实现校校、校政、校企联合,促进产学研良性循环。另外,还要充分利用大学的校友资源,为高校开展创业活动提供支撑。

(三) 建立、健全大学众创激励机制

美国心理学家库特·勒温(Kurt Lewin)的群体动力理论认为,在社会群体中,独立个体行为不仅受到自身内心因素的影响,同时受到外界环境因素的影响。群体和组织的动力因素对个体成长影响颇深,故创业型大学众创空间的建设需要建立大学众创激励机制。创业型大学要对众创空间简化登记手续、降低准入门槛、免除或减少税费支付,为学生创业企业工商注册提供便利。此外,创业型大学还要设立相应的奖学金、优秀学生荣誉奖等,逐步建立、健全大学众创空间发展的激励机制。

第七章

新常态下地方政府支持小微企业发展的公共服务质量评价

英国政治学学者陈文博（2012）在《中国行政管理》期刊上撰文指出，根据评价公共服务的着眼点不同，目前国际上公共服务质量评价模式主要有两种：专业评价模式和公众评价模式。[①] 专业评价模式是根据第三方机构或公共服务提供者制定的公共服务质量衡量标准，依据设定的公共服务质量评价指标体系对公共服务质量进行定量评价。专业评价模式主要依靠统计年鉴获得相关评价指标的数据。公众评价模式又称为公民满意度调查，是依据公众对公共服务满意程度评价公共服务质量。公民满意度调查法是由服务营销管理理论的顾客满意度调查法发展而来。服务营销管理理论指出，满意是一种心理状态，是顾客对服务的事前期望与实际使用服务后所得到实际感受的相对关系。如果用数字来衡量这种心理状态，这个数字叫作满意度。公众评价模式主要通过问卷调查获得相关评价指标的数据。

定量分析是定性分析的深化，是认识的精确化。为了了解新常态下我国拥有小微企业数量较多的省份的地方政府支持小微企业发展公共服务质量情况，本章以省为单位，运用专业评价模式对江苏、山东、广东、浙

---

① 详情见陈文博发表在 2012 年第 3 期《中国行政管理》上的论文《公共服务质量评价与改进：研究综述》。

江、河南、辽宁、福建、安徽、湖南、湖北等 10 个省份①的地方政府支持小微企业发展公共服务质量进行评价，并根据公共服务质量由高到低对 10 个省份进行排序。接着，运用公众评价模式向公共服务质量排在末位省份的小微企业发放调查问卷以厘清该省小微企业对地方政府支持小微企业发展的公共服务满意度，找到该省支持小微企业发展公共服务质量的短板。被称为服务营销理论之父的芬兰学者克里斯琴·格罗路斯（Christian Gronroos, 1982）认为，服务质量是一种顾客感知，由顾客对服务的期望与实际服务绩效的比较决定。显然，小微企业对地方政府支持小微企业发展公共服务的满意度能够反映出地方政府支持小微企业发展的公共服务质量。

第一节
地方政府支持小微企业发展的公共服务质量的专业评价

一、地方政府支持小微企业发展的公共服务质量评价指标体系

基于系统性、科学性、简洁性、可获得性的指标选取原则，本书根据经过优化的地方政府支持小微企业发展的公共服务内容，并梳理相关公共服务文献，构建出地方政府支持小微企业发展的公共服务质量评价指标体系，以评价江苏、山东、广东、浙江、河南、辽宁、福建、安徽、湖南、湖北等 10 个省份的相关公共服务质量。

(一) 当地生产要素方面公共服务质量评价指标

教育公共服务是提高一个地区人才数量的主要手段，教育公共服务质量优劣在一定程度上反映出人才获取公共服务质量高低。林赟、蒲昌伟（2017）以汕头市为例，对地方政府制定的包括财政投入占 GDP 比重、人

---

① 《中国中小企业年鉴（2015）》的数据显示，江苏、山东、广东、浙江、河南、辽宁、福建、安徽、湖南、湖北是小微企业数量最多的 10 个省份。

均财政投入、师生比、每千名学生拥有的学校数、入学率、辍学率在内的基础教育公共服务质量客观评价指标进行了分析。李潮海、罗英智（2015）基于公共服务理念对县区教育发展水平评价问题进行了研究，认为教育公共服务供给能力应该从地方教育管理与服务、教育经费投入、办学条件等方面进行评价。可见，教育经费投入指标在教育公共服务评价中占有重要地位。教育公共服务供给离不开教育经费支持，教育经费投入多寡对教育公共服务质量有着较大影响。另外，高级、专业性人力资源对小微企业发展具有直接、重要的作用，大学不仅是知识资源的重要组成部分，也是培养高级、专业性人力资源的主要机构。一个地区大学师生比在一定程度上能够体现当地教育公共服务质量高低。故用"当地人均教育财政支出""当地教育财政支出占生产总值的比重""当地大学师生比"等三个指标反映地方政府的人才获取公共服务质量。

王冀宁、范凌霞、孙科（2013）认为小微企业融资主要受到三种因素影响：一是小微企业自身因素；二是资本市场融资机制完善程度；三是政府金融支持和相关配套服务。赖夫（Love，2003）和麦兰科（Mylenko，2003）指出，构建征信制度和发展征信机构能够帮助贷款人了解小微企业信贷记录，有助于小微企业融资。Wattanapruttipaisan（2003）主张通过加强融资信息和融资环境建设来帮助小微企业融资。班纳吉（Banerjee，1994）认为中小金融机构在服务小微企业方面具有信息优势和成本优势，主张大力发展中小金融机构以缓解小微企业融资难。可见，国内外学者均认为金融部门监管、金融发展、金融调控等方面的公共服务是解决小微企业融资难的主要途径。在财政预算支出中"金融支出"类科目反映了包括金融部门监管、金融发展、金融调控、农村金融发展等在内政府对金融保险业监管事务的支出。小额贷款公司是经营小额贷款业务的有限责任公司或股份有限公司，具有放贷比银行便捷、迅速的优点，适合小微企业资金需求。小额贷款起源于穆罕默德·尤努斯（Muhammad Yunus）的小额贷款试验。小额信贷模式于1994年被引入中国，1996年得到中国政府高度重视，自此进入快速发展时期。显然，一个地区小额贷款公司数量与当地政府对小微企业融资难问题关注程度息息相关。故用"当地金融支出""当地小额贷款公司数量"这两个指标反映地方政府的企业融资公共服务质量。

潘江（2010）分析中小企业发展地区性差异与基础设施和政府服务

的典型相关分析后发现，小微企业发展状况和当地基础设施尤其是交通运输设施、邮政通信设施的相关性较高。在交通运输设施各个因素中，公路密度与小微企业发展状况相关性最高，相关系数为 0.817。在邮政通信设施各个因素中，人均移动电话交换机容量和小微企业发展状况高度相关，相关系数高达 0.9。高翔、龙小宁、杨广亮（2015）研究了交通基础设施对服务业企业劳动生产率的促进作用，发现交通基础设施通过改善人员运输效率而提高服务业企业劳动生产率，促进了包括批发零售业在内的服务企业发展。故用"当地公路密度""当地人均移动电话交换机容量"这两个指标反映地方政府的基础设施建设水平。

综上所述，当地生产要素方面公共服务质量评价指标包括"当地人均教育财政支出""当地教育财政支出占生产总值的比重""当地大学师生比""当地金融支出""当地小额贷款公司数量""当地公路密度""当地人均移动电话交换机容量"。

（二）当地需求条件方面公共服务质量评价指标

关于当地需求条件方面公共服务质量评价指标，用"当地人均可支配收入"指标来衡量地方政府提高当地居民可支配收入的成效，用"当地人均社会保障和就业支出"指标来衡量地方政府的社会保障力度。保护消费者权益是工商行政管理机关的重要职责，工商行政管理机关主要通过以下途径保护消费者权益：一是制定和完善保护消费者权益制度；二是从事市场监管和行政执法活动；三是接受并处理消费者的投诉和举报；四是开展消费教育与引导。故用"当地查处侵害消费者权益案件数""当地查处广告违法案件数""当地查处商标违法案件数"等三个指标衡量地方政府保护消费者权益的力度。

（三）当地相关产业和支持性产业方面公共服务质量评价指标

刘世锦（2008）指出，产业聚集会形成产业区，产业聚集程度可以用聚集指数来衡量，聚集指数较高的产业往往会形成优势产业聚集区，产业集群是优势产业聚集区的典型表现。他把区域行业产量占全国行业产量比重前十的区域定义为优势产业聚集区，以优势产业聚集区为代表对产业集群的生产和经营特点进行了研究。优势产业聚集区的形成离不开当地良好的宏观产业环境，一个地区优势产业聚集区数量多寡在一定程度上能够反映出当地相关产业和支持性产业方面公共服务质量高低。故用"当地优势产业集聚区数"指标衡量当地相关产业和支持性产业方面的公共服务质量。

(四) 小微企业战略、小微企业结构和同业竞争方面公共服务质量评价指标

科文（Covin，1989）和斯莱文（Slevin，1989）认为，企业家精神主要包括创新性、开拓性和冒险性，企业家精神是这三个方面的有机结合。他们认为创新性是企业家精神中最重要因素，开拓性和冒险性实际上是创新性的一个结果，没有创新性即使有其他维度也会导致企业家精神不存在。伦普金（Lumpkin，2001）和德施（Dess，2001）把创新性定义为在引进新产品/服务、新事物以及开发新产品中的技术领先。国务院发展研究中心人力资源研究培训中心、国务院研究室工交贸易研究司、国务院国有资产监督管理委员会企业分配局、国家统计局国民经济综合统计司、中国企业联合会研究部、全国工商联研究室等六部门发起成立的中国企业家调查系统在 2009 年中国企业经营者成长与发展专题调查中认为，企业家精神主要由创新意识、冒险意识、机会敏锐性和挑战意识等四个方面构成，并把创新意识定义为重视研发和创新探索新的发展模式。可见，国内外学者都认为创新是企业家精神最重要的组成部分，能够有效反映出企业家精神状况。一个地区工业企业新产品开发项目数量、工业企业研发项目经费支出金额和专利申请数反映了当地企业家精神状况，在一定程度上反映出地方政府激发企业家精神力度。故用"当地规上工业企业新产品开发项目数""当地规上工业企业研发项目经费支出""当地专利授权数"等指标衡量地方政府激发小微企业的企业家精神力度。

竞争是市场经济的主要特征，是经济充满活力的动力之源。但是，一些小微企业在市场竞争中为了追求自身经济利益而采取了不正当的竞争方式。小微企业的不正当竞争行为不仅会直接或间接损害竞争者和消费者的合法权益，还会危害市场竞争机制的正常运行，扰乱正常的社会经济秩序。打击不正当竞争，维护正常经济秩序是政府职责之一。故用"当地竞争执法和经济检查执法案件数"指标衡量地方政府促进企业良性竞争的力度。

综上所述，小微企业战略、小微企业结构和同业竞争方面公共服务质

量评价指标包括"当地规上工业企业新产品开发项目数""当地规上工业企业研发项目经费支出""当地竞争执法案件总数"等三个指标。

地方政府支持小微企业发展的公共服务质量评价指标体系具体见表7-1。

表7-1 地方政府支持小微企业发展的公共服务质量评价指标体系

一级评价指标	二级评价指标	二级评价指标含义	表示二级评价指标的变量
当地生产要素方面公共服务质量	当地人均教育财政支出（元）	地区年度教育支出/地区年末人口数	X_1
	当地教育财政支出占生产总值的比重（%）	地区年度教育支出/地区年度生产总值	X_2
	当地大学师生比（教师人数=1）	地区年末大学老师数量/地区年末大学学生数量	X_3
	当地金融支出（亿元）	地区年度金融支出决算数	X_4
	当地小额贷款公司数量（家）	地区年末小额贷款公司机构数量	X_5
	当地公路密度（千米/平方千米）	地区年末公路里程/行政区域土地面积	X_6
	当地人均移动电话交换机容量（户/人）	地区年末移动电话交换机容量/地区年末人口数	X_7
当地需求条件方面公共服务质量	当地人均可支配收入（元）	地区年度人均可支配收入	X_8
	当地人均社会保障和就业支出（亿元）	地区年度社会保障和就业支出决算数	X_9
	当地查处侵害消费者权益案件数（件）	地区年度查处侵害消费者权益案件总数	X_{10}
	当地查处广告违法案件数（件）	地区查处广告违法案件总数	X_{11}
	当地查处商标违法案件数（件）	地区年度查处商标违法案件总数	X_{12}
当地相关产业和支持性产业方面公共服务质量	当地优势产业集聚区数（个）	优势产业聚集区是指区域行业产量占全国行业产量比重前十的区域	X_{13}

续表

一级评价指标	二级评价指标	二级评价指标含义	表示二级评价指标的变量
小微企业战略、企业结构和同业竞争方面公共服务质量	当地规上工业企业新产品开发项目数（项）	地区年度规上工业企业新产品开发项目数	X_{14}
	当地规上工业企业研发项目经费支出（亿元）	地区年度规上工业企业研发项目经费支出	X_{15}
	当地专利授权数（件）	地区年度专利授权数	X_{16}
	当地竞争执法和经济检查执法案件数（件）	地区年度竞争执法和经济检查执法案件总数	X_{17}

二、地方政府支持小微企业发展的公共服务质量之主成分分析

专业评价模式主要依靠统计年鉴获得相关评价指标的数据。江苏、山东、广东、浙江、河南、辽宁、福建、安徽、湖南、湖北等10个省份的17个二级评价指标的原始数据及其来源具体见表7-2、表7-3。

表7-2　　　　　　　10省二级评价指标的原始数据

	江苏	山东	广东	浙江	河南	辽宁	福建	安徽	湖南	湖北
X_1	1891	1493	1687	1872	1273	1377	1667	1222	1237	1330
X_2	2.31	2.46	2.67	2.57	3.44	2.11	2.64	3.56	3.08	2.82
X_3	16.24	17.77	18.94	16.76	17.98	17.27	17.38	18.87	18.95	17.88
X_4	14.84	11.89	45.56	10.13	27.71	3.89	2.98	5.02	5.76	9.79
X_5	631	327	400	340	325	600	113	461	127	272
X_6	1.49	1.63	1.18	1.11	1.52	0.78	0.81	1.25	1.2	1.56
X_7	1.32	1.21	2	2.02	1.18	1.46	2.07	1.24	1.08	1.42
X_8	27173	20864	25685	32657	15695	22820	23331	16796	17622	18283
X_9	709.59	763.53	797.01	435.54	790.87	895.91	258.71	575.82	661.97	717.63
X_{10}	5906	1746	44215	803	7370	1448	1878	1014	2513	11398
X_{11}	2625	1382	3412	1955	2455	678	2168	824	1374	4229
X_{12}	2755	1264	6171	5247	2943	456	2756	2018	1370	3345
X_{13}	740	696	670	606	174	131	181	31	87	98
X_{14}	62306	34050	49177	51466	11341	8857	10736	18185	9758	11678
X_{15}	1226	1032	1280	724	309	276	278	246	273	275
X_{16}	200032	72818	179453	188544	33366	19525	37857	48380	26637	28290
X_{17}	2611	3046	7769	2855	9174	1157	3013	2864	1035	10045

表 7-3　　　　　　　10 省二级评价指标原始数据来源

二级评价指标	数据来源
当地人均教育财政支出（元）	中国统计年鉴（2015）
当地教育财政支出占生产总值的比重（%）	中国统计年鉴（2015）
当地大学师生比（教师人数=1）	中国统计年鉴（2015）
当地金融支出（亿元）	中国财政年鉴（2015）
当地小额贷款公司数量（家）	中国金融年鉴（2015）
当地公路密度（千米/平方千米）	中国交通年鉴（2015）、中国交通中国城市统计年鉴（2015）
当地人均移动电话交换机容量（户/人）	中国统计年鉴（2015）
当地人均可支配收入（元）	中国统计年鉴（2015）
当地人均社会保障和就业支出（亿元）	中国财政年鉴（2015）
当地查处侵害消费者权益案件数（件）	工商行政管理统计（2015）
当地查处广告违法案件数（件）	工商行政管理统计（2015）
当地查处商标违法案件数（件）	工商行政管理统计（2015）
当地优势产业集聚区数（个）	中国产业集群发展报告
当地规上工业企业新产品开发项目数（项）	中国科技统计年鉴（2015）
当地规上工业企业研发项目经费支出（亿元）	中国科技统计年鉴（2015）
当地专利授权数（件）	中国科技统计年鉴（2015）
当地竞争执法和经济检查执法案件数（件）	工商行政管理统计（2015）

由于各指标的量纲不同，首先对数据进行 Z-Score 标准化。在标准化数据矩阵基础上，通过计算指标的相关系数矩阵发现，17 个指标两两之间大部分在 0.1 的显著性水平下（双侧）相关，只有少数指标两两之间相关性不显著。这表明指标之间相关明显，适合进行主成分分析。

在主成分分析中，一般认为累计贡献率达到 85% 以上，即可结束主成分选取。由表 7-4 可知，前 5 个主成分的特征根大于 1 且累计贡献率达到 93.432%，说明前 5 个主成分代表原来 17 个指标来评价江苏、山东、广东、浙江、河南、辽宁、福建、安徽、湖南、湖北等 10 个省份的地方政府支持小微企业发展的公共服务质量已经有足够把握。前5个主成分分别用 F_1、F_2、F_3、F_4、F_5 表示。

表7-4　　　　　　　　　　解释的总方差

主成分	主成分方差			提取的主成分方差		
	特征值	贡献率（%）	累积贡献率（%）	特征值	贡献率（%）	累积贡献率（%）
1	7.072	41.600	41.600	7.072	41.600	41.600
2	3.868	22.756	64.356	3.868	22.756	64.356
3	2.542	14.953	79.309	2.542	14.953	79.309
4	1.317	7.749	87.058	1.317	7.749	87.058
5	1.084	6.374	93.432	1.084	6.374	93.432
6	0.637	3.749	97.181			
7	0.212	1.249	98.430			
8	0.154	0.903	99.333			
9	0.113	0.667	100.000			
10	0.000	0.000	100.000			
11	0.000	0.000	100.000			
12	0.000	0.000	100.000			
13	0.000	0.000	100.000			
14	0.000	0.000	100.000			
15	0.000	0.000	100.000			
16	0.000	0.000	100.000			
17	0.000	0.000	100.000			

提取方法：主成分分析。

表7-5　　　　　　　　　　主成分系数矩阵[a]

变量	主成分				
	1	2	3	4	5
X_1	0.907	-0.346	-0.154	-0.132	-0.022
X_2	-0.535	0.518	-0.183	-0.180	0.482
X_3	-0.447	0.615	-0.141	0.393	0.436
X_4	0.542	0.742	0.046	0.268	0.062
X_5	0.343	-0.170	0.670	0.292	-0.194
X_6	0.074	0.538	0.524	-0.631	0.117

续表

变量	主成分				
	1	2	3	4	5
X_7	0.585	-0.153	-0.731	0.220	-0.138
X_8	0.844	-0.458	-0.181	0.056	-0.034
X_9	-0.032	0.418	0.762	0.351	-0.283
X_{10}	0.516	0.700	-0.131	0.437	-0.038
X_{11}	0.429	0.627	-0.260	-0.339	-0.423
X_{12}	0.716	0.429	-0.479	-0.019	0.082
X_{13}	0.897	-0.051	0.280	-0.102	0.171
X_{14}	0.923	-0.067	0.228	-0.111	0.252
X_{15}	0.876	0.114	0.342	0.029	0.193
X_{16}	0.945	-0.042	0.070	-0.045	0.232
X_{17}	0.095	0.858	-0.157	-0.226	-0.367

提取方法：主成分分析。

a. 已提取 5 个成分。

根据表 7-5 的数据可得到 5 个主成分的线性组合：

$F_1 = 0.907X_1 - 0.535X_2 - 0.447X_3 + 0.542X_4 + 0.343X_5 + 0.074X_6 + 0.585X_7 + 0.844X_8 - 0.032X_9 + 0.516X_{10} + 0.429X_{11} + 0.716X_{12} + 0.897X_{13} + 0.923X_{14} + 0.876X_{15} + 0.945X_{16} + 0.095X_{17}$

$F_2 = -0.346X_1 + 0.518X_2 + 0.615X_3 + 0.742X_4 - 0.170X_5 + 0.538X_6 - 0.153X_7 - 0.458X_8 + 0.418X_9 + 0.700X_{10} + 0.627X_{11} + 0.429X_{12} - 0.051X_{13} - 0.067X_{14} + 0.114X_{15} - 0.042X_{16} + 0.858X_{17}$

$F_3 = -0.154X_1 - 0.183X_2 - 0.141X_3 + 0.046X_4 + 0.670X_5 + 0.524X_6 - 0.731X_7 - 0.181X_8 + 0.762X_9 - 0.131X_{10} - 0.260X_{11} - 0.479X_{12} + 0.280X_{13} + 0.228X_{14} + 0.342X_{15} + 0.070X_{16} - 0.157X_{17}$

$F_4 = -0.132X_1 - 0.180X_2 + 0.393X_3 + 0.268X_4 + 0.292X_5 - 0.631X_6 + 0.220X_7 + 0.056X_8 + 0.351X_9 + 0.437X_{10} - 0.339X_{11} - 0.019X_{12} - 0.102X_{13} - 0.111X_{14} + 0.029X_{15} - 0.045X_{16} - 0.226X_{17}$

$F_5 = -0.022X_1 + 0.482X_2 + 0.436X_3 + 0.062X_4 - 0.194X_5 + 0.117X_6 - 0.138X_7 - 0.034X_8 - 0.283X_9 - 0.038X_{10} - 0.423X_{11} + 0.082X_{12} + 0.171X_{13} + 0.252X_{14} + 0.193X_{15} + 0.232X_{16} - 0.367X_{17}$

主成分的意义由各线性组合中权数较大的几个指标的综合意义来确定。在主成分 F_1 中，X_1、X_8、X_{13}、X_{14}、X_{15}、X_{16} 的系数比较大，所以主成分 F_1 主要是"当地人均教育财政支出""当地人均可支配收入""当地优势产业集聚区数""当地规上工业企业新产品开发项目数""当地规上工业企业研发项目经费支出""当地专利授权数"等 6 个指标的综合反映，它代表着当地经济实力与企业科技创新方面，刻画了省级地方政府为促进当地经济发展和小微企业科技创新而提供的相关公共服务质量。

在主成分 F_2 中，X_4、X_{17} 的系数比较大，所以主成分 F_2 主要是"当地金融支出""当地竞争执法和经济检查执法案件数"等指标的综合反映。金融支出主要包括金融部门监管、金融调控、金融发展等方面支出，故 F_2 代表着当地经济监管方面，反映了省级地方政府为促进小微企业发展而提供的经济监管服务质量。

在主成分 F_3 中，X_5、X_9 的系数比较大，所以主成分 F_3 主要是"当地小额贷款公司数量""当地人均社会保障和就业支出"等指标的综合反映。小额贷款公司主要服务对象是小微企业，小微企业是中国经济生态系统中的弱势群体。社会保障的主要对象是无收入、低收入以及遭受各种意外灾害的公民。故 F_3 代表着当地弱势群体扶助方面，刻画了省级地方政府为支持小微企业发展而提供的相关公共服务质量。

在主成分 F_4 中，X_{10} 的系数比较大，所以主成分 F_4 主要是"当地查处侵害消费者权益案件数"指标的反映，它代表着当地保护消费者权益方面，反映了省级地方政府为促进小微企业发展而提供的保护消费者权益服务质量。

在主成分 F_5 中，X_2、X_3 的系数比较大，所以主成分 F_5 主要是"当地教育财政支出占生产总值的比重""当地大学师生比"等指标的综合反映。它代表着当地教育方面，刻画了省级地方政府为支持小微企业发展而提供的教育服务质量。

这 5 个主成分从 5 个方面反映了省级地方政府支持小微企业发展的公共服务质量，用它们来评价省级地方政府支持小微企业发展的公共服务质量具有 93.432% 的可靠性。

以 F 表示各省级地方政府支持小微企业发展的公共服务质量综合指标，以各主成分的贡献率与总贡献率之比作为各主成分的权数，省级地方政府支持小微企业发展的公共服务质量综合指标线性组合为：

$$F = 0.4452F_1 + 0.2436F_2 + 0.16F_3 + 0.0829F_4 + 0.0682F_5$$

利用上式可计算出江苏、山东、广东、浙江、河南、辽宁、福建、安徽、湖南、湖北等 10 个省份的地方政府支持小微企业发展的公共服务质量综合得分,并由综合得分可排出上述 10 个省份的地方政府支持小微企业发展的公共服务质量名次。江苏、山东、广东、浙江、河南、辽宁、福建、安徽、湖南、湖北等 10 个省份的地方政府支持小微企业发展的公共服务质量综合得分和排序见表 7-6。

表 7-6　10 省地方政府支持小微企业发展的公共服务质量主成分与综合得分、排序

省份	F_1 得分	排序	F_2 得分	排序	F_3 得分	排序	F_4 得分	排序	F_5 得分	排序	F 得分	排序
江苏	1.329	2	-0.635	7	1.340	1	-0.848	9	-0.160	6	0.570	2
山东	0.085	4	-0.179	6	1.231	2	-0.586	8	0.572	3	0.182	3
广东	1.534	1	1.584	1	-0.459	8	1.640	2	0.317	5	1.153	1
浙江	1.189	3	-0.995	9	-0.916	9	-0.573	7	0.461	4	0.124	4
河南	-0.670	8	1.266	2	0.254	4	-0.542	6	-0.240	7	-0.010	5
辽宁	-0.594	7	-1.175	10	0.769	3	1.786	1	-1.516	9	-0.383	8
福建	-0.237	5	-0.937	8	-1.960	10	-0.222	5	-0.311	8	-0.687	10
安徽	-1.049	9	0.0126	4	0.146	5	0.286	3	1.427	1	-0.320	7
湖南	-1.141	10	-0.0362	5	-0.064	6	0.187	4	1.084	2	-0.438	9
湖北	-0.446	6	1.095	3	-0.341	7	-1.127	10	-1.634	10	-0.191	6

通过主成分分析可知,我国新常态下小微企业数量最多的 10 个省份中,省级地方政府支持小微企业发展的公共服务质量由高到低依次是广东、江苏、山东、浙江、河南、湖北、安徽、辽宁、湖南、福建。

第二节
地方政府支持小微企业发展的公共服务满意度调查

被克林顿政府奉为指导美国政府进行改革的"圣经"——《改革政

府》一书的作者戴维·奥斯本（David Osborne，2006）认为，"政府应该是受顾客驱使的政府，应该满足顾客的需要"。① 作为世界著名的公共管理学家，他主张政府把公民、社会组织当作"顾客"看待，要关注顾客的满意度。为了有效支持小微企业发展，地方政府应该把小微企业当作"顾客"看待，受小微企业驱使，调查小微企业对相关公共服务的满意度。

通过专业评价模式可知，新常态下福建省支持小微企业发展的公共服务质量在10个省份中排在末位，故本节运用公众评价模式调查福建省小微企业对地方政府支持小微企业发展的公共服务满意度，找到福建省地方政府支持小微企业发展的公共服务质量短板。首先，运用层次分析法确定地方政府支持小微企业发展的公共服务满意度评价指标权重。其次，运用模糊综合评价法调查福建省小微企业对地方政府支持小微企业发展公共服务的满意度。

在当前我国政治架构下，通常存在省（直辖市、自治区）、市、县（区）、乡（镇）四级地方政府。省级地方政府一般不直接面对辖域内的居民和企业，主要通过对下级地方政府的指挥、监督、指导来实施对辖区各项事务的管理和提供公共服务。对于下级地方政府无法履行的职责，省级地方政府也会提供直接的管理和公共服务。另外，囿于权限管理限制及掌握的政策资源有限，县（区）、乡（镇）两级地方政府支持小微企业发展的公共服务供给多受制于上级地方政府，省市两级地方政府在支持小微企业发展中发挥着举足轻重的作用。故本节主要调查福建省小微企业对省、市两级地方政府支持小微企业发展公共服务的满意度。

一、地方政府支持小微企业发展公共服务满意度评价指标权重的确定

（一）建立递阶层次结构

基于系统性、科学性、简洁性、可获得性的指标选取原则，根据经过优化的地方政府支持小微企业发展的公共服务内容，从小微企业角度构建出地方政府支持小微企业发展的公共服务满意度评价指标体系。

1. 当地生产要素方面公共服务满意度评价指标

生产要素通常包括人力资源、资本资源、天然资源、知识资源、基础

---

① 戴维·奥斯本，特德·盖布勒. 改革政府：企业家精神如何改革着公共部门［M］. 上海：上海译文出版社，2013.

设施等资源。当前，许多小微企业面临着用工难、融资难问题，这些问题严重制约了小微企业发展。在这些生产要素中，小微企业无疑对人力资源、资本资源等生产要素比较关注。故用"人才获取公共服务""企业融资公共服务"这两个指标评价小微企业对当地生产要素方面公共服务的满意度。

2. 当地需求条件方面公共服务满意度评价指标

当地需求条件方面的公共服务主要包括提高当地居民可支配收入、社会保障、保护消费者权益、政府采购，故用"提高当地居民可支配收入""社会保障""保护消费者权益""政府采购"等4个指标评价小微企业对当地需求条件方面公共服务的满意度。

3. 当地相关产业和支持性产业方面公共服务满意度评价指标

佩鲁（Francois Perroux，1950）的增长极理论指出，一个地区经济增长的关键是政府在该地区建立起一系列推动性产业，通过产业集群推动经济增长。美国的硅谷、印度的班加罗尔、"第三意大利"、北京中关村等产业集群的蓬勃发展无不与地方政府的积极有为密切相关。产业集群能够促进小微企业发展，故用"推动产业集群"指标来评价小微企业对当地相关产业和支持性产业方面公共服务的满意度。

4. 小微企业战略、小微企业结构和同业竞争方面公共服务满意度评价指标

小微企业战略、小微企业结构和同业竞争方面的公共服务主要包括激发小微企业的企业家精神、提升小微企业管理水平和促进企业良性竞争。创新尤其是技术创新是企业家精神的核心，故用"支持小微企业技术创新""提升小微企业管理水平""促进企业良性竞争"等3个指标评价小微企业对小微企业战略、小微企业结构和同业竞争方面公共服务的满意度。

综上所述，地方政府支持小微企业发展公共服务满意度评价指标体系可分为3层。目标层是"地方政府支持小微企业发展的公共服务"，准则层包括"当地生产要素方面公共服务""当地需求条件方面公共服务""当地相关产业和支持性产业方面公共服务"以及"小微企业战略、小微企业结构和同业竞争方面公共服务"，方案层包括"人才获取公共服务""企业融资公共服务"，共计10项指标。具体见表7-7。

表7-7　地方政府支持小微企业发展公共服务满意度评价指标体系

目标层	准则层	方案层
地方政府支持小微企业发展的公共服务（A）	当地生产要素方面公共服务（B_1）	人才获取公共服务（C_1）
		企业融资公共服务（C_2）
	当地需求条件方面公共服务（B_2）	提高当地居民可支配收入（C_3）
		社会保障（C_4）
		保护消费者权益（C_5）
		政府采购（C_6）
	当地相关产业和支持性产业方面公共服务（B_3）	推动产业集群（C_7）
	小微企业战略、企业结构和同业竞争方面公共服务（B_4）	支持小微企业技术创新（C_8）
		提升小微企业管理水平（C_9）
		促进企业良性竞争（C_{10}）

（二）构建两两比较判断矩阵

判断矩阵如表7-8所示，标度的定义如表7-9所示，本节所采用的标度是根据调研数据权衡后得出。

表7-8　　　　　　B_i和B_j的相对重要性矩阵

A_1	B_1	B_2	Λ	B_n
B_1	b_{11}	b_{12}	Λ	b_{1n}
B_2	b_{21}	b_{22}	Λ	b_{2n}
M	M	M		M
B_n	b_{n1}	b_{n2}	Λ	b_{nn}

表7-9　　　　　　判断矩阵标度定义

标度b_{ij}	含义
1	i因素与j因素，具有同等重要程度
3	i因素比j因素稍微重要
5	i因素比j因素明显重要
7	i因素比j因素非常重要
9	i因素比j因素极端重要
2，4，6，8	为以上两相邻判断之间的中间状态对应的标度值
倒数	若j因素与i因素比较，得到的判断值为$b_{ji}=1/b_{ij}$

根据地方政府支持小微企业发展的公共服务满意度评价指标体系制作出《地方政府支持小微企业发展的公共服务满意度评价指标权重调查问卷》，向福建省每个地级市的60家小微企业发放该调查问卷，9个地级市共计发放540份调查问卷。调查问卷发放途径有三：一是在当地工业和信息化局、市场监督管理局或税务局等政府部门协助下发放调查问卷；二是在当地中小企业协会、小微企业商会等社会组织帮助下发放调查问卷；三是项目组通过互联网查询到相关企业联系方式，直接联系、发放调查问卷。

回收调查问卷476份，占全部发放调查问卷的88.1%。在回收的调查问卷中剔除11份填写质量较差的调查问卷，获得465份高质量调查问卷，高质量调查问卷占全部发放调查问卷的86.1%。根据《中小企业划型标准规定》对小微企业的界定，分析465份高质量调查问卷内容后发现被调查企业中有21家企业实际上不是小微企业，故予以剔除。最后实际有效调查问卷为444份，占全部发放调查问卷的82.2%。

在调查中，请被调查企业两两比较地方政府支持小微企业发展的各项公共服务对小微企业发展重要程度。根据调研数据所得出的标度能够反映福建省小微企业对地方政府支持其发展的各项公共服务重要程度的共识。

（三）层次单排序和一致性检验

根据各指标的重要性构造判断矩阵进行计算，所得结果如下：

1. 二级指标"当地生产要素方面公共服务""当地需求条件方面公共服务""当地相关产业和支持性产业方面公共服务"以及"小微企业战略、小微企业结构和同业竞争方面公共服务"相对于一级指标"地方政府支持小微企业发展的公共服务"的权重

检验其一致性，通过一致性检验。如表7-10所示。

表7-10　　　　　　B_1、B_2、B_3、B_4相对于A的权重

A	B_1	B_2	B_3	B_4	W_i	
B_1	1	5	7	4	0.579	$\lambda_{max} = 4.214$
B_2	1/5	1	5	1/2	0.146	CI = 0.071
B_3	1/7	1/5	1	1/4	0.050	RI = 0.900
B_4	1/4	2	4	1	0.206	CR = 0.079

2. 三级指标"人才获取公共服务""企业融资公共服务"相对于二级指标"当地生产要素方面公共服务"的权重

检验其一致性，通过一致性检验。如表 7-11 所示。

表 7-11　　　　　　　　　C_1、C_2 的权重

B_1	C_1	C_2	W_i	
C_1	1	2	0.667	$\lambda_{max} = 2.000$ CI = 0.000
C_2	1/3	1	0.333	RI = 0.000 CR = 0.000

3. 三级指标"提高当地居民可支配收入""社会保障""保护消费者权益""政府采购"相对于二级指标"当地需求条件方面公共服务"的权重

检验其一致性，通过一致性检验。如表 7-12 所示。

表 7-12　　　　　　　　　C_3、C_4、C_5、C_6 的权重

B_2	C_3	C_4	C_5	C_6	W_i	
C_3	1	1/7	1/3	1/5	0.055	$\lambda_{max} = 4.117$
C_4	7	1	5	3	0.564	CI = 0.039
C_5	3	1/5	1	1/3	0.118	RI = 0.900
C_6	5	1/3	3	1	0.263	CR = 0.043

4. 三级指标"支持小微企业技术创新""提升小微企业管理水平""促进企业良性竞争"相对于二级指标"小微企业战略、小微企业结构和同业竞争方面公共服务"的权重

检验其一致性，通过一致性检验。如表 7-13 所示。

表 7-13　　　　　　　　　C_8、C_9、C_{10} 的权重

B_4	C_8	C_9	C_{10}	W_i	
C_8	1	3	5	0.637	$\lambda_{max} = 3.039$ CI = 0.019
C_9	1/3	1	3	0.258	RI = 0.580
C_{10}	1/5	1/3	1	0.105	CR = 0.033

(四) 层次总排序

层次总排序如表 7-14 所示。

表 7-14 　　　　　　　　　C 层总排序

	B_1	B_2	B_3	B_4	C 层总排序
	0.579	0.146	0.050	0.206	（权重值）
C_1	0.667				0.398
C_2	0.333				0.199
C_3		0.055			0.008
C_4		0.564			0.082
C_5		0.118			0.017
C_6		0.263			0.038
C_7			1.000		0.050
C_8				0.637	0.133
C_9				0.258	0.053
C_{10}				0.105	0.022
CI CR					CI 总 = 0.010 RI 总 = 0.251 CR 总 = 0.040

通过层次分析，地方政府支持小微企业发展的公共服务满意度评价指标权重由大到小的排序见表 7-15。

表 7-15　地方政府支持小微企业发展的公共服务满意度评价指标权重排序

序号	小微企业满意度评价指标	权重
1	人才获取公共服务	39.8%
2	企业融资公共服务	19.9%
3	支持小微企业技术创新	13.3%
4	社会保障	8.2%
5	提升小微企业管理水平	5.3%
6	政府采购	3.8%
7	促进企业良性竞争	2.2%
8	保护消费者权益	1.7%
9	推动产业集群	5%
10	提高当地居民可支配收入	0.8%

二、地方政府支持小微企业发展的公共服务满意度模糊综合评价

(一) 评价因素集、权重集和评价集的建立

根据地方政府支持小微企业发展的公共服务满意度评价指标体系制作出《地方政府支持小微企业发展的公共服务满意度调查问卷》。调查问卷中的评价集由"满意""比较满意""一般""不太满意""不满意"组成,即 V = {满意,比较满意,一般,不太满意,不满意}。评价集能够较好反映福建省地方政府的相关公共服务对小微企业发展的满足程度。具体评价因素集和权重集见表7-16。

表7-16 地方政府支持小微企业发展的公共服务满意度评价因素集和权重集

地方政府支持小微企业发展的公共服务	当地生产要素方面公共服务（权重 $A_1 = 59.7\%$）	人才获取公共服务（权重 $a_{11} = 39.8\%$）
		企业融资公共服务（权重 $a_{12} = 19.9\%$）
	当地需求条件方面公共服务（权重 $A_2 = 14.5\%$）	提高当地居民可支配收入（权重 $a_{21} = 0.8\%$）
		社会保障（权重 $a_{22} = 8.2\%$）
		保护消费者权益（权重 $a_{23} = 1.7\%$）
		政府采购（权重 $a_{24} = 3.8\%$）
	当地相关产业和支持性产业方面公共服务（权重 $A_3 = 5\%$）	推动产业集群（权重 $a_{31} = 5\%$）
	小微企业战略、企业结构和同业竞争方面公共服务（权重 $A_4 = 20.8\%$）	支持小微企业技术创新（权重 $a_{41} = 13.3\%$）
		提升小微企业管理水平（权重 $a_{42} = 5.3\%$）
		促进企业良性竞争（权重 $a_{43} = 2.2\%$）

(二) 模糊评价

按照模糊综合评价法的步骤，建立评价因素集、权重集和评价集后，确定各评价矩阵 R_i。笔者在发放《地方政府支持小微企业发展的公共服务满意度评价指标权重调查问卷》的时候，也一起向被调查小微企业发放了《地方政府支持小微企业发展的公共服务满意度调查问卷》。福建省每个地级市发放 60 份调查问卷，9 个地级市共计发放 540 份调查问卷。回收调查问卷 473 份，占全部发放调查问卷的 87.6%。在回收的调查问卷中剔除 9 份填写质量较差的调查问卷，获得 464 份高质量调查问卷，高质量调查问卷占全部发放调查问卷的 85.9%。根据《中小企业划型标准规定》对小微企业的界定，分析 464 份高质量调查问卷内容后发现被调查企业中有 21 家企业实际上不是小微企业，故予以剔除。最后实际有效调查问卷为 443 份，占全部发放调查问卷的 82%。

在当地生产要素方面公共服务调查中，有 6% 的被调查小微企业对"人才获取公共服务"满意，23% 的被调查小微企业对"人才获取公共服务"比较满意，25% 的被调查小微企业认为"人才获取公共服务"一般，34% 的被调查小微企业对"人才获取公共服务"不太满意，12% 的被调查小微企业对"人才获取公共服务"不满意。根据模糊综合评价最大隶属度原则，小微企业对"人才获取公共服务"不太满意。

有 11% 的被调查小微企业对"企业融资公共服务"满意，26% 的被调查小微企业对"企业融资公共服务"比较满意，30% 的被调查小微企业认为"企业融资公共服务"一般，23% 的被调查小微企业对"企业融资公共服务"不太满意，10% 的被调查小微企业对"企业融资公共服务"不满意。根据模糊综合评价最大隶属度原则，小微企业认为"企业融资公共服务"一般。

故当地生产要素方面公共服务的评价矩阵 R_1 如下：

$$R_1 = \begin{vmatrix} 0.06 & 0.23 & 0.25 & 0.34 & 0.12 \\ 0.11 & 0.26 & 0.30 & 0.23 & 0.1 \end{vmatrix}$$

在当地需求条件方面公共服务调查中，有 20% 的被调查小微企业对"提高当地居民可支配收入"满意，33% 的被调查小微企业对"提高当地居民可支配收入"比较满意，24% 的被调查小微企业认为"提高当地居民可支配收入"一般，14% 的被调查小微企业对"提高当地居民可支配收入"不太满意，9%的被调查小微企业对"提高当地居民可支配收入"不满意。根据模糊综合评价最大隶属度原则，小微企业对"提高当地居民可支配收入"比较满意。

有16%的被调查小微企业对"社会保障"满意，25%的被调查小微企业对"社会保障"比较满意，29%的被调查小微企业认为"社会保障"一般，19%的被调查小微企业对"社会保障"不太满意，11%的被调查小微企业对"社会保障"不满意。根据模糊综合评价最大隶属度原则，小微企业认为"社会保障"一般。

有17%的被调查小微企业对"保护消费者权益"满意，30%的被调查小微企业对"保护消费者权益"比较满意，26%的被调查小微企业认为"保护消费者权益"一般，21%的被调查小微企业对"保护消费者权益"不太满意，6%的被调查小微企业对"保护消费者权益"不满意。根据模糊综合评价最大隶属度原则，小微企业认为"保护消费者权益"一般。

有13%的被调查小微企业对"政府采购"满意，29%的被调查小微企业对"政府采购"比较满意，27%的被调查小微企业认为"政府采购"一般，17%的被调查小微企业对"政府采购"不太满意，14%的被调查小微企业对"政府采购"不满意。根据模糊综合评价最大隶属度原则，小微企业对"政府采购"比较满意。

故当地需求条件方面公共服务的评价矩阵 R_2 如下：

$$R_2 = \begin{vmatrix} 0.2 & 0.33 & 0.24 & 0.14 & 0.09 \\ 0.16 & 0.25 & 0.29 & 0.19 & 0.11 \\ 0.17 & 0.3 & 0.26 & 0.21 & 0.06 \\ 0.13 & 0.29 & 0.27 & 0.17 & 0.14 \end{vmatrix}$$

在当地相关产业和支持性产业方面公共服务调查中，有10%的被调查小微企业对"推动产业集群"满意，17%的被调查小微企业对"推动产业集群"比较满意，28%的被调查小微企业认为"推动产业集群"一般，24%的被调查小微企业对"推动产业集群"不太满意，21%的被调查小微企业对"推动产业集群"不满意。根据模糊综合评价最大隶属度原则，小微企业认为"推动产业集群"一般。

故当地相关产业和支持性产业方面公共服务的评价矩阵 R_3 如下：

$$R_3 = \begin{vmatrix} 0.1 & 0.17 & 0.28 & 0.24 & 0.21 \end{vmatrix}$$

在小微企业战略、小微企业结构和同业竞争方面公共服务调查中,有9%的被调查小微企业对"支持小微企业技术创新"满意,19%的被调查小微企业对"支持小微企业技术创新"比较满意,30%的被调查小微企业认为"支持小微企业技术创新"一般,32%的被调查小微企业对"支持小微企业技术创新"不太满意,10%的被调查小微企业对"支持小微企业技术创新"不满意。根据模糊综合评价最大隶属度原则,小微企业对"支持小微企业技术创新"不太满意。

有4%的被调查小微企业对"提升小微企业管理水平"满意,15%的被调查小微企业对"提升小微企业管理水平"比较满意,25%的被调查小微企业认为"提升小微企业管理水平"一般,35%的被调查小微企业对"提升小微企业管理水平"不太满意,21%的被调查小微企业对"提升小微企业管理水平"不满意。根据模糊综合评价最大隶属度原则,小微企业对"提升小微企业管理水平"不太满意。

有12%的被调查小微企业对"促进企业良性竞争"满意,29%的被调查小微企业对"促进企业良性竞争"比较满意,26%的被调查小微企业认为"促进企业良性竞争"一般,25%的被调查小微企业对"促进企业良性竞争"不太满意,8%的被调查小微企业对"促进企业良性竞争"不满意。根据模糊综合评价最大隶属度原则,小微企业对"促进企业良性竞争"比较满意。

故小微企业战略、小微企业结构和同业竞争方面公共服务的评价矩阵 R_4 如下:

$$R_4 = \begin{vmatrix} 0.09 & 0.19 & 0.3 & 0.32 & 0.1 \\ 0.04 & 0.15 & 0.25 & 0.35 & 0.21 \\ 0.12 & 0.29 & 0.26 & 0.25 & 0.08 \end{vmatrix}$$

把以上四个单因素评价矩阵及其相应权重值代入模糊评价模型 $B = A * R$,取 $*$ 为 $M(\cdot, +)$ 即普通矩阵乘法,得出:

当地生产要素方面公共服务 $B_1 = (0.046, 0.143, 0.159, 0.181, 0.068)$

当地需求条件方面公共服务 $B_2 = (0.023, 0.039, 0.04, 0.027, 0.016)$

当地相关产业和支持性产业方面公共服务 $B_3 = (0.1, 0.17, 0.28, 0.24, 0.21)$

小微企业战略、小微企业结构和同业竞争方面公共服务 B_4 = (0.017, 0.04, 0.059, 0.067, 0.026)

由此得:

$$\overline{R} = \begin{vmatrix} B_1 \\ B_2 \\ B_3 \\ B_4 \end{vmatrix} = \begin{vmatrix} 0.046 & 0.143 & 0.159 & 0.181 & 0.068 \\ 0.023 & 0.039 & 0.04 & 0.027 & 0.016 \\ 0.1 & 0.17 & 0.28 & 0.24 & 0.21 \\ 0.017 & 0.04 & 0.059 & 0.067 & 0.026 \end{vmatrix}$$

根据模糊评价模型 B = A * R, 取 * 为 M (·, +), 得出:

$\overline{B}$ = (0.597, 0.145, 0.05, 0.208)

$$\begin{vmatrix} 0.046 & 0.143 & 0.159 & 0.181 & 0.068 \\ 0.023 & 0.039 & 0.04 & 0.027 & 0.016 \\ 0.1 & 0.17 & 0.28 & 0.24 & 0.21 \\ 0.017 & 0.04 & 0.059 & 0.067 & 0.026 \end{vmatrix}$$

= (0.042, 0.123, 0.144, 0.16, 0.066)

通过模糊综合评价法发现，有4.2%的被调查小微企业对地方政府支持小微企业发展的公共服务满意，12.3%的被调查小微企业对地方政府支持小微企业发展的公共服务比较满意，14.4%的被调查小微企业认为地方政府支持小微企业发展的公共服务一般，有16%的被调查小微企业对地方政府支持小微企业发展的公共服务不太满意，6.6%的被调查小微企业对地方政府支持小微企业发展的公共服务不满意。根据模糊综合评价最大隶属度原则，福建省小微企业对地方政府支持小微企业发展的公共服务的总体评价是"不太满意"。这反映出福建省地方政府支持小微企业发展的公共服务质量比较低。

研究结果显示，小微企业对"人才获取公共服务"不太满意，且"人才获取公共服务"的权重为39.8%，故"人才获取公共服务"对地方政府支持小微企业发展公共服务质量的影响程度最大。

小微企业认为"企业融资公共服务"一般，且"企业融资公共服务"的权重为19.9%，故"企业融资公共服务"对地方政府支持小微企业发展公共服务质量的影响程度排名第二。

小微企业对"支持小微企业技术创新"不太满意，且"支持小微企业技术创新"的权重为13.3%，故"支持小微企业技术创新"对地方政府支持小微企业发展公共服务质量的影响程度排名第三。

小微企业对"提升小微企业管理水平"不太满意,且"提升小微企业管理水平"的权重为5.3%,故"提升小微企业管理水平"对地方政府支持小微企业发展公共服务质量的影响程度排名第四。

小微企业认为"社会保障"一般,且"社会保障"的权重为8.2%,故"社会保障"对地方政府支持小微企业发展公共服务质量的影响程度排名第五。

小微企业对"提高当地居民可支配收入""保护消费者权益""政府采购""推动产业集群""促进企业良性竞争"等公共服务的满意度是"比较满意"或是"一般",且它们各自的权重比较小,故这些公共服务对地方政府支持小微企业发展公共服务质量的影响程度比较小。

可见,"人才获取公共服务""企业融资公共服务""支持小微企业技术创新""提升小微企业管理水平""社会保障"等公共服务是影响福建省地方政府支持小微企业发展公共服务质量的主要因素,是福建省地方政府支持小微企业发展公共服务质量的短板。

第八章

新常态下地方政府支持小微企业发展的公共服务质量改善途径

改善新常态下地方政府支持小微企业发展的公共服务质量,可以从战略层面和战术层面分别进行。在战略层面上,地方政府要树立服务质量战略管理理念,通过构建地方政府支持小微企业发展的公共服务质量改善机制来提升相关公共服务质量。在战术层面上,地方政府要根据新常态下其支持小微企业发展公共服务质量的具体短板,针对影响小微企业发展公共服务质量的具体因素采取改善措施。

第一节
服务质量差距模型应用研究概述

服务质量差距模型由美国学者帕拉休拉曼、赞瑟姆和贝利(A. Parasuraman, Valarie A. Zeithamal, Leonard L. Berry, 1985)等人首次

提出。该模型区分了导致服务质量问题的五种差距,① 主要用来分析服务质量问题产生的根源,帮助管理者研究改进服务质量的措施以提高服务质量。该模型告诉希望改善服务质量的管理者:弥合服务质量感知差距的关键在于弥合倾听差距、服务设计和标准差距、服务绩效差距、沟通差距,并使其持续处于弥合状态。顾客感知的服务质量不高的原因在于上述四个差距中的一个或多个差距的存在。服务质量差距模型能够作为服务组织试图改善服务质量的基础框架。

一些学者运用该模型对相关服务质量问题进行了研究。陈志琴、程结晶(2013)应用该模型对数字图书馆服务质量进行了分析,指出要缩小数字图书馆服务质量与用户期望的差距,建立数字图书馆服务质量评价的标准,加强对数字图书馆服务传递与用户的培训,加强数字图书馆服务与用户的相互沟通,增强数字图书馆与用户的感知服务认知,从而最终改善数字图书馆服务质量。孙顺利(2011)根据该模型构建出高等教育服务质量差距模型,并提出了弥合高等教育服务质量差距的具体路径。王啸岱、李莉(2010)以服务质量差距模型为理论依据,分析了社区卫生服务质量管理存在的问题,提出了四条改善措施:一是提高管理者对服务和服务竞争特性的认识深度;二是加大对医务人员培训,提高医务人员素质;三是建立服务运营机制;四是加强对服务沟通的管理,增强服务沟通的真实性和服务承诺的可兑现性。丁洪福、王溢涵、董晓东(2009)也运用该模型对商业银行服务质量改善问题进行了研究。可见,服务质量差距模型不仅适用于企业管理,也可应用于公共管理中以改善公共服务质量。服务质量差距模型具体见图8-1。

赞瑟姆、比特纳、格兰姆勒(Valarie A. Zeithaml, Mary Jo Bitner, Dwayne D. Gremler, 2009)分析了倾听差距、服务设计和标准差距、服务绩效差距、沟通差距等四个差距产生的原因。他们认为,导致倾听差距发生的原因主要有四个:一是营销研究分。例如,营销研究不足;研究重点

---

① 服务质量感知差距(差距5)即顾客期望与顾客感知的服务之间的差距是服务质量差距模型的核心。为了弥合这一差距,就要对以下四个差距进行弥合:倾听差距(差距1)——顾客对服务的期望与企业对这些期望理解之间的差距;服务设计和标准差距(差距2)——企业对顾客期望的理解与制定顾客驱动的服务设计和标准之间的差距;服务绩效差距(差距3)——顾客驱动的服务标准开发与企业员工的实际服务绩效之间的差距;沟通差距(差距4)——服务供应商实际传递的服务与其宣传的服务之间的差距。

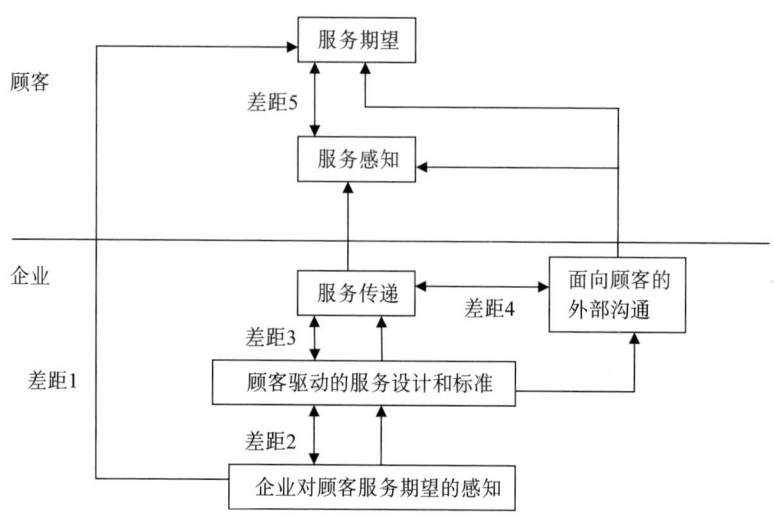

图 8-1 服务质量差距模型

导向不充不在服务质量上;没有充分进行市场研究。二是缺乏向上沟通。例如,管理者和顾客之间没有互动;一线员工和管理者之间缺乏沟通;供应商的组织层级太多。三是忽视关系。例如,没有细分市场;关注交易而非关系;关注新顾客而不是关系顾客。四是服务补救不充分。例如,没有鼓励倾听顾客抱怨;发生问题后没有赔偿制度,没有有效应对服务失败的机制。

导致服务设计及标准差距发生的原因主要有三种:一是服务设计不良。例如,新服务开发过程缺乏系统性;服务设计模糊、不明确;服务设计与服务定位脱节。二是没有顾客驱动的标准。例如,没有顾客驱动的服务标准;忽视对顾客需求的过程管理,服务质量目标设定缺乏正式流程。三是有形展示和服务场景不恰当。例如,顾客期望有形化失败;场景设计和顾客、员工需求不匹配;服务场景的维护和升级不够。

导致服务绩效差距发生的原因主要有四个:一是人力资源管理制度欠科学。例如,无效的招聘;角色模糊性和冲突;员工与技术工作不匹配;评价和补偿系统不恰当;缺乏授权和团队工作。二是供给与需求不匹配。例如,没有控制需求的高峰和低谷;不恰当的顾客组合;过分依赖于价格控制需求。三是顾客没有履行其角色。例如,顾客忽略了其角色和责任;顾客相互间的负面影响。四是服务中介问题。例如,在目标和绩效方面渠道冲突;在成本和回报方面渠道冲突;质量和一致性很难控制;授权和控制间的权衡。

导致沟通差距发生的原因主要有五个：一是缺乏整合营销传播。例如，把外部沟通看作独立的；沟通计划中没有互动营销；没有良好的内部营销计划。二是对顾客期望的无效管理。例如，没有利用各种形式的沟通对顾客期望进行管理；没有进行充分的顾客教育。三是过度承诺。例如，在广告中过度承诺；在人员销售中过度承诺；通过有形展示线索过度承诺。四是水平沟通不充分。例如，在销售和运营之间沟通不足；在广告和运营之间沟通不足；在各分支机构之间存在差异。五是不恰当的定价。例如，高价格超出顾客期望；价格与顾客感知的价值不符。

第二节
地方政府支持小微企业发展的公共服务质量改善机制设计

公共服务本质上是一种服务，地方政府可以根据服务质量差距模型构建出其支持小微企业发展的公共服务质量改善机制，通过弥合小微企业发展公共服务倾听差距（差距1）、小微企业发展公共服务设计和标准差距（差距2）、小微企业发展公共服务绩效差距（差距3）、小微企业发展公共服务沟通差距（差距4）来提高地方政府支持小微企业发展的公共服务质量。地方政府支持小微企业发展的公共服务质量改善机制见图8-2。

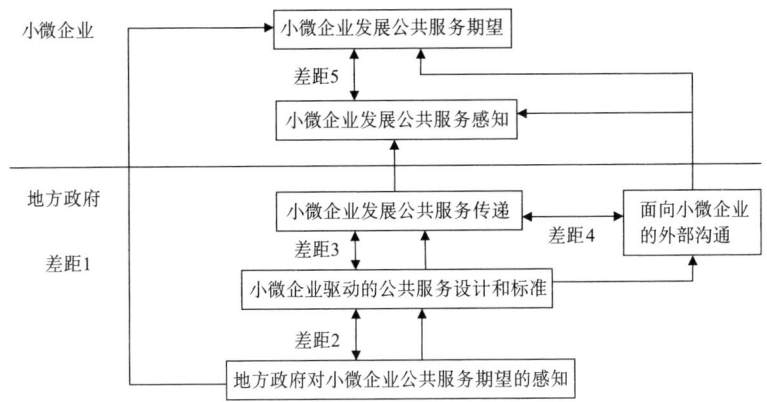

图8-2 地方政府支持小微企业发展的公共服务质量改善机制

一、小微企业发展公共服务四个差距产生的原因

(一) 小微企业发展公共服务倾听差距产生的原因

小微企业发展公共服务倾听差距是指小微企业对地方政府支持其发展公共服务的期望与地方政府对这些期望理解之间的差别。小微企业发展公共服务倾听差距产生的主要原因有三点：

一是对小微企业公共服务期望的关注和研究不够。我国经历了几千年封建社会，所以新中国成立以来很长一段时间内"家长制"思想观念对地方政府的管理行为有着较大影响。目前服务型政府已经是我国各级政府建设目标，不过由于存在"路径依赖"，一些地方政府在满足小微企业期望过程中仍然有意无意以"家长制"思想观念来指导其行为，没有把小微企业当作"顾客"看待，没有调查小微企业的需要，想当然地提供相关公共服务，从而造成了小微企业发展公共服务倾听差距。即使地方政府在为小微企业提供相关公共服务之前调查了小微企业公共服务期望，地方政府工作人员在调查中也可能因敷衍了事而导致调查结果无法反映客观实际。另外，地方政府工作人员还可能因不懂调查理论和方法而难以对小微企业公共服务期望进行深入研究。

二是上行沟通梗阻。上行沟通本质上是下级主动作为信息发送者而上级作为信息接收者的沟通，有助于管理者听取下级意见、想法和建议。我国地方政府组织结构主要根据"组织理论之父"马克斯·韦伯（Max Weber，1904）提出的官僚制理论而构建。这种"经典组织范式"不仅过于强调层级节制的体系，忽视下级主动性和积极性，还过于强调专业分工与职能权限划分，忽视宏观协调和消除本位主义，从而造成地方政府形成封闭式行政文化，内部沟通机制不健全。政治学家罗伯特·奥康纳（Robert E. O'Conner，1976）认为，"层级沟通机制可能在一定抽象意义上是理性的，但根据人类沟通理论，层级沟通不符合信息成功交换的基本规则。"[①] 封闭式组织文化会导致地方政府基层工作人员没有机会发出大量信息，内部沟通机制不健全会导致地方政府基层工作人员发出的信息要么需要大费周折才能到达高层管理者，要么石沉大海、无声无息。地方政府

---

① Robert E. O'Conner. Communication Disturbances in a Welfare Bureaucracy: A Case for Self-Management [J]. Journal of Sociology and Social Welfare, 1976 (4): 182.

为小微企业提供公共服务的决策通常由地方政府部门管理者尤其是中高层管理者做出。虽然地方政府基层工作人员比管理者更加了解小微企业的情况，但是由于地方政府存在封闭式组织文化、内部沟通机制不健全等上行沟通障碍，造成地方政府提供的相关公共服务脱离了小微企业实际需要。

（二）小微企业发展公共服务设计和标准差距产生的原因

随着"放管服"改革的不断深化，如何为企业提供有针对性优质公共服务已是当下建设服务型政府的重点。地方政府不仅要正确感知小微企业期望，还要提供良好的公共服务。为了提供良好的公共服务，地方政府要科学地设计公共服务和制定服务绩效标准，以便能够对这些感知做出精准的反应。在服务业中，公司把顾客期望转变为服务质量标准往往会遇到一些问题，地方政府也不例外。小微企业发展公共服务设计和标准差距，即地方政府对小微企业期望的理解与制定小微企业驱动的公共服务设计和标准之间的差别，就是这些问题的反映。

小微企业发展公共服务设计和标准差距产生的原因主要有两点：一是小微企业发展公共服务设计不良。例如，地方政府支持小微企业发展的公共服务开发过程缺乏科学性；地方政府支持小微企业发展的公共服务设计模糊、不明确。二是缺乏小微企业驱动的标准。与地方政府部门传统绩效标准不同，小微企业驱动的标准是根据小微企业需求建立且可以被小微企业觉察和评估的标准。小微企业驱动的标准缺乏会导致小微企业发展公共服务设计和标准差距产生。例如，没有小微企业驱动的公共服务标准；缺乏关注小微企业需求的过程管理；没有设定公共服务质量目标的正式流程。

（三）小微企业发展公共服务绩效差距产生的原因

小微企业发展公共服务绩效差距是制定小微企业驱动的公共服务标准与地方政府工作人员的实际公共服务绩效之间的差距。地方政府即使确立了正确的小微企业发展公共服务设计和标准，也只意味着其步入了提供高质量公共服务的正轨，并不能确保提供优质公共服务绩效。如果地方政府没有协助、鼓励和要求工作人员达到公共服务标准，公共服务标准也就无法发挥作用。小微企业发展公共服务绩效差距产生的原因主要有三点：

一是缺乏绩效管理理念。绩效考核是绩效管理过程的一个环节。不过，许多组织把绩效考核等同于绩效管理，政府部门也不例外。地方政府部门主要根据《中华人民共和国公务员法》对工作人员进行绩效考核。由于《中华人民共和国公务员法》只对考核内容、考核频率、考核方式、考核等级、考核结果应用做了规定，导致多数地方政府部门在管理工作人员绩效时只关注上述五个方面，缺乏绩效管理理念。其实，绩效管理过程包括绩效计划、绩效实施与辅导、绩效考核、绩效反馈与改进等四个环节。绩效计划包括系统地阐述组织的预期和战略，绩效考核中绩效计划的缺失可能造成相关被考核者不能清晰理解自己在组织中所扮演的角色以及自己所提供公共服务对小微企业发展的重要性。绩效实施与辅导是根据绩效计划对被考核者工作绩效进行原始数据采集并监控、辅导和改进的过程。绩效实施与辅导的缺失导致地方政府无法协助、鼓励相关被考核者提供符合小微企业驱动的公共服务标准的公共服务。绩效反馈与改进的缺失造成被考核者难以改善自己的工作绩效。

二是绩效考核不科学。哈拉契米（Halachmi，1995）认为，员工绩效考核是管理者所面临最为困难的问题之一，很少有其他管理职能像绩效考核那样吸引这么多管理者的注意力，同样很少有其他管理职能像绩效考核那样难以解决。地方政府部门在对工作人员进行绩效考核时往往存在两个方面的问题：第一，考核方式不合理。在绩效考核中，平时考核的方法多为考勤，其次是自我总结、领导评议、民主测评。年终考核的方法多为自我总结、民主测评，其次是领导评议和出勤记录。自我总结虽然在一定程度上有助于促进被考核者自我技能开发，但是被考核者对其工作绩效所做评价通常高于他们的上级管理者或其他同事对其工作绩效作出的评价。领导尤其是直接领导通常是最熟悉下级工作情况的人，而且他们对下级的绩效考核内容也比较熟悉，故领导评议是大多数组织采用的考核方式。不过，领导评议会造成相关被考核者在服务小微企业过程中把其关注点放在其领导而非小微企业身上，漠视小微企业关切。民主评议的主观性比较强。如果单位人数较多，那么可能会出现考核者根本不了解被考核者情况而只凭印象打分的现象。另外，由于人际关系影响，民主评议时考核者可能无法客观公正地评价被考核者，导致被考核者形成"工作干得好不如人际关系搞得好"的认知。第二，考核指标不科学。由于政府部门工作人员的工作实绩通常难以量化，所以在绩效考核中，考核指标往往比较宏观和抽象。例如，地方政府部门喜欢用"完成目标任务符合要求，提出的工作措施、工作思路切合实际"等抽象指标来评价工作人员的工作实绩。这不仅难以有效评价工作人员的实际工作,也不能引导工作人员的行为向相关公共服务标准靠近。

三是小微企业发展公共服务合同外包效果差强人意。随着新公共管理运动兴起和政府公共服务提供机制改革,西方政府部门在一些公共服务供给中摒弃了垄断性公共服务直接生产模式,而通过包括合同外包在内各种民营化方式来提供公共服务。欧文·E.休斯(Owen E. Hughes,2004)指出:"合同外包在很多国家早已超出了提供有限商品和服务的范围,覆盖了公共服务的所有设计和方式。"[①] 当下,我国一些地方政府也通过合同外包形式为小微企业提供相关公共服务。虽然在理论上公共服务合同外包不仅可以提高相关公共服务水平,还可以缩小地方政府规模,降低成本和节约开支,但是由于存在公共服务外包市场竞争不充分,合同履行中缺乏对承包商有效监测等问题,导致地方政府提供的相关公共服务绩效与小微企业驱动的公共服务标准之间存在一定差距。

(四)小微企业发展公共服务沟通差距产生的原因

公共服务沟通差距是地方政府提供的公共服务与其所宣传公共服务之间的差别。小微企业发展公共服务沟通差距产生的原因主要有两点:

一是小微企业发展公共服务信息整合传播缺失。精确、一致而恰当的公共服务信息传播是使小微企业感知高质量公共服务的关键,整合传播能够确保地方政府传达给小微企业一致的信息。然而,地方政府在信息传播中往往缺乏整合传播理念,造成小微企业有时会收到自相矛盾的信息。例如,福建省2012年审计报告指出,对于一些促进小微企业发展的优惠政策,一些政府部门存在企业享受优惠政策认定标准不尽相同的现象。这显然会造成小微企业无所适从,造成小微企业对地方政府提供的相关公共服务给予较低评价。

二是过度承诺。有些地方政府部门领导干部为了搞政绩工程、形象工程在服务内容、服务标准、服务程序或服务时限等方面向小微企业做出过度承诺。地方政府部门通过大众媒体、工作人员以及其他沟通手段做出的过度承诺会提高小微企业期望,小微企业以此作为小微企业发展公共服务

---

① 欧文·E.休斯.公共管理导论[M].张成福等译.北京:中国人民大学出版社,2004.

质量的评价标准，地方政府实际提供的相关公共服务与承诺的公共服务之间的不一致造成了小微企业发展公共服务沟通差距。

二、弥合四个差距的主要途径

（一）弥合小微企业发展公共服务倾听差距的途径

戴维·奥斯本、特德·盖布勒（David Osborne，Ted Gaebler，1993）指出，"政府应该把服务对象——公民当作顾客对待，要具备顾客意识，质量只有由顾客来决定，要满足顾客的需要而不是官僚政治的需要。"[①]显然，地方政府支持小微企业发展的公共服务质量高低只能由小微企业来评价，地方政府提供的相关公共服务要满足小微企业需要而不是政府官员需要。为了弥合小微企业发展公共服务倾听差距，地方政府要正确理解小微企业对地方政府支持其发展公共服务的期望。小微企业对地方政府支持其发展公共服务的期望有两个水平：一是最高级水平，即理想公共服务。它是小微企业想得到的公共服务水平——希望的绩效水平。理想公共服务是小微企业认为"可能是"和"应该是"的结合物。二是适当公共服务——小微企业可接受的公共服务水平。适当公共服务代表了"最低可接受的期望"，即对于小微企业来说可接受公共服务绩效的最低水平。小微企业的公共服务期望是介于理想公共服务和适当公共服务之间的一个水平，而不是单一水平。可见，在建设服务型政府已是地方政府目标的当下，地方政府为小微企业发展提供的相关公共服务应该不低于小微企业可接受的公共服务水平，要尽可能接近理想公共服务水平。

地方政府弥合小微企业发展公共服务倾听差距的途径主要有两条：

一是通过公共服务期望调查倾听小微企业的公共服务期望。搞清楚小微企业的公共服务期望是地方政府为其发展提供优质公共服务的前提，公共服务期望调查是地方政府了解小微企业的公共服务期望和感知的重要手段。为了搞清楚小微企业的相关公共服务期望，地方政府可以借鉴顾客访谈、质量功能展开、焦点小组访谈、头脑风暴等一些工商管理领域市场调查方法进行小微企业公共服务期望调查。另外，针对地方政府自己进行小微企业公共服务期望调查时存在调查人员责任心不强和调查水平有限等问

---

① David Osborne, Ted Gaebler. Reinventing Government: How the Entrepreneurial Spirit is transforming the Public Sector [M]. New York: Plume Press, 1993: 245.

题，地方政府也可以采取合同外包形式把小微企业公共服务期望调查委托给社会上专业调查公司去做。

二是改善上行沟通梗阻现象。上行沟通梗阻一直是困扰各类组织管理者的一个难题，官僚制缺点又加剧了地方政府中上行沟通梗阻现象。为了改善上行沟通梗阻现象，地方政府可以采取以下正式的上行沟通形式：第一，小微企业情况反馈箱。地方政府可以借鉴意见箱形式在部门内部设立小微企业情况反馈箱，以便让了解当地小微企业情况的地方政府基层工作人员能够及时反馈相关信息，并向政府部门内具有小微企业发展公共服务决策权的管理者提出建议。为了鼓励基层工作人员积极反馈信息并提出建议，让组织分享群众无穷的智慧，地方政府部门可以建立相应的激励机制以使小微企业信息反馈者不仅得到物质方面的奖励，还能获得心理方面的满足——参与感、成就感、认可感。第二，定期举行基层工作人员座谈会。定期组织熟悉小微企业情况的工作人员与具有小微企业发展公共服务决策权的管理者召开座谈会是一种效果较好的上行沟通方式。在座谈会上，相关基层工作人员可以就小微企业情况畅所欲言，提出意见和建议。不过，为了确保座谈会取得良好效果，组织者应尽量把座谈会时间定在工作时间之外，确保座谈会在一种非正式气氛下举行，从而促使座谈人员能够打开心扉，各抒己见。

虽然上述两个正式的上行沟通渠道能够改善上行沟通梗阻，但是它们真正发挥作用的关键在于上下级之间建立良好的信任关系。经常坐在办公室，仅仅依靠正式沟通渠道的管理者可能得到失真信息。除了上述两个正式的上行沟通渠道，地方政府部门管理者还可以采取走动管理，鼓励非正式的上行沟通。各级管理者经常出现在基层工作人员的工作场所，自然可以与基层工作人员建立起比较融洽的关系，提高基层工作人员对管理者的信任度。共同进餐、四处走动、深入工作现场等都是可以采取的走动管理方式。

（二）弥合小微企业发展公共服务设计和标准差距的途径

设计支持小微企业发展的公共服务是地方政府支持小微企业发展过程中一个最重要环节，相关公共服务设计是否切实可行，直接影响到相关公共服务供给以及小微企业发展。地方政府要从两方面来弥合小微企业发展公共服务设计和标准差距：

一是地方政府设计小微企业发展公共服务时要遵循以下原则：第一，信息完备原则。信息是公共服务设计的基础和依据，信息搜集、加工和处理应贯穿于公共服务设计整个过程。第二，系统协调原则。任何事物都处于普遍联系之中，支持小微企业发展的公共服务本身不仅可以被看作一个系统，而且它也不是孤立存在，始终与其他公共服务相联系，处于一个公共服务体系之中。故地方政府在进行相关公共服务设计时不仅应从系统论视角进行综合分析，还应注意各项公共服务之间相互联系、相互影响、相互制约的关系，从而使各项公共服务成为一个有机整体，相互支持，协调配套。第三，科学预测原则。预测是公共服务设计的前提，也是公共服务设计过程中一个必不可少环节。对相关公共服务需求发展趋势做出判断的正确与否在很大程度上决定着地方政府支持小微企业发展公共服务的成败。第四，现实可行原则。地方政府要根据现有人力、物力、财力、时间等主客观条件以及发展过程中种种变化，对相关公共服务设计方案进行政治、经济、技术、文化等方面可行性分析，使公共服务设计方案建立在牢固的现实条件基础上，使相关公共服务供给具有可操作性。第五，民主参与原则。民主的内涵是权力分享，地方政府可以邀请一些基层工作人员和小微企业参与地方政府支持小微企业发展的公共服务设计，这不仅能够提高基层工作人员的工作积极性和责任心，还能够制定出小微企业驱动的公共服务标准。此外，地方政府在进行相关公共服务设计时要重视发挥专家智囊团作用。学有专长者在公共服务设计中能够以其客观立场、学术眼光、科学手段与方法对地方政府支持小微企业发展问题进行详细探讨并提出合理建议。他们不仅可以为公共服务设计提供充分的理论依据，还能够使得公共服务供给的精确度大大提高。第六，稳定可调原则。地方政府支持小微企业发展的公共服务要有一定连续性和稳定性，避免朝令夕改，影响小微企业发展。不过，任何公共服务系统又都是一个开放系统，始终与周围环境不断进行物质、能量和信息交换。小微企业所处环境变化了，影响小微企业发展的因素也可能会随之改变，那么地方政府支持小微企业发展的公共服务也必须做出相应调整与变化。所以，地方政府要重视小微企业需求的过程管理。

二是地方政府要从效益、效率、回应性、可靠性、响应性、保证性、信息可获得性、可监督性等八个方面拟定小微企业发展公共服务绩效标准。效益标准是以促进小微企业发展程度作为衡量公共服务绩效尺度，所关注的是相关公共服务的实际绩效是否与预期的公共服务绩效相符合。效率标准是指公共服务效益与公共服务投入之间的比率，目的是为了寻求能够以最小投入获得最大产出的公共服务。回应性是指公共服务对小微企业需求的满足程度。可靠性是地方政府准确可靠地执行所承诺公共服务的能力，是公共服务质量感知最重要的决定因素。响应性是地方政府帮助小微企业及提供便捷服务的自发性，强调在处理小微企业要求、询问、投诉和问题时的专注和快捷。为了在响应性上做到优异，地方政府应该站在小微企业而不是自身角度来审视公共服务供给及处理小微企业要求的流程。保证性是指地方政府工作人员所具有的知识和谦恭态度及其让小微企业产生信任感的能力。在目前一些地方政府部门仍然存在"脸难看、事难办"现象背景下，保证性显得尤其重要。地方政府本质上是强制性权力使用者。如果没有地方政府支持，小微企业或其他组织难以对地方政府支持小微企业发展的公共服务活动进行监督。地方政府为小微企业提供有效监督渠道和手段，既能够保证公共服务质量，又是公共服务质量的体现。信息和监督是体现地方政府支持的两个重要指标。信息可获得性反映地方政府提供公共服务信息的意愿、能力。信息可获得性可以通过地方政府信息公开化程度、地方政府提供信息渠道的丰富性以及地方政府提供信息渠道的可接触性等三个方面进行评价。可监督性反映地方政府主动接受监督的意愿，可以通过地方政府为小微企业提供的监督渠道与方法的丰富性和有效性等两个方面进行评价。

（三）弥合小微企业发展公共服务绩效差距的途径

弥合小微企业发展公共服务绩效差距的途径主要有三条：

一是地方政府部门要区分绩效考核和绩效管理的差异，树立绩效管理理念，重视绩效计划、绩效实施与辅导、绩效反馈与改进等环节。在绩效计划中上级管理者要根据小微企业驱动的公共服务标准给相关工作人员确立目标并与其达成一致承诺，形成期望绩效。绩效管理是一项持续进行的活动，绩效计划的落实与完成依赖于绩效实施与辅导。

绩效实施与辅导在确保地方政府工作人员的实际公共服务绩效符合小微企业驱动的公共服务标准中具有举足轻重的作用。上级管理者在进行绩效实施时，要运用包括记录法、抽查法、评价法在内的多种数据收集方法收集并汇总相关工作人员的绩效原始数据，对于相关工作人员的公共服务达不到小微企业驱动的公共服务标准时要及时对其进行绩效辅导。绩效辅导是上级管理者记录工作人员绩效表现并分析产生绩效偏差的原因，为工作人员提供有针对性的辅导和帮助，主要有辅导、咨询等两种形式。辅导是上级管理者改善工作人员知识、胜任特征和技能的过程。上级管理者对实际公共服务达不到小微企业驱动的公共服务标准的工作人员进行辅导时，首先，要确定其胜任工作所需要知识、技能，确保其理解学习的必要性并接受学习；其次，要与其讨论应该学习的内容和最有效的学习方法，并确定其在哪个环节上需要帮助；最后，要鼓励这些工作人员完成学习计划，并在其需要帮助时提供具体指导。咨询是绩效管理的一个重要部分。相关工作人员没有达到小微企业驱动的公共服务标准时，上级管理者可以借助咨询来帮助他们克服工作中遇到的困难。上级管理者在咨询中，首先，要确定和理解存在的问题；其次，上级管理者要鼓励产生绩效偏差的工作人员说出这些问题、思考解决问题的方法并采取行动；最后，要向产生绩效偏差的工作人员提供解决问题所需要的资源。

绩效反馈与改进是绩效管理的一个重要环节。通过绩效反馈面谈，上级管理者不仅能够与相关工作人员就其小微企业公共服务绩效考核结果达成共识，使其认识到在为小微企业提供公共服务中所取得的进步和存在的缺点，还有助于制定绩效改进计划。

二是地方政府部门还要采取合适的考核方法和设计科学的考核指标。对于为小微企业提供公共服务的工作人员而言，360度绩效考核是一种适用于他们的绩效考核方法。[①] 360度绩效考核有两个优点：第一，与传统的绩效考核方法相比，它能够获得更多相关考核信息。小微企业作为考核者对服务于小微企业的工作人员进行评价能够更好地体现"公众就是顾客"的理念，能够有效弥合地方政府相关工作人员的实际公共服务绩效与小微企业驱动的公共服务标准之间的差距。第二，360度绩效考核能够促进地方政府部门形成团队精神。

设计科学的绩效考核指标是绩效考核的关键，绩效考核制度的行为引导作用和员工绩效促进作用能否发挥在很大程度上取决于考核指标选择和

---

① 360度绩效考核也称为全视角考核，是由被考核者的上级、同事、下级和（或）客户（包括内部客户、外部客户）以及被考核者本人担任考核者，从多个角度对被考核者进行360度的全方位考核，再通过反馈程序，达到改变行为、提高绩效等目的。

设计。为了弥合相关工作人员的实际公共服务绩效与小微企业驱动的公共服务标准之间差距，上级管理者应该根据小微企业驱动的公共服务标准设计考核指标。管理学大师彼得·德鲁克（Peter F. Drucker，1954）曾经说过，"不能量化，就无法管理"。所以上级管理者要本着定量指标为主，定性指标为辅原则设计考核指标。对于实在难以量化的考核指标，上级管理者可以运用行为锚定量表法对考核指标进行细化。正如哈拉契米（Halachmi，1995）所说，"运用行为锚定量表法，考核者可以直接把观察对象与量表相对照而无须再去主观判断观察对象到底如何。"[①]

三是地方政府要提升小微企业发展公共服务合同外包效果。E. S. 萨瓦斯（E. S. Savas，1999）认为，有效实施合同外包需要一些条件：其一是工作任务能够被界定清楚；其二是市场上有一些竞争者，存在竞争气氛；其三是政府可以监测承包商工作绩效；其四是合同文本中明确规定承包的条件和要求并可以确保落实。

为了提升小微企业发展公共服务合同外包效果，首先，地方政府要根据以下原则确定适宜合同外包的小微企业发展公共服务：第一，实施合同外包没有法律方面障碍；第二，相关公共服务易于实施竞争性招标，且风险较小；第三，相关公共服务要易于列出详细质量要求或标准；第四，有经验丰富、负责任的投标者对该项公共服务感兴趣；第五；地方政府具有监督承包商绩效的能力。

其次，地方政府要设法去促进相关公共服务外包市场竞争。目前，地方政府进行公共服务招标面临的困境之一是没有足够数量的投标商，有时面临着"霍布森选择"的窘境。所以，地方政府要大力发展生产性服务业和非营利组织，以确保市场上有足够数量的投标商。地方政府支付费用不及时是影响投标商积极参与公共服务合同外包招标原因之一，造成相关公共服务外包市场缺乏竞争。地方政府部门通常有一套烦琐、耗时的分权制衡机制以确保政府采购价格公平并防止腐败，这必然造成定标、订购和支付过程比较拖沓迟缓。为了促使投标商积极参与公共服务合同外包招标，地方政府要在防止腐败的同时提高行政效率，及时支付相关费用。

---

① Halachmi, A. The Practice of Performance Appraisal. In J. Rabin, T. Vocino, W. Hildreth, & G. Miller（Eds.），Handbook of public personnel administration. New York：Marcel Dekker, 1995：330.

最后，地方政府要监测、评估和促进相关公共服务外包合同的履行。小微企业发展公共服务合同外包的有效实施需要建立系统的程序来监测承包商绩效，对承包商绩效与小微企业驱动的公共服务标准进行比较，并切实落实合同条款。地方政府可以采取小微企业投诉状况监测、承包商工作记录的审阅、定期实地考察、不定期巡视、阶段性抽样调查和评估等多种形式对承包商进行监测。

（四）弥合小微企业发展公共服务沟通差距的途径

传播学理论的香农（Claude Elwood Shannon，1949）模式指出，任何一种传播活动都可以简单地看成是由信源、编码、信道、解码、信宿、噪声等要素组成的一个过程，由发送者（信源）把要传递信息转换为信号（编码），然后通过媒介物（信道）传送至接收者（信宿），由接收者把收到的信号转译回来（解码）。在这个过程中，信息可能受到噪音干扰而产生某些衰减或失真。[①]

为了避免出现噪声而造成小微企业发展公共服务信息传播失真，首先，作为信源的地方政府要尽可能把自己支持小微企业发展的思想或想法转换为工作人员能理解的共同"语言"或"信号"，并采用包括书面媒介、会议、电话、组织内公共媒介等在内的组织内传播媒介形式促使工作人员对其有充分、正确理解，以确保相关工作人员能够向小微企业准确地传递相关信息。其次，地方政府在重视传统大众传播媒介同时要重视新媒介运用。在我国，包括电视、广播、报纸在内的大众传播媒介长期以来都是国家所有的事业单位，政府和大众传播媒介的这种特殊关系决定了大众传播媒介与政府利益的一致性，大众传播媒介成为我国政府进行信息传播的重要信道。与其他媒介相比，大众传播媒介具有传播速度快、传播范围广、传播量大、受众广泛、稳定、传播效果好的特点，故在公共信息传播中一直受到地方政府的青睐。不过，传统大众传播媒介的信息流本质上是一个单向流动过程，互动性很弱。随着信息技术的发展，包括网络媒介、手机媒介在内的一些新媒介陆续出现并在信息传播中日益发挥着重要作用。新媒介的传播过程颠覆了传统的传受关系而表现出交互性，信息的传

---

① McQuail Dennis. Mass Communication Theory：An Introduction [M]. London：Sage Publication，1994：35.

播者与受传者之间能够进行及时或实时交流。所以，在采用传统大众传播媒介进行公共信息传播的同时，地方政府要充分运用政府网站、政务微博、政务微信等新媒介传播其支持小微企业发展的公共服务信息。这不仅能够及时地把小微企业发展公共服务信息传播给小微企业，还能够与小微企业进行充分互动，及时为小微企业答疑解惑。最后，地方政府在政府网站、政务微博、政务微信上就相关公共服务信息进行公开权威解答，不仅可以加深工作人员对相关公共服务的深刻理解，还可以减少工作人员因追求部门私利而向小微企业任意曲解相关公共服务的可能性，最终促进相关公共服务信息的整合传播。

为了弥合小微企业发展公共服务沟通差距，除了避免出现噪音而造成小微企业发展公共服务信息传播失真之外，地方政府还要加强对各政府部门承诺小微企业公共服务行为的管理。地方政府部门对小微企业的公共服务承诺本质上属于社会服务承诺制。英国首相梅杰发起的公民宪章运动、布莱尔政府制定的《服务——新的承诺方案》有效地改善了英国的公共服务质量。随后，许多国家纷纷效仿。法国要求政府部门颁布"公共服务宪章"，比利时发动了"公共服务宪章"运动，美国克林顿总统签署了《设立顾客服务标准》的第12862号行政令。在中国，社会服务承诺制始于1994年山东省烟台市。1995年国务院、建设部向全国推广烟台的社会服务承诺制成功经验，随后上海、济南、北京、杭州、天津等许多城市陆续实施了社会服务承诺制。社会服务承诺制的实施在一定程度上改善了我国地方政府部门的公共服务质量。当下，一些地方政府部门领导干部为了搞政绩工程、形象工程而向小微企业过度承诺，造成了小微企业发展公共服务沟通差距的产生。地方政府部门领导干部的过度承诺实际上是其公信力缺失的表现。为了消除地方政府部门领导干部的过度承诺现象，提高其公信力，地方政府要采取以下措施：

第一，加强对领导干部的诚信教育。对领导干部诚信教育有助于把诚信规范转化为领导干部的个人内在品格，促使他们自觉地遵守道德准则。对领导干部而言，廉政道德教育是诚信教育中最重要的内容。一个清正廉洁的领导干部不会为了个人升迁而搞政绩工程、形象工程。另外，领导干部诚信教育也要重视提高其道德认知，促使其树立"执政为民、勤政报国、洁身自好"的意识。

第二，加大对领导干部诚信的监督力度。对领导干部诚信进行监督是保障其公信力的重要手段，领导干部诚信监督不仅包括立法监督、行政监督、司法监督等内部监督，还包括民众监督、新闻媒体监督等外部监督。在当今建设服务型政府背景下，为民服务是领导干部的主要责任，地方政府更要重视包括小微企业在内的社会民众外部监督。

第三，建立健全领导干部诚信考核机制。地方政府在对领导干部进行德、能、勤、绩、廉等方面考核基础上，要着重对其诚信状况进行考核。为了科学考核领导干部诚信，有效引导其采取诚信行为，地方政府要根据SMART原则制定诚信考核指标。S（Specific）意味着诚信考核指标要清晰、明确，让考核者和被考核的领导干部都能够准确理解目标；M（Measurable）意味着诚信考核指标要尽可能量化，实在无法量化就要细化；A（Attainable）意味着诚信考核指标要求既不能过高也不能过低，诚信考核目标应该是领导干部能够实现的；R（Relevant）意味着诚信考核指标必须要与诚信有相关性；T（Time-bound）意味着诚信考核指标是有时间限制的，所制定目标要在规定时间内完成。

第四，完善领导干部诚信奖惩制度。绩效考核效果好坏与绩效考核结果运用息息相关。如果地方政府对领导干部的诚信考核结果置之不理，那么诚信考核机制不仅失去了原有价值，而且还会加剧领导干部自身公信力丧失。为了激励领导干部提高公信力，地方政府要根据诚信考核结果对领导干部进行奖惩。对于诚信考核优秀的领导干部，地方政府可以给予物质的、精神的奖励或晋升奖励以激发他们继续严格要求自己，克服官僚主义、形式主义，提高自身公信力。对于诚信考核不合格的领导干部，地方政府可以实施惩罚以使他们产生人民公仆失信于民的耻辱感与内疚感，从反面鞭策领导干部要诚实守信、取信于民，提高自身公信力。

如前所述，福建省小微企业对地方政府支持其发展的公共服务的期望与其感知的地方政府支持小微企业发展的公共服务之间是有一定差距的，即存在小微企业发展公共服务质量感知差距。为了改善福建省支持小微企业发展的公共服务质量，福建省地方政府可以依据上述弥合四个差距的具体途径，对小微企业发展公共服务倾听差距、小微企业发展公共服务设计和标准差距、小微企业发展公共服务绩效差距、小微企业发展公共服务沟通差距等四个差距进行弥合。在此不再累述。

第三节
地方政府支持小微企业发展的公共服务质量改善措施

通过调查发现,新常态下福建省在"人才获取公共服务""企业融资公共服务""支持小微企业技术创新""提升小微企业管理水平""社会保障"等方面的欠缺极大地影响着小微企业对地方政府支持其发展的公共服务的满意度。所以,在战术层面上,福建省地方政府要针对"人才获取公共服务""企业融资公共服务""支持小微企业技术创新""提升小微企业管理水平""社会保障"等方面采取具体措施以提高相关公共服务质量。本节以福建省为例,提出改善地方政府支持小微企业发展的公共服务质量的具体措施。这些具体措施对其他省份地方政府改善其支持小微企业发展的公共服务质量也有借鉴作用。

一、人才获取公共服务的改善措施

对任何一个企业而言,人才对企业发展至关重要。相对于大中型企业,小微企业在人才获取方面往往处于劣势,难以招聘到所需人才。对企业而言,人才获取途径主要有两条:一是通过在职教育培训员工;二是外部招聘人才。如前所述,教育公共服务是地方政府提供的人才获取公共服务重要组成部分。教育公共服务分为学校教育服务和在职教育培训服务。《中国统计年鉴2015》的相关数据显示,在江苏、山东、广东、浙江、河南、辽宁、福建、安徽、湖南、湖北等拥有小微企业数量最多的10个省份中,福建省人均教育财政支出、教育财政支出占生产总值的比重、大学师生比等三个指标分别排名第四、第六、第七。可见,在上述10个省份中福建省学校教育公共服务水平并不落后。通过对福建省小微企业实施问卷调查并进行访谈后发现,小微企业对人才获取公共服务质量评价低下的原因并非在于学校教育服务,而主要在于在职教育培训服务。小微企业规模小、待遇低,通常难以吸引专业技术人才,聘用员工多为缺乏专业技术的农民工或当地居民,故小微企业渴望通过在职教育培训来提高员工技能。不过，小微企业综合实力有限，一般没有能力自行对员工进行在职教育培训，也没有能力把员工送出去接受教育培训。这导致小微企业难以通过对现有员工进行在职教育培训方式提高员工职业技能，促其成才。虽然福建省于2015年出台了培训经费直接补贴企业政策，但是该政策要求小微企业组织员工参加规定的工种职业技能培训并取得国家职业资格证书后才可以获得财政培训经费补贴。小微企业培训员工的目的是为了解决生产经营过程中遇到的问题，而不是以获得国家资格证书为目的，且有些职业培训也没有国家资格证书。显然，该政策实际上并没有有效减轻小微企业在职教育培训负担。所以小微企业仍然期望在在职教育培训方面得到地方政府帮助。

另外，通过对小微企业进行问卷调查和访谈还发现，小微企业在外部人才招聘中也期望地方政府提供帮助。人力资源管理理论认为，企业人数超过300人才有必要成立人力资源部。多数小微企业因人数不多而没有设立人力资源部，其招聘工作要么由企业主承担，要么由企业行政人员承担。人才招聘工作实际上是一个技术性较强的工作，不科学的人才招聘不仅导致小微企业难以招聘到合适的人才，还会增加企业成本。故小微企业在人才招聘中也希望地方政府提供帮助。为了改善人才获取公共服务质量，福建省地方政府应主要采取以下对策：

（一）积极培育小微企业商会

商会与行业协会都是互益性非营利组织，不过两者有一定区别。行业协会中企业都属于同一行业，而商会中企业不一定属于同一行业，而是特定区域内具有某种共同特征的企业。福建省比较重视行业协会发展，早在2015年，福建省就出台了《福建省行业协会发展促进办法》，有效促进了福建省行业协会发展。行业协会的宗旨通常是为会员提供服务、维护会员的合法权益。但在实际运作过程中，行业协会的理事会成员多来自行业中的大企业，且这些理事多以志愿者身份参与行业协会管理。这造成多数行业协会并没有很好地为会员尤其是小微企业会员提供服务，在进行决策时往往忽视了小微企业的需求和利益。由于需求和利益被选择性忽视，一些小微企业退出了行业协会。与行业协会不同，小微企业商会的会员都是小微企业，小微企业的利益和需求自然是小微企业商会的关注点。小微企业商会可以起三方面的作用：一是促进小微企业间的强强联合、强弱相扶、抱团发展。例如，在人才的招聘和培训方面，在小微企业商会的协调下小微企业间可以互通有无，取长补短，相互学习。二是帮助小微企业协调解决生产经营的困难和问题。三是发挥桥梁作用，成为小微企业向地方政府反映意见、建议和诉求的渠道。

目前，福建省只有福州市成立了小微企业商会。所以，福建省地方政府要采取措施大力培育小微企业商会。

一是为小微企业商会提供资源。地方政府为小微企业商会提供的资源分为制度资源和经济资源。相关法律、法规属于地方政府支持小微企业商会的制度性资源。为了促进小微企业商会健康快速发展，省级地方政府应尽快出台《福建省小微企业商会发展促进办法》。经济资源是小微企业商会运作的基础条件，福建省地方政府可以采取财政拨款和购买服务的方式对小微企业商会进行经济支持。这不仅可以缓解小微企业商会经济上的窘境，还能够确保地方政府对小微企业商会具有一定影响力。不过，地方政府在资助小微企业商会时要避免小微企业商会因接受政府资助而出现独立性丧失、"卖方主义"、官僚化等现象。

二是对小微企业商会进行监督管理。我国在过去很长一段时间是"大政府、小社会"格局，公民社会发展滞后，政府缺乏管理非营利组织的经验和经历，公民精神缺乏，导致目前很多非营利组织内部管理混乱，组织内部监督机制缺位，小微企业商会也是如此。为了促进小微企业商会健康发展，福建省地方政府可以利用资助小微企业商会而产生的影响力对小微企业商会进行监督管理，并引导小微企业商会完善内部治理结构。

另外，福建省地方政府还要培育公民公共精神并为广大群众有效监督小微企业商会创造条件。

（二）采取凭单制为小微企业提供在职教育培训服务和人才招聘服务

凭单制是通过发放具有一定面值、非现金券的形式运作。凭单制的良好运行一般需要以下条件：第一，人们对服务具有不同偏好；第二，存在多个服务供应商之间竞争；第三，人们对服务质量、获取渠道等市场情况有充分了解；第四，使用者容易评判服务质量；第五，人们有积极性去购买服务。就小微企业而言，其员工素质各不相同，对在职教育培训服务的偏好也千差万别。查询《福建统计年鉴2017》可知，福建省有1700所职业技术培训学校，社会上也有很多人才服务中介机构。故福建省教育培训市场和人才中介服务市场均存在多个服务供应商之间的竞争。在当今互联网时代，小微企业能够了解职业技术培训学校、人才服务中介机构的服务质量、获取渠道等信息。小微企业对职业技术培训学校、人才服务中介机构提供的服务质量能够进行较为客观地判断。为了提高员工素质，提升企业竞争力，小微企业也有购买相关服务的动力。可见，福建省具备凭单制良好运行的条件，可以通过凭单制从经济上支持小微企业向职业技术培训学校（机构）购买在职教育培训服务，以及向社会上人才服务中介机构购买人才招聘服务。

《福建省国民经济和社会发展第十三个五年规划纲要》指出，要推进电子信息产业、石化产业、机械装备等三大主导产业高端化、集聚化，改造提升轻工业、纺织业、冶金业、建材业等传统特色产业，促进物流、金融、文化创意、服务外包、科技和信息服务、节能环保、检验检测等生产性服务业社会化专业化、高端化，推动旅游、健康养老、商贸流通、文化体育和家庭服务等生活性服务业便利化、精细化、品质化。在凭单制实施初期，福建省地方政府可以为上述符合福建省产业政策导向行业且需要财政支持的小微企业购买相关公共服务。等积累了一些经验，在能够承受且有必要的情况下，福建省地方政府可以把凭单制实施范围逐步扩大到所有行业中有此需要的小微企业。具体而言，福建省地方政府向上述行业的小微企业免费发放"在职教育培训服务券"和"人才招聘服务券"，然后从1700所职业技术培训学校中根据师资水平、教学质量、开设专业、社会评价等方面选取一定数量职业技术培训学校作为接受"在职教育培训服务券"的学校，从社会上人才服务中介机构中根据机构规模、机构声誉、专业水平等方面选取一定数量人才服务中介机构作为接受"人才招聘服务券"的机构。这些小微企业通过支付服务券自主决定向哪些职业技术培训学校、人才服务中介机构购买相关服务。福建省地方政府根据职业技术培训学校、人才服务中介机构收到相关服务券后向其支付一定数额服务费。与直接给小微企业财政补贴相比，"凭单制"能够有效满足小微企业的相关需求。与直接给职业技术培训学校、人才服务中介机构财政补贴相比，"凭单制"能够确保小微企业得到高质量服务。

二、企业融资公共服务的改善措施

小微企业融资难是一个世界性难题。一般而言，造成小微企业融资难的企业内部原因主要在于其财务制度不规范透明、抵押担保缺乏、风险抵御能力弱,企业外部原因主要在于商业银行社会责任意识不强、专门服务于小微企业的政策性金融机构和商业性金融机构缺乏、信用担保体系不完善。2011年6月,国家把中小企业明确划分为中型、小型、微型三种类型。此后,福建省针对小微企业融资难陆续出台了一些政策,在一定程度上改善了小微企业融资环境,缓解了小微企业融资难。不过,通过对福建省小微企业实施问卷调查并进行访谈后发现,小微企业认为福建省"企业融资公共服务"一般,企业仍然存在融资难问题。为了提高小微企业对企业融资公共服务满意度,福建省地方政府应主要采取以下对策:

(一) 着力发展小微企业供应链金融

国务院于2017年10月出台的《关于积极推进供应链创新与应用的指导意见》指出,要"积极稳妥发展供应链金融"。供应链金融是借助供应链上核心企业信用和对交易过程控制向供应链上企业提供金融服务的一种融资模式。核心企业通常规模较大,实力较强,资金较雄厚,在供应链上处于绝对领导地位。小微企业生存模式有一个特点,即大多数小微企业依附于行业中的某个核心企业,处于供应链上游或下游。这个特点为福建省运用供应链金融解决小微企业融资难创造了条件。利用供应链金融,以核心企业为出发点,供应链上下游小微企业能够有效获得资金,解决小微企业融资难问题,银行信用能够融入供应链上下游小微企业的购销行为中,从而增强小微企业商业信用。对银行而言,银行为供应链提供金融支持时注重考察整条供应链的实力、资信和稳定性而不只是考察资金需求企业财务状况,不再对供应链上小微企业财务数据进行静态考量而是关注整个交易动态过程,能够通过小微企业的上下游企业获得小微企业真实交易信息以及与其他企业的合作信息,间接了解小微企业信誉度,从通过实物担保到对贸易资金流的控制来实现风险防范。对小微企业而言,供应链金融不仅淡化了小微企业融资中传统的担保、房地产抵押等要求,有效盘活了小微企业动产,解决了其抵押不足问题,还借助于核心企业信用"外溢",消除了银行对小微企业信用歧视,解决了其信用担保问题。

供应链金融是基于"供应—生产—销售"而展开。小微企业生产经营过程一般分为采购阶段、生产阶段、销售阶段,故供应链金融主要分为三种模式:

一是采购阶段的预付款融资模式。预付款融资是商品买家在小微企业生产出商品前先把购买该商品货款预付给小微企业。小微企业采用预付款进行融资能够弥补银行贷款不足,满足其生产经营需要。

二是生产阶段的动产质押融资模式。在生产阶段,除了传统的设备抵押贷款之外,小微企业还可以使用原材料仓单融资、半成品仓单融资、存货仓单融资等动产质押融资模式。动产质押融资要求小微企业把货物存于银行指定或认可的仓库中,仓库给小微企业开具仓单,然后小微企业再拿着仓单向银行申请贷款。

三是销售阶段的应收账款融资模式。应收账款融资是持有应收账款的小微企业把应收账款作为抵押担保和金融机构签订合同以获取借款的融资方式。小微企业对资金需求具有短(期限短)、小(额度小)、高(频度高)、急(用款急)的特点,应收账款融资能最大限度地解决小微企业的燃眉之急。

为了发展小微企业供应链金融,首先,福建省要尽快完善福建省金融综合服务平台以适应小微企业供应链金融需要。供应链金融的有效实施需要一个信息交互和管理平台。2017年4月,福建省建立了福建省金融综合服务平台并在海峡股权交易中心上线,其目的是为企业、金融机构、类金融机构、投资机构等提供一个实时信息交互、服务撮合的平台。为了适应小微企业供应链金融需要,福建省金融综合服务平台不仅要让更多小微企业、银行、保险公司、投资机构、担保机构参与进来,还要让大中型企业(核心企业)、物流企业、工商、税务等部门也参与进来。根据三种供应链金融模式的特点,福建省级地方政府可以在原有的福建省金融综合服务平台上建立一个小微企业供应链金融服务系统。

其次,福建省地方政府要着力引导供应链上核心企业积极参与小微企业供应链金融。小微企业供应链金融中核心企业不仅能够为供应链上下游小微企业融资提供担保,还是供应链信息交换中心和供应链上物资集散枢纽,故核心企业参与供应链金融的积极性高低极大影响着小微企业供应链金融作用的有效发挥。对于供应链金融中表现积极的核心企业,地方政府可以根据斯金纳(Burrhus Frederic Skinner)的强化理论采取税收优惠、给予企业负责人政治荣誉、运用大众传播媒介提高企业美誉度等措施强化核心企业积极参与小微企业供应链金融。当下,企业社会责任理念逐渐深入人心。消费者在选购商品时日益关注商品生产企业承担社会责任情况,企业在选择商业合作伙伴时也比较关注对方承担企业社会责任状况。核心企业参与小微企业供应链金融，扶助小微企业发展在一定意义上是在承担社会责任。福建省地方政府可以对核心企业进行社会责任考核，把其参与小微企业供应链金融状况作为考核指标之一，并把企业社会责任考核结果定期在大众传播媒介上广而告之。企业的逐利性决定了大多数核心企业会比较重视其社会责任考核结果，故福建省地方政府对核心企业进行社会责任考核能够提高其参与小微企业供应链金融的积极性。

（二）积极促进互联网金融健康发展

互联网金融具有信息化、成本低、效率高、普惠性等特点，能够较好满足小微企业融资需求。从融资资金的供求关系角度，小微企业借助互联网金融的融资模式可以分为点对点融资模式、众筹融资模式、基于大数据的小额贷款融资模式、电子金融机构——门户融资模式。当下，互联网融资平台风险频繁发生，在一定程度上损害了互联网金融声誉，影响了互联网金融健康发展。

为了促进互联网金融健康发展，首先，福建省地方政府要对互联网金融进行原则导向监管。点对点融资模式、众筹融资等融资模式起源于民间，根植于地方。为了有针对性地监管互联网金融，对互联网金融的监管不应采取类似对传统金融机构的集中式统一监管模式，而应由地方政府对当地互联网金融进行监管。目前，国际上金融监管领域普遍采取的监管方式分为原则导向监管和规则导向监管两种。原则导向的金融监管体系目标是为整体金融业务和消费者实现更大利益，重点关注既定监管目标的实现。规则导向的金融监管体系重点关注合规性，金融机构和监管机构的自由裁量权很小。互联网金融在一定意义上是对传统金融的创新，原则导向监管有助于规范金融创新和促进金融创新，比规则导向监管更加有助于互联网金融健康发展。为了给予互联网金融宽松的发展环境，鼓励创新，福建省地方政府要对互联网金融进行原则导向监管。

其次，福建省地方政府要及时制定、完善必要的法律、法规。2015年，中国人民银行会同有关部门正式出台了《关于促进互联网金融健康发展的指导意见》，确立了互联网金融行业基本制度框架。这标志着我国互联网金融行业从此结束了无监管、缺监管的状态，进入了有规范、有监管的新阶段。不过，与美国相比，我国互联网金融立法工作还比较滞后，相关法律还比较缺乏。为此，在中央政府对互联网金融进行监管的基础上，福建省要梳理我国现有与互联网金融有关的法律、法规，厘清互联网金融方面存在的法律、法规空白点，结合互联网金融特点和当地经济的发展特点及时制定、完善必要的法律、法规。

最后，福建省地方政府要加强对小微企业进行互联网金融融资教育以及投资者自我保护教育。小微企业是否具备互联网金融知识和诚信守约对互联网金融的健康发展与否有着重要影响。地方政府要利用电视、广播、报刊、网络等媒介对当地小微企业群体进行互联网金融知识普及、诚信守约教育以及知识产权保护意识教育。互联网金融健康发展离不开广大群众以投资者身份参与其中。由于信息不对称及互联网金融知识欠缺，广大群众通常不清楚互联网金融与传统金融的区别，意识不到互联网金融风险。对此，福建省地方政府要向广大投资者宣传和普及互联网金融风险的知识，帮助投资者了解互联网金融产品特性，提高他们的风险防范意识，从而促进互联网金融健康发展。

除了上述对策之外，福建省地方政府还要进一步减免小微企业税费，加大财政资金支持小微企业发展的力度；加大对国有商业银行的小微企业贷款余额考核，并把考核结果与其负责人任免联系起来；建立、完善小微企业主信用平台，构建小微企业信用担保体系；引导民间资本进入金融领域，大力发展中小银行、小额贷款公司、融资租赁公司。

三、支持小微企业技术创新的公共服务改善措施

技术创新日益成为企业发展不竭动力。纵观企业技术创新史，中小企业一直是技术创新中坚力量。不过，由于技术创新的高投入、高风险特点以及小微企业实力弱小，小微企业在技术创新中往往更加可能遇到资金壁垒、技术壁垒、创新网络壁垒、无形资源壁垒、管理壁垒等各种壁垒，需要地方政府在这些方面给予支持。为了支持小微企业技术创新，福建省近几年陆续出台了《福建省企业研发经费投入分段补助实施办法（试行）》《推进重大科研基础设施和大型科研仪器向社会开放服务的实施意见》《关于促进科技和金融结合的实施意见》等政策规定，在一定程度上促进了小微企业技术创新。不过，通过对福建省小微企业实施问卷调查并进行访谈后发现，小微企业对"支持小微企业技术创新"不太满意。为了提高小微企业对支持小微企业技术创新公共服务的满意度，福建省地方政府

应主要采取以下对策：

（一）推动小微企业集群式创新

小微企业集群式创新是指同一产业或相关产业的小微企业以专业化分工协作为基础，通过地理位置上集中或靠近，产生创新聚集效应，从而形成创新优势，突破技术创新壁垒。根据集群所依托资源不同，小微企业集群式创新类型可以分为三种：一是大企业依托型。这些小微企业生产与大企业相配套的产品。二是高等院校依托型。这种类型是以技术创新为目的，依托高等院校的科技资源而形成的小微企业集群。三是政策依托型。一些完全依靠优惠政策建立起来的各类开发区属于这一类型，例如各类科技园区和工业园。

小微企业集群在创新方面表现出的优势主要有三个：

一是有助于知识创新。知识创新是技术创新的前提和基础。小微企业集群能够为人们创造更多非正式交流机会。由于小微企业集群，一些小微企业可能共有一个供应商、同一个客户。它们的员工可能同上一家餐厅，同参加一个俱乐部。这使得不同小微企业员工能够频繁地非正式交流。通常，非正式交流能够促进知识创新。首先，非正式交流中大量信息和各种思想、主意的碰撞有助于创意产生。在比较自由和民主的交流氛围中，人们面对面地交流使得信息反馈比较快，不仅能够使人思维敏捷，更容易受到启发，还能够激发人的创造性思维，从而产生新思想、新方法。例如，技术的复杂性壁垒和技术的累积性壁垒等技术壁垒通常使得小微企业的技术人员进行技术创新时经常遇到技术壁垒，不同企业同行之间的接触和交流有可能使处于创新困境的技术人员"醍醐灌顶"，从而促进小微企业技术创新成功。其次，非正式交流增加了每个人拥有的知识存量，加速了知识创新。包括技术知识、创新管理知识在内的知识可以分为显性知识和隐性知识两种类型。在整个知识体系中，隐性知识占据整个知识的绝大部分，技术创新知识也是如此。这些隐性知识难以具体化、系统化，只有通过人际间频繁接触尤其是非正式交流才能够有效传播。最后，非正式交流可以促使隐性知识向显性知识转化，改变知识存在形态，而知识形态的改变能够加速知识扩散速度。技术领域尤其是高技术领域中，许多最前沿技术知识介于隐性知识和显性知识之间，或以未编码化的隐性知识存在，不易从正式渠道获得。通过非正式交流，这些知识被反复探讨，通过隐喻、类比概念等方式使得隐性知识慢慢清晰起来，转化为显性知识。

二是有助于获得创新资源。创新资源主要包括人才、资金、信息和技术。创新资源越容易获取，创新就越容易成功。就人才资源而言，人才通常喜欢去许多相关企业聚集在一起的地区求职，因为那里有更多的工作机会和挑选余地，能够找到更富挑战性的工作。故集群的小微企业更容易招聘到所需人才。就资金而言，企业集群使得风险投资更加容易了解产业发展动态，判断拟投资小微企业的发展前景，降低投资风险。而且，小微企业集群也降低了风险投资寻找投资项目的信息成本，风险资本更加倾向于去集群地区寻找相关企业。故小微企业集群有助于消除其创新的资金壁垒。就信息而言，集群地区内相关机构的聚集、广泛的网络联系让小微企业获取信息更容易。就技术而言，完善、集中的产业体系能够强化对相关产业领域技术的研究力度和提高对新技术的快速反应能力。另外，知识的溢出效应也使得小微企业更容易获得相关技术。

三是促进追赶效应形成。集群内小微企业之间接近和了解使其相互影响力增强。企业攀比心理的存在促使小微企业之间竞争更加激烈，后进小微企业会倾向于模仿先进小微企业，先进小微企业为保持竞争优势会更努力创新，最终形成你追我赶的技术创新局面。

为了促进小微企业集群发展，首先，福建省地方政府要做好企业集群区域内的资源规划。集群内小微企业发展壮大和外来企业持续涌入会导致当地土地资源、空间资源和环境资源日益变得稀缺。这些资源的稀缺往往会抑制小微企业集群发展。其次，福建省地方政府要大力打击假冒伪劣商品的生产、销售，加大社会诚信建设，树立讲信用、信誉的集群形象，实施集群品牌战略以提高小微企业集群的知名度和美誉度。最后，福建省地方政府要努力培育社会资本以促进小微企业集群。

另外，针对不同类型的小微企业集群，福建省地方政府还要采取不同措施促进其发展。对于大企业依托型的小微企业集群，福建省地方政府可以借助税收优惠政策鼓励大企业把非核心生产制造环节、产品设计、售后服务等外包给当地小微企业，通过大企业与小微企业群的专业化协作促进大企业依托型的小微企业集群发展。

对于政策依托型的小微企业集群，福建省地方政府要促进集群小微企业之间的相互联系。包括科技园区、工业园在内一些依靠优惠政策建立起来的各类开发区属于政策依托型小微企业集群，这种类型小微企业集群通常存在集群企业之间联系不紧密、中介组织服务能力不高的问题，影响着集群进一步发展。为此，福建省地方政府要大力建设园区内中介组织，支持外部中介组织入园，组织集群小微企业之间互相参观和学习，政府部门出面协调集群小微企业之间共同行动，引进相关配套产业，以促进政策依托型小微企业集群发展。

对于高等院校依托型的小微企业集群，福建省地方政府要促进省内本科高校尤其是独立学院和小微企业的技术创新合作，引导和支持独立学院转型。高校与企业进行技术创新合作时往往强调"门当户对"。一本高校由于科研实力强，学校层次高，可选择合作对象范围广，通常倾向于和大中型企业进行技术创新合作，而不屑与小微企业进行技术创新合作。独立学院属于二本高校，为了与一本高校进行错位竞争以及可选择合作对象范围窄，通常愿意与小微企业进行技术创新合作。由于脱胎于一本高校，故独立学院具有一定科研实力，能够满足小微企业对合作伙伴的技术能力要求。独立学院与母体高校之间千丝万缕的联系也保证了其在与小微企业进行技术创新遇到瓶颈时也能够得到母体高校的科研技术支持。所以，福建省地方政府要把财政拨款金额与高校服务于小微企业技术创新的情况相挂钩，以提高高校尤其是一本高校和小微企业进行技术创新合作的积极性。而且，在国务院明确提出引导一批普通本科高校向应用技术型高校转型的背景下，福建省地方政府还要积极引导和支持福建省独立学院向应用技术型高校转型，使其能够更好地为小微企业发展提供技术创新支持和人才支持。德国应用科学大学的办学具有鲜明特点，其办学成绩举世公认。福建省独立学院在转型发展中应该借鉴德国应用科学大学办学的成功经验。

（二）大力发展天使投资

企业技术创新需要耗费大量资金，资金壁垒阻碍小微企业进行技术创新。为了解决小微企业资金缺乏问题，除了着力发展小微企业供应链金融，积极促进互联网金融健康发展之外，福建省地方政府还要大力发展天使投资。天使投资是指那些依赖于自己的资金，以投资为职业（或作为主业或作为副业），针对项目盈利前景或项目执行人能力、人品、经验、责任心等因素，以期获得高额投资回报的投资行为。随着中国经济不断发展，富裕人群越来越多，他们手中余钱也日益增多。当下，大众创业、万众创新蔚然成风，在这股潮流带动下，众多小微企业热衷于技术创新。企业技术创新具有高投入、高风险、高回报特点。投资者根据小微企业的技术创新项目盈利前景或小微企业主的能力、人品、经验、责任心等因素进行投资，不仅能够缓解小微企业技术创新资金压力，还能够获得高额投资回报。可见，天使投资对小微企业和投资者来说是一种双赢行为。

根据天使投资家的相关行业经验和创业经验，天使投资家可以分为运营型天使、创业者型天使、引导者型天使、财务收益型天使。运营型天使具有相关行业经验而缺乏创业经验，他们擅长市场开发、产品推广、销售等，其丰富的行业经验能够帮助小微企业进行市场开发。创业者型天使具有相关创业经验而缺乏相关行业经验，他们曾经是创业者，熟悉创业过程，理解处于创业期小微企业主的不易，通常能和小微企业主形成良好合作关系。引导者型天使既有相关行业经验，又有相关创业经验。由于经验丰富，他们选择项目的准确性较高，投资决策比较果断。一旦作出投资决策，他们就会全力以赴帮助小微企业发展。财务收益型天使既没有相关行业经验，也没有相关创业经验，只能为小微企业提供资金。不过，他们一般不会过分干预小微企业决策，能够给予小微企业主更大空间和更多自主权。显然，天使投资不仅能够缓解小微企业资金压力，甚至能够帮助小微企业突破管理壁垒，促进小微企业发展。

目前，福建省天使投资处于起步阶段，对小微企业支持不够。天使投资的发展需要地方政府改善投资环境，创造投资平台，鼓励天使投资人。北美、欧洲等发达国家的天使投资市场之所以能够快速发展，与政府的有效激励措施密不可分。为了促进天使投资快速发展，福建省地方政府应采取以下措施：

一是积极建立天使投资网络。在美国、加拿大、英国等风险资本市场比较发达的国家，存在着大量由政府部门或非营利组织建立的天使投资网络。天使投资人的投资活动分为项目寻找、项目筛选、投资合同拟定、投后参与和退出等阶段。个体天使投资人多为兼职投资人，他们在投资中会遇到一些问题。天使投资网络能够在项目寻找、项目筛选、投资合同拟定、投后参与和退出等阶段起着中介作用，帮助天使投资人解决所遇到的问题，促进小微企业和天使投资人合作，故福建省要大力建设天使投资网络。

二是制定税收优惠政策。美国天使投资市场之所以发达，原因在于美国政府的政策支持和鼓励。美国天使投资人可以享受小企业投资税收减免支持，投资人可以不缴纳任何资本利得税。荷兰也制定了税收减免计划来促进天使投资人对新公司的投资。为了促进天使投资快速发展，福建省也要制定类似税收优惠政策。

三是加强天使投资教育。当下，以企业家为主的许多富裕人群对天使投资认知不足，很多天使投资人尤其是潜在天使投资人对投资过程缺乏足够了解。这种现象造成天使投资发展缓慢。为此，福建省可以借助大众传播媒介普及天使投资知识，定期举办天使投资论坛，通过各种行业协会向企业家宣传天使投资。另外，福建省还可以鼓励高校开设天使投资课程，聘请著名天使投资人作为客座教授为对天使投资感兴趣的潜在投资人讲课。

除了上述对策之外，福建省地方政府还要营造良好的创新文化和氛围，加强知识产权保护，发展科技中介服务机构和科技金融，建设共性技术平台，提高财政和税收支持小微企业技术创新力度。

四、提升小微企业管理水平的公共服务改善措施

如前所述，小微企业发展成中型企业通常要经过婴儿期、学步期或者青春期。也就是说，如果小微企业能够顺利度过青春期，那么它就发展成了中型企业。在婴儿期，小微企业如果出现以下情况属于正常现象：一是企业以产品为导向；二是企业的现金支出大于收入；三是企业缺乏管理深度和制度；四是小微企业主缺乏授权；五是小微企业主在企业管理中唱独角戏，不过能够做到从善如流；六是小微企业主经常针对企业危机进行管理；七是小微企业主的领导风格会有所变化。现实生活中，处于婴儿期的小微企业常常会出现以下问题：一是企业过早以销售为导向；二是小微企业出现意想不到的负现金流；三是企业过早制定了规章制度；四是小微企业主过早授权；五是小微企业主听不进不同意见；六是企业出现无法管理的危机；七是小微企业主的领导风格没有变化或者领导风格的变化没有达到预期管理效果。

在学步期，小微企业如果出现以下情况属于正常现象：一是小微企业主比较自信；二是企业以销售为导向；三是企业努力寻找可以赚钱的产品项目；四是企业销售超出了生产能力；五是成本控制力度不够；六是薪酬管理随意化；七是员工岗位职责不明确；八是企业内部分化；九是企业存在能够发挥作用的因人设事的组织结构；十是小微企业主不可或缺。现实生活中，处于学步期的小微企业常常会出现以下问题：一是小微企业主盲目自大；二是企业只追求销售量而忽视利润；三是企业经营过于多元化；四是企业没有实施缓适营销；五是企业没有成本控制；六是企业员工工资过高；七是员工缺乏责任心；八是员工之间信任和尊重减少；九是因人设事的组织结构没有发挥作用；十是小微企业主仍然不可或缺，但是其在企业管理上已经不可救药。

在青春期，小微企业如果出现以下情况属于正常现象：一是企业激励机制鼓励错误的行为；二是企业制定了制度，却没有坚持；三是董事会努力施加对企业的影响力；四是企业和具有企业家精神的领导机制之间产生了爱恨交织的关系；五是企业难以变革领导风格；六是企业缺乏控制；七是企业员工士气低落；八是企业没有利润分享计划；九是企业利润增加，销售平平。现实生活中，处于青春期的小微企业常常会出现以下问题：一是企业在不断地权力更迭中瘫痪；二是企业员工之间信任和尊重急剧流失；三是企业董事会解聘具有创新精神的领导；四是企业内部斗争过度；五是小微企业主拒绝用一种非个人化角色取代自己；六是实施过度且耗费巨大的控制；七是企业为了留住员工而给予过高的工资；八是企业过早地导入利润分享计划；九是企业的利润增加，销售下降。

可见，在企业发展过程中，小微企业在管理上会面临诸多问题。小微企业如果不能提升企业管理水平，妥善解决这些管理问题，那么就可能发展停滞甚至倒闭。通过对福建省小微企业实施问卷调查并进行访谈后发现，小微企业对"提升小微企业管理水平"不太满意。为了提高小微企业对提升其管理水平公共服务的满意度，福建省地方政府应主要采取以下对策：

（一）对小微企业主进行企业管理理论培训

通常，小微企业主对小微企业影响巨大。小微企业主的管理水平直接决定了小微企业的管理水平，从而影响着小微企业发展。理论指导实践，多数小微企业主没有系统学习过企业管理理论，其企业管理理论的缺乏直接影响着他们的企业管理实践水平。为此，福建省地方政府可以每年免费资助一些当地重点发展行业的小微企业主去高校学习相关企业管理理论。为了确保对小微企业主的企业管理培训达到预期效果，首先，福建省地方政府要分析当地小微企业主的培训需求。其次，福建省地方政府要确定培训项目的目标，根据高校的学科优势甄选培训高校。最后，福建省地方政府要对培训效果进行评估并促进培训效果转化。

（二）大力发展行业协会以提升小微企业主的企业管理水平

管理不仅是一门科学，更是一门艺术。小微企业主企业管理水平的提升不仅取决于其掌握的相关管理理论，更取决于其企业管理实践经验。企业管理实践经验本质上属于企业管理隐性知识。企业管理隐性知识从隐性知识的功能角度可以分为技巧或诀窍、心智模式、处理问题的方式和组织惯例等四种类型。行业协会是在市场经济条件下，以行业等具有经济关联性的多数企业为主体，在自愿基础上结成的以保护和增进会员利益为目标的非政府社会组织。行业协会一般具有三种职能：一是行业代表功能。二是行业协调功能。当部分企业破坏正常市场秩序、大企业与中小微企业存在利益冲突、行业整体美誉度下降等情况出现时，行业协会会以维护行业长远利益为目标采取相应措施。三是行业服务功能。行业协会可以为会员企业提供行业信息分布、专业培训、企业管理研究和技术咨询等服务。可见，行业协会是一个使小微企业主有效获得企业管理隐性知识的合适平台。例如，行业协会可以定期邀请本行业中富有管理实践经验的企业负责人举办企业管理讲座。通过聆听企业管理讲座，小微企业主能够从主讲人的一部分企业管理实践经验中获得启发。通过行业协会这个平台，小微企业主可以定期聚在一起就小微企业管理的某个共性问题运用头脑风暴法进行探讨。行业协会还可以组织小微企业主去大中型企业参观，让小微企业主通过观察专家或师傅的操作来获得相关隐性知识。另外，通过行业协会组织的结构式访谈、行动学习、标杆学习、分析学习、经验学习、综合学习、交互学习等活动，小微企业主也可以获得企业管理隐性知识。

为了促进行业协会发展，首先，福建省地方政府要进一步放宽行业协会成立条件，鼓励各个行业自发成立行业协会。其次，福建省地方政府要给予行业协会尤其是那些小微企业众多的行业协会一定经费支持。经费支持不仅能够确保行业协会正常运行，还能够保持政府部门对行业协会具有一定控制力，从而避免行业协会沦为大企业牟利工具，充分保障小微企业权益。例如，福建省可以采取向行业协会购买小微企业管理培训服务的方式资助行业协会。最后，福建省地方政府可以通过补贴尚未加入行业协会的小微企业会员费方式促使更多小微企业加入行业协会。行业协会是互益型组织，需要交纳会员费才可以加入。有些小微企业由于资金紧张，且暂未看到加入行业协会的好处而游离在行业协会之外。为促进小微企业发展以及行业协会发展，福建省可以补贴相关小微企业会员费以促使其加入行业协会。

为了提高小微企业对提升其管理水平公共服务的满意度，除对小微企业主进行企业管理理论培训，以及借助行业协会提升小微企业主的企业管理实践水平之外，福建省地方政府还可以采取凭单制为符合福建省产业发展政策的小微企业提供企业管理咨询服务。目前，福建省有许多管理咨询公司，多数管理咨询公司本身也是小微企业。通过凭单制，福建省不仅可以提升小微企业的管理水平，还能够促进小微管理咨询公司的发展。

五、社会保障的改善措施

我国的社会保障是由中央政府和地方政府共同负责，地方政府根据中央社会保障政策制定出当地社会保障政策，筹集社会保障资金并负责具体实施。福建省比较重视社会保障，社会保障和就业预算支出逐年递增，2016年社会保障和就业预算支出为3489923万元，是2010年社会保障和就业预算支出的2.35倍。截至2016年末，福建省参加基本养老保险职工人数为795.47万人，参加城乡居民社会养老保险人数为1489.11万人，参加基本医疗保险人数为1297.9万人，城镇居民最低生活保障人数为8.59万人，农村居民最低生活保障人数为46.15万人。当下，福建省基本形成了以养老、医疗、失业、工伤、生育五项社会保险为主体，覆盖城镇职工、城乡居民、事业单位、农村被征地农民、农民工等城乡各类群体多层次的社会保障体系。不过，通过对福建省小微企业实施问卷调查并进行访谈后发现，小微企业认为福建省社会保障力度一般。社会保障一般由社会保险、社会救助、社会福利、优抚安置等组成。其中，社会保险、社会救助是社会保障的重要组成部分。为了提高小微企业对提升社会保障的满意度，福建省地方政府应主要采取以下措施：

（一）提高社会保险基金保值增值水平

一是要实施公开招标、竞争性谈判等机制，着力改善社会保险基金增值收益水平；二是要对社会保险基金尤其是养老金进行科学投资组合战略配置，努力实现社会保险基金增值最大化。笔者利用2007年1月至2016年12月这一期间的上证综指收益率、3—5年国债收益率、中债高信用级别债券收益率、上海银行间同业拆借利率和基础设施项目投资净资产收益率等数据,对个人养老金账户的投资组合进行分析后发现,根据养老金投资应该遵循的"长期性、安全性、收益性、流动性"相结合的原则,养老金投资各资产的比例要满足以下要求:货币资产不低于5%;债券投资比例不低于40%,其中高信用级别企业债不低于20%;股票投资不高于30%;基础设施投资不高于30%。①

(二) 加强社会保险基金收支管理,完善社会保险经办管理体制

一是在摸清社会保险各险种参保底数的基础上,福建省地方政府要进一步抓好参保扩面工作,明确社会保险登记、申报、基数核定等相应职责,加大对登记、申报等基础性环节违法行为的执法力度,实现应保尽保。二是要加强保费征缴、稽核工作力度,确保按时足额征收社会保险费。要积极探索从预算外资金或通过集中国有资产转让、出租及经营收益所得等多种渠道筹措社会保险基金;三是要引导福建省医疗机构努力降低医疗服务成本,改善医疗服务质量,避免出现不合理医保基金增长过快的现象;四是要建立防冒领联动协查机制、重复领取比对机制以减少社会保险基金各项支出的审核、审批中存在的管理漏洞,减少社会保险基金流失;五是要加强对福建省定点医疗机构、零售药店的稽查巡查力度,及时查处违规行为。

(三) 完善社会救助制度,提高社会救助规范化水平

一是要完善城乡低保、特困人员供养等救助标准自然增长机制,进一步完善临时救助制度的优化审批程序、救助方式和救助标准;二是完善投诉举报核查制度,实现"阳光低保",改善低保对象界定的准确率;三是积极推动社会力量参与社会救助。包括非营利组织、企业、公民个人等在内的社会力量参与社会救助不仅能够多渠道、有效地筹集社会救助资源,还能够准确了解弱势群体救助需求,及时弥补政府救助范围、方式的不足,提供更加专业化的社会救助,从而完善社会救助制度,提高社会救助水平,故福建省地方政府要大力促进社会力量参与社会救助。

---

① 考虑到本书各个章节篇幅的均衡,关于养老金最优投资组合战略配置的相关论述放在本章第十三节。

第四节
市场化人才服务体系的意义、特点及建设重点

为了改善人才获取公共服务质量，地方政府要建设市场化人才服务体系。故笔者对市场化人才服务体系的意义、特点及建设重点进行分析。

一、建设市场化人才服务体系的背景和意义

（一）建设市场化人才服务体系的背景

20世纪70年代，西方各国相继发生财政危机、管理危机和信任危机。它们在公共服务领域都面临一个问题：一方面是政府财政压力、政府提供服务的低效率和垄断性，另一方面是人们反对政府放弃过多的公共服务。为解决上述，西方国家开始实施以"新公共管理"为导向的行政改革。由于公共服务市场化方案以其能较为有效解决政府供给能力有限和社会对公共需求不断增长的矛盾，故各国在这场改革中普遍选择公共服务市场化。例如，英国所实施了公共服务决策与执行分开的"执行局"改革，发起了公共服务承诺制的"公民宪章"运动和对公共服务市场检验的"为质量而竞争"运动。美国进行了"引入竞争机制，以顾客为中心"的政府公共服务输出市场化改革。除此之外，澳大利亚、新西兰、法国、德国等国也推行了不同程度的公共服务市场化改革，从而掀起了一场声势浩大的公共服务市场化改革浪潮。西方国家公共服务市场化改革为其他各国公共服务改革提供了示范。在经济全球化、政治民主化和社会信息化浪潮的冲击下，公共服务市场化已经成为当今世界一股不可阻挡的潮流。我国也顺应潮流，迈出了公共服务市场化的改革步伐，作为公共服务的组成部分之一的人才服务也不例外。1999年10月，国家人事部在青岛召开了全国人才流动与人才市场建设工作会议，提出"全力推进人才资源市场配置进程，实现资源配置由计划和市场并存向市场化基础性作用转变；全面提高人才中介社会化服务水平，实现市场中介服务由粗放型向集约型转变；加强人才市场的法制管理，实现人才市场由政策规范向法制规范转

变,在全国范围内形成统一开放、竞争有序的人才市场"的工作思路。在这一基本思路的指导下,全国人才服务机构和人才市场得到迅速发展。从2003年下半年开始,我国人才服务开始由政府推动全面转向市场化发展,人才服务开始进入市场化发展与国际化竞争阶段。《国家中长期人才发展规划纲要(2010—2020年)》指出,"要根据完善社会主义市场经济体制的要求,推进人才市场体系建设,完善市场服务功能,畅通人才流动渠道,建立政府部门宏观调控、市场主体公平竞争、中介组织提供服务、人才自主择业的人才流动配置机制。健全人才市场供求、价格、竞争机制,进一步促进人才供求主体到位。大力发展人才服务业。加强政府对人才流动的政策引导和监督,推动产业、区域人才协调发展,促进人才资源有效配置"。为了实现上述目标,建设市场化人才服务体系势在必行。

(二)建设市场化人才服务体系的意义

1. 有利于人才服务水平的提高

随着我国人才资源配置市场化进程的日益加快,人事管理方式和人才就业方式发生了根本性的变化。在经济结构快速调整和就业竞争激烈这样的环境中,人才资源供需结构性过剩与短缺问题日益突出,人才就业和择业面临了更加困难的局面。同时,随着高校毕业生快速增长,就业压力更加凸显。毕业生、留学归国人员、军转干部以及各类下岗工人等群体都面临着就业和再就业的困难,这就需要政府在促进毕业生、留学生、军转干部以及下岗人员再就业方面提供更多、更有效的服务。长期以来,我国公共服务提供者将自己看成是高高在上的"管理者",加上存在"政府失败",导致政府在人才服务供给方面质量低下、效率不高,常常会忽视某些方面的人才服务需求,造成人才服务供给的不足。单靠政府单一供给已经难以满足各类人才就业、择业、创业、再就业和充分发挥才能的需求。社会力量往往能在政府不能起作用的地方发挥服务优势,弥补了政府人才服务供给的不足和缺位。人才服务市场化可以利用市场交换机制实现资源的优化配置,提高人才服务的水平。

2. 有利于人才服务企业和第三部门的发展壮大

长期以来,我国人才服务供给主体单一,政府垄断现象突出。政府包揽过多的人才服务,导致了政府权力的扩张,并成为官僚主义繁衍滋生的土壤,影响和制约了人才服务企业和第三部门的发育和发展。人才服务市场化的实质是政府职能的市场化，它反映了政府职能在人才服务供给领域的退缩和市场价值的回归，从而有利于人才服务企业和第三部门的发展壮大。

3. 有利于区域人才质量的提高

随着经济的快速发展以及人才的跨地区、跨部门流动日趋频繁，流动规模加大，各类经济组织对人才的需求也更加强烈，人才个人的公共服务需求和质量要求也在不断提高。这就对各地人才服务的供给提出了更高的要求。如果地方政府能够提供高水平的人才服务，那么高质量人才会通过"用脚投票"流动来当地，从而提高该区域的人才质量。

二、市场化人才服务体系的特点

市场化人才服务体系是指在政府部门不放弃公共政策制定责任的前提下，打破人才服务领域的政府垄断，充分发挥市场优化资源配置的作用，为了提高人才服务水平而形成包括政府、企业和第三部门在内的多组织人才服务供给复合体系。市场化人才服务体系主要有以下三个特点：

（一）人才服务主体的多元化

市场化改革在引入市场机制的同时，打破了政府一家独大、唯一提供公共服务的垄断局面，各种第三部门、企业和政府组织通过竞争的方式，都能成为公共服务的提供者。事实上，无论是发达国家还是发展中国家，社会的发展及演变经验已经告诉人们，市场和政府是左右手，离开了谁都不能很好地解决经济和社会发展中出现的问题。政府、企业、第三部门在人才服务的供给中各具优势和不足，三者作为独立的人才服务供给者，在特有的范围和空间内的供给是有效的，离开了这些范围和空间条件的话，三者都会产生"失灵"，导致供给无效。政府在人才服务中的政策服务、制度安排、协调多方关系、建立关系网络、保障公平、合同监管等方面具有独特优势，但在具体服务供给上行动迟缓、缺乏回应性；人才服务企业拥有极强的运营能力、颇具开拓性和创新力、服务效率高、适合完成产生利润的任务，然而其贪婪的赢利行为则需要通过政府力量的规制及第三部门的积极监督予以约束；第三部门极具同情心，善于处理公益性、慈善性事务等社会问题，但它的"类官僚化运作"及"二政府"行为也必须通过政府的制度监管和市场力量的竞争加以规范。

(二) 人才服务的市场化

我国人才服务改革的核心是市场化，根本在于放松或者取消政府对非政府市场主体的管制，促进非国有市场主体的生长和发展。只有这样，才能打破人才服务的体制壁垒、地区封锁、部门垄断，最终促成自由竞争的市场秩序。市场化人才服务体系不仅要求用市场标准配置公共资源，评估公共服务生产者和供给者的效率；还强调服务过程以结果为本，重视企业管理经验的借鉴，消费客体可以在多元竞争主体之间进行自由选择。

(三) 人才服务的产业化

人才服务产业化，就是人才服务机构按照产业的模式经营开发人才服务事业，通过为各类人才和用人单位提供全面、系统、优质的服务，实现人才资源的市场化配置和社会、经济的规模效益。人才服务产业化不仅是进一步转变政府职能，深化机构改革的客观需要，还是人才服务机构在激烈的市场竞争中求生存的唯一出路。

三、市场化人才服务体系的建设重点

(一) 积极促进人才服务形式多样化

服务提供主体的多元性带来了服务提供形式上的多样化。为谋求公共服务的有效提供，公共服务提供不再拘泥于单一的形式。政府在人才服务多元供给的体制中是占主导性的作用。对于政府在人才服务供给中的定位可以从两个方面考虑：一方面是作为人才公共服务的安排者或提供者，就是公共服务政策的制定者和公共服务管理者，负责设置公共服务过程的根本规则，承担规划、融资、组织、安排生产、管理、评估、监督的角色；另一方面是提供人才公共服务所需资金，为企业和第三部门或组织从事公共服务付费。企业是人才服务市场化改革中引入的主体，在人才服务中的行为主要是经营性活动。其主要提供那些具有拓展性、特殊性、个性化、高端化及成本较大的人才服务。人才服务中最容易市场化的部分主要包括人事外包、人才派遣、人才培训、人才招聘、人才测评等服务。从我国的实际来看，第三部门可以通过以下几种方式参与人才服务供给改革，提供服务：一是代替政府直接参与人才公共服务供给，如进行人事档案管理，为毕业生提供就业指导服务，为政府、社会、人才提供人才公共信息等。

二是作为人才行业协会,可以协助政府部门制定相关人事政策法规;为人才服务机构的发展提供多项特色服务,包括战略咨询服务、寻找合作伙伴、法务服务、代理保险服务、信息服务和商务服务等;完善行业自律机制,出台行规行约,为人才服务机构提供环境支持;加快从业人员队伍建设,为人才服务机构提供人员培训支持等。三是作为民意组织,例如消费者协会等机构对人才公共服务价格、质量等提出意见,作为政府决策和企业经营的参考。四是作为志愿组织,与政府和企业合作,做共同主题营销。例如开展公益人才招聘、人才就业培训等活动。

(二) 大力培育服务主体

公共服务市场化理论主张把市场和社会的力量引入公共服务供给领域。我国公共服务市场化运作需要在政府和市场之间有大量的非政府组织、社会中介组织予以有效传接,而我国所经历的长期计划经济体制致使市民社会不发达。尽管非政府组织在不断地壮大之中,但社会力量的总体水平仍然有待提高,不成熟的自我管理与自治能力使政府的公共服务供给职能还不能进行一次性转移,所以人才服务市场化要顺利实现,就需要培育一批成熟、自我管理和自治能力都较强的社会组织。政府要适当分离公共服务的提供和生产,引入多元的专业化的人才公共服务生产者,按照规定的成本、时间、绩效标准,采取如委托给第三部门、委托给私人企业、政府财政补贴、公私合营、签约外包等多种模式,负责承担服务的生产、输送任务,提供优质高效的公共服务产品或项目,满足人才需要。政府要加快第三部门的发展,发挥其在市场化改革中的经济、政治作用,不仅要培养社会组织的自主性、独立性能力,还要引领其发展方向,避免其偏离自身轨道。这是我国人才服务市场化的要求,也是政府的一项重要职责。

(三) 完善促进人才服务市场化的政策法规体系

公共政策是政府机构活动的产物、是政府进行公共事务管理的主要手段和方式。作为一种对全社会价值进行权威性分配的方式,任何社会的经济繁荣、政治发展和社会进步,都离不开一定的合理的公共政策的指导和调控。市场化人才服务体系的有效建设离不开完善的人才服务市场化的政策体系。市场经济是法制经济,这是市场经济内在的本质要求。如果没有法律,市场经济就不能保障其市场主体的自主性、市场主体间契约的可信度以及市场竞争的公平性。在市场经济条件下，法制成为调节市场主体与市场客体之间，市场主体之间关系的重要工具。政府作为制度与规则的制定者，在公共服务市场化过程中担负着建立、健全公共服务市场法律机制的重大责任。另外，政府要组织有关专家、学者总结我国多年来人才市场建设的经验，同时结合新时期政府部门在人才市场建设中的职能定位，对人才市场发展的未来走向进行准确定位，研究制定科学合理的人才市场发展规划。在此基础上逐步理顺政府与市场的关系，加快政事分开和管办分离的步伐，实现人才市场从政府推动向自我发展与完善的转变，形成政府部门宏观调控、市场主体公平竞争、行业协会严格自律、中介组织提供服务的运行格局。

（四）强化政府对人才服务市场环境的监管

市场并不总是高效的，因为使市场高效的完全竞争的环境并不存在，所以会有"市场失灵"。如竞争失效、外溢性问题、信息不完全、偏好不合理及公平分配问题等。人才服务市场化使"市场失灵"的危险日益突出，加之法律法规的缺失与不健全，难以使人才服务市场化过程遵循"规范，透明，公平，竞争"等原则，人才服务市场化可能产生诸多问题，如服务质量下降、公共责任、社会公平公正、公共服务缺失等问题，必须由政府对此加强监管。监管的主要内容有：创造公平、公开、公正的竞争环境；对人才服务机构进行定期或不定期检查；严格查处不正当竞争、虚假招聘、乱收费等扰乱市场行为，等等。

第五节
地方政府提升本地区对海外高层次人才吸引力的措施

小微企业技术创新离不开人才，高层次人才尤其是海外高层次人才有助于提高小微企业创新的成功率。地方政府提升本地区对海外高层次人才的吸引力不仅可以改善人才获取公共服务质量，还可以助力小微企业技术创新。

一、引言

海外高层次人才是指在国（境）外接受过高等教育，具有国际国内领先的学术水平和技术水平，或拥有自主知识产权、产业化发展前景较好的科研成果或项目，能够突破关键技术、发展高新产业、带动新兴学科的学科带头人、科技领军人才和高层次创业人才。由于海外高层次人才有助于推动当地经济转型升级，促进经济发展方式转变，所以各地方政府都制定了一些政策以吸引海外高层次人才。例如，上海市实施了"万名海外高层次人才集聚工程"，北京市出台了《北京市鼓励海外高层次人才来京创业和工作的暂行办法》，苏州市颁布了《姑苏创新创业领军人才计划》。目前，广东、江苏、北京、浙江、上海是我国海外高层次人才的主要聚集地，流入上述地区的海外高层次人才占我国引进海外人才总数的74%。可见，对大多数地方政府尤其是欠发达地区的地方政府而言，如何有效吸引海外高层次人才是它们急需解决的问题。

二、海外高层次人才回国工作地点影响因素的因子分析

由于海外高层次人才相对来说比较稀缺，所以国内各地区之间引进海外高层次人才时不可避免地存在着激烈的竞争。海外人才选择回国工作地点的过程实际上是对各地方政府所提供公共服务进行"消费"选择的过程，公共服务质量的高低极大影响着海外高层次人才对回国工作地点的选择。

为了厘清海外高层次人才对回国工作地点的期望，笔者制作了《海外高层次人才回国工作地点选择影响因素调查问卷》。该问卷罗列了17项海外高层次人才选择回国工作地点的影响因素，要求海外高层次人才根据重要程度分别对这17项影响因素进行逐项打分，每一项影响因素使用5级likert量表进行测量。海外高层次人才对各影响因素从"根本不重要""不太重要"到"一般""重要""非常重要"给出分数，分值范围从1分到5分。以"我非常了解当地的引才政策"为例，海外高层次人才如认为该影响因素"不太重要"，就打2分，如其认为"一般"，则打3分。17项影响因素具体见表8-1。

表 8-1　海外高层次人才回国工作地点选择影响因素

序号	因素	序号	因素
1	我非常了解当地的引才政策	10	企业融资容易
2	回国工作地点是我的家乡	11	城市经济发展水平较高
3	当地治安较好	12	城市规模较大
4	城市的生态环境好	13	城市知名度高
5	具有开放、包容的城市文化	14	周边有高校和科研院所利于开展科技和人才合作
6	有助于海外高层次人才的专业发展	15	当地商业氛围和商业文化良好
7	海外高层次人才引进后仍不断得到当地政府的关心	16	当地给海外高层次人才提供较好的医疗、寿险、事故保险等社会保障
8	当地能够较好兑现引才政策和承诺	17	海外高层次人才能够按贡献大小和专利、技术、管理等生产要素参与分配
9	当地各部门对引才政策解释一致		

笔者在杭州国际人才交流与合作大会、宁波人才科技周上向海外高层次人才发放了400份《海外高层次人才回国工作地点选择影响因素调查问卷》。回收调查问卷393份，占所发调查问卷的98.25%。在回收的393份调查问卷中剔除17份填写质量较差的调查问卷，得到376份有效调查问卷，有效调查问卷占所发调查问卷的94%。

因子分析是利用降维的思想，从研究原始变量相关矩阵内部的依赖关系出发，把一些具有错综复杂关系的变量归结为少数几个综合因子的一种多变量统计方法。笔者使用SPSS软件对调查所获数据进行分析。首先对17项影响因素进行相关性分析，KMO统计量值为0.913，Bartlett球形检验的P值为0.000。这表明所获数据很适合进行因子分析。

笔者以特征值大于1的原则确定公共因子个数，可知共有4个公共因子对应的特征值大于1，故提取相应4个公共因子。从累积方差贡献率可以看出，前4个公共因子已经解释了方差变异中的75.228%，包含了17项因素的大部分信息。绝大部分变量的共性方差在0.5以上，且半数超过0.6。这说明4个公共因子能够较好地反映17项影响因素的大部分信息。因此，可以将原始的17项因素划分为4类。

为了确定4个公共因子分别由哪些因素构成，对因子载荷进行方差最大化正交旋转。通过对因子载荷进行方差最大化正交旋转后可知：公共因子1在企业融资容易，当地各部门对引才政策解释一致，海外人才能够按贡献大小和专利、技术、管理等生产要素参与分配，当地能够较好兑现引才政策和承诺，当地给海外人才提供较好的医疗、寿险、事故保险等社会保障，海外人才引进后仍不断得到当地政府的关心，周边有高校和科研院所利于开展科技和人才合作，当地商业氛围和商业文化良好等方面有较大载荷，故公共因子1可以定义为创业环境和政府诚信度因子。海外高层次人才的工作产出通常具有一次性、积累性和偶然性的特点，凝结着其前期投入的所有人力资本方面的成本，故他们对工作成果的产权要求十分强烈，而回国创业对多数海外高层次人才而言无疑是一种较好地满足其产权需要的途径。所以海外高层次人才在选择回国工作地点时比较关注创业环境。服务营销学认为，服务具有无形性，即服务在购买之前，服务无法被看到、尝到、摸到、听到或闻到。无形性越高，消费者的风险感知就越高。不满意的消费者不能"退回"一项服务，当他意识到不满意时，它已经消费了这项服务。为了吸引海外高层次人才，各地方政府都会展现其重视、关心人才，能提供高质量公共服务的形象。然而海外高层次人才只有在当地工作一段时间后才知道地方政府是否真正关心海外高层次人才以及公共服务质量的高低，故海外高层次人才在选择回国工作地点时风险感知比较高。所以，海外高层次人才选择回国工作地点时关注创业环境和政府诚信度。

公共因子2在城市规模较大、城市经济发展水平高、城市知名度高等方面有较大载荷，故公共因子2可以定义为城市实力因子。

公共因子3在城市的生态环境好，当地治安较好，具有开放、包容的城市文化等方面有较大载荷，故公共因子3可以定义为生活环境因子。马斯洛（Abraham Harold Maslow）的需要层次理论认为，人类的需要由低到高依次是生理需要、安全需要、社交需要、尊重需要、自我实现需要。五种需要可以分为两级，其中生理需要、安全需要和社交需要都属于低级需要，尊重需要和自我实现需要是高级需要。同一时期，一个人可能有几种需要，但每一时期总有一种需要占支配地位，对行为起决定作用。任何一种需要都不会因为更高层次需要的发展而消失。各层次的需要相互依赖和重叠，高层次的需要发展后，低层次的需要仍然存在，只是对行为影响的程度大大减小。海外高层次人才选择回国工作地点的行为本质上是其实现自我需要的过程。所以,作为低级需要的城市实力因子、生活环境因子也会影响海外高层次人才对工作地点的选择。

公共因子 4 在我非常了解当地的引才政策,有助于海外高层次人才的专业发展,回国工作地点是我的家乡等方面有较大载荷,故公共因子 4 可以定义为城市了解度因子。服务具有易变性,即服务的质量取决于由谁提供服务,以及何时、何地、如何提供,海外人才公共服务也是如此。所以,海外高层次人才对工作地点的了解程度也是影响其选择回国工作地点的 4 个最主要因素之一。具体见表 8-2。

表 8-2　　　　　　　　　　旋转成分矩阵[a]

	成分			
	1	2	3	4
企业融资容易	0.781	0.179	0.043	0.020
当地各部门对引才政策解释一致	0.733	0.094	0.212	-0.002
海外高层次人才能够按贡献大小和专利、技术、管理等生产要素参与分配	0.707	0.176	0.170	0.198
当地能够较好兑现引才政策和承诺	0.695	0.100	0.209	0.306
当地给海外高层次人才提供较好的医疗、寿险、事故保险等社会保障	0.650	0.268	0.138	-0.060
海外高层次人才引进后仍不断得到当地政府的关心	0.621	0.170	0.190	0.443
周边有高校和科研院所利于开展科技和人才合作	0.541	0.329	0.236	0.004
当地商业氛围和商业文化良好	0.536	0.477	0.199	-0.016
城市规模较大	0.188	0.747	0.112	0.118
城市经济发展水平高	0.222	0.717	0.210	0.026
城市知名度	0.292	0.578	0.057	0.149
城市的生态环境好	0.147	0.143	0.806	0.112
当地治安较好	0.153	0.159	0.777	0.025
具有开放、包容的城市文化	0.321	0.059	0.620	0.045
我非常了解当地的引才政策	-0.026	0.124	0.012	0.797
有助于海外高层次人才的专业发展	0.262	-0.053	0.159	0.716
回国工作地点是我的家乡	-0.019	0.497	-0.047	0.590

提取方法：主成分分析法。

旋转法：具有 Kaiser 标准化的正交旋转法。

a. 旋转在 7 次迭代后收敛。

可见，创业环境和政府诚信度因子、城市实力因子、生活环境因子和城市了解度因子是影响海外高层次人才选择回国工作地点的4个最主要因素。通过因子分析可知，提取的4个公共因子的贡献率分别为39.226%、13.166%、11.730%、11.066%。对这4个公共因子贡献率进行归一化处理，得到4个公共因子在影响海外高层次人才选择回国工作地点中的权重。创业环境和政府诚信度因子的权重为52.14%，城市实力因子的权重为17.56%，生活环境因子的权重为15.59%，城市了解度因子的权重为14.71%。

三、地方政府改善本地区对海外高层次人才吸引力的措施

为了在引才大战中胜出，根据服务质量差距模型，地方政府首先要了解海外高层次人才对公共服务质量的期望，其次要制定科学的公共服务标准并保证其实施，最后要保证公共服务传递与政府承诺相一致。

（一）了解海外高层次人才对公共服务质量的期望

海外高层次人才对公共服务质量的感知是公共服务质量的最重要的衡量标准。因此，地方政府在制定公共服务质量标准时应从海外高层次人才角度出发，以海外高层次人才需求为导向。因子分析结果表明，海外高层次人才最期望回国工作地点有较好的创业环境和当地政府有较高的诚信度，其次是有较强的城市实力，有较好的生活环境。

（二）选择正确的公共服务设计并制定正确的公共服务质量标准

为了给海外高层次人才创造较好的创业环境，地方政府可以增加对海外高层次人才企业自主创新项目的财政补贴；加大对高新技术成果转化的支持；设立技术推广基金支持企业市场推广；大力发展风险投资；支持海外高层次人才企业建立自主创业联盟；大力发展各类中介机构和专业化服务。为了提升城市实力，地方政府可以大力进行城市建设；努力发展城市经济；着力提高城市知名度。为了改善生活环境，地方政府可以大力改善城市生态环境；加强治安管理；努力建设开放、包容的城市文化。

地方政府还应通过调查和审视海外高层次人才所希望的服务资源、服务种类、服务方式、服务质量以及他们对公共服务的满意程度等，建立信息系统、服务系统和便于海外高层次人才表达看法意见及反馈的系统，及

时出台动态的"顾客"服务标准,即根据海外高层次人才的反馈信息对公共服务标准进行评估检测,确保时刻与海外高层次人才需求相吻合。

(三) 按照公共服务质量标准提供服务

由于服务本身的人为不可控制性特点,很可能使公共服务达不到标准。因此,相关公务人员要不断学习接受新的服务思想和方法,不断创新,克服工作中的不足。例如,向相关公务员讲授海外高层次人才的期望、认知和问题,培训公务员设定优先顺序和时间管理的方法等。同时实行授权管理,赋予相关公务员恰当的决策权力,及时解决突发问题。另外,地方政府要根据公共服务质量标准对相关公务员进行绩效考核,这也有助于缩小公共服务传递差距。

(四) 保证地方政府公共服务传递与承诺相一致

地方政府对外宣传沟通时,一定要确保真实性,杜绝夸大其词。如果地方政府没有实现其承诺就会失去信誉,影响政府形象。只有"言必行,行必果",才有利于增强政府的公信力,促进政府与海外高层次人才之间形成信任与沟通。因子分析结果也表明,当地政府的诚信度对海外高层次人才选择回国工作地点有着较大影响。这意味着,欠发达地区政府只要有较高的诚信度,也有可能在地方政府间的引才大战中胜出。为了提高海外高层次人才对地方政府的信任度,地方政府尤其是欠发达地区政府要兑现引才政策和承诺;要成立海外人才集聚办公室统一指挥协调海外人才引进工作,整合招才引智的网络平台以避免出现各部门对引才政策的解释宣传出现不一致的现象;要加强政府诚信道德建设,强化公务人员的宗旨意识;全面履行政府管理职能,提高政府的公共服务水平;完善政府行政决策机制,推进决策科学化和民主化;加强政府诚信法制建设,不断提高依法行政的能力;大力加强政府政风建设,打造高素质的公务员队伍。

第六节
高层次人才外流问题分析[①]

如果一个地区只关注于吸引高层次人才而忽略留住高层次人才,那么该地区仍然会面临高层次人才短缺问题。所以,一个地区不仅要善于吸引高层次人才来此工作,还要善于留住高层次人才,避免其外流。笔者以浙江省宁波市为例,对高层次人才外流问题进行研究。

随着知识经济的来临,人才资源在经济社会发展中的作用日益凸显,成为支撑和推动经济社会发展的第一资源。一切竞争皆有赖于人才竞争,一切竞争归根结底在于人才竞争。人才竞争日趋激烈,企业之间、地区之间、国家之间不断上演人才争夺大战。高层次人才作为人才中的人才,一直是人才争夺战中的焦点。宁波市要想成为人才开放港、自由港和创业港为核心内容的人才大港,成为长江三角洲南翼人才高地,为促进经济增长方式转变和确保经济社会全面、协调、可持续发展提供坚实的人才保障和智力支撑,就必须充分研究宁波市高层次人才外流现象。只有这样,宁波市才有可能在人才争夺战中立于不败之地。

一、宁波市高层次人才外流的现状

自 2004 年宁波市委、市政府确立人才强市战略以来,宁波市人才的规模、素质和结构有了较大提升。人才总量快速增长,2005 年全市人才总量为 48.5 万人。人才层次结构明显提高,2005 年全市拥有硕士、博士学位的人才为 6500 人,高级职称人才为 17000 人。2005 年高学历、高职称人才在人才总量中的比重分别为 1.34%、3.5%。2005 年底全市高级专家人才为 495 人,其中院士为 11 人。虽然宁波市在人才开发方面取得了不错的成绩,但是也不应忽视人才尤其是高层次人才的外流现象。

---

① 本节内容根据在 2008 年第 1 期《中国科技论坛》上发表的论文《宁波高层次人才外流情况调查与分析》修改而成。论文作者:贺翔。

以宁波大学为例,2004年流出宁波市高层次人才为15人,高层次人才流失率为1.90%;2005年流出宁波市的高层次人才为20人,高层次人才流失率为2.30%;2006年流出宁波市的高层次人才为21人,高层次人才流失率为2.26%。从以上数据可以看出,该大学的高层次人才流失率是较低的,作为宁波市最好的大学之一,该大学聚集了最多的高层次人才,其高层次人才流失状况在一定程度上可以反映出宁波市高层次人才外流的情况。

另外,宁波市人事局所提供的本市不具有人事调配权的事业单位外流的高层次人才数据显示,2005年1名博士、1名高级讲师和2名高级工程师共计4名高层次人才流出宁波市;2006年仅1名主任医师流出宁波市。宁波市高层次人才外流现象虽不是很严重,但也应引起我们的警觉。

二、宁波市高层次人才外流的动因调研分析

虽然目前宁波市高层次人才外流情况不很严重,但是高层次人才作为人才中的精英,其流失现象也应引起宁波市政府足够的重视。为了科学地研究高层次人才外流的动因,笔者在宁波市范围内有针对性地发放了800份《宁波市高层次人才外流动因调查问卷》,回收问卷712份,回收问卷占全部发放问卷的89%,其中具有博士研究生学历或高级职称者填写的问卷为504份。在504份高层次人才填写的回收卷中有效问卷为491份,占高层次人才填写的回收卷的97.4%。问卷就工作环境、生活环境、用人机制、住房因素、薪酬因素、晋升机会、事业发展、能力发挥、工作保障、家庭责任、领导支持、工作压力、职业因素、组织文化、工作单调、单位前景、制度不民主以及其他等18个问题进行调查,并对调查结果进行了分析。

(一) 不同性别高层次人才外流的动因分析

在回收的491份有效问卷中,其中男性共有288人,占全部回收有效问卷的58.66%。女性共有186人,占全部回收有效问卷的37.88%。没有填写性别的共有17人,占全部回收有效问卷的3.5%。根据问卷调查结果显示可知,无论男女,薪酬因素都位居影响高层次人才外流的各因素之首。其中对于女性来讲,薪酬因素占65.56%,比男性的63.14%高出2个百分点;工作环境位居第二,其中对于男性来讲,工作环境占60.35%,比女

性的59.14%高出1个百分点；位居第三的都是事业发展，其中对于女性来讲事业发展占59.05%，比男性的59.56%低0.5个百分点。

（二）不同年龄高层次人才外流的动因分析

为了反映年龄结构与高层次人才外流的动因的关系，笔者对不同年龄人员进行了分类调查。在491人中，26—35岁年龄阶段的共有172人，占全部回收有效问卷中被调查对象的35.03%；36—45岁年龄阶段的共有138人，占全部回收有效问卷中被调查对象的28.10%；46—55岁年龄阶段的共有113人，占全部回收有效问卷中被调查对象的23.01%；55岁年龄以上阶段的共有10人，占全部回收有效问卷中被调查对象的2.04%；没有填写年龄的共有58人，占全部回收有效问卷中被调查对象的11.81%。根据问卷调查结果，对于26—35岁高层次人才来说，薪酬因素位居影响高层次人才外流的各因素之首，占66.59%；其次是工作环境，占63.48%；位居第三的是能力发挥，占53.80%。对于36—45岁高层次人才来说，薪酬因素位居影响高层次人才外流的各因素之首，占70.13%；其次是工作环境，占65.45%；位居第三的是生活环境，占45.00%。对于46—55岁高层次人才来说，工作环境位居影响高层次人才外流的各因素之首，占60.15%；其次是事业发展，占51.61%；位居第三的是薪酬因素，占46.82%。对于55岁以上高层次人才来说，工作单调位居影响高层次人才外流的各因素之首，占98.56%；其次是生活环境，占50.11%；位居第三的是住房因素、薪酬因素、晋升机会，占49.35%；位居第四的是事业发展、工作保障、职业因素，占48.98%；其他都不是影响56岁以上高层次人才外流的因素。

（三）不同职业高层次人才外流的动因分析

为了反映职业与高层次人才外流的动因的关系笔者对不同职业人员进行了分类调查。在491位被调查的对象中教师高层次人才172人，占全部回收有效问卷中被调查对象的35.03%；公务员高层次人才34人，占全部回收有效问卷中被调查对象的6.92%；工程师高层次人才占50人，占全部回收有效问卷中被调查对象的10.18%；医生高层次人才占46人，占全部回收有效问卷中被调查对象的9.37%；企业管理高层次人才33人，占全部回收有效问卷中被调查对象的6.72%；其他高层次人才146

人,占全部回收有效问卷中被调查对象的29.74%;未填职业10人,占全部回收有效问卷中被调查对象的2.03%。根据问卷调查结果,对于教师高层次人才来说,工作环境与薪酬因素并列位居影响高层次人才外流的各因素之首,占70.12%;其次是事业发展,占59.44%;位居第三的是生活环境,占44.45%。对于公务员高层次人才来说,工作环境位居影响高层次人才外流的各因素之首,占68.32%;其次是薪酬因素,占65.65%;位居第三的是事业发展,占47.51%。对于工程师来说,薪酬因素位居影响高层次人才外流的各因素之首,占72.15%;其次是事业发展,占62.61%;并列位居第三的是工作环境和能力发挥,占51.91%。对于医生高层次人才来说,薪酬因素以高出第二位近25个百分点的优势位居影响高层次人才外流的各因素之首,占74.44%;其次是生活环境与事业发展并列,占49.64%;位居第三的是工作环境,占43.68%。对于企业管理高层次人才来说,工作环境位居影响高层次人才外流的各因素之首,占72.24%;其次是薪酬因素与能力发挥并列,都占61.51%;位居第三的是事业发展,占49.36%。对于其他高层次人才来说,薪酬因素位居影响高层次人才外流的各因素之首,占65.98%;其次是工作环境,占57.67%;位居第三的是能力发挥,占42.65%。

(四) 不同单位性质高层次人才外流的动因分析

为了反映单位性质和高层次人才外流的动因,笔者对不同单位性质高层次人才进行了分类调查。在491位被调查的对象中,在机关工作的有89人,占全部回收有效问卷中被调查对象的18.13%;在企业工作的有123人,占全部回收有效问卷中被调查对象的25.05%;在事业单位工作的有246人,占全部回收有效问卷中被调查对象的50.10%;未填写单位性质的有33人,占全部回收有效问卷中被调查对象的6.72%。根据问卷调查结果,对于在机关工作的高层次人才来说,薪酬因素以微弱优势位居影响高层次人才外流的各因素之首,占61.53%;其次是工作环境,占56.41%;位居第三的是事业发展,占47.38%。对于在企业工作的高层次人才来说,薪酬因素以微弱优势位居影响高层次人才外流的各因素之首,占66.56%;其次是工作环境,占66.03%;位居第三的是能力发挥,占51.34%。对于在事业单位工作的高层次人才来说,薪酬因素位居影响高层次人才外流的各因素之首,占66.66%;其次是工作环境,占

54.31%；位居第三的是事业发展，占 52.38%。

三、控制宁波市高层次人才外流的对策建议

（一）政府策略选择

1. 加强沟通信息，做好信息服务工作

通过对宁波市高层次人才外流动因调研发现，不同性别、年龄、职业和单位性质的高层次人才几乎都把薪酬因素作为外流的首要因素。追求自身利益最大化是每个"经济人"的理性选择，高层次人才也不例外。高层次人才所在组织可能由于其自身获取薪酬方面信息的能力有限和所处地域的局限性而无法了解高层次人才在全国范围内的市场价值，导致其制定高层次人才薪酬待遇标准时没有充分考虑薪酬的外部竞争性，从而引起高层次人才的外流。针对这种由于信息的不对称造成的高层次人才因无法实现其价值并获得相应利益而外流的现象，宁波市政府应该在加强信息沟通渠道方面做出努力。政府可以提供其他地方所给予各种高层次人才待遇的情况，使得本地用人组织在制定高层次人才薪酬政策时能够做到知己知彼。

2. 实施产业人才聚集战略，以产业人才集群为基础构筑高层次人才高地

通过对宁波市高层次人才外流动因调研分析可知，工作环境、事业发展、能力发挥在各种影响高层次人才外流的因素中都排名前列。高层次人才需要有利于其施展才能、体现价值和实现理想的良好的事业环境。人才集群一般是随着产业集群的出现而出现，为产业集群发展提供人才支持。产业集群具有很强的人才聚集功能，产业集群对高层次人才的聚集力主要来源于以下几个方面：一是产业集群给高层次人才提供更多的发展机会和更广阔的发展舞台。产业集群使许多相关企业和机构聚集在一起，使这里成为产业发展中心，高层次人才在这里比其他地方有更多的求职、创业、合作、发展、提高等机会，也代表着产业发展的最高水平，能为高层次人才提供最大的事业发展空间，因而能吸引各类高层次人才的进入。二是产业集群有利于同类高层次人才聚集。产业的发展吸引该类产业高层次人才纷纷前来，高层次人才越多高层次人才聚集力越强，这就是高层次人才聚集中的磁场效应，也是人才聚集的马太效应，从而使优势产业成为产业高层次人才聚集的中心。三是产业集群有利于相关各类高层次人才的聚集。

产业集群使各类高层次人才之间形成关联，一种高层次人才的聚集可能带动其他相关类型高层次人才的聚集，因而比单一的产业对高层次人才有更强更广泛的吸引力，形成各类高层次人才交相聚集的整体聚集功能，产业集群因而成为各类高层次人才的汇集中心。四是产业集群使高层次人才与企业之间形成良性互动。产业集群成为相关高层次人才的聚集地，因而有利于企业招聘有关高层次人才，也降低了高层次人才改变工作地点所可能发生的风险。高层次人才的聚集成为吸引外部企业加入产业集群的重要因素，而产业集群的扩大又有利于吸引更多的高层次人才，从而形成高层次人才聚集与企业聚集相互促进的良性互动关系。

以研发高层次人才为例，在宁波市政府支持和政策引导下，研发区已经聚集了一些大型企业研发机构和工程中心、重点实验室、开发型的科研院所。目前宁波市拥有了中国科学院宁波材料所、中国兵器科学研究院宁波分院、宁波中科集成电路设计中心等高水平研发机构，从而使宁波市对研发高层次人才具有较强的吸引力。不过，我们也应该看到，在宁波市重点发展的电子信息、先进制造业、新材料技术等行业，由于产业发展水平相对不高，从而导致这些行业对高层次人才缺乏足够的吸引力。

3. 优化高层次人才环境

通过对宁波市高层次人才外流动因调研发现，包括用人机制和生活环境在内的高层次人才环境对高层次人才外流也产生较大影响。美国著名心理学家库特·勒温（Kurt Lewin）认为，个人绩效与个人能力、条件、环境之间存在一种类似物理学中的场强函数关系，一个人所能创造的绩效，不仅与他的能力和素质有关，而且与其所处的环境有密切关系。如果一个人处于一个不利的环境中，则很难发挥其聪明才智，也很难取得应有的成绩。通常，个人对环境往往无能为力，改变的方法只能是离开这个环境，转到一个更适宜的环境去工作。

优化高层次人才环境方面应作好以下几方面的工作：（1）文化环境。要实现以消除高层次人才引进障碍为主向以注重不同文化环境的有效融合为主的战略转变，要创造一个各种不同文化融合的良好高层次人才环境。一是要促进多元文化的融合，构建海纳百川的城市胸襟，使宁波市成为文化背景不同的各类高层次人才集聚的地方。二是提倡"业绩文化"，建立一套科学、客观、公正的业绩考核评价体系，真正用"业绩文化"理念指导我们的高层次人才管理。三是发展竞争合作的文化，既鼓励竞争，又强调合作,形成良性的竞争合作发展文化,为高层次人才的发展提供一个良好的社会文化环境。(2)工作生活环境。要实现高层次人才环境构建从点、面到立体多维度的战略转变,把高层次人才环境建设纳入整个社会环境系统之中。宁波市相关部门要对高层次人才环境的系统化构成进行仔细研究,不仅要着力探讨高层次人才的生活质量、就业机会等浅层次的需求动因,而且要更为注重社会的产业环境、经济发展潜力、信息交流平台以及再学习的便捷程度等较高层次的需求动因。(3)政策环境。宁波市应以更加开放性的人才资源开发体制、机制为主线,突破传统体制的束缚,建成公开、透明、健全的人才政策法规体系,积极探索制定符合国家法律法规和世界贸易组织规则,能够有效促进人才全面开发的政策法规,重点是整合高层次人才激励政策,加大高层次人才奖励力度,专项设立宁波市人才、科技、教育市级大奖,充分发挥奖励的导向作用,进一步激发高层次人才创新、创业的积极性和创造性。

(二) 用人单位策略选择

1. 为高层次人才个体成长和职业生涯发展创造条件

调研发现,高层次人才对晋升机会和事业发展比较重视。用人单位应把组织职业生涯管理和个人职业生涯管理较好地结合起来,站在高层次人才的角度帮助其建立个人职业发展规划。由于当今组织的生存环境瞬息万变,以往建立在合同基础上的终身雇用制就显得与环境格格不入了,为高层次人才提供最好的训练和发展的资源,提供个人的专业成长机会,这才是现实可行的心理契约。如果用人单位能为高层次人才提供不断学习、训练的机会,又能为其提供发展所必需的资源,能使其施展才能实现自身价值,这种环境就会有吸引力,就能换来高层次人才的稳定和忠诚。例如,通过工作重新设计,用人组织可以帮助高层次人才消除对单调乏味工作的厌烦情绪,使工作内容、责任深化,丰富化,丰富其工作经验,拓宽其眼界;通过内部劳动力市场的公开招聘,使愿意尝试新工作或从事更具挑战性、创新性工作的高层次人才能有机会获得新的职位,从而满足了其流动的意愿。为高层次人才提供受教育和不断提高自身技能的学习培训机会也有助于减小高层次人才的流失率。

2. 运用多种个性化激励策略

员工流失是个人行为,用人单位应该根据高层次人才的特征制订和实施全方位的个性化激励策略,以控制员工流失。在激励重点上,用人单位对高层次人才的激励不仅要以金钱为手段,更重要的是以成就、成长和情感激励为主。在竞争日趋激烈的今天,用人单位与高层次人才之间应形成一种新的战略合作伙伴关系。用人单位应根据其特点,通过合理授权,充分信任,鼓励他们通过自主管理式团队而实现个人与组织的共同成长。此外,通过营造自由、宽松、便于沟通和信息共享的环境,使高层次人才产生被尊重、信任的感觉,促进组织内形成和谐的人际关系,从而增进组织凝聚力。同时,组织应关爱高层次人才及其家庭,利用感情投入来提高高层次人才忠诚度。在激励方式上,现代组织强调的是个人激励、团队激励和组织激励的有机结合;在激励时间效应上,要把对高层次人才的短期激励和长期激励结合起来,强调激励手段对高层次人才的长期正效应;在激励薪酬机制的设计上,当今组织已经突破了原先的事后奖酬的模式,转变为从价值创造、价值评价、价值分配的事前、事中、事后三个环节出发设计薪酬激励机制。物质需要始终是人类的第一需要,是人们从事一切社会活动的基本动因。所以,薪酬激励仍是激励的主要形式。合理的薪酬体系必须具有内部公平性、外部竞争性。其有效的激励性表现为在数量上组织支付给高层次人才的薪酬要与其专业知识和技能相符合,要按绩分配;在时间上要正确反映高层次人才的长期绩效和短期绩效的关系;在激励效果上要清晰区分固定薪酬和浮动薪酬的比例,以便能够真正实现长期激励。在可承受的范围内组织应尽量为高层次人才提供良好的自助式福利,这有助于建立双方长期合作的心理契约。

3. 重视组织文化在降低高层次人才流失率方面的作用

组织文化是全体员工认同的价值观,它具有较强的凝聚功能,对稳定员工起着重要的作用。从人力资源管理角度看,用人单位应该主要从培训、绩效管理等两个方面发挥组织文化降低高层次人才流失率的作用:一是基于组织文化的培训。在用人单位高层次人才培训中,必须在新员工入职培训课程中增加组织核心价值观和组织制度的培训,帮助高层次人才了解和理解组织文化,增强核心价值观认同。对现有高层次人才也应该定期开展文化方面的培训或研讨会,以不断深化高层次人才对组织价值观的理解。二是基于组织文化的绩效管理。组织文化不仅仅对绩效管理制度的拟订起作用,而且对绩效管理的实施、运行起一种无形的指导和影响作用。组织文化最终通过组织的价值评价体系(绩效管理体系)、价值分配体系来发挥其功能，通过绩效管理有助于实现从组织价值观到在全体员工中形成相对统一的基本假设的转变过程。从这个意义上讲，组织文化对绩效管理有一种情景规定作用，决定了高层次人才的满意度、成就感和荣誉感，在绩效管理中使高层次人才的精神需要获得满足，从而产生深刻而持久的激励作用。

第七节
互联网金融支持小微企业融资存在的问题[①]

如前所述，为了提高小微企业对企业融资公共服务满意度，福建省地方政府要积极促进互联网金融发展，借助互联网金融破解小微企业融资难困境。不过，互联网金融支持小微企业融资可能会存在一些问题，影响着小微企业融资效果。宁波市互联网金融发展走在全国前列，本节以浙江省宁波市为例，对互联网金融支持小微企业融资存在的问题进行研究。

一、引言

近几年互联网金融在我国呈爆发式增长，各级政府对其高度重视，互联网金融获得了政策大力支持和社会广泛认同。互联网与金融产业结合发源于美英等西方发达国家，但在这些国家并无"互联网金融"的明确提法。在美国互联网金融始终没有成为一种独立的业态从传统金融中分离出来，只是传统金融信息化的体现，是金融业务的一种延伸，而非颠覆性变革。欧美其他国家的情况也和美国类似，西方国家的互联网金融是对传统金融体系的补充和完善。当前业界及学术界并未就互联网金融形成明确的、广泛认可的定义。本书采用2014年中国人民银行发布的《中国金融稳定报告》中的定义，即互联网金融是互联网与金融的结合，是借助互联网和移动通信技术实现资金融通、支付和信息中介功能的新兴金融模

---

① 本节内容根据在2016年第15期《科技管理研究》上发表的论文《互联网企业支持小微企业融资存在的问题分析——以浙江省宁波市为例》修改而成。论文作者：贺翔、熊德平。

式。互联网金融既包括作为非金融机构的互联网金融从事的金融业务，也包括金融机构通过互联网开展的业务。

当前国内外学者对互联网金融、小微企业融资已有许多研究，但是缺乏专门针对互联网金融支持小微企业融资的系统性研究。谢平（2013）提出，互联网金融解决了信息不对称问题，降低了交易成本，不仅提高了资源配置效率，还可以解决中小企业融资问题。Udell 和 Berger（1998）提出小企业因管理不规范等问题，难以从外部获得资金支持，企业融资多为内部融资。林毅夫、孙希芳（2005）认为中小企业融资难主要是因为企业信息披露不完整、银行对企业实行信贷配给、道德风险较高等原因。王曙光、张元琦（2005）认为小微企业融资难是由于目前的金融、法律制度限制民营资本向金融资本转化。刘芸等（2013）认为信息不对称是造成小微企业融资难的主要原因，基于大数据等信息技术的互联网金融，则可以缓解信息不对称，降低征信及融资成本。张玉明（2014）认为，互联网金融可实现对数据资源的合理筛选与利用，提高资源利用效率和降低成本。由于现有的研究鲜有专门针对"互联网金融支持小微企业融资"，学界对互联网金融支持小微企业融资的手段、形式、机制、模式等问题尚未做出清晰明确的界定，对其研究有待拓展。

二、宁波市互联网金融发展概况

2013 年至 2014 年宁波市人民政府出台了一系列政策支持发展互联网金融，强调宁波市依托口岸及跨境贸易优势，形成电商产业集群，推动互联网金融发展。宁波市互联网交换中心首创政府引导和市场运作相结合的运行模式，具备信息发布、流量统计、流量监控、网间结算和网络管理等综合功能，为宁波市发展互联网金融创造了较好的基础。近几年宁波市互联网金融发展迅速，但与上海、北京、深圳等城市相比仍存在较大差距。

（一）竞争力有待提升

2013 年司马钱互联网金融研究中心对我国 31 个省（自治区、直辖市）及 21 个主要城市的互联网金融竞争力进行了量化评估，评估指标主要包括四个，即政策、技术、供给和需求。评估结果显示，21 个国内主要发达城市互联网金融竞争力平均得分仅为 40.67 分（满分 100 分），其中最高分为上海的 85.28 分，获得 60 分以上的省市仅有上海、北京和深圳。这反映了我国互联网金融发展整体仍处于起步阶段,地区间竞争力极不均衡。宁波市互联网金融竞争力得39.45分,位列21个城市第10名,低于杭州(51.88分),高于温州(33.59分),处于国内的第三梯队。在四个指标中,宁波市政策指标得15分,低于上海、北京、天津、深圳、广州等地,主要原因是未出台全局性的行业政策;技术指标得10.69分,与平均分数(10.66分)相近,但低于许多城市,仍有提升空间;供给指标得2.18分,低于平均分数(4.91分);需求指标得11.58分,高于平均分数(10.57分),说明宁波市金融需求环境良好,金融供给无法满足金融需求。因此宁波市需要在政策支持、增加供给方面多下功夫。

(二) 出现一些创新型企业

宁波市已有一些具有代表性的互联网金融创新型企业,如中小企业外贸综合服务平台、在线保理平台、量化交易公司等,为宁波市小微企业提供贸易融资及其他专业服务。

1. 中小企业外贸服务平台

这类平台通过整合商贸、海关、物流、金融等多边资源,致力于为外贸类中小企业提供一站式通关服务,以及融资保险等金融增值服务。宁波世贸通国际贸易有限公司成立的"世贸通中小企业外贸综合服务平台",推行"一站式外贸综合服务"理念,提供专业资讯、在线交易磋商、线上订单管理、物流信息、在线融资、保险、退税等一系列服务。通过汇集中小微企业的需求,获得与外贸企业生态圈中的相关行政机构(如商检、国税、海关、外汇管制部门)及商业机构(如运输、银行、保险、法律机构)谈判的权利。小微企业通过此平台进行进出口交易,可提升效率,节约成本。

2. 在线保理平台

保理是一种新兴的、飞速发展的外贸领域的供应链金融模式,近年我国保理市场规模持续扩张,在国民经济中的地位明显提升,但仍处于起步阶段。宁波市素来外贸业发达,具有发展保理业务的天然优势。宁波大道保理公司依托互联网,为各类资金供应方和有融资需求的中小微企业搭建投融资桥梁,借助云计算技术,在国内首创"云保理"融资模式,应用其自主开发的GTR(Great Tao Rating)信用评估体系,同时联合银行、保险机构共同推出互联网在线金融服务,为宁波市出口企业提供信用评估、信用担保、贸易融资、商账管理等综合性金融服务。

3. 量化交易公司

宁波宽谷奥立安信息科技有限公司是国内领先的金融量化交易服务机构,由中国电信旗下的信投基金发起建立,致力于在量化交易、金融云计算、网络管理及大数据领域开发和推广算法交易引擎,与多家券商、期货公司、银行、电信合作,以"量化金融创客总部、财富管理中心、私募基金孵化平台、宁波量化金融研究院"等作为四大核心平台,着力打造为国内量化金融交易的领军者。

(三) P2P 网贷平台发展迅速

由于宁波市民间资本充裕,小微企业融资需求旺盛,P2P 网贷平台在宁波市发展迅速。截至 2014 年 6 月,宁波市拥有规模以上的 P2P 网贷企业有 14 家,占浙江 P2P 网贷企业数量的 17%,占全国总数的 1.1%,其中 7 家为注册资本 500 万元的,3 家为注册资本 1000 万元的,其余 4 家为 200 万元左右的。与"人人贷"等全国知名 P2P 网贷平台不同,宁波市 P2P 网贷企业规模较小,其主要业务仍是线下业务,处于发展的初级阶段。宁波市 P2P 网贷平台的借款年化利率一般为 20%,个别年利率高达 30%。

在宁波市营业的 P2P 网贷企业,按其注册地及业务覆盖地区可分为两类:一类是外来 P2P 网贷企业在宁波市设立的分公司,如"宜信卓越"宁波分公司;另一类是注册地在宁波市的 P2P 网贷企业,或称宁波市本土 P2P 网贷企业,如"宁创贷"。本土 P2P 网贷企业更注重与甬商商会及宁波市本地企业进行合作,为宁波市企业提供融资支持;而外来 P2P 网贷企业则更倾向于吸收宁波市富余民间资本,这些资金除了用于 P2P 贷款之外,也流向投资基金、保险、资产管理等领域。

宁波市本土 P2P 网贷平台近八成为有担保模式,曾有少数平台推出过无抵押、无担保产品,但总量相对较小。多数平台都采取自身担保模式,与第三方担保机构开展合作较少,不利于风险控制;90% 以上宁波市本土 P2P 平台采用线上线下结合的方式综合评判借款人的信用等级,在大数据技术还不足以完全支持征信要求的今天,这种模式降低了借贷的风险。

(四) 电子商务平台金融化进程加快

宁波市积极鼓励电子商务与跨境贸易、航运物流、大宗商品交易等本地优势产业结合，催生了一批具有核心竞争力的本土电子商务企业。宁波市自 2014 年起大幅增加了对电子商务的财政支持力度，市财政电子商务专项资金从 1000 万元提升到 3 亿元。受中小电商企业融资需求驱动，在相关政策引导下，宁波市多家大型电商平台与银行等金融机构合作，开展线上供应链金融服务。此外，电商平台积极与保险公司合作，向入驻平台的企业开展保险业务。

（五）银行积极开展互联网金融业务

宁波市各商业银行正积极涉足互联网金融领域，并在产品设计、业务开发、平台运营、商业模式等方面进行了一系列探索。宁波市商业银行开展互联网金融业务的途径主要有两种：一是自建平台模式，通过建立网上银行、直销银行、手机银行、微信银行，为客户提供更便捷的多样化服务渠道；二是合作模式，通过与银联、第三方支付公司、公众服务机构、电子商务公司合作，为商户和个人客户提供快捷支付、网关支付、移动支付等多种支付方式选择，或与支付宝公众平台、财经门户、搜索引擎等合作，为客户提供在线投融资产品和金融咨询服务。目前宁波市各银行的互联网化探索已初见成效，但受主客观条件限制，目前仍有些金融机构面临互联网思维不足、客户基础薄弱及互联网金融人才短缺等诸多障碍。

三、宁波市互联网金融支持小微企业融资中存在的主要问题

目前，宁波市互联网金融主要通过 P2P 网络借贷、众筹融资平台、第三方支付平台融资、供应链金融、平台金融等模式为小微企业提供融资，互联网金融是宁波市小微企业融资的重要补充。但由于征信体系不健全、政策扶持不足、P2P 行业不规范等方面的问题，宁波市互联网金融尚未能充分发挥助力小微企业融资的功效。

（一）现有不完善的征信体系是主要阻碍

征信信息的获取是互联网金融目前面临的最大难题，是制约其健康发展的主要障碍。目前互联网金融企业基本都没有接入央行征信系统，无法查询其贷款客户在银行的负债情况，同样商业银行也无法查询客户在互联网金融企业的借贷情况。这直接导致了银行和互联网金融企业在融资对接中的信息不对称，难以有效规避小微企业的重复融资，因此增加了金融

风险。

(二) 政府扶持力度有待加强

宁波市尚未出台针对互联网金融产业的扶持意见,仅有针对部分平台的扶持政策;未设立用于扶持互联网金融行业或企业的专项资金,缺乏专门部门对互联网金融产业发展状况进行调研分析并提出针对性的解决方案;未明确互联网金融专门的监管部门,未出台相关监管意见;未建立针对互联网金融的风险防控、安全保障、应急处置机制,尚未制定相关领域技术规范及标准体系。另外,政策环境欠佳,妨碍了宁波市互联网金融的健康快速发展及其对小微企业的融资支持。

(三) 综合创新能力不足

与北京、上海等地相比,宁波市互联网金融综合创新能力较弱。主要体现在高校、科技型企业数量相对较少,高新产业及创意产业园区数量相对较少,金融、IT 领域的高级人才不足,人才引进机制和服务体系不够完善;提供大数据挖掘、云计算共享、信息安全维护等基础服务的供应商相对缺乏,各类平台的数据挖掘工作尚处于起步阶段,大数据公共平台的建立困难重重,成功率很低。创新能力不足在技术层面制约了宁波市互联网金融对小微企业的融资支持。

(四) P2P 行业亟待规范

目前国内各地的 P2P 行业普遍处于野蛮生长期,企业数量增长较快,但良莠不齐,存在非法套利者。宁波市 P2P 市场也有同样的问题。截至 2014 年 6 月,宁波市已经出现了三家问题 P2P 企业。其主要问题是在经营许可范围之外开展贷款业务,或运营不善等。种种不规范现象阻碍了宁波市 P2P 行业的健康发展,致使宁波市 P2P 尚未充分发挥对小微企业的融资支持作用,需要制定相应政策加以引导和规范。

(五) 缺少互联网金融龙头企业

龙头企业往往是行业游戏规则的制定者和主导者,互联网金融龙头企业能带来巨大的产业集聚效应及辐射效应。宁波市互联网金融目前缺少龙头企业,互联网金融对小微企业的融资支持仍十分有限。宁波市需要加紧培育、引进互联网金融的领军企业。

（六）部分小微企业互联网金融意识淡薄

宁波市有些小微企业经营者还未转变其惯性思维模式，只重视实体市场，尚未意识到抢占网络信息虚拟市场的重要性及互联网金融为传统产业带来的新机遇，这给宁波市互联网金融开展小微企业融资业务造成了障碍。

四、宁波市互联网金融有效支持小微企业融资的对策

（一）完善征信体系建设

如前文所述，征信体系不完善是制约互联网金融健康发展的主要障碍。随着互联网金融快速发展，其风险亦在逐渐累积，互联网金融企业迫切需要加强风险防范与管理。我国应完善传统金融机构与互联网金融企业之间的信用信息对接和交换机制，促进人民银行征信和互联网征信相互补充，推动互联网金融风险管理绩效及金融资源配置效率提升。

宁波市需积极推动互联网金融企业连接人民银行征信系统，支持互联网金融企业充分利用信用信息查询系统，规范信用信息的记录、查询和使用；鼓励信用服务机构面向互联网金融领域，加强信用产品研发和服务创新，探索建立宁波市互联网金融信用信息服务平台，推动信息的交流对接和资源共享；支持"智慧信用宁波系统"与互联网金融企业加强合作，促进各类信用信息之间互通共享。目前，上海已率先建立了网络金融征信系统（NFCS），以实现网贷企业的征信数据共享。宁波市可以效仿上海，建立宁波市互联网金融征信系统。

（二）扶持 P2P 网贷企业规范发展

宁波市应进一步优化 P2P 网贷企业的市场主体结构，重点扶持一批实力强、信誉好、操作规范的 P2P 网贷企业；鼓励成立宁波市 P2P 网贷行业协会，促进行业内的信息沟通，加强行业自律。推动银行、保险公司、小贷公司等机构在风险可控的前提下，积极探索与 P2P 网贷企业的合作，为宁波市广大小微企业提供多元化、多层次的融资渠道；鼓励宁波市有实力的民营企业与大型电商平台或互联网金融企业合作，尝试成立互联网小贷公司、网络票据经纪公司，进一步盘活民间资本，优化金融资源配置，为宁波市小微企业提供融资。

(三) 推动跨境贸易电商向金融化发展

截至 2014 年，宁波市共有 123 家企业试点跨境电子商务，其中跨境贸易电商进口业务已累计货值 2.75 亿元，预计未来交易规模还会迅猛增长。建议宁波市高度重视跨境贸易电商金融化工作，通过政府、园区和企业多方投资、合作共建的方式，依托宁波市电子口岸与国际物流公司拥有海量通关数据的优势，打造宁波市跨境电商服务平台，为供应链上大量的小微企业提供融资服务。一方面支持制造、物流、商贸等传统企业向电商化、金融化发展，探索基于大数据的供应链金融，鼓励大宗商品交易市场、航运、货代公司综合运用信用担保、保理、租赁、行业征信等方式，为宁波市广大小微企业提供多方位的金融服务；另一方面扶持世贸通、塑料网、船货网等专业电商机构拓展金融业务，通过交易环节和平台打造，实现物流、资金流和信息流的相互印证，探索电商支付、结算、小额贷款等金融服务。

(四) 促进商业银行开展互联网金融业务

宁波市要支持宁波市商业银行服务互联网化，利用互联网技术不断拓展业务渠道；鼓励商业银行进行业务模式创新，自建信用卡商城、电商平台、理财产品直销平台，开展 P2P、小额贷款、线上供应链金融等互联网金融业务；支持传统金融机构与互联网企业在业务、资源层面对接，突破时空限制，获取海量用户与数据，创新业务发展模式，实现跨越式发展；鼓励银行与第三方支付平台、电商平台等互联网金融企业合作。

(五) 探索发展互联网股权投融资体系

建议宁波市利用互联网实现天使投资与股权众筹相对接，创业项目与创新资本相对接。一是在股权众筹模式基础上，探索基于互联网的私募股权投融资体系，引入天使投资、私募基金（PE）、风险投资（VC）等股权投资企业，在政府引导下搭建互联网私募股权投融资平台，在《证券法》《公司法》及监管框架内，允许中小企业及创业企业通过互联网平台向公众或特定人群募资；二是探索建立利用互联网的股权与金融资产交易平台，以资本和股权为纽带，充分利用互联网信息能力，构建安全、灵活、多样的资金募集形态，扩大直接融资比重，促成高储蓄率背景下储蓄向投资的转化，形成对资本市场的有益补充。

(六) 优化互联网金融的政策环境

随着互联网金融的产品和服务日益复杂多样,其风险也在累积。宁波市应按照适度监管的原则,确定互联网金融监管细则及监管任务;建立健全互联网金融的准入、自律、退出及风险防范处置机制,防范法律、信用及操作风险;探索建立互联网金融运行统计、风险监测、预警和应急处置机制,及时掌握行业发展动态和相关数据,严厉打击互联网金融领域违法犯罪活动。监管机构对互联网金融创新可采取较为宽容的态度,只要各类互联网金融创新产品未违反现行法律法规,监管部门就不必限制其发展。推动成立宁波市互联网金融协会,实现互联网金融外部监管和行业自律的有机结合。

为了充分发挥互联网金融对小微企业的支持作用,宁波市还需要加大对互联网金融的政策扶持力度。宁波市要支持互联网金融企业向农村地区及小微企业提供支付结算服务、小额信贷等业务,协助其完善硬件设施、实行税收优惠政策、对涉农小额信贷及非营利性 P2P 产品给予贴息等;尽快建立政策性担保机构助力小额信贷机构拓展业务;尽早成立宁波市互联网金融创新服务中心,将其作为促进互联网金融发展、承接政府外延职能的第三方服务平台,为互联网金融发展提供政企对接、产业联合协作的公共服务机构;建立互联网金融企业第三方评估机制,对于创新性强、社会效益显著的公司,可通过开办费补助、创新奖励等方式,扶持其加快发展。

第八节
我国股权众筹发展的现状、问题及改善对策[①]

一、我国股权众筹发展的现状

如前所述,从融资资金的供求关系角度,小微企业可以借助股权众筹

---

① 本节内容根据在 2017 年第 30 期《时代金融》上发表的论文《我国股权众筹发展现状及风险研究》修改而成。论文作者:邱佳砚、贺翔。

融资模式进行融资。股权众筹是指公司向普通投资者出让一部分股权,由投资者出资入股公司获得未来一定的收益。截至 2017 年 6 月,我国众筹平台数量持续下降,比 5 月减少 2 家;众筹项目成功数 6 月环比下降 19.44%,为 29 个;融资额环比下降 26.42%,为 1.42 亿元。股权众筹的各项指标持续下降预示着我国股权众筹发展遇到了一些问题。

二、我国股权众筹发展存在的主要问题

(一) 立法滞后

2015 年 7 月国务院颁布的《关于促进互联网金融健康发展的指导意见》规定,公募股权众筹必须"公开、小额、大众"。同年 8 月中国证监会下发了《关于对通过互联网开展股权融资活动的机构进行专项检查的通知》(下称《通知》),首次规定"股权众筹"即"公募股权众筹",将"私募股权众筹"改为"私募股权融资",并规定了 200 人的投资人数上限。同时,《通知》指出,"未经国务院证券监督管理机构批准,任何单位和个人不得开展股权众筹融资活动"。这意味着从事股权众筹业务必须获得相应的执照。不过,公募股权众筹实施细则还没有制定。当下,我国只有京东众筹、蚂蚁达客和前海众筹等三家机构获得了相应许可。根据《通知》的规定,此前各众筹平台从事的所谓"股权众筹"业务实际上是"私募股权融资"活动,200 人上限的规定大大限制了众筹业务的发展,也给投资者带来了投资风险。

(二) 投资人保护机制欠缺

在实际投资过程中,投资人的利益常常遭受一定的损失。究其原因有二:第一,融资主体和投资人之间存在着严重的信息不对称,融资者对于项目的了解远远大于投资者。融资人可能会隐瞒一些不利于其的信息,给投资人带来损失。另外,由于缺少资金托管机制,融资人拿到资金以后可能会将资金挪为他用,造成道德风险。第二,根据目前的业务规则,如果项目经营失败,众筹平台不承担赔偿或连带责任。众筹平台出于对自身经营效益的考虑往往会尽可能地促成项目达成,这就使得一些投资价值不高的项目出现在投资列表中,而信息不对称加大了投资人选择的难度,从而给投资人带来损失。

（三）退出渠道有限

通常，投资人只能等到融资企业进行新一轮融资、并购重组、回购股份、新三板挂牌、境内外证券市场上市或其他证券融资事项时才能够退出投资。然而，发起股权众筹的企业一般处于初创期，绝大部分初创企业会在五年内倒闭，能成功被并购和上市的企业是极少数，这极大地打击了投资人的投资积极性。

三、促进我国股权众筹发展的对策

（一）尽快出台公募股权众筹实施细则

政府可以参考美国奥巴马总统在 2012 年签署的《创业企业融资法案》，并结合我国实际对相关问题作出规定，特别是在明确股权众筹合法地位、保护投资者利益、规范运作、保护创业企业知识产权、完善项目退出机制、确定合适的盈利机制等方面应做出明确规定。

（二）建立、健全众筹信用体系

股权众筹的"公开、小额、大众"属性决定了投资者群体必然是风险承受能力不强且投资专业能力较为薄弱的大众投资者。股权众筹是互联网金融的产物，信息不对称问题比较突出，加快众筹信用体系建设十分必要。建立、健全众筹信用体系可以从以下方面着手：第一，以央行征信系统为依托，打造一个全方位征信信息共享平台，对众筹项目发起人及项目进行严格审查，最大限度地掌握发起人的所有信息；第二，推动股权众筹行业内部进行自我规范，建立行业内部投诉机制，受理并协调融资者对众筹平台的投诉，并定期公布处理结果；第三，注重对知识产权的保护。初创企业的众筹项目会涉及一些文化创意项目，如果知识产权没有得到很好保护，初创企业就会受到侵权，造成损失。

（三）完善众筹平台监督机制

政府要建立一套包括贷前监管、贷中监管、贷后监管在内的全方位监管机制。贷前要实行各众筹平台登记制度，由证券业协会负责，加强对众筹平台的监管；贷中要引入资金托管机构对众筹平台资金的使用情况进行实时跟踪，避免众筹平台将资金挪为他用；贷后要建立信息披露制度或按照融资额大小设定披露标准,要求项目发起人定时披露信息。

(四) 构建多渠道退出机制

目前我国股权众筹的退出方式主要基于一级市场设计。如果能构建二级市场的转让机制,那么可以增加市场流动性,从而吸引更多的投资者。云众筹在其平台设立的转让市场为股权众筹构建二级市场转让机制提供了一种新思路。

第九节
初创型小微企业的创投类项目私募股权众筹绩效影响因素研究

小微企业中一些企业是初创型小微企业,初创型小微企业融资难是个世界性难题。虽然我国政府为解决初创型小微企业融资难做了很多努力,但是问题依然比较严重。股权众筹模式的出现,极大地拓宽了初创型小微企业融资渠道,有助于解决初创型小微企业融资难问题。股权众筹分为公募股权众筹和私募股权众筹两种类型。2015年7月国务院颁布的《关于促进互联网金融健康发展的指导意见》规定,公募股权众筹必须"公开、小额、大众",随后发布的《关于对通过互联网开展股权融资活动的机构进行专项检查的通知》进一步要求,公募股权众筹的经营机构必须是证监会批准具有相关资质的机构。根据上述要求,目前只有京东众筹、前海众筹以及蚂蚁达客等三家机构有资格从事"公募股权众筹"业务。由于目前国家还未出台公募股权众筹具体实施细则,故这三个众筹平台几乎没有相关业务。与之相比,私募股权的融资规模却在逐渐壮大。根据《中国众筹行业年报》统计,2016年1—6月,私募股权的项目数为7532个,融资规模高达51.9亿元。通过检索文献发现,大多数股权众筹文献主要研究如何保护投资者利益问题,鲜有学者研究创投类项目私募股权众筹的融资绩效。由于京东的私募股权平台——"京东东家"在融资额和融资项目数上均列国内各私募股权平台之首,所以对"京东东家"上的所有创投类项目进行回归分析，以厘清创投类项目私募股权众筹融资绩效的影响因素，更好地促进小微企业尤其是初创型小微企业发展。

一、文献回顾与理论假设

信号传递是指信息优势方通过一定行动向信息劣势方传递相关信号从而降低逆向选择。在股权众筹中，通过项目领投人的信号可以降低投资者对项目不确定性的担心。相较于跟投人，领投人的投资金额更大，且代替跟投人对项目进行尽职调查、信息披露、项目管理及退出方案的设计，因此领投人信号对跟投人决策有重要的影响。此外，项目发起人释放的项目经营信号也会影响投资人决策。而项目估值则直接决定了投资者对项目投资价值的判断。基于此，笔者以领投人投入、项目经营、投资风险和人力资本为信号，以融资完成率为被解释变量，跟投完成率为中介变量，建立了以下模型：

（一）领投人投入信号

Colombo（2013）等通过对权益类众筹平台 Kickstarter 的研究表明早期承诺投入额与项目成败密切相关，众筹平台 Appbacker 的研究数据表明早期投资人的投入对融资是否成功有重要的影响。由于中国目前的股权众筹平台大多采用"领投—跟投"模式，故领投人的投入金额占比对跟投者有显著影响，因此提出假设：

H1：领投人投入占比对跟投完成率有显著正影响。

（二）项目经营信号

创业项目的未来发展业绩是不确定的，投资者往往会以项目说明书和项目发起人的行为为依据来选择投资项目及其金额。本书重点关注 3 个反映项目经营情况的信号，分别为：所成立年限、愿意出让股权份额、前期融资次数。

关于成立年限与跟投完成率。根据企业生命周期理论，成立 3 年以内的企业生存率较低，而随着经营逐渐规范，企业的生存能力会增强。因此提出假设：

H2a：成立年限对跟投完成率有显著正影响。

关于愿意出让股权份额与跟投完成率。项目发起人如果愿意出让较少的股权，从一定程度上说明其对该项目的前景充满信心，同时较多股权的保留又可以激励创业团队的创业热情。Ahlers（2013）等人发现，项目发起人愿意出让的股权份额降低了融资完成率。因此提出假设：

H2b：愿意出让股权份额对跟投完成率有显著负影响。

关于前期融资次数与跟投完成率。外部投资方对项目经营好坏的判断直接决定了对该项目的融资次数。值得一提的是，本书的融资次数不含传统金融机构对项目的贷款，也不含在东家平台上的融资。提出假设：

H2c：前期融资次数对跟投完成率有显著正影响。

（三）投资风险信号

投资人在评估项目投资风险时常常使用项目估值这一指标。奖励型众筹的相关研究发现，估值较小的项目往往更容易融资成功，其中的原因既有估值过高的因素，也有估值高的项目造成的投资风险更大。因此提出假设：

H3：项目投后估值对跟投完成率有显著负影响。

（四）人力资本信号

关于创始人性别与跟投完成率。相关研究表明，创始人的性别对融资的完成没有显著影响。因此提出假设：

H4a：创始人性别对跟投完成率没有显著影响。

关于创始人是否有前期创业经验。提出假设：

H4b：创始人前期创业经验对跟投完成率有显著正影响。

（五）跟投达成率信号

考虑到中小投资者在进行项目评估时缺乏经验和专业性，信息不对称问题也更加突出，因此目前国内的股权众筹平台大多采用"领投＋跟投"模式。相较于传统风险投资（VC）和天使投资，股权众筹的成败更强烈地受到中小投资者的影响，因此设置跟投达成率作为衡量项目成功的中介变量。提出假设：

H5：跟投达成率对最终融资完成率有显著影响。

二、研究设计和实证结果

(一) 变量设计

本节以项目最终融资完成率作为被解释变量,从四个维度来解释私募股权众筹的融资完成率的影响因素,分别是领投人信号、项目经营信号、投资风险信号和人力资本信号。以领投人投入占比、公司愿意出让的股权份额、前期融资次数、公司成立年限、项目估值、创始人性别和创始人的前期创业经验为解释变量,以跟投完成率作为中介变量。详见表8-3。

表8-3 变量设计

变量类别	度量指标	定义
被解释变量	融资完成率	实际融资额和目标融资额比值的自然对数
中介变量	跟投完成率	跟投人实际投资额和跟投人目标融资额比值的自然对数
领投人信号	领投人投入占比	领投人实际投资额和目标融资额比值的自然对数
项目经营信号	愿意出让股权份额	(创始人愿意出让最大股权 + 创始人愿意出让最小股权)/2
	前期融资次数	该项目前期融资次数
	成立年限	截至项目发布公司成立年限
投资风险信号	项目投后估值	投后估值 = 投前估值 + 实际融资额(1 + 服务费率)
人力资本信号	创始人性别	虚拟变量,男性为0,女性为1
	创始人前期创业经验	虚拟变量,前期无创业经验为0,有创业经验为1

(二) 数据收集

本节选取的是京东东家平台上创投类项目的相关数据,总计90个。京东东家自2015年3月上线以来表现明显领先于其他平台,且所有项目均有领投人。由于平台上只披露了融资完成率大于(或等于)100%的项目,因此所选的90个项目均实现了融资目标。

(三) 描述性统计分析

本节用Eviews软件对变量进行了描述性分析,结果见表8-4。

表8-4　　　　　　　　　　　变量描述性统计

	平均值	标准差
融资完成率	0.282	0.347
跟投完成率	0.613	0.683
领投人投入占比	-0.574	0.306
愿意出让股权份额	-2.191	0.423
前期融资次数	0.689	0.816
成立年限	2.559	2.801
项目估值	1.055	1.189
创始人性别	0.122	0.329
是否有前期创业经验	0.522	0.502

（四）相关系数分析

相关系数分析见表8-5。

表8-5　　　　　　　　　　　相关系数分析

	1	2	3	4	5	6	7	8	9
1. 融资完成率	1.000								
2. 跟投完成率	0.896**	1.000							
3. 领投人投入占比	0.129	0.385**	1.000						
4. 愿意出让股权份额	0.048	0.035	-0.090	1.000					
5. 前期融资次数	0.200*	0.271**	0.055	-0.189*	1.000				
6. 成立年限	0.027	0.109	0.130	-0.187*	-0.095	1.000			
7. 项目估值	0.246**	0.266**	0.169	-0.366**	0.443**	0.078	1.000		
8. 创始人性别	-0.049	-0.057	-0.175*	-0.028	-0.108	0.037	-0.042	1.000	
9. 是否有前期创业经验	-0.147	-0.179*	-0.151	0.203*	0.017	-0.320**	-0.107	0.085	1.000

注：** 表示 $p<0.05$，* 表示 $p<0.1$。

（五）多元回归分析

首先分析领投人信号、项目经营信号、投资风险信号和人力资本信号对跟投完成率的影响。详见表 8-6。

表 8-6　　　　　　　　　多元回归分析

假设	自变量	系数	P 值
H1	领投人投入占比	0.764	0.0001
H2a	成立年限	0.016	0.5150
H2b	愿意出让股权份额	0.343	0.0438
H2c	前期融资次数	0.195	0.0318
H3	投后估值	0.095	0.1453
H4a	创始人性别	0.104	0.6044
H4b	创始人前期创业经验	-0.19	0.1721

由此可见：

第一，在1%的置信度下，领投人投入占比对跟投完成率有显著正影响，即领投人投入占比增加1%，则跟投完成率增加0.764%。说明领投人的行为对中小投资者投资行为的影响较大。这个结论与假设一致。

第二，在5%的置信度下，创始人愿意出让的股权份额对跟投完成率有显著正影响。即愿意出让的股权份额增加1%，则跟投完成率增加0.343%。这个结论与之前的假设（H2b）正好相反，究其原因，笔者认为，可能是因为投资者认为，当创始人愿意出让较多股权来融资，说明融资创投项目对企业具有较大的诱惑，能给企业带去丰厚的收益。

第三，在5%的置信度下，前期融资次数对跟投完成率有显著正影响。前期融资次数越多，则说明企业的经营情况得到投资者的认可。这与我们的假设一致。

第四，成立年限、项目投后估值、创始人性别和创始人前期创业经验对跟投完成率没有显著影响。

接下来分析跟投达成率对融资完成率的影响。结果见表 8-7。

表 8-7　　　　　　　　　一元回归分析

假设	自变量	系数	P 值
H5	跟投达成率	18.93	0.0000

结果表明，跟投达成率对融资完成率有显著的正影响，即跟投达成率每增加1%，则融资完成率增加18.93%。

三、结论与启示

通过上述分析发现,项目创始团队是否能找到合适的领投人对最终的融资完成率有重要的作用。我国目前的私募股权融资主要采用领投+跟投模式,这种模式可以减少投资者盲目投机行为,使融资成功后投资者的权益得到更大的保障。实证分析还表明,创始人愿意出让的股权份额越高,则跟投达成率也越高,这个结论与之前假设不同,可能说明股权出让比率与融资成功之间没有必然的关系。另外研究还发现,项目创始人开展股权众筹融资前如果已有前期融资经验,则会在一定程度上提高融资完成率。

笔者通过文献综述和实证分析研究了领投人投入占比、项目经营、投资风险和人力资本对创新企业私募股权众筹绩效的影响。由于此前的研究主要集中在对股权众筹合法性问题的探讨,影响因素分析也大多以奖励型众筹为研究对象,因此本书的研究具有一定的创新性。不过,由于样本选取和研究方法选择的原因,本节分析还有一定的局限,主要表现为以下三点:一是选取了京东东家平台上的90个创投类项目,样本数目较少,且都是融资成功的样本,缺乏样本的多样性,这对研究项目绩效影响因素有一定的局限;二是由于平台信息披露不够详尽,在因素选取方面也是较为粗糙;三是由于样本时间较短,未能包含时间序列。这些都是在未来需要克服的。

第十节
跨层次视角下企业社会资本对企业绩效的影响[①]

通过前面分析可知,为了提高小微企业对支持其技术创新公共服务的满意度,福建省地方政府要努力培育社会资本以促进小微企业集群。社会资本不仅有助于促进小微企业集群,还能够改善小微企业绩效。笔者以浙

---

① 本节内容根据在2018年第5期《中国发展》上发表的论文《跨层次视角下企业社会资本对企业绩效影响研究——以浙江省中小上市公司为例》修改而成。论文作者:康彬、贺翔。

江省中小企业上市公司为例,从跨层次视角分析企业社会资本对企业绩效的影响。

一、问题的提出

自布迪厄(Pierre Bourdieu,1980)提出社会资本理论并对其进行系统分析以来,社会资本理论不断被引入企业发展研究之中,社会资本有助于改善企业绩效的观点得到了广泛认同。为了了解国内学者关于企业社会资本对企业绩效影响的研究现状,在中国知网(www.cnki.net)上以"社会资本企业绩效"作为内容检索条件对论文进行模糊检索,截至2018年9月,只发现12篇相关论文。在这12篇论文中,没有1篇是基于从跨层次视角研究企业社会资本对企业绩效的影响。

随着我国经济进入新常态,多数中小企业因外部环境严峻而绩效不高,发展停滞,甚至一些中小企业因绩效低下而倒闭。作为民营经济大省,浙江省中小企业众多。作为中小企业中的翘楚,中小上市公司撑起了浙江省民营经济的半壁江山。故笔者以浙江省中小上市公司为例,根据社会资本的层次性特征把企业社会资本划分为个体社会资本和集体社会资本,通过两个层面的实证分析,探索不同类型的企业社会资本对企业绩效的影响,以厘清企业社会资本与企业绩效的关系。

二、理论基础与研究假设

(一)企业社会资本与企业绩效

早期研究认为企业社会资本对企业绩效有着显著的提升作用,社会资本嵌入越多,则企业的绩效就会越好。赵瑞等(2012)以上市公司为对象,在研究中发现企业社会资本对公司绩效有着显著的促进作用。随着研究的不断深入,学者们发现社会资本对企业绩效的影响并不都是正向影响,而且不同类型的社会资本对企业绩效的影响程度具有差异。石军伟、付海燕(2010)从企业异质性角度研究了社会资本的嵌入风险,通过构建社会资本整合机制以提升企业绩效。白璇等(2012)通过研究PLS多层建构模型发现社会资本是一把"双刃剑",对企业绩效有正面和负面两个方面的影响。杨震宁等(2013)对创业企业进行研究后发现,当社会网络关系嵌入过度时会导致组织产生创业认知偏差,创业认知偏差会对社会关系嵌入过度和创业资源获取之间产生中介抑制作用。万建香等

（2018）发现不同类型的社会资本对企业绩效的影响各不相同，在体制转型中体制社会资本不利于企业绩效的提升，在结构转型中政企社会资本对传统行业有着抑制作用，对新兴行业有着促进作用。

由于不同类型的社会资本对企业绩效具有不同的影响，故笔者从个体社会资本和集体社会资本两个层面研究企业社会资本与企业绩效之间的关系，由此本节提出如下假设：

H1：企业个体社会资本对企业绩效具有显著的提升作用。

H2：企业集体社会资本对企业绩效具有显著的提升作用。

（二）社会资本的跨层次研究

最初对社会资本的研究主要针对企业家个人，个人拥有个人资源和社会资源，通过网络关系获取所需资源（Lin，1982）。随着研究的不断深入，出现了以群体层次视角的研究，认为社会资本的主体不仅仅是个人，也可以是组织，强调个体在获取资源的同时，致力于社会资本集体性质的讨论（Coleman，1988）。企业作为一个复杂的主体，有着多种类型、多个层面的社会资本，对企业社会资本的研究需要跨越单一层次的概念。Brown（1997）将社会资本划分为微观、中观、宏观三个层次。微观层次的社会资本研究个人如何通过建立社会关系来获得所需资源。中观层次的社会资本探讨社会结构问题，包括个人因其在社会结构中所处特定位置而对资源的可获得性。社会资本的宏观分析关注的是在一群人中——包括团体、组织、社会或国家——相互信任、自我组织并表现公民行为的情况。随着社会资本层次划分的提出，学者们展开了对社会资本理论的跨层次研究。Alder 和 Know（2002）采用两分类法，将微观和中观层次的社会资本称为内部社会资本，将宏观社会资本称为外部社会资本。罗家德（2005）根据以两分类法为基础，提出个体社会资本与集体社会资本两个层次，认为个体层次社会资本是个体在组织中可以有效利用的人际关系以及占据的网络位置，集体社会资本是组织在社会网络中所拥有的资源，通过网络关系的运作，使整个组织受益的网络形态。

近年还有另外一些学者对社会资本的多层次性进行了研究。赵晶等（2014）以国美电器和雷士照明为例，分析了个体社会资本和组织社会资本对企业实际控制权的影响，提出了个人社会资本与组织社会资本契合度的概念，认为个人与组织社会资本的契合度会影响实际控制权的稳定性，为社会资本理论的跨层次契合的进一步讨论提供了重要的理论支撑。庄玉梅等（2015）研究了组织社会资本在单一层次和跨层次的应用，构建了跨层次前因与效果的理论构架，明确了组织社会资本的多层次本质及其所包含的微观与宏观的关联关系。吴宝（2017）以特殊主义的关系运作和社会声望的资格承认两种假说为基础，验证了个体社会资本和集体社会资本对企业融资网络的影响。郑方（2017）根据个体与组织契合理论、新创企业社会资本、社会资本理论和激励理论的交叉整合，提出了社会资本跨层次契合的概念，并对这一概念进行了演绎式理论建构。可见，社会资本理论的跨层次研究逐渐成为研究的主体，通过分析不同层次的社会资本，使笔者更加了解社会资本的内核，为更好地利用社会资本提供了理论和实践的依据。

从文献分析中可以看出，个体社会资本与集体社会资本具有较强的相关性。因此，笔者认为个体社会资本对集体社会资本与企业绩效的关系存在调节效应。企业家个人能力越强越能给企业带来更为稳定优质的资源，并形成企业层面社会资本，获取更高的市场社会资本，提高企业的结构位置，进而提升企业绩效。企业的金融关系主要依托于企业的发展能力，企业有较好的发展前景，与金融机构的关联性就会有所增强。由此，本节提出如下假设：

H3：企业家个人能力越强，企业市场资本对企业绩效的提升作用越大。

H4：企业家个人能力越强，企业网络位置对企业绩效的提升作用越大。

我国经济结构转型的推进需要企业家个人能力的提升，特殊主义的关系运作起到的作用较为有限，企业家社会关系在企业中的作用会有所降低。企业家社会声望与个人能力具有一定的关联性，社会声望的提升可能会提高企业的网络位置，而市场资本主要依靠企业内部资源以及企业家个人能力，企业家社会声望对市场资本的影响较为有限。由此，本节提出如下假设：

H5：企业家社会声望越高，企业网络位置对企业绩效的提升作用越大。

根据以上理论分析和研究假设，本节构建出理论模型（见图8-3）。

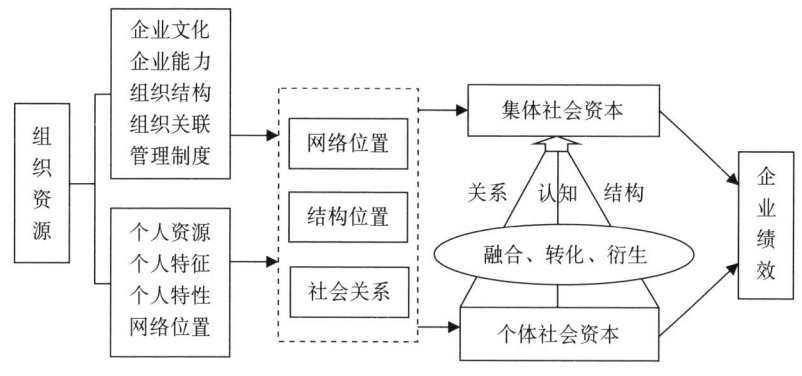

图8-3 社会资本跨层次研究模型

三、研究设计

(一) 样本与数据来源

本书选取的样本数据为浙江省中小上市制造业(根据2012版证监会上市公司行业分类指引选取)2012—2017年6年的年报数据,剔除ST公司以及2013年之后上市的公司共92家,有效样本量为552家。选择制造业作为研究样本,主要是因为制造业上市公司数量较多、数据较为成熟可信,同时也可以控制行业因素。相关数据的收集主要来自国泰安和Wind数据库,关于企业家特征的数据主要依靠深交所提供的中小板企业年报和巨潮资讯网获取。

(二) 变量设计

1. 被解释变量

在以往的研究中,对公司绩效的衡量主要有净资产收益率(ROE)、息税前利润(EBIT)、资产净利率(ROA)、销售净利率(ROS)等指标。资产净利率(ROA)具有较强的综合性,可以说明企业对总资产的使用效率。为了检验企业社会资本两个层面对公司绩效的影响,本书选取了资产净利率(ROA)指标来衡量公司绩效。

2. 解释变量

社会资本的测量问题一直没有一个统一标准,本书从社会资本的两个层面出发,将企业社会资本划分为个体社会资本(ISC)和集体社会资本(CSC)。

（1）个体社会资本。个体社会资本以个体为中心，本书通过社会关系、社会声望和个人特征测量个体社会资本。社会关系（GX）变量为企业家在其他企业中任职的企业个数，当企业家任职个数大于样本平均值时记为1，否则记为0。社会声望变量从企业家是否担任过人大代表或政协委员、是否获得过各级政府颁发的社会荣誉、是否担任协会领导职务、是否有体制内职业背景四个方面进行0—1编码测量，编码完成后，进行因子分析，提取出一个因子，作为社会声望（SW）因子。企业家的个人特质影响着其所处的初始位置，初始位置越好，越可能更好地获取社会资本，个人特征（TZ）变量以企业家学历和学科类型进行测度，企业家学历可以体现出校友关系及个人的知识水平，企业家学历以高中及以下、大专、本科、硕士、博士分别编码1、2、3、4、5，学科为经管类或具有高级经济师职称记为1，否则为0，将学历和学科相加记为个人特征。

（2）集体社会资本。集体社会资本以组织为中心，本书通过市场社会资本、网络位置与金融关系三个方面测度。市场社会资本（SC）体现企业经营能力，以应收账款周转率、应付账款周转率、前五大客户销售占比等三个方面体现，通过因子分析提取出一个因子，作为企业市场社会资本变量。结构位置越高，获取资源的能力会随之增强，本书以关联企业所处不同行业个数、企业规模、上市时间等三方面计量，关联企业所处不同行业个数可以体现企业获取异质性资源的能力；企业规模主要考察企业的地位，规模越大在经济体系中的影响越大；上市时间用于测度企业社会交往的历史。计数后与各自平均值比较，当关联企业所处不同行业个数、企业规模、上市时间大于样本平均值时记为1，否则记为0，编码完成后对其进行因子分析，提取一个因子，作为网络位置（WZ）变量。金融关系（JR）变量为上市企业前十大股东中是否有银行参股进行0—1编码，有银行参股记为1，否则记为0。

（3）控制变量。在控制变量的选取上，主要考虑组织冗余（RY）、资产负债率（FZ）两个方面。由于组织冗余和资产负债率都会对企业绩效产生一定影响，将两个变量作为控制变量进入回归方程，保证回归模型的准确性。组织冗余以企业自有现金流量0—1标准化得出，主要反映企业的内部资源；资产负债率为年末总负债除以年末总资产，主要反映企业的债务状况。

表8-8为所有变量的描述性统计结果，其中社会声望、市场资本、

网络位置均为提取因子后的值。

表 8-8　　　　　　　　主要变量描述性统计　　　　有效样本 = 552

		极小值	极大值	均值	标准差
个人社会资本	个人特征	1	6	3.514	1.149
	社会关系	0	1	0.409	0.492
	社会声望	-2.260	1.057	0	1
集体社会资本	市场资本	-1.352	8.966	0	1
	金融关系	0	1	0.533	0.499
	网络位置	-2.129	2.748	0	1
控制变量	冗余资源	0.010	1	0.594	0.598
	负债率	0.031	0.791	0.346	0.156

（三）分析方法

本节采用多元回归的方法构建模型，模型如下：

为了验证假设 1，运行 OLS 回归模型：

$$ROA = \beta_0 + \beta_1 GX + \beta_2 SW + \beta_3 TZ + \beta_4 SC + \beta_5 JR + \beta_6 WZ + \beta_7 RY + \beta_8 FZ + \varepsilon$$

为了验证假设 2，增加交互项 $TZ * SC$：

$$ROA = \beta_0 + \beta_1 GX + \beta_2 SW + \beta_3 TZ + \beta_4 SC + \beta_5 JR + \beta_6 WZ + \beta_7 RY + \beta_8 FZ + \beta_9 TZ * SC + \varepsilon;$$

为了验证假设 3，增加交互项 $TZ * WZ$：

$$ROA = \beta_0 + \beta_1 GX + \beta_2 SW + \beta_3 TZ + \beta_4 SC + \beta_5 JR + \beta_6 WZ + \beta_7 RY + \beta_8 FZ + \beta_9 TZ * WZ + \varepsilon;$$

为了验证假设 4，增加交互项 $SW * GX$：

$$ROA = \beta_0 + \beta_1 GX + \beta_2 SW + \beta_3 TZ + \beta_4 SC + \beta_5 JR + \beta_6 WZ + \beta_7 RY + \beta_8 FZ + \beta_9 SW * GX + \varepsilon$$

四、实证分析

（一）变量相关性分析

表 8-9 为主要变量之间的相关性分析，检验结果显示，企业个体社会资本和集体社会资本的多数变量与企业绩效存在较强的相关性，且相关

系数为正，存在着显著的正向影响。Thomas 和 Williams 提出，当变量之间相关系数小于 0.65，认为变量之间的相关度较低，不会存在共线性问题。从表 8-9 可以看出，网络位置和负债率两个变量相关性最高，但绝对值仅为 0.309，远小于 0.65，故共线性问题不存在，回归结果可靠。

表 8-9　主要变量的相关性检验　有效样本 = 552

	个人特征	社会关系	社会声望	市场资本	金融关系	网络位置	冗余资源	负债率
个人特征	1							
社会关系	0.153**	1						
社会声望	0.188**	0.159**	1					
市场资本	-0.023	0.019	0.029	1				
金融关系	-0.026	0.049	-0.034	-0.038	1			
网络位置	0.245**	0.134**	0.138**	0.010	0.197**	1		
冗余资源	0.052	0.011	-0.041	-0.013	-0.066	-0.055	1	
负债率	0.121**	0.026	0.053	-0.087*	-0.025	0.309**	0.083	1
ROA	0.117**	0.168**	0.013*	0.120**	0.215**	0.085*	0.103*	-0.354**

注：** 表示在 0.01 水平（双侧）上显著相关；* 表示在 0.05 水平（双侧）上显著相关。

（二）多元线性回归结果

在企业社会资本与企业绩效的线性回归中，首先将解释变量和控制变量进入模型，得到个体社会资本和集体社会资本各指标的回归系数和显著性水平。之后验证个体社会资本与集体社会资本的交互项，为避免加入交互项后带来多重共线性问题，对个人特征、社会声望、市场资本三个变量分别做中心化处理，再计算其交互项。在结果分析中调节效应不需要主效应显著，只需考虑交互项对被解释变量的回归系数是否显著即可，交互项系数显著则表示具有调节效应。为确保模型的稳定可靠，使用方差膨胀因子（VIF）指数对回归模型的多重共线性检验，回归模型中膨胀系数（VIF）都在 1—1.5，可判定解释变量之间不存在多重共线性问题，回归（表 8-10）结果稳定可靠。

由回归结果可知，企业个体社会资本中个人特征、社会关系对企业绩效在 1% 的显著水平上正向影响，企业家的个人特征和社会关系对企业绩效的提升有促进作用；社会声望对企业绩效回归结果不显著，假设 1 部分

表 8-10　　企业绩效回归模型分析结果

	模型 1		模型 2		模型 3		模型 4	
	β	t	β	t	β	t	β	t
个人特征	0.005	2.930**	0.006	3.353**	0.006	3.139**	0.006	3.010**
社会关系	0.015	3.514**	0.016	3.759**	0.014	3.393**	0.014	3.369**
社会声望	-0.001	-0.445	-0.001	-0.337	-0.001	-0.240	-0.001	-0.291
市场资本	0.005	2.487*	0.013	4.594**	0.005	2.645**	0.007	3.239**
金融关系	0.021	4.904**	0.020	4.914**	0.021	4.996**	0.020	4.732**
网络位置	0.008	3.377**	0.008	3.620**	-0.008	-1.336	0.008	3.646**
冗余资源	0.139	4.034**	0.143	4.216**	0.131	3.819**	0.146	4.243**
资产负债率	-0.146	-10.504**	-0.144	-10.478**	-0.146	-10.553**	-0.148	-10.662**
个人特征 * 市场资本			0.014	4.026**				
个人特征 * 网络位置					0.005	2.727**		
社会声望 * 网络位置							0.006	2.210*
R^2	0.261		0.282		0.271		0.267	
调整 R^2	0.250		0.270		0.259		0.255	
F 值	23.931**		23.669**		22.351**		21.967**	
样本数	552		552		552		552	

注：** 表示在 0.01 水平（双侧）上显著相关；* 表示在 0.05 水平（双侧）上显著相关。

成立。浙江省位于东部沿海地区，经济发展水平较高，对于中小企业的各项政策相与中西部地区相比更为完善，执行也较为公平公正。企业家依托社会声望获取企业发展的机会较小，更为依靠企业家的个人能力促进企业绩效的提升，所以社会声望对企业绩效并没有显著的作用，而且其回归系数为负，说明企业家社会声望如果嵌入过度时，可能会适得其反，不利于企业绩效的提升。

企业集体社会资本中市场资本、金融关系、网络位置均在 1% 的水平上对企业绩效有着显著的正向影响，与预期相符，假设 2 成立。市场社会资本体现着企业在市场中与供应商、经销商、大客户的关系，结果说明市场社会资本越丰富，越有利于企业绩效的提升；资金是企业持续发展的源泉，与银行寻求合作关系会提升企业绩效；结构位置越高，企业获取资源的能力也会提升，尤其是异质性资源的获取，有利于企业的发展，提升企业绩效。

模型2、模型3、模型4是为了验证个体社会资本对集体社会资本的调节效应。模型2增加了个人特征与市场资本的交互项，回归结果显示交互项的回归系数在1%的水平上显著为正，说明在个人特征的调节效应下，企业市场资本对企业绩效的影响有显著的提升作用（见图8-4）。由图8-4可以看出在高个人特征的情况下，市场社会资本对企业绩效的线条斜率更为陡直，说明在个人特征的调节作用下，企业市场社会资本对绩效的影响显著提升，与预期相符，假设3成立。

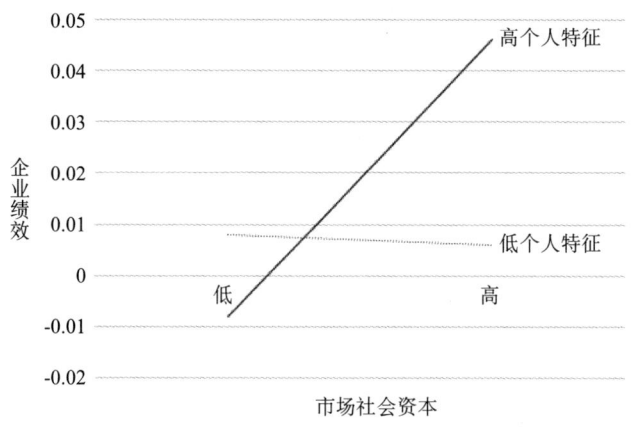

图8-4　个人特征对市场资本与绩效的调节效应

模型3增加了个人特征与网络位置的交互项，交互项回归系数在1%的水平上显著为正，说明在个人特征的调节效应下，企业网络位置对企业绩效的提升效果显著增强（见图8-5）。由图8-5可以看出在高个人特征的情况下，企业网络位置对企业绩效的提升作用显著增强，在高个人特征的调节效应下，企业网络位置对企业绩效的线条走势更为陡直，即在个人特征的调节作用下，企业网络位置对企业绩效的提升作用显著增强，与预期相符，假设4成立。

由以上分析可以看出，在经济转型时期，企业家的个人能力对企业的发展有着深远的影响。一方面，为了适应我国经济结构转型的需要，企业高层做出决策以适应发展形势，一旦企业发展方向有所偏差，可能给企业

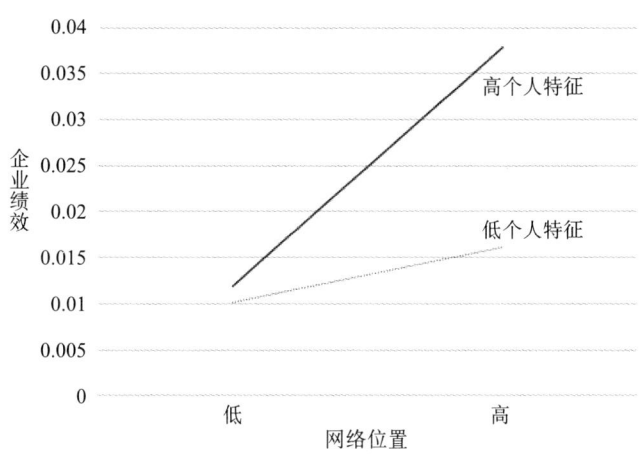

图 8-5 个人特征对网络位置与绩效的调节效应

带来致命打击。另一方面,企业家个人能力的提升,有助于企业市场运作以及企业网络位置的优势,扩展企业集体社会资本,提升企业绩效。因此,个体社会资本对集体社会资本与企业绩效的关系有部分调节效应。

模型4增加了社会声望与网络位置的交互项,交互项回归系数在5%的水平上显著为正,说明在企业家社会声望的调节作用下,企业网络位置对企业绩效的提升效果显著增强。企业家社会声望有利于增强企业网络位置的优势,提高企业绩效(见图8-6)。由图8-6可以看出高社会声望的线走势比低社会声望更为陡直,即在社会声望的调节作用下,网络位置对企业绩效的影响显著提升,与预期相符,假设5成立。这表明企业家社会声望在企业之间有影响,对企业网络位置有提升作用。浙江省以中小企业为主,提倡中小企业之间的联合,形成了较多的产业集群。集群内多为民营企业,企业的网络位置一定程度上依赖于企业家的社会声望,社会声望对企业网络位置的提升具有促进作用。

综合以上分析,企业个体社会资本中个人特征、社会关系对企业绩效有显著的提升作用,社会声望不能直接提升企业绩效;企业集体社会资本中市场资本、金融关系、网络位置都对企业绩效有显著的提升作用。个人特征对网络位置、市场资本与企业绩效具有正向的调节效应,社会声望对企业网络位置与绩效的关系中具有正向的调节效应。

(三)稳健性检验

为了保证实证结果的可靠性,用解释变量中社会关系、个人特征、社

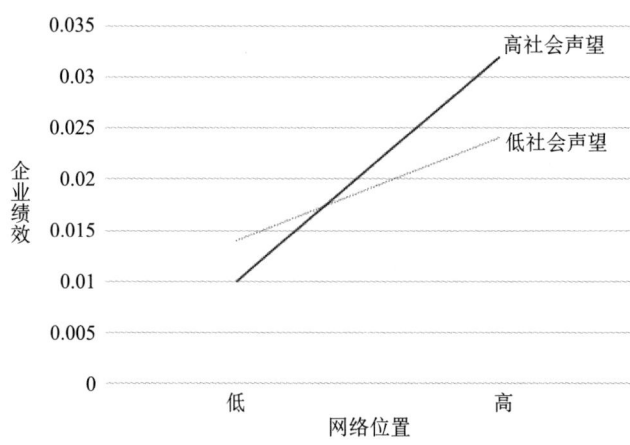

图 8-6 社会声望对网络位置与绩效的调节效应

会声望三变量的平方项替代原变量,企业绩效采用净资产利润率(ROE)替代总资产报酬率(ROA),回归结果没有发生显著变化,与原结论基本一致。参考孙俊华等的方法,为了避免董事长的更换造成自变量发生大的变动,剔除董事长任职两年以下的样本后回归结果无显著变化。

五、结论与启示

本书以 2012—2017 年间的浙江省中小上市制造业为研究样本,在理论分析的基础上,构建了社会资本跨层次分析模型,并提出相应假设,通过对样本的研究,实证检验了企业个体社会资本和集体社会资本对企业绩效的影响,以及个体社会资本对集体社会资本与企业绩效关系中的调节作用。研究结果发现,企业社会资本有助于提升企业绩效,同时个体社会资本中企业家个人特征对企业市场资本、网络位置和企业绩效的关系具有正向的调节效应,个体社会资本中企业家社会声望对企业网络位置与企业绩效关系具有正向的调节效应。

在理论层面,本书的研究拓展了社会资本的跨层次研究,为企业整合个体社会资本和集体社会资本提供理论支持。个体社会资本和集体社会资本的转化受到跨层次因素的影响,本书通过个体社会资本对集体社会资本的调节效应为社会资本的跨层次契合进行初步探析,以个体和集体两个层面测量企业社会资本,丰富了社会资本的测量方法。在样本选择上,笔者只选择了民营企业较多的浙江省,后续对社会资本的跨层次研究可以选取不同地区的企业进行比较分析。

在实践层面,由于我国经济结构转型的不断推进,部分中小企业的发展遭遇瓶颈。中小企业想要更好地利用社会资本获取资源,需要将个体社会资本向企业层面转化、融合,实现个体社会资本与集体社会资本的契合,提高企业的综合竞争力,进而提升企业价值。浙江省中小企业占比很高,中小企业的稳定发展是浙江省地区经济发展的基础。为此,更需要对中小企业进行引导,培养企业家个人能力,使企业更为有效地利用社会资本获取各项资源,以促进企业的发展。

第十一节
德国应用科学大学办学的成功经验对我国独立学院转型发展的启示[①]

德国应用科学大学的办学具有鲜明特色,其办学成绩举世公认。包括福建省独立学院在内的我国独立学院在转型发展中应该借鉴德国应用科学大学办学的成功经验。故笔者在本节中着重论述德国应用科学大学办学的成功经验及我国独立学院转型发展的启示。

我国独立学院经过十几年的发展,在扩大高等教育办学规模、丰富高校办学模式等方面硕果累累。但依然存在办学定位不清、师资队伍薄弱、发展后劲不足等诸多问题,需要进一步厘清办学思路,明确办学方向。2014年2月26日,国务院常务会议明确提出"引导一批普通本科高校向应用技术型高校转型,大力推动专业设置与产业需求、课程内容与职业标准、教学过程与生产过程'三对接'"。这为我国独立学院下一步的发展指明了方向,而学习借鉴德国应用科学大学(Fachhochschule,以下简称FH)的办学经验对实现我国独立学院成功转型为有中国特色的应用技术型高校具有现实的积极意义。

---

① 本节内容根据在2016年第1期《宁波大学学报(教育科学版)》上发表的论文《德国应用科学大学办学特点对我国独立学院转型的启示》修改而成。论文作者:贺翔、徐军伟。

一、我国独立学院发展现状

独立学院是我国 20 世纪 90 年代末经济社会面临转型、高等教育推进大众化的大背景下兴起并逐渐发展起来的,在 2008 年达到 322 所。2008 年 4 月,为规范独立学院的办学行为,教育部颁布《独立学院设置与管理办法》(以下简称《办法》),这标志着我国独立学院开始走上了转型发展之路,由此全国独立学院群体开始分化。

自《办法》颁布实施至今,我国独立学院办学转型大致可分三个走向:一是办学条件合格,办学资产清晰的"民有民办"类型的独立学院纷纷转设为普通民办本科高校,目前,全国有 30 多所学校已经转设成功;二是因办学条件不足,办学行为不规范的被停办或合并;三是通过充实办学条件、规范办学行为,继续按现有体制办学。全国大部分的独立学院都选择了第三个走向。与此同时,这类独立学院也面临着现实的抉择,是长期依附母体高校办学,还是在合适之时真正独立办学,是一个大家都在考量的现实问题。

独立学院是我国高等教育大众化的产物,其快速发展为我国高等教育办学规模的有效扩张作出了贡献,但自身也面临着办学条件不足、办学体制不顺、办学质量不高等现实问题。当前,我国高等教育的重心已由"规模扩张"向"内涵提升"转变,高考生源的逐年下降,正在倒逼独立学院必须加快推进内涵建设,才能实现可持续发展。如何利用自身体制机制优势,找准自身办学定位,借鉴世界高等教育发展过程中的先进经验,实现科学转型发展是摆在独立学院面前现实而又紧迫的问题。

二、FH 的办学模式与成功经验

FH 创建 40 余年来,不断致力于应用型人才的培养,不但成为德国高等教育最重要的办学特色,还成为德国培养工程师的摇篮和技术创新的源泉,为德国经济社会发展作出了重要贡献。

(一)FH 产生的背景

20 世纪 60 年代末 70 年代初,德国经济进入一个高速发展期,随着德国工业化进程的加速和产业的不断升级,对劳动者的素质提出了更高的要求,社会迫切需要能将科学理论知识应用于生产实践解决实际问题的高级应用型人才。同时这一时期正是德国二战后新出生人口处于高等教育的适龄阶段，而德国传统的学术大学不能满足人口高峰带来的入学需求；另外这一时期德国社会政治民主化进程加速，人们日益认识到教育是公民的权利，纷纷要求取消教育领域中的特权和不平等，实现教育的机会平等。1968年10月31日，联邦德国各州州长签订《联邦德国各州统一专科学校的规定》，规定在1969—1971年，将原工程师学校、中等专科学校、经济高级专科学校等中等职业学校进行合并改制，升格为高等教育机构——FH，致力于高级应用型人才的培养，由此，在德国传统的高等教育框架内一种新型的高等教育类型——FH应运而生，德国高等教育领域单一的学术型人才培养模式也因此被打破。

（二）FH的办学模式分析

1. 培养目标

FH的培养目标是根据社会经济发展及企业的实际需要而确定，主要培养能具备一定的科学理论知识，掌握各种专门职业技术的高级应用型、工程师类人才。FH一般要求学生达到以下三方面目标：能借助科学方法，解决来自生产和生活实际中的具体问题；能完成新的科研与技术开发项目；在应用理论、科研方法的技术性生产中引进、优化和监控新方法、新工艺的使用。

2. 入学资格

FH的学生主要有两大来源，一类是以就业为导向的专业高级中学（Fachoberschule）或高级专业学校（Hoehere Fachschule），这类学生接受了12年的中小学教育，并有两年的职业教育经历且参加过一定的社会实践活动，具备FH的入学资格；另一类是以升学为导向文理中学（Gymnasium）或专业文理中学（Fachgymnasium），这类学生只接受了13年的中小学教育，无职业教育经历，必须经过入学前的3个月及以上的专业实习实践或职业培训才具备FH的入学资格。

3. 专业设置

FH的专业设置遵循实用性和地方性这两原则，注重结合德国的传统工业和优势产业并将FH所在地的经济社会发展紧密相连，主要集中在工程、经济、社会事业等三大传统领域，比较有名的专业有汽车制造、车辆工程、机械制造、电气工程、建筑工程、经济工程等。近年来，FH的专业还逐步向新兴学科、自然科学的应用专业以及管理类、信息技术类等专业拓展，同时出现了大量的跨学科、复合型专业，如幼儿和家庭教育学、技术化学、药剂学化学、经济数学等。

4. 教学安排

FH 的学制一般为四年八个学期，其在教学方面的显著特点是突出实践，主要表现在以下三个方面：一是在四年的教学环节安排了两个与企业紧密相连的实习期，第一个实习期一般安排学生进行本专业基础工程和工厂一线的组织和管理实习，第二个实习一般安排学生在第七或第八学期到相关企业从事本专业技术人员的工作；二是实践教学比重大，主要包括实验教学、项目教学、毕业设计等，企业积极地参与、教师认真地指导以及严格的考核制度是 FH 实践教学保证质量的法宝；三是教学内容以实践为导向，FH 不强调学科知识的系统性和抽象性，关注的是科学知识和方法如何运用于实际生产和其他领域，偏重于那些与实践密切相关的专业知识。

5. 师资队伍

FH 的师资主要由教授、教学专业人员和兼职教授组成，其中 FH 对教授的聘任条件颇具特色，充分体现 FH 的办学理念。综合来看，FH 对教授主要有三方面的要求：一是在学术方面一般要获得博士学位，是某一学科的专家，具有从事某种科学的特殊能力；二是教学方面一般要求有教学经验或通过高等学校教授资格考试（Habilitation）；三是实践方面在科学知识和方法的应用或开发方面具有至少五年的职业实践经验，其中至少三年是在高校以外的领域，并取得过特殊的成绩。

（三）FH 的主要办学经验

1. 通过教育立法确保健康发展

德国的高等教育历来有着崇尚学术的传统，但 FH 自建立 40 多年以来却取得了令人瞩目的成就，为德国的经济社会发展培养了大批的高级应用型人才，这首先得益于德国政府在政策和法律上的全面支持和保障。1976 年，联邦德国颁布的《高等教育总法》规定"德国应用科学大学的文凭与综合大学文凭具有同等效力"，1985 年修订的《高等教育总法》规定"不同的高校形式作为不同类型的高校体系中等值的要素而相互存在"，进一步明确 FH 的法律地位，即它与综合大学及其同类高校是"类型不同，无等级之分"。1998 年修订的《高等教育总法》则规定 FH 实行"学分制"，获得授予"学士（Bachelor）"和"硕士（Master）"学位文凭的资格。此外，FH 的重要地位、办学宗旨、发展方向等都得到各州政府和企业的认可，《21 世纪德国高等学校服务法》《职业培训条例》《劳动促进法》《教育法》《面向 21 世纪德国高等教育改革和发展规划》等相关法律法规则从不同层面、不同角度加强对 FH 办学的扶持力度。德国完备的法律法规体系以及企业、社会的鼎力支持，促使 FH 快速发展，并最终与传统老牌大学一起成为德国高等教育的两大支柱。

2. 围绕培养目标强化顶层设计

FH 在"各种专门职业技术的高级应用型、工程师类人才"这一人才培养目标的指导下，形成了一整套行之有效、颇具特色的制度规章体系。如"3+1"学制，即如前所述学生在八个学期中有六个学期在校学习专业理论知识，另有两个学期穿插在四年学习中安排岗位实习和技术实践，充分体现 FH"应用型"的办学特点；又如校企合作有《职业教育法》和《教育法》等法律法规的保障，合作企业视 FH 的人才培养为己任，积极与 FH 合作共建实验室和实习实训基地，安排企业教师帮助 FH 严格把控教学实践环节，有效提高学生运用理论知识解决实际问题的能力；再如以"能力本位"的课程目标，较好地体现出了宽基础的课程结构、应用性的课程内容、灵活性的课程编排、双元性的课程实施、开放性的课程管理、实效性的课程评价等，很好地促进了人才培养目标的实现。

3. 实施学校企业"双元制"培养模式

德国职业教育中"双元制"模式世界闻名。所谓"双元"就是要求受教育者既要经过所在学校系统的专业理论和文化知识学习，又要到相关企业进行职业技能方面的专业培训。这种由学校和企业两者紧密合作、共同培养人才的"双元制"办学制度还受德国相关法律法规的保护和规范。德国"双元制"的运作因有法可依、有章可循且能充分调动学校、企业、社会三方的积极性，取得较好培养效果。FH 因其强调教学与生产的结合，形成了独特的学校和企业共同培养的"双元制"人才培养模式。在这一模式下，FH 以学生未来就业岗位的获取为导向组织实用型知识的传授，企事业单位则以其未来员工培养为目标安排相关岗位技能的培训，使得学生有序穿梭于学校与企业之间，理论知识和工作实践得以有机融合，既提高了学习效率,又获得了就业技能,由此确保 FH 人才培养目标的实现。

三、FH 对我国独立学院转型发展的启示

(一)明确独立学院办学定位

德国的高等教育体系主要分为以下三种类型:综合性大学及其同等级的高校,如科技高校、科技大学、高等师范学校和高等神学学校,定位于培养学术性人才;FH 定位于培养高层次应用型人才;职业学院,定位于培养实践型/技能型人才。同时德国通过立法对不同类型的高校做出明确的办学定位,各高校再根据自身的办学定位组织教学与科研,由此不同类型、不同层次的高校实现其特定的功能,形成了德国高等教育"百花齐放、共同繁荣"的局面。从 FH 产生背景分析可知,当前德国高等教育体系并不是传统一成不变的高教结构,而是随着科技进步、社会发展而逐步调整完善,尤其是 FH 的产生、发展及目前所处的重要地位,体现出了较强的时代特征,满足了德国经济社会对不同层次、不同类型人才的需求。德国这种分类清晰、定位合理的高等教育体系值得我们借鉴。

根据国家教育发展研究中心对我国高等学校的分类,当前主要有以下四种类型:研究型大学,特征是学科综合性强,具有博士学位授予权,培养研究型、学术型人才;教学研究型大学,以培养本科生、硕士生为主;教学型本科院校,以培养本科生为主;高等专科学校和高等职业学校,培养三年制的高职高专类人才。我国目前虽有明确的高等学校分类,但尚无建立类型清晰的高校评价体系,使得考生及家长对各类型高校产生等级观念,人人向往到研究型高校就读,而非研究型的高校则无暇顾及本类型学生能力的培养及自身的办学特色培育,造成国内普通本科院校层次"拉升战"、高职高专本科"升格战",最终导致学术型人才过剩,"招工难"与"就业难"的矛盾凸显。

德国高等教育的分类与办学定位的经验启示我们必须根据科技进步与时代发展来优化当前的高等教育结构,及时出台稳定和繁荣各类型高校的政府导向性政策。独立学院是我国高等教育大众化的产物,其学生规模几乎占我国在读本科生的五分之一,其产生原因、规模等都与 FH 有一定的相似性,参考借鉴 FH 的办学经验,就需要我们进一步厘清独立学院的办学定位。独立学院要明确以培养高层次高素质的应用型人才为培养目标;

立足教学型、应用技术型本科的办学类型层次定位；明确以服务地方（区域）经济社会发展为定位；选择应用性较强且适合社会实际需求的专业来重点发展。只有明确独立学院的办学定位，才能形成办学特色，创立办学品牌。

（二）强化办学内涵特色建设

德国通过立法来明确FH是一种应用科学学校的高等教育类型，其内涵和本质是高等工程、技术教育，培养高等应用型人才，其基本任务是对学生进行理论与实际紧密相连的教育，要求学生掌握科学知识和方法、具有技术应用能力和创造能力。围绕培养高级应用型人才这一特定的办学定位，FH形成了自身特有的人才培养体系和制度，包括培养目标、入学资格、师资要求、学制学年、专业课程设置、教学安排、学生评价等。通过这些制度性的安排，FH逐步形成了与综合性大学完全不同的办学特色，实现培养的人才与行业、企业较好地对接，推动区域经济社会的发展。这使得FH在德国获得巨大成功，并在整个德国高等教育中占据重要地位，深受社会欢迎。

目前，独立学院已经成为我国高等教育的一支重要力量，但由于长期依附于母体高校发展，存在专业应用性不强、办学特色不明的现实短板。以浙江省独立学院为例，全省22所独立学院目前共开设专业总数达662个，其中文科类专业占21.5%，社科类专业占32.9%，理工类专业占45.6%，应用型专业占比不高。独立学院与母体高校专业又高度一致，缺乏特色，662个专业中，仅有47个专业是独立学院自己独立举办的，22所独立学院中有8所全部复制母体高校办学专业。独立学院由于办学经费不足、师资队伍较弱，较难走出一条有特色的办学道路，尤其是在近几年我国高考生源持续下降的大背景下，更显示出独立学院办学特色缺乏、社会吸引力不够、发展后劲不足的现实窘境。

FH的办学历程和发展经验启示我国独立学院在明确办学定位的前提下要注重自身的办学内涵特色建设，走高等学校差异化办学的特色发展之路。借鉴FH的成功做法，在独立学院学生入学资格上可以尝试建立以普通中学毕业生为主，同时招收一定比例的职业高中、中等专业学校、技工学校等优秀毕业生的多元化招生体系；在专业设置上要摒弃一味地照搬照抄母校高校，要根据自身特点和区域经济社会发展对人才的现实需求进一步调整专业设置与培养方式,增加与地方产业、行业、企业的黏合度;在教学安排上要突出实践性,深化实践教学体系改革,加强校内外实习实践基地建设,积极探索校、政、企产学研合作与联合人才培养的新机制、新模式;在师资队伍建设上要着力建设一支高水平有职业实践经验的"双师型"教师队伍。

(三) 完善高等职业教育体系

德国高等教育不但分类清晰,定位准确,而且各类型的高等教育机构还能相互沟通,协调发展。德国中等教育阶段的考生无论是以升学导向的高级文理中学还是以就业导向的职业类高中都可以有选择地就读德国各类型的高校;职业学院与 FH 之间,FH 与综合性大学及其同等级的高校之间有相应的选拔性考试,打通了不同本层次、不同类型高校之间的晋升通道,较好地体现"以生为本"、满足学生成长成才的多样化需求。德国已经较好地打破了传统的双轨制,实现了职业教育与普通高等教育的沟通,建立了比较典型的开放式高等教育结构体系。

在我国的升学体系中,普通高级中学学生可报考任一类型的高校,职业类中学学生只能报考高职高专类学校,普通本科类高校与研究型高校在本科期间几乎没有相关机制可以互通,高职高专类学校与普通本科类高校(除独立学院外)仅有"专升本"的晋升渠道,由于"专升本"名额非常有限,对于一般的高职高专学生而言到更高层次的本科院校深造遥不可及。可以说,我国当前的高等职业教育与普通高等教育之间是基本处于两条线,属于相对封闭的办学模式。

德国的经验启示我们开放式、能沟通的高等教育模式有利于不同类型高校的互动与均衡发展,有利于不同类型人才的全面和多样化培养。随着科技进步和时代发展,高等职业教育与普通高等教育有机融合是世界高等教育发展的一大趋势,我们可以尝试以部分优秀独立学院为试点,建立独立学院面向职业类高中的自主招生机制,进一步推动我国独立学院的转型发展。高职高专类学生的加入,将推动独立学院深刻思考自身的转型变革及如何办好"应用技术本科"类大学这一命题,推动独立学院应用型人才培养的能力建设,从根本上提升独立学院的综合办学实力。通过这一方式,在高等职业教育与普通高等教育之间搭建更为顺畅的"立交桥",有利于不同类型学校之间实现互联互通,完善各类人才培养方案。

第十二节
"双创"时代独立学院商科人才培养模式的构建[①]

如上节所述,独立学院要向应用技术型高校转型,使其能够更好地为小微企业发展提供技术创新支持和人才支持。在当前大众创业万众创新(双创)的背景下,建立一个满足时代要求的应用型人才培养模式以提高学生的创业能力和创新能力是独立学院急需解决的问题。

一、引言

国外学者对创业创新人才培养模式的研究起步较早,各国也摸索出了一些行之有效的方法。美国大学创业教育可分为五种模式:一是创业中心模式。高校建立创业中心,各部门和部分之间合作,在整个学校开展创业教育。二是企业家生态系统模式。它将那些具有创业创新能力且对之感兴趣的学生聚集在一起建立一个小型生态系统,并以各种形式进行创业教育。三是外部模式。学校各部门相互合作,通过外联方式吸引外部各种资源。四是综合模式。它整合了创业教育课程、创业中心活动、体验式学习等,并关注所有类型的创业教育实践。五是全球模式。创业教育通过国际合作进行。在课程内容的设计方面,美国大学创业创新教育以通才的方式整合了各学科的知识和技能。美国创业教育侧重于初创企业在早期企业经营周期中面临的挑战,课程话题更多偏向风险投资规划、商业规划、技术和创新等主题。学生不仅可以通过参加各种创业教育计划获得创业知识和技能,还可以获得广泛的课外创业教育机会。其中最受美国学生欢迎的课外创业教育机会有:商业计划竞赛(business plan competitions)、创业俱乐部(entrepreneurship clubs)、知名企业家讲座(distinguished speaker series)、电梯演讲比赛(elevator pitch competitions)。

[①] 本节内容根据在2021年第1期《宁波大学学报(教育科学版)》上发表的论文《"双创"时代独立学院商科人才培养模式研究》修改而成。论文作者:商子楠、贺翔。

欧盟将大学教育和培训视为培养新一代青年的创新和创业技能、提高欧盟经济活力和提高欧洲竞争力的重要手段。1970年，科隆大学在德国建立了第一个企业创新教育研究的教学课程，逐步将创业创新教育与专业教育相结合。德国大学将创业创新教育作为普通教育的一部分，涵盖了广泛的学科领域，确保创业者拥有广泛的知识和卓越的技能。在英国，许多大学开设了创业和创新教育的通识课，旨在教授创业背后的科学道理，培养大学生的创新思维、创新习惯和创业爱好。因此，学生的综合素质和综合实践能力得到了有效提高，其竞争力也得到了提升。英国大学强调对创业者心智的培养，在培养学生创业思维和技能的同时，比较注重培养学生的对自我控制管理能力，以及提升学生面对挫折、摆脱困境的能力，鼓励学生成为一个心智成熟的人。欧盟于2012年出版的《欧盟大学创业教育白皮书》从创业核心竞争力、创业精神、个人就业能力、创业教育与社会和经济的关系等四个方面全面衡量和评估了大学创业教育，研究结果表明创业教育对青年人的创业思维方式、创业趋势和就业能力，甚至是对社会经济生活都有积极的影响。

国内学者主要从构建创业创新教育体系和学生素质等两个方面研究创业创新人才培养模式。吴海波（2009）构建了高校创业创新教育166体系，即一个"全面培养创业创新人才"的战略目标，创业指导课程、专业课程教学载体、创业孵化基地、创业创新社会实践体系、创业创新文化、创业创新思想教育等六大创新创业教育途径，做好队伍建设、加强管理服务、加强条件建设、形成评价机制、聘请创业导师、开展创业研究等六项保障机制。

丁喜旺（2018）使用K-means聚类算法对相关高校学生进行了量化分析，得到了某高校368名毕业生关于创业思维各项要素的聚类分布情况，为创业教育个性化教学方式提供了良好的数据支撑。唐清平（2017）认为，高校在全面完成专业教学目标的同时要注重增加实践课程，加强创业教育和专业教育的进一步融合。一是要建立理念培养、知识培养和实践能力的多重教学目标，构建专业+创业的课程体系，将创业创新理论渗透到日常专业课程中；二是引入企业人才，引导学生了解创业实践的内容；三是积极探索搭建导师+创业教练的授课方式，提高和锻炼大学生的创业创新能力。段婧婧（2016）以淮安电子商务学院创业方向班为例，剖析了其应用型人才培养模式，认为高校应该注重培养学生的创新精神、创新意识、创新思维和创新能力。李欣（2017）以华南理工大学创业创新教育学院为例，分析了双创班教学方式，剖析了营销模块、运营模块、财务模块、信息技术模块、战略模块、领导力和人力资源模块、创业模块等七大教学模块。

虽然国内外学者对创业创新人才培养模式进行了一些探索，但是目前学者对独立学院的创业型和创新型人才培养模式缺乏研究。本节对独立学院在商科方面创业创新人才培养的一些做法进行分析、总结，探索独立学院商科人才培养模式，以有效培养创业型和创新型人才。

二、"双创"时代独立学院传统商科人才培养模式的缺陷

（一）重就业提升，轻创业创新体系建设

独立学院对创业创新的认识存在一定误区，认为创业创新教育的主要目的就是帮助学生找到工作，教会学生如何创办企业，以提高就业率。独立学院对学生创业创新能力的培养没有很好地融入整个教学体系，创业创新教育相对孤立和分散。通常，独立学院商科各个专业培养方案中的创业创新相关课程缺乏系统性，没有将学生创业创新能力的培养有效地融入自己的专业教学体系中。独立学院缺乏科学、系统的创业和创新教育体系的现状不符合当下人才发展的目标和要求。

（二）重单一标准化教学，轻跨专业灵活学习

传统的课堂教学体现专业性，强调内容一致性和规范化。尽管独立学院大部分商科课程中有很多案例分析的学习，但是这些案例是针对具体、单一课程的知识，很少具有跨专业或者跨学科的综合案例，不能系统性地把跨专业或者学科的知识有机组合，这无疑会阻碍学生的跨专业解决问题的能力。创业者所具备的知识体系应是跨专业和跨学科的，标准化教学可能会妨碍学生的创新思维。企业的业务操作不一定局限在一门课程的知识内容中，往往是跨专业和跨学科的交叉，需要多个部门的协调配合才能完整实施。对于那些毕业后想创业的学生而言，如果能在大学阶段打好相关基础，那么会增加其创业的成功概率。

（三）重知识逻辑推理教学，轻情商培育、团队沟通和思维能力培养

独立学院传统商科教学中往往强调培养学生的知识学习和逻辑思维能力，不重视学生的情商培育和沟通谈判、团队合作能力培养。情景仿真教

学是一种模拟商业环境下的教学模式,学生能够通过这样的模拟环境下提高其沟通、谈判、团队合作能力以及改善其情商。笔者通过研究欧美、日本等发达国家的人才培养标准,并实地走访宁波地区200多家企业后发现一个重要的人才成长规律:情商和团队合作能力强的毕业生在步入职场后更容易成为具有竞争力、创造力和领导力的卓越人才,更容易干出一番事业,获得成功,而那些单打独斗很难融入工作团队的毕业生往往怀才不遇,最后一事无成。

(四) 重课堂案例学习,轻亲身体会创业创新的体验

当前独立学院的商科教学比较侧重传统的案例式教学方法,强调让学生在课堂上学习成功的经验或者失败的教训。这样的案例教学对于MBA学员而言可能会起到画龙点睛的作用,但是对于没有任何工作经验的本科生而言则很难起到相应的作用,当学生处在真实的商业环境中可能无法做出正确判断,所以传统的商科案例教学难以培养学生的商场实战技能。

三、"双创"时代独立学院商科人才培养模式的探索

为了改善独立学院商科人才培养模式的不足,本节建立了阶梯型的商科人才培养模型(如图8-7所示)。

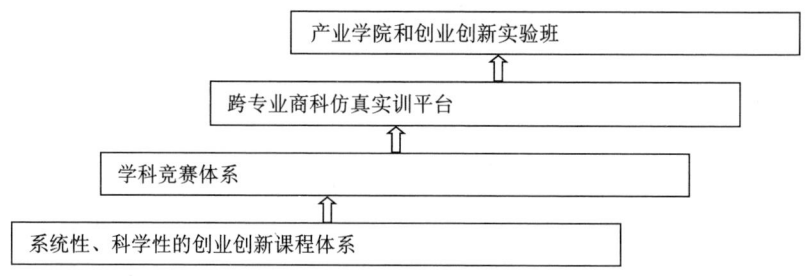

图8-7 阶梯型商科人才培养模型

(一) 构建系统、科学的创业创新课程体系和培养双师型教师,实现创业创新与素质教育相融合

独立学院应构建创业创新课程教育体系,将创业创新的课程纳入基础平台课、模块课和拓展课,重视跨学科课程的设计。建立系统、科学的创业创新课程有助于对于培养独立学院商科学生的创业创新能力。学生的创

新创业能力不是一蹴而就,也不是只靠实践就能够形成的。任何实践都需要有理论指导,学生在经过系统和科学的创新创业理论学习的基础上去进行创新创业实践,能够有效提高创业成功率,实现素质教育和创业创新相融合。

独立学院建立系统、科学的创业创新课程的步骤如下:首先,开设出创业创新的基础平台课程,普及相关创业理念和激发创业思维。其次,通过设立创业创新模块课程,让具有相关基础的学生进一步掌握创业技能,提升其创业创新素质。最后,形成一系列以各自专业为主的创业创新实践课程,引导学生建立明确的创业目标和创业计划。具体设计如图8-8所示。

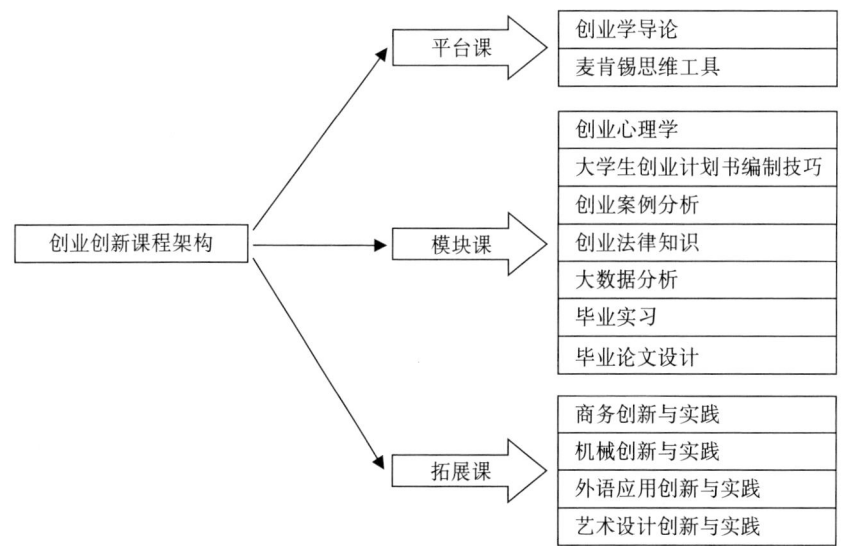

图8-8 创业创新课程体系

此外,独立学院还要开设跨学科专业选修课,将创业创新意识作为当代大学生必备的基本素质纳入素质教育范围,以便让学生了解创业创新活动的基本规律、掌握进行创业创新实践的基本方法。另外,"双师"型教师对于完成创新创业课程教学是至关重要的。这些创新创业课程虽然包含基础理论知识,但是包含更多的是实践知识。传统的研究型教师如果没有相关实践经验,那么他在课堂上就难以深入浅出地讲授相关知识点,从而造成教学效果不好。因此,独立学院要加强"双师"型教师队伍建设,实施"校企互通、专兼结合",鼓励教师进企业,并努力构建创业创新的校园文化。

浙江省的一些独立学院在这方面做得比较好。例如，温州大学瓯江学院鼓励师生同研共创，通过系统的课程体系并结合双师型教师队伍建设，构建了创客培养的新模式。近年来，温州大学瓯江学院自主创业率达6%左右，不仅名列全省前茅，在全国也是处于领先水平。宁波大学科学技术学院的人才培养方案中增加了跨专业、跨学科的通识课程，这些课程涵盖商科课程以外的不同领域，比如法律、计算机、生物等领域。这些不同领域的通识课程能够让学生具备更全面的创业创新知识，对于激发并培养学生的创业创新意识具有较大的意义。此外，该学院的二级学院——法商学院每年分批派遣教师到企业去工作和学习，目前法商学院有85%的教师属于"双师"型教师。

（二）建立"以赛促学"的学科竞赛体系，实现创新创业与学科竞赛的融合

创业创新是学科竞赛的延续和发展，学科竞赛内容通常与实际问题结合较紧密，能够带给学生十足的体验感，符合现代大学生的学习心理。学生在竞赛参与过程中不仅需要夯实所学专业基础知识，还需要站在全局高度思考所学专业知识，从而有助于提升学生灵活应用知识的能力。此外，学生在竞赛中根据竞赛评委的建议优化竞赛项目，提高了其日后择机实施的成功率。所以，独立学院不仅要每年组织师生积极参与ERP沙盘模拟大赛、金融投资模拟交易大赛、物流设计大赛、市场营销大赛、"挑战杯"、电子商务设计等众多学科竞赛，通过以竞赛促进学习，转变教师教学风格，还要引导教师在课堂教学中积极进行教学改革，引入情景仿真、情境模拟训练等教学方法，不断探索与创业创新相匹配的教学方式。

（三）构建跨专业商科仿真实训平台，实现创业创新与实践平台融合

独立学院要建立跨专业商科综合仿真实训平台，对所有商科的毕业班学生展开跨专业的模拟仿真商科实训。跨专业商科综合仿真实训平台是一个纯虚拟的商业社会环境，主要是将真实的商业环境要素导入该平台。首先，它创造出以制造企业为核心的相关虚拟组织环境，比如采购、银行、税务、物流等模拟组织。其次，根据不同企业的岗位设置要求，学生通过角色扮演分别组建不同虚拟公司进入虚拟的组织环境。再次，学生根据企业的真实运作模式来运营虚拟的公司，不同公司在虚拟的组织环境里进行

竞争。最后，该仿真实训平台在学生运营虚拟公司后会导出一系列的仿真数据，以反映虚拟企业的财务状况和经营成果。

跨专业商科综合仿真实训平台侧重商科各专业的实践融合，有利于加强学生对未来工作岗位的认识。目前，大部分高校实验课程主要以单一的专业课程实验为主，没有把上下游岗位与岗位群串联起来，学生学习没有形成全方位、系统性、立体化的知识应用和能力训练。重视商科中各专业的融合、对现代企业经营进行全方位模拟的实训教学，可以培养学生在复杂商业环境中从事经营管理所需的综合执行能力、综合决策能力和创新创业能力，提高学生的创业创新能力。

兰州财经大学陇桥学院是甘肃省的一所独立学院，自2014年起投入几百万元建立了商科仿真综合实训平台，面积达到1200平方米，计算机终端286台、商务洽谈室1个、相关平台软件1套，可以容纳260名同学同时实训。该商科仿真综合实训平台成功运营后，下属经管学院的2013级和2014级学生共计3000余人参与了商科综合实训。这种跨专业、跨领域学习和创新实践活动从课内、课外延伸到了社会，使学生、企业、社会等各方受益，也显著改善了独立学院的人才培养效果。

（四）设立产业学院并建立创业创新实验班，实现创业创新教育与专业教育相融合

产业学院和创业创新实验班的设立是学生突破仿真平台参与创业创新教育的重大转折点。产业学院是一种产教融合的深层次产物，让企业成为高等院校的合伙人。由于独立学院属于民办性质的高校，在办学机制上比较灵活，可以充分利用市场机制探索符合自身发展的模式。企业对人才的需求驱使其愿意与高校合作。在这样的背景下，产业学院的设立让教育和产业实现了有机对接。企业向产业学院输入资金和产业创新要素，解决了独立学院办学经费不足的问题，产业学院向企业提供了符合企业要求的、具有创新创业能力的人才，最终实现了双赢。

另外，独立学院要在产业学院里建立创业创新实验班，实验班以项目实践为核心，通过项目实践检验学生的课程学习效果，保障学生创业创新能力的形成，有助于独立学院的创业创新人才培养质量。独立学院可以面向大二以上的学生设立创业创新班，采取分层次的立体设置以满足不同层次学生的需求。第一个层次是初级的，以参与到学长们的项目的形式进行，让低年级学生了解创业知识，对商业活动有初步认知。第二个层次是创业精英教育，专为立志于创业的学生而开发。创业创新班以项目为驱动力，以项目合伙人或者独立的创业者为目标，在专业里嵌入不同专业领域的创业创新拓展课程。这些课程一般都具有 18 个以上学分，把创业创新教育融入专业课程体系。学生对该专业课程体系的学习随着项目推进逐步完成，这有助于学生在实战环节学到符合创业项目标准的课程，并巩固和加强学生对创业创新理论的掌握，让学生体验到成功的喜悦和失败的痛苦。创业创新实战训练结束后，创业创新团队成员需要从产品研发、运营、财务以及风险控制等方面撰写项目报告，通过由企业指导教师和专业老师组成的专业答辩才能够获得学分。独立学院通过设立创业创新实验班，让学生在项目中担当重要角色，能够促使学生在创业过程中找到自身的不足和差距，培养学生综合创业创新的能力。

第十三节
养老金最优投资组合战略配置研究[①]

近年来，中国正快速进入老龄化社会。据《2016 年社会服务发展统计公报》显示，2016 年底中国 65 岁以上老龄人口已达 15003 万，占总人口 10.8%。联合国在《2010 年世界人口展望》中预计，2020 年中国将全面进入老龄时代。随着老龄人口比重的增加，人口红利的逐渐消失，养老问题日益凸显。最直观的表现为基本养老金实际替代率由 2001 年的 73.2% 持续下降至 2014 年的 43.1%。养老金替代率的下降表明职工退休后的生活水平与在职时的差距不断拉大。造成这一结果的原因是多方面的。首先，养老金的支付缺口在迅速扩大。中国目前实行的是"统账结合"的基本养老保险管理制度，即统筹账户和个人账户相结合的方式，前者实行现收现付制，后者实行完全积累制，而近年随着老龄人口比重的

---

① 本节内容根据在 2018 年第 1 期《中国发展》上发表的论文《中国养老金最优投资组合战略配置研究》修改而成。论文作者：邱佳砚、唐果。

增加，统筹账户不能完全满足养老金支付的需要，导致个人账户空账严重。中国社会科学院世界社保中心发布的《中国养老金发展报告 2016》指出，2015 年底城镇职工基本养老保险个人账户空账达到 47144 亿元，而当年的累计结余额只有 35345 亿元。这说明城镇职工基本养老保险的资产与负债缺口在不断增大，累计结余可能会被耗尽。其次，中国目前实行的养老金地方各级政府分散管理制度也是造成替代率不断下降的原因之一。由于各级地方政府缺少对于养老金的专业管理能力，基本养老金往往被投资于存款类资产，导致其实际收益率低于同期通货膨胀率，造成资产不断贬值。虽然 2015 年 8 月印发的《基本养老保险基金投资管理办法》（以下简称《办法》）明确了养老基金中央集中运营、市场化投资的政策导向，但由于各方集团利益不均衡，导致这一政策迟迟没有得到落实。

造成替代率低的另一个不容忽视的原因是养老金投资收益率低。长期以来中国养老金投资渠道主要限于银行存款和购买国债。据统计，截至 2015 年末，养老金投资收益率仅为 2.1%，低于当年通胀水平。无论与国内社保基金还是与其他国家养老金平均收益率相比，中国养老金的投资收益率都处于较低水平。因此养老金的保值增值是我们目前迫切需要解决的问题，否则不仅会影响我国社会保障水平，还会影响小微企业的发展。

一、研究设计与数据分析

（一）变量设计

选取上证综指、上海银行间同业拆借指数、中债 3—5 年国债指数、中债高信用债券[①]指数和基础设施投资收益率的 2007—2016 年的历史数据作为定量分析的基础。之所以选择这 5 种资产 10 年的数据，一是因为养老金资产投资期限长，在积累的过程中容易受到通货膨胀的影响，而养老金作为人们的"保命钱"对安全性的要求较高，为了保证养老金的给付与经济增长相适应，因此在资产的选择上既要有风险较低的国债和高信用等级的企业债，也要适当配置高风险高收益的股票证券；二是因为 2007—2016 年既能体现目前经济的发展，时间上又涵盖了资本市场牛熊市的变化过程，能体现经济周期对投资策略的影响；三是因为《办法》中提到"允许养老金投资不高于 20% 的资产和重大项目和重点企业股权

---

① 主体评级在 AA 级及以上的中央企业债、地方企业债、公司债、中期票据和短期融资券。

上",因此在实证分析中加入了不高于20%的基础实施投资资产。由于国内目前还没有建立基础设施建设指数,故选择高速公路投资、铁路投资、机场建设投资、电力投资和港口投资等大型基础设施项目投资公司的收益率进行替代。由于主要考察养老金直接投资基础设施项目获得的收益,因此选择了历年的净资产收益率而不是公司股票收益率作为收益率指标。相关数据根据各上市公司的年报数据整理而成,具体见表8-11。

表8-11　　　　　基础设施建设净资产收益率　　　　　单位:%

	公司名称	2007年	2008年	2009年	2010年	2011年	2012年	2013年	2014年	2015年	2016年
公路桥梁	宁沪高速	10.40	9.81	12.29	14.48	13.61	12.67	14.15	12.89	12.28	15.68
	皖通高速	11.31	14.38	13.09	14.17	14.25	11.88	12.47	11.74	11.93	11.11
	山东高速	14.66	14.44	11.54	12.71	14.81	11.60	12.57	12.71	12.50	12.91
	深高速	9.69	7.05	7.12	8.86	9.80	7.31	7.38	20.09	12.85	9.34
铁路	中国中车	37.15	13.57	10.04	13.83	18.49	14.50	11.95	13.79	17.20	11.20
	铁龙物流	16.69	12.78	13.44	16.07	14.65	11.91	10.02	7.57	5.89	4.89
机场	南方航空	16.50	-50.22	4.12	31.28	17.25	8.11	5.67	5.09	10.34	12.31
	上海机场	15.62	7.23	5.64	9.75	10.20	10.15	11.44	11.84	13.05	13.17
	中国国航	12.67	-35.84	23.02	37.23	16.92	10.17	6.34	6.97	11.87	10.59
	白云机场	7.40	8.52	9.04	9.22	10.39	10.69	11.97	13.41	13.88	13.71
电力	国电电力	14.16	1.30	10.68	11.87	13.99	16.29	17.21	14.21	8.95	9.23
	长江电力	15.31	9.97	9.29	12.85	11.46	14.47	11.85	14.40	12.98	18.93
	国投电力	16.48	2.99	7.96	5.48	2.56	8.87	21.50	26.92	21.84	14.17
	广州发展	13.08	4.24	8.31	8.26	4.19	7.95	7.85	8.97	9.09	4.51
港口	宁波港	14.66	13.58	12.84	11.79	10.31	10.27	10.17	9.47	8.12	6.89
	天津港	13.22	13.70	6.88	8.00	8.67	8.72	8.67	8.77	8.73	8.47
平均收益率		14.94	2.97	10.33	14.12	11.97	10.97	11.33	12.43	11.97	11.07
标准差		6.49	18.62	4.36	8.42	4.44	2.58	4.04	5.30	3.78	3.84

(二) 各资产收益率的描述性统计分析

各资产投资收益率原始数据见表8-12,其中上证综指来自东方财富网数据平台,SHIBOR来自www.shibor.gov.cn,3—5年国债和高信用债券收益率来自中债内部数据,基础设施收益率来自上市公司年报。具体见表8-13、表8-14。

表 8-12　　　2007—2016 年不同资产的收益与风险比较　　　单位:%

年份	上证综指	Shihor o/n	3—5 年国债	高信用债券	基础设施
2007	96.65928	2.080182509	3.430435341	4.689417671	14.9375
2008	-65.3941	2.336555104	3.502584462	5.099211554	2.96875
2009	79.98254	1.014932897	2.409308	4.0106676	10.33125
2010	-14.3131	1.61229101	2.7333452	4.0957652	14.115625
2011	-21.65	3.300840952	3.4783036	5.3906572	11.971875
2012	3.119361	2.864206641	3.003078715	5.030238153	10.9725
2013	-6.73408	3.268853139	3.6047196	5.4950752	11.325625
2014	52.86912	2.79376208	3.8986512	5.9301312	12.4275
2015	9.413605	2.074830853	3.11022008	4.7594	11.96875
2016	-12.3062	2.058720173	2.598636653	3.889862151	11.069375
均值	12.16464	2.340517536	3.176928285	4.839042593	11.208875
标准差	49.77806	0.727933655	0.485356221	0.682944273	4.663230744

表 8-13　　　　　　不同资产的协方差矩阵

	上证综指	Shihor o/n	3—5 年国债	高信用债券	基础设施
上证综指	0.223007	-0.00121	-0.00017	-0.00034	0.008427
Shihor o/n	-0.00121	4.77E-05	2.38E-05	3.7E-05	-7.8E-06
3—5 年国债	-0.00017	2.38E-05	2.12E-05	2.77E-05	-1.1E-05
高信用债券	-0.00034	3.7E-05	2.77E-05	4.2E-05	-2.3E-05
基础设施	0.008427	-7.8E-06	-1.1E-05	-2.3E-05	0.000938

表 8-14　　　　　　不同资产的相关系数

	上证综指	Shihor o/n	3—5 年国债	高信用债券	基础设施
上证综指	1	-0.37099	-0.07883	-0.11191	0.582807
Shihor o/n	-0.37099	1	0.747413	0.826803	-0.03709
3—5 年国债	-0.07883	0.747413	1	0.927751	-0.07968
高信用债券	-0.11191	0.826803	0.927751	1	-0.115
基础设施	0.582807	-0.03709	-0.07968	-0.115	1

通过计算均值方差得到以下结论。

第一，股票的平均收益率和波动幅度最大。笔者选取了上证综指，以该指数收盘价的增长率（上年为基准）为指数收益率，从结果可以看出，

2007 年到 2016 年上证综指收益率最高达到了 96.66%，而最低为 -65.39%，均值 12.16%，收益率标准差为 49.78% 高于其他资产，可见股票具有高收益、高风险的特征。从长期来看，股票资产的适当配置可以提高养老金投资收益率。

第二，Shibor 隔夜拆借利率作为货币市场基准利率具有收益低、风险低、流动性好的特点，可以满足养老金随时支取的需求，但是过多的配置会降低投资收益率，更别说抵御通货膨胀！

第三，中债 3—5 年国债和中债高信用等级债券涵盖了从国家到 AA 级（含）以上企业所发行的债券。3—5 年国债收益率均值为 3.18%，标准差 0.49%，高信用等级债券收益率均值为 4.84，标准差 0.68%。由此可见，债券投资虽然平均收益率不如股票，但是收益率稳定性非常好，适合构建稳健性投资组合。

第四，2007—2016 年基础设施项目投资收益率均值 11.21%，与同期上证综指相近，标准差仅为 4.66%，远低于同期上证综指标的 49.78%。基础设施项目配置于养老金资产其具有以下优势：一是能够产生长期、稳定、安全的现金流；二是基础设施产品和服务的使用费往往与居民消费价格正相关，因此能一定程度上抵御通货膨胀；三是与其他资产相关性低从而起到分散风险的作用；四是满足条件的项目可享受一定的政府补贴。

第五，从各资产的相关系数矩阵和协方差矩阵看，上证综指与 3—5 年的国债、高信用级别债券和隔夜拆借利率的相关性很低，分别为 -0.07883 和 -0.37099，这说明可通过资产的配置实现资产内部风险的化解。与基础设施建设的相关系数为 0.582807，对比上证综指与基础设施建设历年收益率，可以发现，在股市的四次下跌中（分别为 2008、2010、2011、2016），基础设施项目投资收益率均为正值，可见，基础设施投资不论从投资期限、收益率回报还是分散市场风险而言都是养老金不错的投资选择。

二、实证结果

运用 Excel 规划求解计算在不同目标收益率下养老基金投资组合中各类资产的最优配置。根据《办法》规定的各类资产配置的上下限，在规划求解中令股票上限为 30% 货币资产下限为 5%，基础设施投资上限为 20%，通过非线性求解得到结论。具体见表 8 - 15。

表 8-15　不同目标收益率下养老金投资组合的最优配置比例

目标收益率	上证综指比例	Shihor o/n 比例	3—5 年国债比例	高信用债券比例	基础设施投资比例	最小标准差
5%	0	5%	19.4528%	65.9831%	20%	0.586585%
6%	0.1627%	5%	0	74.8373%	20%	0.787125%
7%	13.8134%	5%	0	61.1866%	20%	6.852826%
8%	27.4642%	5%	0	47.5358%	20%	13.29231%
9% 及以上	——	——	——	——	——	——

结果显示，目标收益 9% 及以上在约束条件下无法得到有用的解。在目标收益率 5%—8% 可得到有效解。值得注意的是，货币资产和基础设施投资分别处于《办法》要求的下限 5% 及上限 20%。这意味着基础设施的投入可以在一定程度上增加投资组合收益率同时降低投资组合的风险，而货币资产的添加无法起到分散风险的作用。另外，随着股票的添加，投资组合的风险逐渐增大，当目标收益率从 7% 增加到 8%，最优资产配置中股票的比例从 13.81% 增加了近一倍，达到 27.46%，此时风险也几乎增大了一倍。另外需要指出的是，目标收益率为 6%—8% 时，最优资产配置中 3—5 年国债都是 0，而高信用债券的比例从 74.84% 降至 47.54%。从相关系数表可以看出，3—5 年国债与高信用债券的正相关程度很高，达到 0.927751，这意味着两者在资产配置中的效果非常接近。而从表 8-12 中可以看出，高信用级别债券的收益率均值比 3—5 年国债收益率均值高了 1.662 个百分点，标准差仅高 0.198 个百分点。可见，在最优资产配置中，高信用等级债券似乎优于 3—5 年国债，这就解释了随目标收益率的增加 3—5 年国债的资产配置为 0 的实证结果。

三、结论与启示

根据实证结果可以得到以下结论：

（1）使用 2007—2016 年的数据，通过 Excel 规划求解分析了在不同目标收益率下最优的资产组合配置，实证结果在不同的数据样本下可能会得到不同的结论，因此在实际投资中应根据金融市场的发展和运行状况以及养老金投资管理能力对最优配置做出不断地调整。

（2）对于债券投资而言，通常选取国债和高信用等级企业债作为投资标的。一般认为，国债信用度高、流动性强，是较为理想的投资工具。在实证过程中却发现，高信用等级企业债在提高投资组合收益、分散组合风险方面效果更好。因此，随债券市场的不断完善和发展，在控制风险的基础上可适当增加企业债在养老金投资中的比例。

（3）股票历来具有"高风险、高收益"的特征，实证结果很好地印证了这一点。大量的国外实证研究结果表明，股票的风险与持有期呈负相关，因此发达资本市场国家的养老金投资中包含相当比例的股票资产。考虑到中国目前资本市场还不太成熟，上市公司的平均生命周期较短，《办法》中规定的30%上限是较为合理的。

（4）基础设施项目投资在中国尚属投资需求大、投资周期长、资金回报率高、投资波动性小、抗通货膨胀效果好的新型投资方式，是养老金投资非常理想的投资对象。笔者选取了公路桥梁、机场、铁路、港口和电力等五个行业的16家企业，通过对年报公布的净资产投资收益率的数据进行分析发现，其10年的收益率均值为11.2089%，仅低于同期股票收益率不到1个百分点；基础设施标准差为4.663%，低于股票标准差45.11个百分点。可见，在股票市场还不成熟的今天，养老金直接投资基础设施不失为一种更明智的选择。但是考虑到直接投资基础设施建设的管理成本和对养老金投资主体运营能力的要求，现阶段仍应以金融机构或金融产品的渠道（如信托）投资基础设施项目，待市场更加成熟再采取直接投资的方式，投资比例也不应高于30%。

综上，鉴于养老金投资应遵循"长期性、安全性、收益性、流动性"相结合的原则，笔者认为养老金投资各资产的比例应满足以下要求：货币资产不低于5%；债券投资比例不低于40%，其中高信用级别企业债不低于20%；股票不高于30%；基础设施投资不高于30%。

第九章

新常态下地方政府支持小微企业发展的公共服务质量提升模式

第一节

戴明环构建公共服务质量提升模式的必要性和可行性

为了应对新常态给国民经济带来的挑战，我国于2015年开始实施供给侧结构性改革，从供给侧着手解决经济发展方面存在的问题。当下，地方政府支持小微企业发展的公共服务质量普遍不高，导致小微企业发展困难不少。为此，地方政府应该进行公共服务供给侧改革，构建地方政府支持小微企业发展的公共服务质量提升模式，从提高公共服务供给质量出发，用改革的办法推进相关公共服务结构调整，提高公共服务供给结构对小微企业发展需求变化的适应性和灵活性，以更好满足小微企业的需要，促进小微企业持续健康发展。另外，"放管服"改革的深化也要求地方政府能够持续改善相关公共服务质量，以回应小微企业不断变化的发展关切。

戴明（W. Edwards. Deming, 1950）认为，质量管理是一个永无止境的过程。他提出的戴明环（PDCA循环）是按照计划、实施、检查、纠正的顺序进行质量管理。戴明环是上升式循环，每转动一周，质量就提高一步。根据戴明环（PDCA循环）构建地方政府支持小微企业发展的公共服务质量提升模式能够确保地方政府持续改善相关公共服务质量。可见，用戴明环构建地方政府支持小微企业发展的公共服务质量提升模式是必要的。

如前所述，本书遵循戴明环的步骤运用钻石模型理论对地方政府支持小微企业发展的公共服务内容进行了优化，检查了地方政府支持小微企业发展的公共服务质量，并以福建为例从战略层面和战术层面对地方政府支持小微企业发展公共服务质量的改善措施进行了分析。显然，用戴明环构建地方政府支持小微企业发展的公共服务质量提升模式是可行的。

第二节 地方政府支持小微企业发展的公共服务质量提升模式构建

地方政府支持小微企业发展的公共服务质量提升模式主要由四个环节构成：

第一个环节是计划（PLAN）阶段，地方政府制定支持小微企业发展的方针、目标和预算，以及改善相关公共服务质量的方针、目标和预算。

第二个环节是实施（DO）阶段，地方政府在厘清影响小微企业发展的内外部主要因素基础上，根据钻石模型理论设计地方政府支持小微企业发展的公共服务内容优化机制，据此对地方政府支持小微企业发展的公共服务内容实施优化。新常态下经过优化的地方政府支持小微企业发展的公共服务内容见表9-1。

第三个环节是检查（CHECK）阶段，地方政府根据优化出的公共服务内容设计地方政府支持小微企业发展的公共服务质量评价指标体系，对目前地方政府支持小微企业发展的公共服务质量进行检查，找出地方政府支持小微企业发展公共服务质量的具体短板。

第四个环节是纠正（ACTION）阶段，纠正地方政府支持小微企业发展的公共服务质量，可以从战略层面和战术层面分别进行。在战略层面上，地方政府要树立服务质量战略管理理念，通过构建地方政府支持小微

表 9-1　地方政府支持小微企业发展的公共服务内容体系

地方政府支持小微企业发展的公共服务内容	当地生产要素方面公共服务	人才获取公共服务
		企业融资公共服务
		基础设施建设
	当地需求条件方面公共服务	提高当地居民可支配收入
		社会保障
		保护消费者权益
		政府采购
	当地相关产业和支持性产业方面公共服务	推动产业集群
		激发小微企业的企业家精神
	小微企业战略、小微企业结构和同业竞争方面公共服务	提升小微企业管理水平
		促进企业良性竞争

企业发展的公共服务质量改善机制来提升相关公共服务质量，把该机制作为提升相关公共服务质量的行动指南。地方政府可以根据服务质量差距模型设计支持小微企业发展的公共服务质量改善机制，通过弥合小微企业发展公共服务倾听差距、小微企业发展公共服务设计和标准差距、小微企业发展公共服务绩效差距、小微企业发展公共服务沟通差距等4个差距来提高地方政府支持小微企业发展的公共服务质量。

弥合小微企业发展公共服务倾听差距的主要途径如下：一是通过公共服务期望调查倾听小微企业的公共服务期望；二是改善上行沟通。

弥合小微企业发展公共服务设计和标准差距的主要途径如下：一是公共服务设计要遵循信息完备原则、系统协调原则、科学预测原则、现实可行原则、民主参与原则、稳定可调原则；二是要从效益、效率、回应性、可靠性、响应性、保证性、信息可获得性、可监督性等八个方面制定小微企业驱动的小微企业发展公共服务绩效标准。

弥合小微企业发展公共服务绩效差距的主要途径如下：一是树立绩效管理理念，重视绩效计划、绩效实施与辅导、绩效反馈与改进等环节；二是采取合适的考核方法和设计科学的考核指标；三是地方政府要改善小微企业发展公共服务合同外包效果。

弥合小微企业发展公共服务沟通差距的主要途径如下：一是避免出现噪声而造成小微企业发展公共服务信息传播失真；二是加强对政府部门承诺小微企业公共服务行为的管理。

在战术层面上，地方政府要针对其支持小微企业发展公共服务质量的具体短板采取改善措施。就福建省而言，要积极培育小微企业商会，采取凭单制为小微企业提供在职教育培训服务和人才招聘服务以提高人才获取公共服务质量；着力发展小微企业供应链金融，积极促进互联网金融健康发展以提高企业融资公共服务质量；推动小微企业集群式创新，大力发展天使投资以支持小微企业技术创新进而激发小微企业的企业家精神；对小微企业主进行企业管理理论培训，大力发展行业协会以提升小微企业管理水平；提高社会保险基金保值增值水平，健全社会救助制度，加强社会保险基金收支管理，完善社会保险经办管理体制以改善社会保障水平。以上改善福建省地方政府支持小微企业发展公共服务质量的诸多措施对我国其他地方政府也有借鉴意义。

质量管理是一个永无止境的过程。经过计划、实施、检查、纠正等4个质量管理环节后，地方政府还要把成功的经验总结出来，把没有解决或新出现的相关公共服务质量问题转入下一个 PDCA 循环去解决。只有这样，地方政府支持小微企业发展的公共服务质量才能够得到不断提高。

地方政府支持小微企业发展的公共服务质量提升模式见图 9-1。

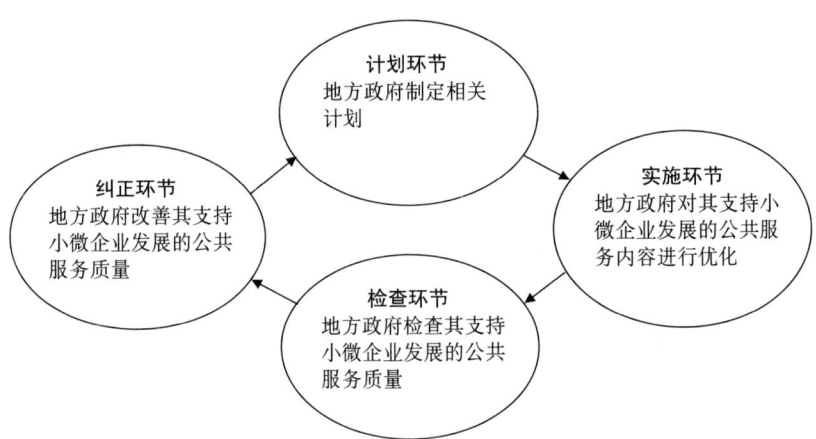

图 9-1　地方政府支持小微企业发展的公共服务质量提升模式

附录：调查问卷

一、瑜伽馆消费者评价标准调查问卷

您好！我们因承担科研项目需要进行匿名问卷调查，请您给予大力支持和理解。在此我们衷心感谢您对本次问卷调查活动的支持与协助！

我们把影响瑜伽消费者选择瑜伽馆的因素划分为经济因素、服务因素和瑜伽馆因素。经济因素即会员卡价格，服务因素又划分为教练专业水平、服务人员态度、练习场地环境等因素，瑜伽馆因素又划分为瑜伽馆离家或单位的距离、瑜伽馆品牌等因素。我们想知道当您因选择瑜伽馆而对这些因素进行两两比较时，它们对您的重要程度。瑜伽消费者选择瑜伽馆的影响因素和打分规则见表1、表2。

表1　　　　　　　　瑜伽馆消费者评价标准体系

	经济因素	会员卡价格
瑜伽馆消费者评价标准	服务因素	教练专业水平
		服务人员态度
		练习场地环境
	瑜伽馆因素	瑜伽馆离家或单位的距离
		瑜伽馆品牌

表2　　　　　　　　　打分规则

序号	重要程度等级	分数
Ⅰ	A因素重要程度与B因素重要程度　相同	1
Ⅱ	A因素重要程度比B因素重要程度　稍微大	3
Ⅲ	A因素重要程度比B因素重要程度　明显大	5
Ⅳ	A因素重要程度比B因素重要程度　非常大	7
Ⅴ	A因素重要程度比B因素重要程度　极端大	9

续表

序号	重要程度等级	分数
Ⅵ	A 因素重要程度比 B 因素重要程度　稍微小	1/3
Ⅶ	A 因素重要程度比 B 因素重要程度　明显小	1/5
Ⅷ	A 因素重要程度比 B 因素重要程度　非常小	1/7
Ⅸ	A 因素重要程度比 B 因素重要程度　极端小	1/9

分数 2，4，6，8，1/2，1/4，1/6，1/8 分别表示重要程度等级介于序号Ⅰ和Ⅱ、序号Ⅱ和Ⅲ、序号Ⅲ和Ⅳ、序号Ⅳ和Ⅴ、序号Ⅴ和Ⅵ、序号Ⅵ和Ⅶ、序号Ⅶ和Ⅷ、序号Ⅷ和Ⅸ之间。

填写指南：

以"经济因素"和"服务因素"相比较为例，选择瑜伽馆时，如果您认为"经济因素"与"服务因素"的重要程度相同，那么请打 1 分；如果您认为"经济因素"的重要程度比"服务因素"的重要程度稍微大，那么请打 3 分；如果您认为"经济因素"的重要程度比"服务因素"的重要程度稍微小，那么请打 1/3 分。依此类推。

瑜伽馆选择时各影响因素的重要程度：

	两影响因素的重要程度比较	分数
当您对这些因素进行两两比较时，您认为	经济因素的重要程度比服务因素的重要程度	
	经济因素的重要程度比瑜伽馆因素的重要程度	
	服务因素的重要程度比瑜伽馆因素的重要程度	
	教练专业水平的重要程度比服务人员态度的重要程度	
	教练专业水平的重要程度比练习场地环境的重要程度	
	服务人员态度的重要程度比练习场地环境的重要程度	
	瑜伽馆离家或单位的距离的重要程度比瑜伽馆品牌的重要程度	

二、企业内部因素对小微企业发展影响程度调查问卷

您好！我们因承担科研项目需要进行匿名问卷调查，以了解以下 21 个企业内部因素对小微企业发展的影响程度。请您给予大力支持和理解，在此我们衷心感谢您对本次问卷调查活动的支持与协助！

填写指南：

请您根据企业内部因素对小微企业发展的影响程度打分。您根据企业内部因素对小微企业发展的影响程度从"小""比较小"到"一般""比较大""大"给出分数，分值范围从 1 分到 5 分。以"品牌建设"为例，

如您认为"品牌建设"对小微企业发展的影响程度小，打 1 分；如您认为"品牌建设"对小微企业发展的影响程度比较小，打 2 分；如您认为"品牌建设"对小微企业发展的影响程度一般，打 3 分，如您认为"品牌建设"对小微企业发展的影响程度比较大，打 4 分，如您认为"品牌建设"对小微企业发展的影响程度大，打 5 分。依此类推。

被调查者所在企业概况：

1. 贵企业属于哪个行业？（　　　）
   A. 农、林、牧、渔业　B. 工业（包括采矿业，制造业，电力、热力、燃气及水生产和供应业）　C. 建筑业　D. 批发业
   E. 零售业　F. 交通运输业（不含铁路运输业）　G. 仓储业
   H. 邮政业　I. 住宿业　J. 餐饮业　K. 信息传输业（包括电信、互联网和相关服务）　L. 软件和信息技术服务业　M. 房地产开发经营　N. 物业管理　O. 租赁和商务服务业　P. 其他
2. 贵企业员工人数为（　　　）人。
3. 贵企业年营业收入为（　　　）万元。

企业内部因素对小微企业发展的影响程度：

1. 您认为"品牌建设"对小微企业发展的影响程度可以打（　　　）分。
2. 您认为"企业主的管理经验"对小微企业发展的影响程度可以打（　　　）分。
3. 您认为"了解顾客需求的程度"对小微企业发展的影响程度可以打（　　　）分。
4. 您认为"企业主的教育程度"对小微企业发展的影响程度可以打（　　　）分。
5. 您认为"产品创新力度"对小微企业发展的影响程度可以打（　　　）分。
6. 您认为"工艺创新状况"对小微企业发展的影响程度可以打（　　　）分。
7. 您认为"识别市场缝隙能力"对小微企业发展的影响程度可以打（　　　）分。
8. 您认为"商业模式创新"对小微企业发展的影响程度可以打（　　　）分。

9. 您认为"市场开发能力"对小微企业发展的影响程度可以打（　　）分。

10. 您认为"产品是否具有特色"对小微企业发展的影响程度可以打（　　）分。

11. 您认为"现金流充沛程度"对小微企业发展的影响程度可以打（　　）分。

12. 您认为"企业主是否有过创业经历"对小微企业发展的影响程度可以打（　　）分。

13. 您认为"企业主的创业动机"对小微企业发展的影响程度可以打（　　）分。

14. 您认为"企业主的经营能力"对小微企业发展的影响程度可以打（　　）分。

15. 您认为"企业主的经营能力"对小微企业发展的影响程度可以打（　　）分。

16. 您认为"产品质量"对小微企业发展的影响程度可以打（　　）分。

17. 您认为"企业主角色的转换"对小微企业发展的影响程度可以打（　　）分。

18. 您认为"融资能力"对小微企业发展的影响程度可以打（　　）分。

19. 您认为"投资决策"对小微企业发展的影响程度可以打（　　）分。

20. 您认为"新产品的市场接受度"对小微企业发展的影响程度可以打（　　）分。

21. 您认为"企业主以前是否在本行业工作"对小微企业发展的影响程度可以打（　　）分。

三、外部环境因素对小微企业发展影响程度调查问卷

您好！我们因承担科研项目需要进行匿名问卷调查，请您给予大力支持和理解。在此我们衷心感谢您对本次问卷调查活动的支持与协助！

我们把影响小微企业发展的外部环境因素分为政治环境、经济环境、社会文化环境、技术环境、有形基础设施5个因素。这5个因素又细分为12个因素。为了了解这些因素对小微企业发展的影响程度，我们想知道

当这些外部环境因素两两进行影响程度比较时您的观点。外部环境因素和打分规则见表1、表2。

表1　　　　　影响小微企业发展的外部环境因素体系

政治环境	政策支持力度
	小微企业政策执行情况
	税外负担
经济环境	市场容量
	融资环境
	市场化程度
社会文化环境	人口文化素质
	小微企业社会认可度
技术环境	技术可获得性
	当地技术创新水平
有形基础设施	交通基础设施状况
	互联网基础设施状况

表2　　　　　　　　打分规则

序号	对小微企业发展的影响程度等级	分数
Ⅰ	A因素影响程度与B因素影响程度　相同	1
Ⅱ	A因素影响程度比B因素影响程度　稍微大	3
Ⅲ	A因素影响程度比B因素影响程度　明显大	5
Ⅳ	A因素影响程度比B因素影响程度　非常大	7
Ⅴ	A因素影响程度比B因素影响程度　极端大	9
Ⅵ	A因素影响程度比B因素影响程度　稍微小	1/3
Ⅶ	A因素影响程度比B因素影响程度　明显小	1/5
Ⅷ	A因素影响程度比B因素影响程度　非常小	1/7
Ⅸ	A因素影响程度比B因素影响程度　极端小	1/9

分数2、4、6、8、1/2、1/4、1/6、1/8分别表示对小微企业发展的影响程度等级介于序号Ⅰ和Ⅱ、序号Ⅱ和Ⅲ、序号Ⅲ和Ⅳ、序号Ⅳ和Ⅴ、序号Ⅴ和Ⅵ、序号Ⅵ和Ⅶ、序号Ⅶ和Ⅷ、序号Ⅷ和Ⅸ之间。

填写指南：

以"政策支持力度"和"小微企业政策执行情况"相比较为例，如果您认为"政策支持力度"与"小微企业政策执行情况"对小微企发展的影响程度是相同，请打 1 分；如果您认为"政策支持力度"对小微企业发展的影响程度比"小微企业政策执行情况"对小微企业发展的影响程度稍微大，请打 3 分；如果您认为"政策支持力度"对小微企业发展的影响程度比"小微企业政策执行情况"对小微企业发展的影响程度稍微小，请打 1/3 分。依此类推。

被调查者所在企业概况：

1. 贵企业属于哪个行业？（   ）
   A. 农、林、牧、渔业 B. 工业（包括采矿业，制造业，电力、热力、燃气及水生产和供应业） C. 建筑业 D. 批发业
   E. 零售业 F. 交通运输业（不含铁路运输业） G. 仓储业
   H. 邮政业 I. 住宿业 J. 餐饮业 K. 信息传输业（包括电信、互联网和相关服务） L. 软件和信息技术服务业 M. 房地产开发经营 N. 物业管理 O. 租赁和商务服务业 P. 其他

2. 贵企业员工人数为（   ）人。

3. 贵企业年营业收入为（   ）万元。

外部环境因素对小微企业发展的影响程度：

	两因素对小微企业发展的影响程度比较	分数
当您对这些因素进行两两比较时，您认为	政策支持力度影响程度比小微企业政策执行情况影响程度	
	政策支持力度影响程度比税外负担影响程度	
	小微企业政策执行情况影响程度比税外负担影响程度	
	市场容量影响程度比融资环境影响程度	
	市场容量影响程度比市场化程度影响程度	
	融资环境影响程度比市场化程度影响程度	
	人口文化素质影响程度比小微企业社会认可度影响程度	
	技术可获得影响程度比当地技术创新水平影响程度	
	交通基础设施状况影响程度比互联网基础设施状况影响程度	
	政治环境影响程度比经济环境影响程度	
	政治环境影响程度比社会文化环境影响程度	
	政治环境影响程度比技术环境影响程度	
	政治环境影响程度比有形基础设施影响程度	
	经济环境影响程度比社会文化环境影响程度	
	经济环境影响程度比技术环境影响程度	
	经济环境影响程度比有形基础设施影响程度	
	社会文化环境影响程度比技术环境影响程度	
	社会文化环境影响程度比有形基础设施影响程度	
	技术环境影响程度比有形基础设施影响程度	

四、企业自主创新环境评价指标权重调查问卷

您好！我们因承担科研项目需要进行匿名问卷调查，请您给予大力支持和理解。在此我们衷心感谢您对本次问卷调查活动的支持与协助！

企业自主创新环境评价指标体系由经济发展水平、人力资源禀赋、技术禀赋、知识产权保护、基础设施禀赋、政府支持力度等评价指标构成。这 6 个评价指标又细分为 11 个评价指标，具体见表 1。为了解这些评价指标在企业自主创新环境评价中的重要程度，我们想知道当这些评价指标两两进行重要程度比较时您的观点。打分规则见表 2。

表 1　　　　　　企业自主创新环境评价指标体系

企业自主创新环境评价指标	经济发展水平	人均生产总值
	人力资源禀赋	受大学教育人口占总人口的比重
		每百人拥有各类专业技术人才数
	技术禀赋	科学研究、技术服务和地质勘查业就业人数占全部就业人数的比重
		平均每万人拥有普通高等院校数
	知识产权保护	平均每百位科技人员中三种专利申请受理数量
		平均每百位科技人员中三种专利申请批准数量
	基础设施禀赋	平均每百人中互联网用户数
		人均拥有道路面积
		每百人公共图书馆藏书量
	政府支持力度	政府科技三项费用支出在地方财政支出中的比重

表 2　　　　　　　　打分规则

序号	重要程度等级	分数
Ⅰ	A 评价指标重要程度与 B 评价指标重要程度　相同	1
Ⅱ	A 评价指标重要程度比 B 评价指标重要程度　稍微大	3
Ⅲ	A 评价指标重要程度比 B 评价指标重要程度　明显大	5
Ⅳ	A 评价指标重要程度比 B 评价指标重要程度　非常大	7
Ⅴ	A 评价指标重要程度比 B 评价指标重要程度　极端大	9
Ⅵ	A 评价指标重要程度比 B 评价指标重要程度　稍微小	1/3
Ⅶ	A 评价指标重要程度比 B 评价指标重要程度　明显小	1/5
Ⅷ	A 评价指标重要程度比 B 评价指标重要程度　非常小	1/7
Ⅸ	A 评价指标重要程度比 B 评价指标重要程度　极端小	1/9

分数 2、4、6、8、1/2、1/4、1/6、1/8 分别表示重要程度等级介于序号Ⅰ和Ⅱ、序号Ⅱ和Ⅲ、序号Ⅲ和Ⅳ、序号Ⅳ和Ⅴ、序号Ⅴ和Ⅵ、序号Ⅵ和Ⅶ、序号Ⅶ和Ⅷ、序号Ⅷ和Ⅸ之间。

填写指南：

以"经济发展水平"和"人力资源禀赋"相比较为例,在企业自主创新环境评价中,如果您认为"经济发展水平"与"人力资源禀赋"的重要程度相同,请打 1 分;如果您认为"经济发展水平"的重要程度比"人力资源禀赋"的重要程度稍微大,请打 3 分;如果您认为"经济发展水平"的重要程度比"人力资源禀赋"的重要程度稍微小,请打 1/3 分。依此类推。

企业自主创新环境评价中各评价指标的重要程度:

	两评价指标的重要程度比较	分数
在企业自主创新环境评价中,您认为	经济发展水平的重要程度比人力资源禀赋的重要程度	
	经济发展水平的重要程度比技术禀赋的重要程度	
	经济发展水平的重要程度比知识产权保护的重要程度	
	经济发展水平的重要程度比基础设施禀赋的重要程度	
	经济发展水平的重要程度比政府支持力度的重要程度	
	受大学教育人口占总人口的比重的重要程度比每百人拥有各类专业技术人才数的重要程度	
	科学研究、技术服务和地质勘查业就业人数占全部就业人数的比重的重要程度比平均每万人拥有普通高等院校数的重要程度	
	平均每百位科技人员中三种专利申请受理数量的重要程度比平均每百位科技人员中三种专利申请批准数量的重要程度	
	平均每百人中互联网用户数的重要程度比人均拥有道路面积的重要程度	
	平均每百人中互联网用户数的重要程度比每百人公共图书馆藏书量的重要程度	
	人均拥有道路面积的重要程度比每百人公共图书馆藏书量的重要程度	

五、宁波小微企业自主创新障碍影响程度调查问卷

您好!我们因承担科研项目需要进行匿名问卷调查,请您给予大力支持和理解。在此我们衷心感谢您对本次问卷调查活动的支持与协助!

我们把影响宁波小微企业自主创新的障碍分为动力障碍、资源障碍、环境障碍。这 3 个自主创新障碍又细分为 8 个自主创新障碍。为了解这些障碍对小微企业自主创新的影响程度,我们想知道当这些自主创新障碍两两进行影响程度比较时您的观点。小微企业自主创新障碍和打分规则见表 1、表 2。

表1　　　　　　　　　小微企业自主创新障碍体系

自主创新障碍	动力障碍	创新风险高
		企业家创新精神缺失
	资源障碍	研发人才缺乏
		研发经费紧张
		创新信息缺乏
	环境障碍	融资环境不佳
		知识产权保护力度不足
		学研机构支持欠缺

表2　　　　　　　　　　　打分规则

序号	对小微企业发展的影响程度等级	分数
Ⅰ	A因素影响程度与B因素影响程度　相同	1
Ⅱ	A因素影响程度比B因素影响程度　稍微大	3
Ⅲ	A因素影响程度比B因素影响程度　明显大	5
Ⅳ	A因素影响程度比B因素影响程度　非常大	7
Ⅴ	A因素影响程度比B因素影响程度　极端大	9
Ⅵ	A因素影响程度比B因素影响程度　稍微小	1/3
Ⅶ	A因素影响程度比B因素影响程度　明显小	1/5
Ⅷ	A因素影响程度比B因素影响程度　非常小	1/7
Ⅸ	A因素影响程度比B因素影响程度　极端小	1/9

分数2，4，6，8，1/2，1/4，1/6，1/8分别表示对小微企业发展的影响程度等级介于序号Ⅰ和Ⅱ，序号Ⅱ和Ⅲ，序号Ⅲ和Ⅳ，序号Ⅳ和Ⅴ，序号Ⅴ和Ⅵ，序号Ⅵ和Ⅶ，序号Ⅶ和Ⅷ，序号Ⅷ和Ⅸ之间。

填写指南：

以"动力障碍"和"资源障碍"相比较为例，如果您认为"动力障碍"与"资源障碍"对小微企业自主创新的影响程度是相同，请打1分；如果您认为"动力障碍"对小微企业自主创新的影响程度比"资源障碍"对小微企业自主创新的影响程度稍微大，请打3分；如果您认为"动力障碍"对小微企业自主创新的影响程度比"资源障碍"对小微企业自主创新的影响程度稍微小，请打1/3分。依此类推。

被调查者所在企业概况：

1. 贵企业属于哪个行业？（　　）
   A. 农、林、牧、渔业　B. 工业（包括采矿业，制造业，电力、热力、燃气及水生产和供应业）　C. 建筑业　D. 批发业　E. 零售业　F. 交通运输业（不含铁路运输业）　G. 仓储业　H. 邮政业　I. 住宿业　J. 餐饮业　K. 信息传输业（包括电信、互联网和相关服务）　L. 软件和信息技术服务业　M. 房地产开发经营　N. 物业管理　O. 租赁和商务服务业　P. 其他
2. 贵企业员工人数为（　　）人。
3. 贵企业年营业收入为（　　）万元。

诸障碍对小微企业自主创新的影响程度：

	两障碍对小微企业发展的影响程度比较	分数
当您对这些自主创新障碍进行两两比较时，您认为	动力障碍影响程度比资源障碍影响程度	
	动力障碍影响程度比环境障碍影响程度	
	资源障碍影响程度比环境障碍影响程度	
	创新风险高影响程度比企业家创新精神缺失影响程度	
	研发人才缺乏影响程度比研发经费紧张影响程度	
	研发人才缺乏影响程度比创新信息缺乏影响程度	
	研发经费紧张影响程度比创新信息缺乏影响程度	
	融资环境不佳影响程度比知识产权保护力度不足影响程度	
	融资环境不佳影响程度比学研机构支持欠缺影响程度	
	知识产权保护力度不足影响程度比学研机构支持欠缺影响程度	

六、创业期障碍对"海归"高层次人才的企业影响程度调查问卷

您好！我们因承担科研项目需要进行匿名问卷调查，请您给予大力支持和理解。在此我们衷心感谢您对本次问卷调查活动的支持与协助！

我们把"海归"高层次人才的企业所遇创业期障碍分为外源融资障碍、人才障碍、市场障碍、技术障碍。这4个创业期障碍又细分为7个创业期障碍。为了解这些障碍对"海归"高层次人才的企业的影响程度，我们想知道当这些创业期障碍两两进行影响程度比较时您的观点。"海归"高层次人才的企业所遇创业期障碍和打分规则见表1、表2。

表 1　　　　"海归"高层次人才的企业所遇创业期障碍体系

创业期障碍	外源融资障碍	直接融资渠道缺乏
		间接融资困难
	人才障碍	人才流失
		所需人才获取困难
	市场障碍	产品销售困难
		市场运作不规范
	技术障碍	批量化生产的技术整合效果不佳

表 2　　　　　　　　　　打分规则

序号	对"海归"高层次人才的企业的影响程度等级	分数
Ⅰ	A 因素影响程度与 B 因素影响程度　相同	1
Ⅱ	A 因素影响程度比 B 因素影响程度　稍微大	3
Ⅲ	A 因素影响程度比 B 因素影响程度　明显大	5
Ⅳ	A 因素影响程度比 B 因素影响程度　非常大	7
Ⅴ	A 因素影响程度比 B 因素影响程度　极端大	9
Ⅵ	A 因素影响程度比 B 因素影响程度　稍微小	1/3
Ⅶ	A 因素影响程度比 B 因素影响程度　明显小	1/5
Ⅷ	A 因素影响程度比 B 因素影响程度　非常小	1/7
Ⅸ	A 因素影响程度比 B 因素影响程度　极端小	1/9

分数 2，4，6，8，1/2，1/4，1/6，1/8 分别表示对小微企业发展的影响程度等级介于序号 Ⅰ 和 Ⅱ、序号 Ⅱ 和 Ⅲ、序号 Ⅲ 和 Ⅳ、序号 Ⅳ 和 Ⅴ、序号 Ⅴ 和 Ⅵ、序号 Ⅵ 和 Ⅶ、序号 Ⅶ 和 Ⅷ、序号 Ⅷ 和 Ⅸ 之间。

填写指南：

以"外源融资障碍"和"人才障碍"相比较为例，如果您认为"外源融资障碍"与"人才障碍"对"海归"高层次人才的企业的影响程度是相同，请打 1 分；如果您认为"外源融资障碍"对"海归"高层次人才的企业的影响程度比"人才障碍"对"海归"高层次人才的企业的影响程度稍微大，请打 3 分；如果您认为"外源融资障碍"对"海归"高层次人才的企业的影响程度比"人才障碍"对"海归"高层次人才的企业的影响程度稍微小，请打 1/3 分。依此类推。

诸创业期障碍对"海归"高层次人才的企业的影响程度：

	两障碍对"海归"高层次人才的企业的影响程度比较	分数
当您对这些创业期障碍进行两两比较时，您认为	外源融资障碍影响程度比人才障碍影响程度	
	外源融资障碍影响程度比市场障碍影响程度	
	外源融资障碍影响程度比技术障碍影响程度	
	人才障碍影响程度比市场障碍影响程度	
	人才障碍影响程度比技术障碍影响程度	
	市场障碍影响程度比技术障碍影响程度	
	直接融资渠道缺乏影响程度比间接融资困难影响程度	
	人才流失响程度比所需人才获取困难影响程度	
	产品销售困难影响程度比市场运作不规范影响程度	

七、地方政府支持小微企业发展的公共服务满意度评价指标权重调查问卷

您好！我们因承担科研项目需要进行匿名问卷调查，请您给予大力支持和理解。在此我们衷心感谢您对本次问卷调查活动的支持与协助！

我们把地方政府支持小微企业发展的公共服务分为生产要素方面公共服务，需求条件方面公共服务，相关产业和支持性产业方面公共服务，小微企业战略、企业结构和同业竞争方面公共服务。这4个方面的公共服务又细分为10个方面的公共服务。为了了解这些公共服务对小微企业发展的重要程度，我们想知道当这些公共服务两两进行重要程度比较时您的观点。地方政府支持小微企业发展的公共服务和打分规则见表1、表2。

表1　　地方政府支持小微企业发展的公共服务体系

地方政府支持小微企业发展的公共服务	生产要素方面公共服务	人才获取公共服务
		企业融资公共服务
	需求条件方面公共服务	提高当地居民可支配收入
		社会保障
		保护消费者权益
		政府采购
	相关产业和支持性产业方面公共服务	推动产业集群
	小微企业战略、企业结构和同业竞争方面公共服务	支持小微企业技术创新
		提升小微企业管理水平
		促进企业良性竞争

表 2　　　　　　　　　　　打分规则

序号	对小微企业发展的重要程度等级	分数
Ⅰ	A 因素重要程度与 B 因素重要程度　相同	1
Ⅱ	A 因素重要程度比 B 因素重要程度　稍微大	3
Ⅲ	A 因素重要程度比 B 因素重要程度　明显大	5
Ⅳ	A 因素重要程度比 B 因素重要程度　非常大	7
Ⅴ	A 因素重要程度比 B 因素重要程度　极端大	9
Ⅵ	A 因素重要程度比 B 因素重要程度　稍微小	1/3
Ⅶ	A 因素重要程度比 B 因素重要程度　明显小	1/5
Ⅷ	A 因素重要程度比 B 因素重要程度　非常小	1/7
Ⅸ	A 因素重要程度比 B 因素重要程度　极端小	1/9

分数 2、4、6、8、1/2、1/4、1/6、1/8 分别表示对小微企业发展的重要程度等级介于序号Ⅰ和Ⅱ，序号Ⅱ和Ⅲ，序号Ⅲ和Ⅳ，序号Ⅳ和Ⅴ，序号Ⅴ和Ⅵ，序号Ⅵ和Ⅶ，序号Ⅶ和Ⅷ，序号Ⅷ和Ⅸ之间。

填写指南：

地方政府是指您所在地的市级地方政府和省级地方政府。以"人才获取公共服务"和"企业融资公共服务"相比较为例，如果您认为"政策支持力度"与"小微企业政策执行情况"对小微企业发展的重要程度是相同，请打 1 分；如果您认为"政策支持力度"对小微企业发展的重要程度比"小微企业政策执行情况"对小微企业发展的重要程度稍微大，请打 3 分；如果您认为"政策支持力度"对小微企业发展的重要程度比"小微企业政策执行情况"对小微企业发展的重要程度稍微小，请打 1/3 分。依此类推。

被调查者所在企业概况：

1. 贵企业属于哪个行业？（　　　）

    A. 农、林、牧、渔业　B. 工业（包括采矿业，制造业，电力、热力、燃气及水生产和供应业）　C. 建筑业　D. 批发业　E. 零售业　F. 交通运输业（不含铁路运输业）　G. 仓储业　H. 邮政业　I. 住宿业　J. 餐饮业　K. 信息传输业（包括电信、互联网和相关服务）　L. 软件和信息技术服务业　M. 房地产开发经营　N. 物业管理　O. 租赁和商务服务业　P. 其他

2. 贵企业员工人数为（　　　）人。

3. 贵企业年营业收入为（　　　）万元。

相关公共服务对小微企业发展的重要程度：

	两公共服务对小微企业发展的重要程度比较	分数
当您对这些公共服务进行两两比较时，您认为	人才获取公共服务重要程度比企业融资公共服务重要程度	
	提高当地居民可支配收入重要程度比社会保障重要程度	
	提高当地居民可支配收入重要程度比保护消费者权益重要程度	
	提高当地居民可支配收入重要程度比政府采购重要程度	
	社会保障重要程度比保护消费者权益重要程度	
	社会保障重要程度比政府采购重要程度	
	保护消费者权益重要程度比政府采购重要程度	
	支持小微企业技术创新重要程度比提升小微企业管理水平重要程度	
	支持小微企业技术创新重要程度比促进企业良性竞争重要程度	
	提升小微企业管理水平重要程度比促进企业良性竞争重要程度	
	生产要素方面公共服务重要程度比需求条件方面公共服务重要程度	
	生产要素方面公共服务重要程度比相关产业和支持性产业方面公共服务重要程度	
	生产要素方面公共服务重要程度比小微企业战略、企业结构和同业竞争方面公共服务重要程度	
	需求条件方面公共服务重要程度比相关产业和支持性产业方面公共服务重要程度	
	需求条件方面公共服务重要程度比小微企业战略、企业结构和同业竞争方面公共服务的重要程度	
	相关产业和支持性产业方面公共服务比小微企业战略、企业结构和同业竞争方面公共服务重要程度	

八、地方政府支持小微企业发展的公共服务之满意度调查问卷

您好！我们因承担科研项目需要进行匿名问卷调查，以了解小微企业对地方政府支持其发展的公共服务的满意度。请您给予大力支持和理解，在此我们衷心感谢您对本次问卷调查活动的支持与协助！

填写指南：

地方政府是指您所在地的市级地方政府和省级地方政府。请您根据自己对您所在地的市级地方政府和省级地方政府支持小微企业发展的公共服务的满意度从 A、B、C、D、E 等五个选项中选择一个对相关公共服务满意度进行评价。

被调查者所在企业概况：

1. 贵企业属于哪个行业？（　　）
   A. 农、林、牧、渔业　B. 工业（包括采矿业，制造业，电力、热力、燃气及水生产和供应业）　C. 建筑业　D. 批发业　E. 零售业　F. 交通运输业（不含铁路运输业）　G. 仓储业　H. 邮政业　I. 住宿业　J. 餐饮业　K. 信息传输业（包括电信、互联网和相关服务）　L. 软件和信息技术服务业　M. 房地产开发经营　N. 物业管理　O. 租赁和商务服务业　P. 其他
2. 贵企业员工人数为（　　）人。
3. 贵企业年营业收入为（　　）万元。

小微企业对地方政府支持其发展的公共服务的满意度：
1. 您对地方政府的人才获取公共服务（　　）。
   A. 满意　B. 比较满意　C. 一般　D. 不太满意　E. 不满意
2. 您对地方政府的企业融资公共服务（　　）。
   A. 满意　B. 比较满意　C. 一般　D. 不太满意　E. 不满意
3. 您对地方政府的提高地方居民可支配收入公共服务（　　）。
   A. 满意　B. 比较满意　C. 一般　D. 不太满意　E. 不满意
4. 您对地方政府的社会保障公共服务（　　）。
   A. 满意　B. 比较满意　C. 一般　D. 不太满意　E. 不满意
5. 您对地方政府的保护消费者权益公共服务（　　）。
   A. 满意　B. 比较满意　C. 一般　D. 不太满意　E. 不满意
6. 您对地方政府的政府采购公共服务（　　）。
   A. 满意　B. 比较满意　C. 一般　D. 不太满意　E. 不满意
7. 您对地方政府的推动产业集群公共服务（　　）。
   A. 满意　B. 比较满意　C. 一般　D. 不太满意　E. 不满意
8. 您对地方政府的支持小微企业技术创新公共服务（　　）。
   A. 满意　B. 比较满意　C. 一般　D. 不太满意　E. 不满意
9. 您对地方政府的提升小微企业管理水平公共服务（　　）。
   A. 满意　B. 比较满意　C. 一般　D. 不太满意　E. 不满意
10. 您对地方政府的促进企业良性竞争公共服务（　　）。
    A. 满意　B. 比较满意　C. 一般　D. 不太满意　E. 不满意

九、海外高层次人才回国工作地点选择影响因素调查问卷

您好！我们因承担科研项目需要进行匿名问卷调查，以了解海外高层

次人才回国工作地点选择的影响因素。请您给予大力支持和理解，在此我们衷心感谢您对本次问卷调查活动的支持与协助！

填写指南：

我们把影响海外高层次人才选择回国工作地点的因素归纳为 17 项，请您根据重要程度分别对这 17 项影响因素进行逐项打分，每一项影响因素使用 5 级 likert 量表进行测量。请您对各影响因素从"根本不重要""不太重要"到"一般""重要""非常重要"给出分数，分值范围从 1 分到 5 分。以"我非常了解当地的引才政策"为例，您如认为该影响因素"根本不重要"，打 1 分；如认为"不太重要"，打 2 分；如认为"一般"，打 3 分；如认为"重要"，打 4 分；如认为"非常重要"，打 5 分。

诸因素对海外高层次人才选择回国工作地点的影响程度：

1. 当您选择回国工作地点时，您认为"我非常了解当地的引才政策"可以打（　　）分。
2. 当您选择回国工作地点时，您认为"回国工作地点是我的家乡"可以打（　　）分。
3. 当您选择回国工作地点时，您认为"当地治安较好"可以打（　　）分。
4. 当您选择回国工作地点时，您认为"城市的生态环境好"可以打（　　）分。
5. 当您选择回国工作地点时，您认为"具有开放、包容的城市文化"可以打（　　）分。
6. 当您选择回国工作地点时，您认为"有助于海外高层次人才的专业发展"可以打（　　）分。
7. 当您选择回国工作地点时，您认为"海外高层次人才引进后仍不断得到当地政府的关心"可以打（　　）分。
8. 当您选择回国工作地点时，您认为"当地能够较好兑现引才政策和承诺"可以打（　　）分。
9. 当您选择回国工作地点时，您认为"当地各部门对引才政策解释一致"可以打（　　）分。
10. 当您选择回国工作地点时，您认为"企业融资容易"可以打（　　）分。

11. 当您选择回国工作地点时，您认为"城市经济发展水平就高"可以打（　　）分。

12. 当您选择回国工作地点时，您认为"城市规模较大"可以打（　　）分。

13. 当您选择回国工作地点时，您认为"城市知名度高"可以打（　　）分。

14. 当您选择回国工作地点时，您认为"周边有高校和科研院所利于开展科技和人才合作"可以打（　　）分。

15. 当您选择回国工作地点时，您认为"当地商业氛围和商业文化良好"可以打（　　）分。

16. 当您选择回国工作地点时，您认为"当地给海外高层次人才提供较好的医疗、寿险、事故保险等社会保障"可以打（　　）分。

17. 当您选择回国工作地点时，您认为"海外高层次人才能够按贡献大小和专利、技术、管理等生产要素参与分配"可以打（　　）分。

十、宁波市高层次人才外流动因调查问卷

您好！我们因承担科研项目需要进行匿名问卷调查，以了解高层次人才外流出宁波的动因。请您给予大力支持和理解，在此我们衷心感谢您对本次问卷调查活动的支持与协助！

请您回答以下问题：

1. 您的性别？（　　）

    A. 男性　B. 女性

2. 您的年纪？（　　）

    A. 26岁以下　B. 26—35岁　C. 36—45岁　D. 46—55岁

    E. 55岁以上

3. 您的职业？（　　）

    A. 教师　B. 公务员　C. 工程师　D. 医生　E. 企业管理者

    F. 其他

4. 您所在单位的性质？（　　）

    A. 机关　B. 企业　C. 事业单位

5. 您是博士吗？（　　）

    A. 是　B. 否

6. 您有高级职称吗？（　　）

   A. 有　　B. 没有

7. 请您对以下高层次人才外流出宁波的动因根据影响程度由高到低进行排序。

   排名第一的是（　　），排名第二的是（　　），排名第三的是（　　），排名第四的是（　　），排名第五的是（　　）。

   A. 工作环境　　B. 生活环境　　C. 用人机制　　D. 住房因素　　E. 薪酬因素　　F. 晋升机会　　G. 事业发展　　H. 能力发挥　　I. 工作保障　　J. 家庭责任　　K. 上司支持　　L. 工作压力　　M. 职业因素　　N. 组织文化　　O. 工作单调　　P. 单位前景　　Q. 制度不民主　　R. 其他

参考文献

[1] 约翰·穆勒. 政治经济学原理 [M]. 北京：商务印书馆，1991.

[2] 彼得·德鲁克. 变动中的管理界 [M]. 上海：上海译文出版社，1999.

[3] 厄威克·弗莱姆兹. 增长的痛苦 [M]. 北京：中国经济出版社，1998.

[4] 伊查克·爱迪思. 企业生命周期 [M]. 北京：中国社会科学出版社，1997.

[5] 贺翔. 我国小微企业发展研究的现状、评价及展望 [J]. 贵州省党校学报，2016 (6)：56 - 60.

[6] 茹莉. 破解科技型小微企业融资难问题的对策 [J]. 经济纵横，2013 (9)：91 - 93.

[7] 张庆丰. 小微企业融资难成因分析及对策研究 [J]. 人民论坛，2012 (9)：58 - 59.

[8] 林毅夫，李永军. 中小金融机构发展与中小企业融资 [J]. 2001 (1)：10 - 18.

[9] 潘宗玲. 小微企业融资难问题研究——基于普惠金融视角 [J]. 企业经济，2014 (10)：180 - 184.

[10] 李文新，尹群. 基于小微企业融资扶持视角的政策性银行转型发展研究 [J]. 经济纵横，2012 (5)：128 - 130.

[11] 胡春生，蔡锦松. 民间金融、技术研发与我国小微企业发展协同机理分析 [J]. 商业经济研究，2015 (10)：98 - 99.

[12] 杨春柏. 农村民间金融支持小微企业发展策略 [J]. 企业经济，2013 (9)：89 - 92.

[13] 钟敏. 做强村镇银行可更好支持小微企业发展——赣州调查 [J]. 金融与经济, 2013 (9): 81-83.

[14] 梁卓, 徐荣贞. 民间资本与小微企业融资难问题研究——基于 P2B 网络融资新模式 [J]. 会计之友, 2012 (7): 25-26.

[15] 陈杏头. P2P 网贷与小微企业共发展：现状、问题、对策与建议 [J]. 浙江金融, 2015 (1): 14-17.

[16] 王光岐, 汪莹. 众筹融资与我国小微企业融资难问题研究 [J]. 新金融, 2014 (6): 60-63.

[17] 成海燕, 王凯. 创业投资支持小微企业发展的对策研究 [J]. 宏观经济管理, 2014 (2): 69-70.

[18] 张郁. 着力打造城商行破解小微企业融资难问题——基于河南省小微企业融资现状的分析 [J]. 山西财经大学学报, 2012 (11): 152.

[19] 杨建平. 发展金融租赁服务小微企业 [J]. 财会月刊, 2012 (7): 31-32.

[20] 岳树民, 董正, 徐廷玗. 完善税收政策促进小微企业发展 [J]. 税务与经济, 2014 (6): 1-4.

[21] 李香菊. 完善和落实我国促进小微企业发展的税收优惠政策 [J]. 涉外税务, 2012 (9): 10-13.

[22] 阳国亮. 重视发挥中小企业在经济发展中的作用 [J]. 改革与战略, 2004 (3): 4-7.

[23] 黄冠豪. 促进小微企业发展的税收政策研究 [J]. 税务研究, 2014 (3): 16-20.

[24] 蒙启华, 黄京利. 促进小微企业发展的税收政策研究 [J]. 经济研究参考, 2015 (5): 72-74.

[25] 张斌. 构建扶持小微企业发展的税费政策体系 [J]. 税务研究, 2015 (5): 7-12.

[26] 张大卡. 物流企业基本价值链的重构 [J]. 湖南农业大学学报 (社会科学版), 2008 (5): 57-60.

[27] 黄黎平. 对科技型小微企业发展问题的探索 [J]. 理论探讨, 2013 (6): 92-95.

[28] 朱永跃, 张提. 科技型小微企业发展现状与对策研究——以南京溧水区"321"人才项目为例 [J]. 科技进步与对策, 2014 (1):

42-46.

[29] 翟翠霞, 蔡晓峰, 郑文范. 科技型小微企业"以知为本"发展模式探析 [J]. 科技进步与对策, 2013 (14): 71-74.

[30] 李志伟. 企业成长理论与实践的探讨——以河南郑州亚细亚商场为例 [J]. 中国商贸, 2011 (25): 38-39.

[31] 唐果, 林聪, 阎永哲, 贺翔. 我国公共服务质量改进研究的现状、评价与展望 [J]. 经营与管理, 2018 (8): 148-151.

[32] 张淑丽. 以标杆管理提升公共服务绩效 [D]. 厦门: 厦门大学, 2009.

[33] 曹永胜, 周佳. 标杆管理在城市管理中的应用探析 [J]. 城市发展研究, 2008 (2): 154-157, 161.

[34] 杨占营. 领导与行政: 21世纪的公共管理者 [J]. 江西行政学院学报, 2004 (2): 8-11.

[35] 楚瞻宇. 我国地方政府绩效评估信息失真规避研究 [D]. 开封: 河南大学, 2012.

[36] 张洪潮, 雒国彧. 科技型小微企业集聚式发展研究 [J]. 企业经济, 2014 (6): 86-90.

[37] 尹辉, 周军. 协同创新视角下科技型小微企业发展研究 [J]. 科技进步与对策, 2014 (1): 108-112.

[38] 庞加兰. 金融支持科技型小微企业发展的融资模式探析 [J]. 金融理论与实践, 2013 (11): 61-64.

[39] 滕晖. 银行业支持科技型小微企业发展的探索——基于演化经济学理论的实证研究 [J]. 浙江金融, 2014 (8): 56-60.

[40] 陈振明. 公共服务导论 [M]. 北京: 北京大学出版社, 2011.

[41] 程方升. 服务型政府构建中地方政府服务质量: 缺口与完善——基于RATER指数五纬度的分析 [J]. 华中农业大学学报 (社会科学版), 2007 (5): 99-102.

[42] 孙秀明, 孙遇春, 刘洁. 政府服务中小企业"走出去"的质量评价——基于SERVQUAL模型的上海市实证研究 [J]. 华东经济管理, 2015 (1): 168-174.

[43] 罗晓光, 汝军芳. 政府服务质量SERVQUAL评价量表开发 [J]. 科技与管理, 2010 (1): 57-61.

[44] 眭党臣,张朔婷,刘玮. 农村公共服务质量评价与提升策略研究——基于改进的 SERVQUAL 模型 [J]. 统计与信息论坛, 2015 (4): 83-89.

[45] 董政刚. 基于服务质量差距模型的政府网站服务改进策略研究 [J]. 电子政务, 2013 (6): 60-64.

[46] 唐果. 基于因子分析的学生教学满意度提升研究——以独立学院微观经济学课程为例 [J]. 中国矿业大学学报(社会科学版), 2012 (1): 75-79.

[47] 李晓园,张汉荣. SERVQUAL 模型下县域公共服务质量的改进——基于江西省六县公共服务的调查分析 [J]. 南昌大学学报(人文社会科学版), 2009 (4): 63-68.

[48] 贺翔,唐果. 地方政府提升本地区对海外高层次人才吸引力研究——基于服务质量差距模型 [J]. 中国发展, 2014 (1): 56-60.

[49] 裴蕾. 政府采购机制提升基层文化服务质量——公共图书馆"文化钟点工"模式探讨 [J]. 河南图书馆学刊, 2014 (1): 14-15.

[50] 张润驰. 我国小微企业贷款信用风险评估模型研究 [D]. 南京: 南京大学, 2018.

[51] 曾贵,钟坚. 我国加工贸易向中西部梯度转移的影响要素分析——基于钻石理论的视角 [J]. 深圳大学学报(人文社会科学版), 2010 (6): 68-72.

[52] 唐果. 宁波公共就业服务质量改善机制构建 [J]. 北京航空航天大学学报(社会科学版), 2018 (1): 50-56.

[53] 张瑞霞. 南京市政府购买居家养老服务质量评价 [J]. 社会保障, 2015 (5): 14-18.

[54] 刘征驰,易学文,周堂. 引入公众评价的公共服务外包质量控制研究——基于双重契约的视角 [J]. 软科学, 2012 (3): 78-81+85.

[55] 黄琳. 政府服务质量和公共人力资源管理的关系研究 [J]. 中国商界, 2010 (12): 203.

[56] 吴思奇. 公务员薪酬制度改革对基层政府公共服务质量影响机制研究 [J]. 经济研究导刊, 2015 (14): 284-285.

[57] 汪梦. 全面质量管理的核心概念与政府服务质量提升 [J]. 西南民族大学学报(人文社科版), 2007 (5): 204-206.

[58] 施美萍. 政府全面质量管理——服务型政府的新理念 [J]. 华东经济管理, 2006 (9): 35-37.

[59] 谭英俊. 全面质量管理: 构建服务型政府的新型工具选择 [J]. 领导科学, 2011 (7): 7-9.

[60] 高炜婷. 提高政府公共服务质量的路径研究——建立ISO质量管理体系 [J]. 学理论, 2015 (3): 9-10.

[61] 贺翔. 基于主成分分析的宁波"海归"高层次人才创业环境评价 [J]. 宁波大学学报 (人文科学版), 2015 (6): 90-95.

[62] 卓越, 刘洋. 基于公共服务标准化的ISO9000政府质量管理 [J]. 新视野, 2013 (4): 62-66.

[63] 胡炎平. ISO9000质量管理体系在服务型政府建设中的应用研究——以江门市为例 [J]. 前沿, 2012 (20): 24-26.

[64] 王勇. 企业成长的关键影响因素及其重要性研究——以服务行业企业为例 [J]. 清华大学学报 (哲学社会科学版), 2009 (1): 27-32.

[65] 吕一博, 苏敬勤, 傅宇. 中国中小企业成长的影响因素研究——基于中国东北地区中小企业的实证研究 [J]. 中国工业经济, 2008 (1): 14-23.

[66] 范钧. 区域软环境对中小企业竞争优势要素作用机制的实证研究——以浙江制造业为例 [J]. 科研管理, 2010 (2): 105-113.

[67] 马淑琴, 陈薇. 我国中小企业发展环境分析 [J]. 经济问题, 2004 (8): 30-32.

[68] 马富萍, 郭晓川. 企业家精神培育环境研究: 量表的开发与验证 [J]. 内蒙古大学学报 (哲学社会科学版), 2017 (4): 84-93.

[69] 谢琦. 国民收入初次分配对居民消费需求影响的实证研究 [J]. 经济体制改革, 2013 (2): 20-24.

[70] 骆祚炎. 城镇居民收入结构、收入初次分配格局与消费过度敏感性——1985—2008年的经验数据 [J]. 财贸研究, 2010 (2): 1-8.

[71] 何磊, 王宇鹏. 谁在抑制居民的消费需求?——基于国民收入分配格局的分析 [J]. 当代经济科学, 2010 (6): 23-28+122.

[72] 孟醒. 统筹城乡社会保障 [M]. 北京: 经济科学出版社, 2005.

[73] 陈文博. 公共服务质量评价与改进: 研究综述 [J]. 中国行政管理, 2012 (3): 39-43.

[74] 林赟, 蒲昌伟. 地方政府基础公共教育服务质量评价指标研究——以广东汕头市为例 [J]. 广西职业技术学院学报, 2017 (3): 79-82.

[75] 李潮海, 罗英智. 基于公共服务理念的县区教育发展水平评价的思考 [J]. 现代教育管理, 2015 (7): 20-25.

[76] 王冀宁, 范凌霞, 孙科. 基于 SEM 的中小企业融资环境评价体系设计及应用 [J]. 财会月刊, 2013 (11): 29-31.

[77] 刘友金. 集群式创新与创新能力集成——一个培育中小企业自主创新能力的战略新视角 [J]. 中国工业经济, 2006 (11): 22-29.

[78] 潘江. 中小企业发展地区性差异与基础设施和政府服务的典型相关分析 [J]. 农业技术经济, 2010 (4): 70-77.

[79] 高翔, 龙小宁, 杨广亮. 交通基础设施与服务业发展——来自县级高速公路和第二次经济普查企业数据的证据 [J]. 管理世界, 2015 (8): 81-96.

[80] 刘世锦. 中国产业集群发展报告 [M]. 中国发展出版社, 2008.

[81] 翟海燕, 杨海儒, 姜诗章. 我国中小企业企业家精神测量指标的研究及对企业的启示 [J]. 上海企业, 2007 (1): 53-55.

[82] 丁丽英. 企业集群技术创新能力提升机制研究 [D]. 重庆: 重庆大学, 2009.

[83] 中国企业家调查系统. 企业经营者对企业家精神的认识与评价——2009 年中国企业经营者成长与发展专题调查报告 [J]. 管理世界, 2009 (6): 91-101.

[84] 于千千, 邹再进, 甘开鹏. 服务型政府管理概论 [M]. 北京: 北京大学出版社, 2012.

[85] 陈志琴, 程结晶. 基于服务质量差距模型的数字图书馆服务质量分析 [J]. 图书馆学研究, 2013 (8): 73-79.

[86] 孙顺利. 基于服务质量差距模型的高等教育服务质量改进研究 [J]. 现代教育管理, 2011 (5): 62-64.

[87] 王啸岱, 李莉. 基于服务质量差距模型提升社区卫生服务质量

的研究 [J]. 中国卫生经济, 2010 (12): 72-74.

[88] 丁洪福, 王溢涵, 董晓东. 服务质量差距模型在商业银行服务质量改进中的应用 [J]. 浙江金融, 2009 (3): 36-37.

[89] 瓦拉瑞尔·A. 泽丝曼尔, 玛丽·乔·比特纳, 德韦恩·D. 格兰姆勒. 服务营销 [M]. 北京: 机械工业出版社, 2012.

[90] 王骚. 公务员绩效考核中的问题及对策分析 [J]. 山东大学学报 (哲学社会科学版), 2011 (1): 25-31.

[91] 唐果. 基于层次分析和模糊综合评判法的事业单位员工绩效考核研究——以360度绩效考核为例 [J]. 科技与管理, 2010 (3): 115-119+123.

[92] 李有星, 陈飞, 金幼芳. 互联网金融监管的探析 [J]. 浙江大学学报 (人文社会科学版), 2014 (4): 87-97.

[93] 石学峰. 从严治党实践中的领导干部"为官不为"问题及其规制 [J]. 云南社会科学, 2015 (2): 18-22.

[94] 秦杰. 云南省家政服务发展研究 [D]. 昆明: 昆明理工大学, 2011.

[95] 和亚宁. 干事不负民望担当不辱使命 [J]. 社会主义论坛, 2014 (11): 41-42.

[96] 张志蓬. 干部考德中需要认识的几个问题 [J]. 前进, 2014 (8): 40-41.

[97] 王宁. 践行为民宗旨弘扬务实精神坚守清廉底线——谈领导干部敢于担当的方向、内涵及底气 [J]. 前进, 2014 (5): 42-44.

[98] 张涛. 我国互联网金融的发展与监管 [J]. 武汉金融, 2016 (1): 9-11.

[99] 夏茂子. 年轻的领导干部要有担当的情怀 [J]. 决策探索, 2015 (3): 34-35.

[100] 汪洋, 汪青松. 敢于担当与邓小平对中国特色社会主义的开创 [J]. 求实, 2014 (12): 15-19.

[101] 唐果. 改善地方政府吸引海外人才政策效果之因子分析 [J]. 科技与经济, 2013 (3): 91-95.

[102] 沈佳爱, 唐果, 贺翔. 基于层次分析法的瑜伽消费者评价标准权重研究——以宁波静缘瑜伽馆为例 [J]. 中国物价, 2011 (10):

59-61.

[103] 邱佳砚, 唐果. 中国养老金最优投资组合战略配置研究 [J]. 中国发展, 2018 (1): 23-27.

[104] 唐果, 沈立宏, 商子楠, 贺翔. 宁波助力小微企业突破自主创新瓶颈的对策研究——基于500家小微企业的调查 [J]. 科技与管理, 2015 (5): 69-75.

[105] 王向东, 丁慧平. 基于产业集群视角的企业创新研究 [J]. 中国流通经济, 2008 (11): 50-53.

[106] 万家俊, 唐果. 电影消费影响因素实证研究——基于湖南省14市的调查 [J]. 经营与管理, 2018 (9): 112-114.

[107] 罗玉. 详解中国天使投资五大运营模式 [J]. 高科技与产业化, 2012 (2): 94-97.

[108] 朱恩丹. 宁波市互联网金融发展政府监管研究 [D]. 兰州: 西北师范大学, 2016.

[109] 程美东. 论习近平对新时代中国共产党的形象设计 [J]. 毛泽东研究, 2019 (1): 4-9.

[110] 张宝娟. 健全防治"为官不为"激励保障机制 [J]. 领导科学, 2016 (9): 17-18.

[111] 王佳妮, 李阳, 刘曼红. 中国天使投资发展趋势与对策研究 [J]. 科研管理, 2015 (10): 161-168.

[112] 陈婷, 赵杨, 熊军. 中国养老基金战略资产配置实证分析 [J]. 宏观经济研究, 2011 (10): 47-50.

[113] 谷明淑, 刘畅. 我国养老保险基金投资组合策略研究 [J]. 经济学动态, 2013 (7): 57-64.

[114] 杨华. 完善我国基本养老保险基金投资运营机制研究 [J]. 中央财经大学学报, 2012 (9): 7-11.

[115] 陈红川, 刘斌. 高新技术企业自主创新环境评价模型研究 [J]. 广东农业科学, 2012 (16): 56-58.

[116] 马志强, 吴昊. 高新技术企业自主创新社会服务环境评价体系研究 [J]. 企业经济, 2012 (2): 101-103.

[117] 曲远洋. 黑龙江省高新技术产业自主创新环境评价研究 [J]. 经济师, 2013 (1): 41-44.

[118] 隋广军, 胡希. 企业自主技术创新环境研究——基于长三角与珠三角的评价 [J]. 甘肃社会科学, 2006 (5): 18-20.

[119] 胡大立. 应用灰色系统理论评价企业竞争力 [J]. 科技进步与对策, 2003 (9): 67-70.

[120] 卢康. 基于层次分析和灰色关联分析的实习员工绩效评估研究 [J]. 科技与管理, 2009 (1): 35-38.

[121] 伍梅. 建设广西人才公共服务体系的探讨 [J]. 广西社会科学, 2010 (9): 84-86.

[122] 景刚, 耿慧敏, 姜国刚. 碳减排背景下中小微民营企业自主创新机制研究 [J]. 技术与创新管理, 2013 (4): 295-298.

[123] 张丽. 提升南通中小微企业自主创新能力 [J]. 经济研究导刊, 2013 (10): 47-48.

[124] 刘斌, 杨开元, 王菊仙. 小微企业自主创新税收政策的优化思路 [J]. 税务研究, 2013 (3): 20-23.

[125] 张亚明, 刘海鸥. 科技型中小微企业自主创新能力梯度培育策略 [J]. 科技进步与对策, 2014 (2): 114-118.

[126] 吴贵生, 王毅. 技术创新管理 [M]. 北京: 清华大学出版社, 2013.

[127] 保罗·克鲁格曼. 发展、地理学与经济理论 [M]. 北京: 北京大学出版社, 2000.

[128] 刘斌, 杨开元, 王菊仙. 小微企业自主创新税收政策的优化思路 [J]. 税务研究, 2013 (3): 20-23.

[129] 贺翔, 唐果. 基于层次分析和灰色关联分析的宁波企业自主创新环境评价 [J]. 科技与管理, 2014 (3): 14-19.

[130] 阎永哲, 贺翔, 陈泱. 基于主成分分析的科技型小微企业融资环境评价——以浙江宁波为例 [J]. 中国发展, 2018 (2): 45-51.

[131] 朱文. 金融环境对中小企业融资的制约分析 [J]. 前沿, 2001 (12): 99-102.

[132] 李如斯. 武汉市民营中小企业融资环境的影响因素分析 [J]. 中小企业管理与科技旬刊, 2015 (1): 45-47.

[133] 李佰帆. 小微企业外部融资环境评价体系构建及应用研究 [D]. 西华大学, 2015.

[134] 石佳玮. 黑龙江省科技金融环境评价和建设研究 [D]. 哈尔滨: 哈尔滨工程大学, 2016.

[135] 秦振强, 叶谢康, 陈澍. 区域信用环境评价及相关问题研究 [J]. 福建金融, 2006 (4): 4-8.

[136] 张原, 陈玉菲. 区域信用环境评价指标体系研究——以陕西省为例 [J]. 西北大学学报 (哲学社会科学版), 2015, 45 (1): 166-174.

[137] 王冀宁, 范凌霞, 孙科. 基于SEM的中小企业融资环境评价体系设计及应用 [J]. 财会月刊, 2013 (22): 29-31.

[138] 钟晶. 融资环境对西部中小企业成长的影响研究 [D]. 济南: 山东大学, 2011.

[139] 燕小青, 张红伟. 交易费用、有效合约治理与小微企业融资选择 [J]. 四川大学学报 (哲学社会科学版), 2014 (3): 97-103.

[140] 宁波日报. 扬长补短创优势——三论贯彻落实市委经济工作会议精神 [EB/OL]. http://daily.cnnb.com.cn/nbrb/html/2018-01/04/content_1090570.htm?div=-1.

[141] 徐冬蓉. 西方国家公共服务市场化背景下的中国公共服务改革 [J]. 南昌大学学报 (人文社会科学版), 2005 (2): 55-58.

[142] 贾凌民. 创新公共服务供给模式的研究 [J]. 中国行政管理, 2007 (4): 14-17.

[143] 伍梅. 建设广西人才公共服务体系的探讨 [J]. 广西社会科学, 2010 (9): 87-89.

[144] 吕恒立. 论公共产品供给的多主体趋势 [J]. 海南大学学报 (人文社会科学版), 2007 (4): 11-16.

[145] 张连波. 人才服务产业及产业化有关问题的思考 [J]. 人事与人才, 2009 (6): 54-57.

[146] 阎永哲, 贺翔. 小微企业融资大数据平台的构建与整合机制探究——以浙江省为例 [J]. 中国发展, 2015 (6): 19-25.

[147] 雷新途, 熊德平. 企业融资交易的契约安排: 一个交易费用经济学的分析框架 [J]. 审计与经济研究, 2012 (3): 89-96.

[148] 林毅夫. 金融体系、信用和中小企业融资 [J]. 浙江社会科学, 2001 (6): 9-11.

[149] 鲁政委. 小微企业融资难的症结是信息不对称 [J]. 中国金融, 2012 (9): 90-92.

[150] 巴曙松. 大数据可解小微企业融资瓶颈 [J]. 中国经济报告, 2013 (6): 29-31.

[151] 王坷. 基于互联网大数据平台的小微企业融资模式研究——以阿里巴巴为例 [D]. 西安: 长安大学, 2014.

[152] 蔡玫, 徐雅雯. 大数据背景下小微物流企业公共信息平台的设计构想 [J]. 现代物流, 2014 (7): 41-43.

[153] 陈怀平, 金栋昌. 基于大数据时代的公共信息服务政企合作路径分析 [J]. 图书馆工作与研究, 2014 (8): 8-13.

[154] 诺斯. 制度、制度变迁与经济绩效 [M]. 上海: 上海三联书店, 1994.

[155] 中共浙江省委. 中共浙江省委关于激励干部干事创业治理为官不为的若干意见 [EB/OL]. http://www.zj.gov.cn/art/2015/11/9/art_37135-1986677.htm1.

[156] 黄南霞. 大数据环境下的网络协同创新体系研究 [D]. 武汉: 华中科技大学, 2014.

[157] 谢林吟, 贺翔, 赵群. 金融科技促进金融创新的机理分析及其在中国的发展 [J]. 宁波大学学报 (人文科学版), 2017 (3): 87-93.

[158] 陈岱孙, 厉以宁. 国际金融学说史 [M]. 北京: 中国金融出版社, 1991.

[159] 童藤. 金融创新与科技创新的耦合研究 [D]. 武汉: 武汉理工大学, 2013.

[160] 胡庆康. 现代货币银行学教程 [M]. 上海: 复旦大学出版社, 2014.

[161] 巫云山. Fintech 对金融业的"破坏性创造" [J]. 河北学刊, 2016 (6): 116-122.

[162] 赵鹞. Fintech 的特征、兴起、功能及风险研究 [J]. 金融监管研究, 2016 (9): 57-70.

[163] 徐铭延, 贺翔, 阎永哲. 数字普惠金融助力低收入居民消费扩容升级研究——以浙江省宁波市为例 [J]. 经营与管理, 2019 (7):

18－22.

[164] GPFI. 数字普惠金融高级原则 [EB/OL]. http：//www. pbc. gov. cn/goutongjiaoliu/113456/113469/3142307/20160914190744184 96.

[165] 宋汉光. 利用数字技术推动普惠金融发展取得成效 [EB/OL]. http：//finance. sina. com. cn/money/bank/bank_hydt/2016－11－20/doc－ifxxwrwk1509764. shtml.

[166] 胡春霖. 宁波金融IC卡应用实践探索：从一卡通用到数字普惠 [EB/OL]. http：//news. yktworld. com/201703/201703241024167314. html.

[167] 窦鹏娟. 消费金融公平发展的法律突破路径——基于普惠金融视角的思考 [J]. 现代经济探讨, 2014 (4)：87－89.

[168] 贺翔. 地方政府助力"海归"高层次人才的企业突破创业期瓶颈之对策研究——以宁波市为例 [J]. 科研管理, 2018, 39 (6)：30－36.

[169] 唐果, 贺翔, 敖丽红. 企业参与社会救助：影响因素与政策启示——基于浙江省11市的调查 [J]. 中国行政管理, 2017 (9)：116－120.

[170] 谢平, 邹传伟. 互联网金融模式研究 [J]. 金融研究, 2012 (12)：11－22.

[171] 林毅夫, 孙希芳. 信息、非正规金融与中小企业融资 [J]. 经济研究, 2005 (7)：35－44.

[172] 王曙光, 张元琦. 论中国银行业的对内开放和对外开放——兼谈台湾地区银行民营化的经验 [J]. 山西财经大学学报, 2005 (6)：89－93.

[173] 刘芸, 朱瑞博. 互联网金融、小微企业融资与征信体系深化 [J]. 征信, 2014 (2)：31－35.

[174] 张玉明. 小微企业互联网金融融资模式研究 [J]. 会计之友, 2014 (18)：2－5.

[175] 徐洁, 隗斌贤, 揭筱纹. 互联网金融与小微企业融资模式创新研究 [J]. 商业经济与管理, 2014 (4)：92－96.

[176] 李蕾, 张弛. 对新形势下央行征信系统建设工作的思考 [J]. 征信, 2014 (12)：53－55.

[177] 陈小林, 杜若华, 刘永锋. 我国互联网金融征信体系建设路

径思考 [J]. 西部金融, 2015 (1): 29-31.

[178] 王辉耀, 路江涌. 中国海归创业发展报告 (2012) [M]. 北京: 社会科学文献出版社, 2012.

[179] 王天祥, 李瑞华. 国内生产性服务业缩小服务质量差距的路径探析 [J]. 经济论坛, 2012 (4): 45-47.

[180] 陆远权, 马垒信, 何倩倩. 我国 31 省区人力资源状况比较研究——基于因子分析和聚类分析 [J]. 科技与管理, 2010 (5): 88-91.

[181] 唐果, 徐军伟. 独立学院规范设置政策之执行梗阻探析——以《独立学院设置与管理办法》为例 [J]. 高教探索, 2012 (6): 130-133.

[182] 刘宗建. 德国应用技术大学的办学特色对我们的借鉴与启示 [J]. 北京财贸职业技术学院学报, 2012 (6): 14-17.

[183] 徐理勤. 德国应用科学大学 (FH) 的人才培养模式及其启示 [J]. 浙江科技学院学报, 2005 (4): 309-313.

[184] 胡蕾蕾. 德国应用科技型大学的制度研究 [D]. 南京: 南京理工大学, 2010.

[185] 孙进. 德国高等教育机构的分类与办学定位 [J]. 中国高教研究, 2013 (1): 61-67.

[186] 董大奎. 德国 FH 教育及其在中国的实践研究 [J]. 职业技术教育 (理论版), 2007 (1): 19-25.

[187] 赵志耘. 以科技创新引领供给侧结构性改革 [J]. 中国软科学, 2016 (9): 1-2.

[188] 齐凯君, 梁丽辉. 供给侧结构性改革助推新型城镇化 [N]. 人民日报, 2016-5-16.

[189] 张洪潮, 王丹. 新型城镇化、产业结构调整与农村劳动力"再就业" [J]. 中国软科学, 2016 (6): 136-137.

[190] 姬超. 中国经济特区的产业转型水平测度及其增长效应 [J]. 中国科技论坛, 2016 (1): 106-111.

[191] 张蒙, 杨文利. 新时期小城镇建设的回顾与思考 [J]. 当代中国史研究, 2003 (5): 100-109.

[192] 李兴山. 产业集群与县域经济发展 [D]. 北京: 中共中央党校, 2006.

[193] 黄晓霞, 丁荣贵. 产业技术研究院协同创新治理平台建设 [J]. 中国科技论坛, 2016 (4): 11-17.

[194] 张同升. 中国城市化水平测定研究综述 [J]. 城市发展研究, 2002 (2): 36-41.

[195] 赵永平. 中国城镇化演进轨迹、现实困境与转型方向 [J]. 经济问题探索, 2016 (5): 130-137.

[196] 魏后凯等. 中国城镇化质量综合评价报告 [J]. 经济研究参考, 2013 (31): 1-3.

[197] 高志刚, 华淑名. 新型工业化与新型城镇化祸合协调发展的机理与测度分析 [J]. 中国科技论坛, 2015 (9): 121-126.

[198] 孟繁瑜等. 中国城镇化与新农村建设协调统一发展研究 [J]. 中国软科学, 2015 (5): 1-3.

[199] 张枢盛, 陈继祥. 中国海归企业基于二元网络的组织学习与技术创新 [J]. 科学学与科学技术管理, 2014 (1): 117-125.

[200] 云乐鑫, 杨俊, 张玉利. 基于海归创业企业创新型商业模式原型的生成机制 [J]. 管理学报, 2014 (3): 367-375.

[201] 张枢盛, 陈继祥. 中国海归企业发展研究——技术创新中的二元网络与组织学习 [J]. 科学学研究, 2013 (11): 1744-1751.

[202] 刘青, 张超, 吕若思, 卢进勇. "海归"创业经营业绩是否更优: 来自中国民营企业的证据 [J]. 世界经济, 2013 (12): 70-89.

[203] 沈黄君, 黄剑飞. 海归创业企业人力资源管理现状、问题及对策 [J]. 人力资源管理, 2015 (2): 11-13.

[204] 杨敏, 张亚芳. "海归"人才创业企业成长现状及对策研究 [J]. 产业与科技论坛, 2015 (2): 104-106.

[205] 牛安军, 李英华. "海归"创办企业融资体系的再思考 [J]. 中国外资, 2012 (9): 180.

[206] 唐果. 我国出口退税政策存在问题探析——基于政策科学视角 [J]. 管理现代化, 2011 (5): 32-36.

[207] 贺翔. 基于主成分分析的宁波"海归"高层次人才创业环境评价 [J]. 宁波大学学报 (人文科学版), 2015 (6): 90-95.

[208] 唐果. 改善地方政府吸引海外人才政策效果之因子分析 [J]. 科技与经济, 2013 (3): 91-95.

[209] 黄昱方,陈成成,陈如意. 政府支持下城市吸引海归创业人才的环境要素研究 [J]. 科技管理研究, 2014 (12): 23-28.

[210] 刘耘. 关于佛山海归人才创新创业政策及环境的思考 [J]. 佛山科学技术学院学报(社会科学版), 2014 (5): 85-89.

[211] 孙虹,任凤慧. 面向行为引导的高层次人才创业环境构建——突破我国高层次人才创业瓶颈期的政策设计 [J]. 现代交际探讨, 2010 (12): 89-92.

[212] 张金岱. 县域高层次人才创业环境优化与思考 [J]. 经营管理者, 2015 (3): 165-166.

[213] 司建华. GEM框架下创业环境对创业活动影响研究 [D]. 沈阳:东北大学, 2008.

[214] 曹路. A创业项目团队成员流失问题的研究 [D]. 天津:南开大学, 2008.

[215] 曹明. 基于GEM模型的中日创业环境比较研究 [J]. 厦门理工学院学报, 2007 (2): 67-72.

[216] 张珍花. 运用多元统计分析综合评判江苏省经济效益 [J]. 统计与决策, 2001 (9): 77-79.

[217] 付八军. 创业型大学研究述评 [J]. 黑龙江高教研究, 2012 (7): 4-8.

[218] 亨利·埃兹科维茨,王孙禹等译. 麻省理工学院与创业科学的兴起 [M]. 北京:清华大学出版社, 2007.

[219] 陈晓玲,马陆亭. MIT与沃里克大学:创业型大学运行模式的比较与启示 [J]. 高等工程教育研究, 2012 (2): 113-120.

[220] 王雁,孔寒冰,王沛民. 创业型大学:研究型大学的挑战和机遇 [J]. 高等教育研究, 2003 (5): 52-56.

[221] 刘志迎,徐毅,洪进. 众创空间:从"奇思妙想"到"极致产品" [M]. 北京:机械工业出版社, 2015.

[222] 王延斌. 众创空间首先要赢得自己的生存空间 [N]. 科技日报, 2016-3-8.

[223] 浙江省团校课题组. 从"创客"到"创业":高校众创空间创业生态圈的构建 [J]. 青少年研究与实践, 2016 (4): 14-19.

[224] 张矢的,魏东旭. 风险投资中双重道德风险的多阶段博弈分

析[J]. 南开经济研究, 2008 (6): 142-150.

[225] 边燕杰, 丘海雄. 企业的社会资本及其功效[J]. 中国社会科学, 2000 (2): 87-99.

[226] 白璇, 李永强, 赵冬阳. 企业家社会资本的两面性: 一项整合研究[J]. 科研管理, 2012 (3): 27-35.

[227] 石军伟, 付海艳. 企业的异质性社会资本及其嵌入风险——基于中国经济转型情境的实证研究[J]. 中国工业经济, 2010 (11): 109-119.

[228] 万建香, 钟以婷. 社会资本对企业绩效的影响——基于中国经济转型阶段的研究[J]. 管理评论, 2018 (1): 60-66.

[229] 吴宝. 从个体社会资本到集体社会资本——基于融资信任网络的经验证据[J]. 社会学研究, 2017 (1): 125-147.

[230] 徐超, 池仁勇. 多维企业家社会资本、企业吸收能力与企业绩效研究[J]. 科技进步与对策, 2016 (10): 82-88.

[231] 杨震宁, 李东红, 范黎波. 身陷"盘丝洞": 社会网络关系嵌入过度影响了创业过程吗?[J]. 管理世界, 2013 (12): 101-116.

[232] 赵晶, 张书博, 祝丽敏, 王明. 个人社会资本与组织社会资本契合度对企业实际控制权的影响——基于国美电器和雷士照明的对比[J]. 中国工业经济, 2014 (3): 121-133.

[233] 庄玉梅. 多层次视角的组织社会资本研究回顾与拓展[J]. 科研管理, 2015 (1): 97-103.

[234] 赵瑞. 企业社会资本、财务绩效及其持续性——基于我国上市公司面板数据[J]. 宏观经济研究, 2012 (7): 45-49.

[235] 赵延东, 罗家德. 如何测量社会资本: 一个经验研究综述[J]. 国外社会科学, 2005 (2): 18-24.

[236] 郑方, 彭正银, 杜丹阳. 新企业社会资本跨层次契合的研究述评与展望[J]. 外国经济与管理, 2017 (8): 71-84.

[237] 许亮, 贺翔. 中国风险投资研究热点的可视化分析[J]. 中国发展, 2019 (4): 22-29.

[238] 成思危. 积极稳妥地推进我国的风险投资事业[J]. 管理世界, 1999 (1): 2-7.

[239] 龙勇, 时萍萍. 风险投资对高新技术企业的技术创新效应影

响[J]. 经济与管理研究, 2012 (7): 38-44.

[240] 周率, 赵力, 周孝华. 风险投资、行为特征与IPO抑价关系: 来自中国创业板市场的经验证据[J]. 现代财经 (天津财经大学学报), 2017 (5): 101-113.

[241] 孙杨, 许承明, 夏锐. 风险投资机构自身特征对企业经营绩效的影响研究[J]. 经济学动态, 2012 (11): 77-80.

[242] 曾勇, 郭文新, 李典蔚. 风险投资合约及治理机制实证研究综述[J]. 管理科学学报, 2008, 11 (1): 54-59.

[243] 马玉新, 吴爱萍, 李华. 中国企业技术创新政策演变过程——基于扎根理论与加权共词分析法[J]. 科学学与科学技术管理, 2018, 39 (9): 63-74.

[244] 张坤, 李晶, 王文韬. 我国分享经济领域热点主题的可视化研究——基于共词分析和社会网络分析[J]. 图书馆, 2017 (12): 70-75.

[245] 张勤, 徐绪松. 共词分析法与可视化技术的结合: 揭示国外知识管理研究结构[J]. 管理工程学报, 2008, 22 (4): 30-35.

[246] 刘岩芳, 徐建中, 丁楠. 我国网络舆论引导热点主题发现研究——基于共词分析与科学知识图谱[J]. 情报科学, 2017, 35 (5): 57-62.

[247] 陈农. 在线评论研究中的主题结构: 社会网络分析的视角[J]. 现代情报, 2015, 35 (1): 61-67.

[248] 肖明. 知识图谱工具使用指南[M]. 北京: 中国铁道出版社, 2014.

[249] 郭文新, 苏云, 曾勇. 风险规避、双边道德风险与风险投资的融资结构[J]. 系统工程理论与实践, 2010, 30 (3): 408-418.

[250] 费文颖, 杨扬. 风险企业家完全控制权下风险投资家持股比例及再谈判[J]. 科学学与科学技术管理, 2013, 34 (5): 152-159.

[251] 杨建东, 郭文新, 曾勇. 风险投资中激励机制的设计: 可转换证券与阶段融资[J]. 管理评论, 2013, 5 (9): 87-91.

[252] 付辉, 黄建康. 风险投资与创业企业合约关系述评: 基于双边道德风险的视角[J]. 学海, 2017 (2): 55-58.

[253] 查博, 郭菊娥, 晏文隽. 风险投资三方委托代理关系——基

于创业企业家过度自信与风投公司监督努力[J].系统管理学报,2015,24(2):190-199.

[254] 陈宗涵,谈毅,陆海天.企业专利信号与企业价值评估——基于风险投资机构的视角[J].上海经济研究,2017(10):105-114.

[255] 彭飞.风险投资后管理概念辨析及分类模式研究[J].现代管理科学,2011(6):47-49.

[256] 孙淑伟,俞春玲.社会关系网络与风险投资的退出业绩——基于效率与效益视角的双重考察[J].外国经济与管理,2018(1):65-68.

[257] 李倩.风险投资的退出时机及方式选择[J].现代经济探讨,2008(3):69-72.

[258] 陈伟,曹黎娟.风险投资的政府背景对IPO的影响[J].经济与管理研究,2013(2):62-71.

[259] 冯照桢,曹婷,温军.异质性风险投资、联合持股与IPO抑价[J].中南财经政法大学学报,2016(2):57-67.

[260] 李九斤,徐畅.风险投资特征对被投资企业IPO抑价的影响[J].商业研究,2016,62(8):73-82.

[261] 孙淑伟,俞春玲.社会关系网络与风险投资的退出业绩——基于效率与效益视角的双重考察[J].外国经济与管理,2018(1):107-123.

[262] 詹正华,田洋洋,王雷.联合风险投资对制造业企业技术创新能力的影响[J].科学决策,2016(10):47-62.

[263] 陈伟.风险投资的资本来源影响企业技术创新的机理分析和实证研究——基于非资本增值视角[J].商业经济与管理,2013(9):87-96.

[264] 张矢的,魏东旭.风险投资中双重道德风险的多阶段博弈分析[J].南开经济研究,2008(6):142-150.

[265] 阎永哲,贺翔,陈泱.科技型小微企业融资需求错配的原因及对策——以宁波为例[J].浙江树人大学学报(人文社会科学),2019(3):36-42.

[266] 阿马蒂亚·森.贫困与饥荒[M].北京:商务印书馆,2001.

[267] 何晓群. 多元统计分析 [M]. 北京：中国人民大学出版社，2015.

[268] W. 阿瑟·刘易斯. 二元经济论 [M]. 北京：北京经济学院出版社，1989.

[269] R. 科斯，A. 阿尔钦，D. 诺思等. 财产权利与制度变迁产权学派与新制度学派译文集 [M]. 上海：上海三联书店、上海人民出版社，1994.

[270] 顾俊. 活力与秩序 [M]. 宁波：宁波出版社，2008.

[271] 孙学玉. 当代公共行政的政治经济学分析 [J]. 中国行政管理，2000（10）：47－51.

[272] 孔祥国. 委托——代理关系中的中国行政管理 [J]. 求索，1996（3）：21－25.

[273] 蔡小慎，潘加军. 制度经济学视角下的城市社区管理体制创新探析 [J]. 求实，2005（3）：67－69.

[274] 张荣昌. 建设和谐村庄与政府责任 [J]. 三江论坛，2007（5）：66－68.

[275] 黄景灏，张绍江. 保护农民工利益的经济学分析 [J]. 经济师，2005（12）：34－38.

[276] 杨勇. 租赁服务业研究 [M]. 北京：经济科学出版社，2012.

[277] 吴振宇. 浙江曝光百余件欠薪案件已有110人获刑 [EB/OL]. [2015－08－05]. http：//zjnews. zjol. com. cn/system/2015/02/05/020500634. shtml.

[278] 王力南. 浅谈西方劳动关系学派及西方国家劳动关系的演变 [J]. 中外企业家，2011（22）：231－235.

[279] 张学良. 国外企业欠薪保障制度及其对我国的借鉴 [J]. 当代经济管理，2006，28（4）：112－114.

[280] 李克强. 2015政府工作报告 [EB/OL]. [2015－03－16]. http：//www. gov. cn/guowuyuan/2015－03/16/content2835101. htm.

[281] 周峻竹. 欠薪保障基金法律制度研究 [D]. 宁波：宁波大学，2013.

[282] 张锦清. 义乌实施租赁企业工资支付保障制度 [J]. 工会信

息,2011(18):32-33.

[283] 张昌玉.人力资源和社会保障监察两网化管理的思考[J].中国集体经济,2013(16):64-65.

[284] 吴顺江.深入开展"双爱"活动构建和谐劳动关系[J].今日浙江,2012(12):48-49.

[285] 唐果.国外政府促进中小企业自主创新的政策及启示[J].经济研究导刊,2015(12):25-26.

[286] 张彬.欧盟中小企业发展政策[J].长江论坛,2001(5):14-16.

[287] 王淑贤.中小企业科技创新扶持政策的国际比较[J].经济论坛,2004(21):58-60.

[288] 傅强,邹晓峰.发达国家中小企业创新成长机制的宏观政策体系及借鉴[J].科技管理研究,2006(9):57-59.

[289] 田玉敏,赵艳芹,李秀文.美国促进中小企业技术创新的政策措施及其启示[J].天津职业技术师范学院学报,2002(1):33-36.

[290] 吴贵生,张洪石,梁玺.自主创新辨[J].技术经济,2010(9):32-35.

[291] 佟美玲.完善辽宁省科技型中小企业技术创新服务体系的对策研究[D].沈阳:沈阳理工大学,2007.

[292] 陆艳.欧盟支持中小企业发展的政策、措施及其对我国的启示[D].上海:复旦大学,2003.

[293] 梅伟,陈笛.美国促进中小企业自主创新措施及对我国的启示[J].中国新技术新产品,2011(4):74-78.

[294] 吴琼,王学忠.美日德三国促进中小企业发展的政策法规经验与启示[J].生产力研究,2012(7):12-15.

[295] 贺翔.宁波高层次人才外流情况调查与分析[J].中国科技论坛,2008(1):118-121.

[296] 叶忠海.人才学基本原理[M].北京:蓝天出版社,2005.

[297] 丁向阳.人才竞争战略[M].北京:蓝天出版社,2005.

[298] 刘雪莲.宁波人才竞争力存在的问题及对策研究[J].宁波工程学院学报,2007,19(1):53-55.

[299] 贺翔,杨柳.中小民营企业知识型员工流失问题探讨[J].

中共桂林市委党校学报，2007（3）：21-23.

[300] 姜秀丽. 员工流动管理［M］. 济南：山东人民出版社，2004.

[301] 邱佳砚，贺翔. 我国股权众筹发展现状及风险研究［J］. 时代金融，2017（30）：122.

[302] 朱振洁. 我国股权众筹的风险及其监管［J］. 经济纵横，2017（7）：101-102.

[303] 范文波. 经济新常态下我国股权众筹发展建议——基于融资匹配及制度环境的视角［J］. 新金融，2016（4）：38-41.

[304] 马旭，李悦. 我国互联网股权众筹面临的风险及法律对策［J］. 经济纵横，2016（3）：25-29.

[305] 邱佳砚，贺翔. 创投类项目私募股权众筹绩效影响因素分析［J］. 中国发展，2017（2）：21-25.

[306] 郑海超，黄语梦，王涛，陈冬宇. 创新项目股权众筹融资绩效的影响因素研究［J］. 中国软科学，2015（1）：130-138.

[307] 吴文清. 我国众筹成功影响因素及羊群现象研究［J］. 软科学，2016，30（2）：5-8.

[308] 陈林，余明阳. 股权众筹融资绩效影响因素的实证研究［J］. 山东农业大学学报（自然科学版），2016，47（4）：47-51.

[309] 刘康平，贺翔. 资源拼凑视角下共享经济企业的商业模式创新研究［J］. 科技与经济，2019（4）：31-35.

[310] 赵兴庐，张建琦，刘衡. 能力建构视角下资源拼凑对新创企业绩效的影响过程研究［J］. 管理学报，2016，13（10）：1518-1524.

[311] 罗宾·蔡斯. 共享经济：重构未来商业新模式［M］. 王芮，译. 杭州：浙江人民出版社，2015.

[312] 王雪冬，董大海. 商业模式创新概念研究述评与展望［J］. 外国经济与管理，2013，35（11）：29-36.

[313] 张玉明，毛静言. 共享办公空间商业模式创新及成长策略研究——以优客工场为例［J］. 科技进步与对策，2017（17）：1-8.

[314] 秦剑. 基于创业管理视角的创业拼凑理论发展及其实证应用研究［J］. 管理评论，2012，24（9）：94-102.

[315] 马蓝. 新创企业创业拼凑、创业学习能力对商业模式创新的

影响研究 [J]. 当代经济管理, 2019 (3): 10 - 12.

[316] 陈芮. 互联网时代的商业模式创新: 基于资源拼凑角度 [J]. 山东纺织经济, 2017 (10): 50 - 51.

[317] 苏郁锋, 张延平, 周翔. 互联网初创企业制度拼凑与整合策略多案例研究 [J]. 管理学报, 2019, 16 (2): 168 - 179.

[318] 沈佳爱, 贺翔, 唐果. 基于层次分析法的瑜伽消费者评价标准权重研究——以宁波静缘瑜伽馆为例 [J]. 经营与管理, 2011 (10): 59 - 61.

[319] 符国群. 消费者行为学 [M]. 北京: 高等教育出版社, 2008.

[320] 菲利普·科特勒. 市场营销原理 (亚洲版) [M]. 北京: 机械工业出版社, 2009.

[321] 赵达薇. 基于层次分析法的网络营销绩效评价 [J]. 科技与管理, 2010 (1): 33 - 34.

[322] 黄贯虹, 方刚. 系统工程方法与应用 [M]. 广州: 暨南大学出版社, 2005.

[323] 胡松, 陈诚. 如何避免知识员工的流失 [J]. 当代经济, 2006 (10): 54 - 58.

[324] 武博. 当代中国人才流动 [M]. 北京: 人民出版社, 2005.

[325] 贺翔. 民营企业员工绩效考核的绩效探析 [J]. 企业活力, 2006 (5): 74 - 77.

[326] 贺翔. 国有外贸企业人力资源流失问题探讨 [J]. 经济纵横, 2005 (10): 12 - 14.

[327] 刘晔. 知识型员工流失的原因及对策 [J]. 人才开发, 2005 (6): 81 - 83.

[328] 李燕萍, 翁艳娟. 岗位说明书编写的误区分析 [J]. 中国劳动, 2003 (1): 28 - 30.

[329] 蔺益, 顾磊, 张和平. 破解岗位说明书体系构建中的9大难题 [M]. 北京: 机械工业出版社, 2006.

[330] 陈维政, 余凯成, 程文文. 人力资源管理 [M]. 北京: 高等教育出版社, 2004.

[331] 肖鸣政. 人力资源开发的理论与方法 [M]. 北京: 高等教育

出版社，2004.

[332] 方振邦. 绩效管理 [M]. 北京：中国人民大学出版社，2004.

[333] 胡八一. 8+1绩效量化技术 [M]. 北京：北京大学出版社，2005.

[334] 徐军伟. 转设与迁址：独立学院两类转型发展模式比较 [J]. 宁波大学学报（教育科学版），2017（4）：53-57.

[335] 赵慧杰. 欧盟高校创业教育调查数据分析及对我国的启示 [J]. 高等理科教育，2014（3）：53-58.

[336] 吴海波. 高校创业创新教育166体系 [J]. 高等职业教育（天津职业大学学报），2009（3）：35-37.

[337] 丁喜旺. 基于K-means聚类算法的高校创业教育创新探索 [J]. 西南科技大学学报（哲学社会科学版），2018（4）：90-96.

[338] 唐清平，唐士杰. 高校创业创新教育与专业教育的融合 [J]. 环球市场信息导报，2017（45）：55-56.

[339] 段婧婧. 基于大学生创业创新背景下地方高校创业创新类学分实施路径——以淮阴师范学院为例 [J]. 太原城市职业技术学院学报，2016（5）：47-48.

[340] 李欣. 基于学生视角的高校创业创新教育定位研究 [J]. 长江丛刊，2017（9）：206-207.

[341] 许明，孙力. 独立学院商科综合仿真实训实验平台构建探索 [J]. 实验室研究与探索，2019，38（4）：220-226.

[342] Chris, Anderson. The Long Tail：Why the Future of Business is Selling Less of More? Hyperion, New York, 2006.

[343] Sarasvathy S D, Dew N, Velamuri R, et al. Three Views of Entrepreneurial Opportunity [M]. New York：Springer, 2010：77-96.

[344] Baker T, Nelson R E. Creating Something from Nothing：Resource Construction through Entrepreneurial Bricolage [J]. Administrative Science Quarterly, 2005, 50（3）：329-366.

[345] Ahlers G K C, GUMMING D J, GUENTHER C, et al. Equity Ccrowdfunding [EB/OL]. [2013-12-2]. http：//ssrn.com/abstract=2362340.

[346] Mollick E. The Dynamic of Crowdfunding：an Exploratory Study

[J]. Journal of Business Venturing, 2014, 29 (1): 1 – 16.

[347] Burtch G Chose A, Wattal S. An Empirical Examination of the Antecedents and Consequences of Contribution Patterns in Crowdfunded Markets [J]. Information Systems Research, 2013, 24 (3): 499 – 513.

[348] Barabas R L. Crowdfunding: Trends and Developments Impacting Entertainment Entrepreneurs [J]. NYSBA Entertainment, Arts and Sports Law Journal, 2012, 23 (2): 38 – 40.

[349] Ward C, Ramachandran V. Crowdfunding the Next Hit: Microfunding Online Experience Goods [R]. Working Paper Workshop on Computational Social Science and the Wisdom of crowds at NIPS2010, 2010.

[350] Ordanini A, Mioeli L, Pizzetti M, et al. Crowdfunding: Transforming Customers into Investors through Innovative Service Platforms [J]. Journal of Service Management 2011, 22 (4): 443 – 470.

[351] Harrison R T, Mason C M. Does Gender Matter? Women Business Angels and the Supply of Entrepreneurial Finance [J]. Entrepreneurship Theory and Practice, 2007, 31 (3): 445 – 472.

[352] Engel D, Keilbach M. Firm – level Implications of Early Stage Venture Capital Investment——an Empirical Investigation [J]. Journal of Empirical Finance, 2007, 14 (2): 150 – 167.

[353] Francis B B, Hasan I. The Underpricing of Venture and Nonventure Capital IPOs: An Empirical Investigation [J]. New York University Leonard N Stern School Finance Department Working Paper Seires, 1999, 19 (23): 99 – 113.

[354] Krishnan C N V, Masulis R W, Singh A K. Does Venture Capital Reputation Matter? Evidence from Subsequent IPOs. [J]. 2008.

[355] Gompers P A, Lerner J, Blair M M, et al. What Drives Venture Capital Fundraising? [J]. Brookings Papers on Economic Activity Microeconomics, 1998 (1): 149 – 204.

[356] Aggarwal R, Kryscynski D, Singh H. Evaluating Venture Technical Competence in Venture Capitalist Investment Decisions [M]. 2015.

[357] Gerasymenko V, Arthurs J D. New Insights into Venture Capitalists' activity: IPO and Time – to – exit Forecast as Antecedents of Their Post – in-

vestment Involvement [J]. Journal of Business Venturing,, 2014, 29 (3): 405-420.

[358] Li Y, Chi T. Venture Capitalists' Decision to Withdraw: The Role of Portfolio Configuration from a Real Options Lens [J]. Strategic Management Journal, 2013, 34 (11): 1351-1366.

[359] Kaplan S N, Strömberg P. Financial Contracting Theory Meets the Real World: An Empirical Analysis of Venture Capital Contracts [J]. Review of Economic Studies, 2003, 70 (2): 281-315.

[360] Sahlman W A. Insights from the Venture Capital Model of Project Governance [J]. Business Economics, 1994, 29 (3): 35-37.

[361] Adler P S, Kwon S W. Social Capital: Prospects for a New Concept [J]. Academy of Management Review, 2002, 27 (1): 17-40.

[362] Brown T F. Theoretical Perspectives on Social Capital [R]. Working Paper, 1997.

[363] Nahapiet G. Social Capital, Intellectual Capital and the Creation of Value in Firms [J]. Academy of Management Best Paper Proceedings, 1997: 35-39.

[364] Aggarwal R, Kryscynski D, Singh H. Evaluating Venture Technical Competence in Venture Capitalist Investment Decisions [M]. 2015.

[365] Gerasymenko V, Arthurs J D. New Insights into Venture Capitalists' Activity: IPO and Time-to-exit Forecast as Antecedents of Their Post-investment Involvement [J]. Journal of Business Venturing, 2014, 29 (3): 405-420.

[366] Berger A. N. , Udell G. F. The Economics of Small Business Finance: the Rroles of Private Equity and Debt Markets in the Financial Growth Cycle. Journal of Banking & Finance [J]. 1998, Vol 22 (6): 613-673.

[367] James R, Evans. The Management and Control of Quality [M]. Cengage Learning, 2008.

[368] David Osborne, Ted Gaebler. Reinventing Government: How the Entrepreneurial Spirit is Transforming the Public Sector [M]. Plume Press, 1993.

[369] W. Edwards Deming. Out of the Crisis. Cambridge, Mass.: MIT

Center for Advanced Engineering Study, 1986.

[370] Al Gore, From Red Tape to Results: Creating a Government That Works Better & Costs Less: The Report of the National Performance Review. Washington, D. C. : U. S. Government Printing Office, 1993: 67.

[371] Myers S. C. , Majluf N. S. Corporate Finance and Investment Decisions when Firms Have Information [J]. The American Economist, 1981 (6): 393 -410.

[372] Allen N. Berger, Gregory F. Udel. The Effects of Bank Mergers and Acquisitions on Small Business Lending [J]. Journal of Financial Economic, 1998 (2): 187 -229.

[373] Joseph E Stiglitz, Andrew Weiss. Credit Rationing in Markets with Imperfect Information [J]. The American Economist, 1981 (12): 393 -410.

[374] Diamond D. W. Financial Intermediation and Delegated Monitoring [J]. Review of Economic Studies, 1984 (51): 393 -414.

[375] Berlin M. , Mester L. J. On the Profitability and Cost of Relationship Lending [J]. Banking and Finance, 1998 (22): 873 -897.

[376] Gelshorn, T. Die Innovationsorientierung Mittelstä ndischer Betrieb. In: Personalführung, 1984 (11): 214 -218.

[377] Feldmann, M. : Personalentwicklung. Eine unternehmerische Aufgabe für den mittelstä ndischen Betrieb. In: Personalführung, 1984 (17): 278 -281.

[378] Fischer, M. Innovation, Knowledge Creation and System of Innovation [J]. Analysis of Regional Science, 2001 (35): 101 -105.

[379] H. I. Ansoff. Corporate Strategy: An Analytic Approach to Business Policy for Growth and Expansion, New York: McGraw - Hill, 1965.

[380] L. E. Greiner. Evolution and Revolution as Organization Grow, Harvard Business Review, July/August, 1972 (4): 37 -46.

[381] Fisher, R. J. An Overview of Performance Measurement. Public Management, 1994, 76 (9): S2 -S8.

[382] Patricia Keehley, Steven Medlin. Benchmarking for Best Practices in the Public Sector: Achieving Performance Breakthroughs in Federal State, and Local Agencies. Jossey - Bass Inc, 1997.

[383] E. S. Savas. Privatization and Public – Private Partnerships. Seven Bridges Press, LLC, 2000.

[384] Steven Cohen, Ronald Brand. Total Management in Government: A Practical Guide for the Real World. Jossey – Bass Inc, 1993.

[385] James R. Evans, William M. Lindsay. The Management and Control of Quality. South – Western, a part of Cengage Learning, 2008.

[386] Russell M. Linden. Seamless Government: A Practical Guide to Re – Engineering in the Public Sector. Jossey – Bass Inc, 1994.

[387] George S Yip. Total Global Strategy: Managing foe World Wide Competitive Advantage. Paperback. 1994.

[388] Zoltan J. Acs. Innovation and Small Firms. Cambridge: MIT Press, 1990.

[389] Ian Chaston, Terry Mangles. Core Capabilities as Predictors of Potential in Small Manufacturing Firma. Journal of Small Business Management, 1, January, 1997, 35 (1): 47 – 57.

[390] John Gill. Factor Affecting the Survival and Growth of the Smaller Company. Growth Publishing Company Ltd, 1985.

[391] Storey D J., Understanding the Small Business Sector, New York: Routledge, 1994: 123.

[392] Catherine Beaudry. Growth and Patenting in Industrial Clusters: A Study of the Aerospace Industry in the UK. International Journal of the Economics of Business. 8 (3), 2001.

[393] Schmitz. Global Competition and Local Cooperation: Success and Failure in the Sinos Valley, Brazil [J]. World Development, 1999 (4): 1873 – 1885.

[394] Ichak Adizes. Managing Corporate Lifecycle [M]. Prentic Hall, 1996.

[395] Duncan, R. L. Characteristics of Organizational Environments and Perceived Environmental Uncertainty [J]. Administrative Science Quarterly, 1972, 17 (2): 313 – 327.

[396] Bourgeois, L. J. Strategy and Environment: A Conceptual Integration [J]. Academic of Management Review, 1980 (5): 25 – 39.

[397] Daft, R. L., Sormunen, J. & Parks, D. Chief Executive Scanning [J]. Strategic Management Journal, 1988, 9 (2): 123 – 139.

[398] Love, L, Mylenko, N., Credit Reporting and Financing Constrains. World Bank Policy Research Working Paper No. 3142, 2003.

[399] Wattanapruttipaisan, T., Four Proposals for Improved Financing of SME Development in ASEAN. Asian Development Review, 2003, 20 (2): 1 – 45.

[400] Banerjee, A. V., Besley, T., Guinnane, T. W., The Neighbor's Keeper: The Design of a Credit Cooperative with Theory and a Test. Quarterly Journal of Economics, 1994 (109): 491 – 515.

[401] Halachmi, A. The Practice of Performance Appraisal. In J. Rabin, T. Vocino, W. Hildreth, & G. Miller (Eds.), Handbook of Public Personnel Administration (pp. 321 – 355). New York: Marcel Dekker, 1995.

[402] E. S. Savas. Privatization and Public – Private Partnerships. Seven Bridges Press, LLC, 2000.

[403] Steven Cohen, Ronald Brand. Total Management in Government: A Practical Guide for the Real World. Jossey – Bass Inc, 1993.

[404] McQuail Dennis. Mass Communication Theory: an Introduction, London: Sage Publication, 1994: 35.

[405] Schlag C. Strategic Asset Allocation: Portfolio Choice for Long – Term Investors [J]. Economic Journal, 2003, 113 (488): 408 – 409.

[406] Farrelly T. Asset Allocation for Robust Portfolios [J]. Journal of Investing, 2009, 15 (4): 53 – 63.

[407] Jones, Charles P, Wilson, Jack W. The Changing Nature of Stock and Bond Volatility [J]. Financial Analysts Journal, 2004, 60 (1): 100 – 113.

[408] John S. Dryzek and Brain Ripley. The Ambitions of Policy Design [J]. Policy Studies Journal, summer 1998, Vol. 7, No. 4: 705 – 719.

[409] T. B. Smith. The Policy Implementation Process [J]. Policy Science, 1975, No, 4.

后　　记

　　自 2002 年进入宁波大学商学院从事教学、科研工作，不知不觉已近 20 年。在这 20 年中，除了做好教学工作，我一直对区域经济发展、地方政府管理、中小企业发展等问题进行研究。自 2002 年至今，围绕上述领域我陆续主持了 10 项厅市级以上课题，其中 1 项国家社科基金一般项目；以独立作者或第一作者发表 39 篇论文。本书是我对区域经济发展、地方政府管理、中小企业发展的系统性思考和总结。宁波大学科学技术学院唐果副教授撰写了该书的一部分内容，宁波大学科学技术学院阎永哲、邱佳砚、敖丽红、商子楠、陈恺宇、谢林吟、孙喜英等老师，以及我的硕士研究生刘康平、许亮、康彬对本书亦有贡献，在此一并感谢。

贺　翔

2021 年 3 月 9 日于宁波宁大花园